G-TELP 공식 주관사

**G-TELP Level 2
GRAMMAR Section**

정기시험 완벽 대비

20회분

지텔프

G-TELP 영어연구소 저

문법 실전 문제

5·7급 공무원 I 경찰 I 소방 I 군무원 I 회계사 I 세무사 I 노무사 I 감정평가사 영어 시험

지텔프 Level 2 문법 영역
최신 경향 반영

GRAMMAR

G-TELP KOREA 출판사업본부

G-TELP 주관사

G-TELP KOREA는 신뢰성, 타당성, 실용성을 갖춘 종합적인 영어평가라는 모토 아래 ITSC의 글로벌 파트너로서 1985년부터 G-TELP 시험을 주관하는 어학평가, 교육, 출판 전문 기업입니다. G-TELP KOREA는 업무 협약을 통해 한국 내 G-TELP 시험의 시행, 마케팅, 홍보, 출판, 교육에 대한 운영을 담당하고 있습니다.

G-TELP 영어연구소

G-TELP 영어연구소는 국내외 영어 콘텐츠 전문 연구진들로 이루어진 조직으로서, G-TELP 시험을 전문적으로 분석 및 연구해오고 있습니다. 다년간 쌓아온 디지털 데이터베이스와 정확한 데이터를 분석하는 툴을 기반으로 G-TELP의 모든 시험을 대비할 수 있는 수험서, 일반 영어, 비즈니스 영어, 전문 영어 등 다양한 분야의 영어학습서를 기획, 집필, 편집, 출간하고 있습니다.

지텔프 문법 실전문제 20회분

초판 1쇄 발행	2024년 04월 29일
2판 1쇄 발행	2025년 10월 13일

발 행 인	김현중
출 판 사	G-TELP KOREA 출판사업본부
저 자	G-TELP 영어연구소

I S B N	978-89-91164-65-9
정 가	15,900원

도서 문의 안내
PHONE 1577-3836
FAX 02-454-2137

G-TELP

공식 주관사 제공
문법 영역 20회분
최신 기출 유형 문제집!

1. 최신 출제 경향 반영

『지텔프 문법 실전문제 20회분』은 지텔프 Level 2 문법 영역의 최신 출제 경향을 반영한 문법 모의고사 교재입니다. 실제 시험과 가장 가까운 난이도의 문항들로 구성되어 있어 본 교재를 통해 시험에 완벽하게 대비할 수 있습니다.

2. 실전 훈련에 충분한 20회분 제공

문법 영역 고득점을 목표하는 수험자 분들이 실전 감각을 키울 수 있게 최대한 많은 문제를 풀어볼 수 있도록 문법 모의고사 20회분을 수록하였습니다. 총 520문항의 방대한 분량으로 지텔프 시험 전 문법의 모든 유형을 빈틈없이 연습할 수 있습니다.

3. 유형별 핵심 접근법을 제시하는 해설집

시제, 가정법 등 비교적 답의 근거가 명확한 유형부터 조동사, 연결어 등 문맥 파악이 필요한 유형까지 빠르고 정확하게 정답을 찾을 수 있도록 문항별 핵심 접근법을 담은 명쾌한 해설을 제공합니다. 일부 문항에서는 오답 분석을 제시하여 어려운 문제도 확실하게 이해할 수 있게 도와줍니다.

C O N T E N T S

문제집

해설집

문제집

실제 유형과 난이도와 가장 유사한 기출 유형 문제 20회분 수록

1. Visitors to the Statue of Liberty must reserve tickets in advance before visiting its crown. They should also anticipate _____ up and down 162 stairs, as there are no elevators in that part of the monument.
   (a) climbing
   (b) to have climbed
   (c) having climbed
   (d) to climb

2. Richard Williams, father to tennis stars Serena and Venus Williams, is known for his strict coaching. However, if he had not pushed his daughters so hard, they _____ such celebrated athletes at a young age.
   (a) might not become
   (b) will not have become
   (c) might not have become
   (d) had not become

3. Traffic this evening is much worse than Jennifer expected. She has decided to call her friend to let him know that she _____ be late for the movie, so he can just go in without her.
   (a) may
   (b) should
   (c) must
   (d) shall

4. Musa Motha is an internationally recognized dancer, despite losing his left leg to cancer. In 2013, Motha opened up his own dance studio _____ others with disabilities to live without limits.
   (a) having inspired
   (b) to have inspired
   (c) inspiring
   (d) to inspire

5. Though octopuses and crabs are often boiled alive before being eaten, research has shown that these animals are capable of feeling pain. As such, it is necessary that chefs _____ humane methods for preparing these animals.
   (a) have explored
   (b) explore
   (c) are exploring
   (d) will explore

6. Betty's infant son Daniel is mesmerized by the washing machine and has not moved away from it since she turned it on. By the time the wash cycle finishes, Daniel _____ the appliance for an hour.
   (a) will be watching
   (b) had been watching
   (c) will have been watching
   (d) is watching

7. Kenneth has always wanted to own snakes, but his landlord has strict rules against it. If his landlord weren't so stern, Kenneth _____ a Rainbow Boa and a Carpet Python right now.
   (a) would have owned
   (b) has owned
   (c) will own
   (d) would own

8. Jungfraujoch Ice Palace is found at the highest railroad station in Europe and is possibly the highest ice palace in the world. Tourists _____ the structure for over 80 years, making it a popular Swiss attraction.
   (a) are visiting
   (b) have been visiting
   (c) will be visiting
   (d) had been visiting

9. Some carvings on ancient Egyptian temples vary in quality, and corrections were made to their form during their creation. This implies that experts and apprentices _____ together at the same time to develop these unique carvings.
   (a) will have worked
   (b) have been working
   (c) were working
   (d) are working

10. Scientists have observed that due to global warming, some animals are evolving to change their body shape. Many of the animals _____ have now developed bodies that are better at dispersing heat.
    (a) what have adapted to rising temperatures
    (b) which they have adapted to rising temperatures
    (c) who have adapted to rising temperatures
    (d) that have adapted to rising temperatures

11. After a night of partying with his friends, Connor stumbled home. He awoke the next morning with water and aspirin next to his bed, but he did not remember _____ the items there the night before.
    (a) placing
    (b) to place
    (c) having placed
    (d) to have placed

12. Olga's parents always boast about how multitalented their daughter is. She sings well, paints portraits, and can ballet dance. _____ she is also academically gifted, graduating top of her class with a degree in political science.

정답과 해설

문제 유형별 정답의 포인트를 쉽고 정확하게 분석한 해설 제공

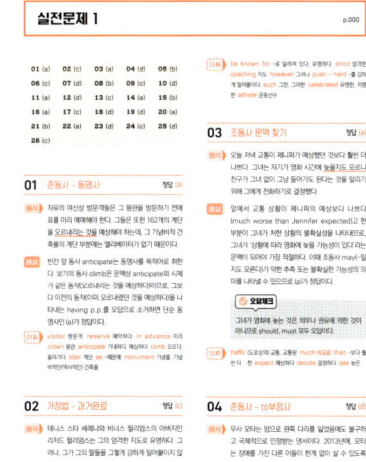

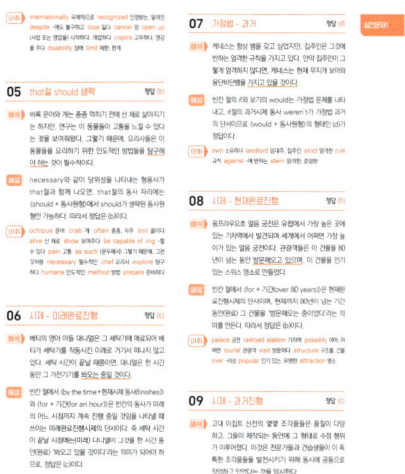

G-TELP Level 2 소개

G-TELP란?

G-TELP(General Tests of English Language Proficiency)는 미국 국제 테스트 연구원(ITSC, International Testing Services Center)에서 주관하여 University of California Los Angeles, Georgetown University, San Diego State University 등의 저명 교수진이 연구·개발하였고, 국내외 저명한 언어학자, 평가 전문가들이 참여하여 국제적으로 시행하는 글로벌 영어능력 평가 인증 시험입니다.

시험 구성

문법 26문항 (20분) + 청취 26문항 (약 30분) + 독해 28문항 (40분) = 총 80문항 (약 90분)

영역	내용	지문 수 (개)	문항 수 (개)	배점 (점)	시간 (분)
Grammar (총 26문항)	시제, 가정법, 조동사, 준동사, 연결어, 관계사	-	26	100	20
Listening (총 26문항)	Part 1. Interesting Story	1	7	100	약 30
	Part 2. Speech	1	6		
	Part 3. Conversation	1	6		
	Part 4. Presentation	1	7		
Reading & Vocabulary (총 28문항)	Part 1. Biography Article	1	7	100	40
	Part 2. Magazine Article	1	7		
	Part 3. Encyclopedia Article	1	7		
	Part 4. Business or Formal Letter	1	7		
Total			80	300	약 90

* 시험 시간을 특정 영역에 제한을 두지는 않으므로, 주어진 시간 내에 다른 영역의 문제풀이 가능
* 각 영역 100점 만점으로 총 300점이며, 세 개 영역의 평균 값으로 성적 산출

총 26문항	시제 6문항	현재진행	1문항
		현재완료진행	1문항
		과거진행	1문항
		과거완료진행	1문항
		미래진행	1문항
		미래완료진행	1문항
	가정법 6문항	가정법 과거	3문항
		가정법 과거완료	3문항
	to부정사 3문항	to부정사 목적어, 부사적 용법, 형용사적 용법 등	3문항
	동명사 3문항	동명사 목적어, 관용표현 등	3문항
	조동사 문맥 찾기 2문항	should/must/can/may 등	2문항
	that절 should 생략 2문항	동사 뒤 that절, 형용사 뒤 that절	2문항
	연결어 2문항	접속부사, 접속사, 전치사	2문항
	관계사 2문항	관계대명사, 관계부사	2문항

시험 전 확인하기

시험 시간

- **입실 가능시간: <u>오후 1시 20분 ~ 2시 50분</u>** ※ 2시 50분에 입실 통제되며 이후 입실 절대 불가
- **오리엔테이션 시작 시간:** 2시 25분

주의 사항

- 신분증 미 지참 시 시험 응시 불가 (수험표는 없어도 응시 가능)
- 1층 고사장 입구에서 고사실 위치를 확인하며, 좌석표에 따라 지정 좌석에서 응시해야 합니다.
- 시험 시간 중도 퇴실 시, 시험을 포기한 것으로 간주되어 당 회차 시험이 0점 처리됩니다.
- 규정 신분증, 필기도구, 아날로그 손목시계 이외의 개인 소지품은 소지할 수 없습니다.
  - → 시험 전, 전자기기는 반드시 전원을 끄고 소지품과 함께 가방에 넣어 교실 앞에 제출해야 합니다.
  - → 전원을 끄지 않아 벨소리나 진동, 전자음이 울릴 시 부정행위로 간주되어 시험이 0점 처리되고 향후 2년간 시험에 응시할 수 없습니다.

준비물

□ **규정 신분증**
  - → 주민등록증, 여권(기간 만료 전), 운전면허증, 장애인등록증(주민등록번호 포함), 군 신분증(군인), 외국인등록증(외국인), 학생증(중고생) *대학생 학생증은 허용 불가
  - → 모바일 신분증: 정부24/PASS 주민등록증, 모바일 공무원증 등 일부 허용(자세한 사항은 지텔프 접수 사이트 참조)

□ **컴퓨터용 사인펜**
  - → OMR 답안지에는 반드시 컴퓨터용 수성 사인펜으로 마킹해야 합니다. (연필 사용 불가)

□ **수정 테이프**
  - → 마킹 오류 시 수정 테이프를 사용하여 수정할 수 있습니다. (수정액 사용 불가)
  - → 수정 테이프는 반드시 본인의 것을 사용해야 하며 타인에게 빌리거나 빌려줄 수 없습니다.

□ **아날로그 시계**
  - → 스톱워치, 스마트 워치, 전자시계 등은 사용할 수 없습니다.

OMR 작성법 예습

• **좌석표**(책상 위에 비치되어 있음)

NO. 00   수험번호 : 00-0000-0000000

김 ○○   고유번호 : **0000-0000000

• **OMR 카드**

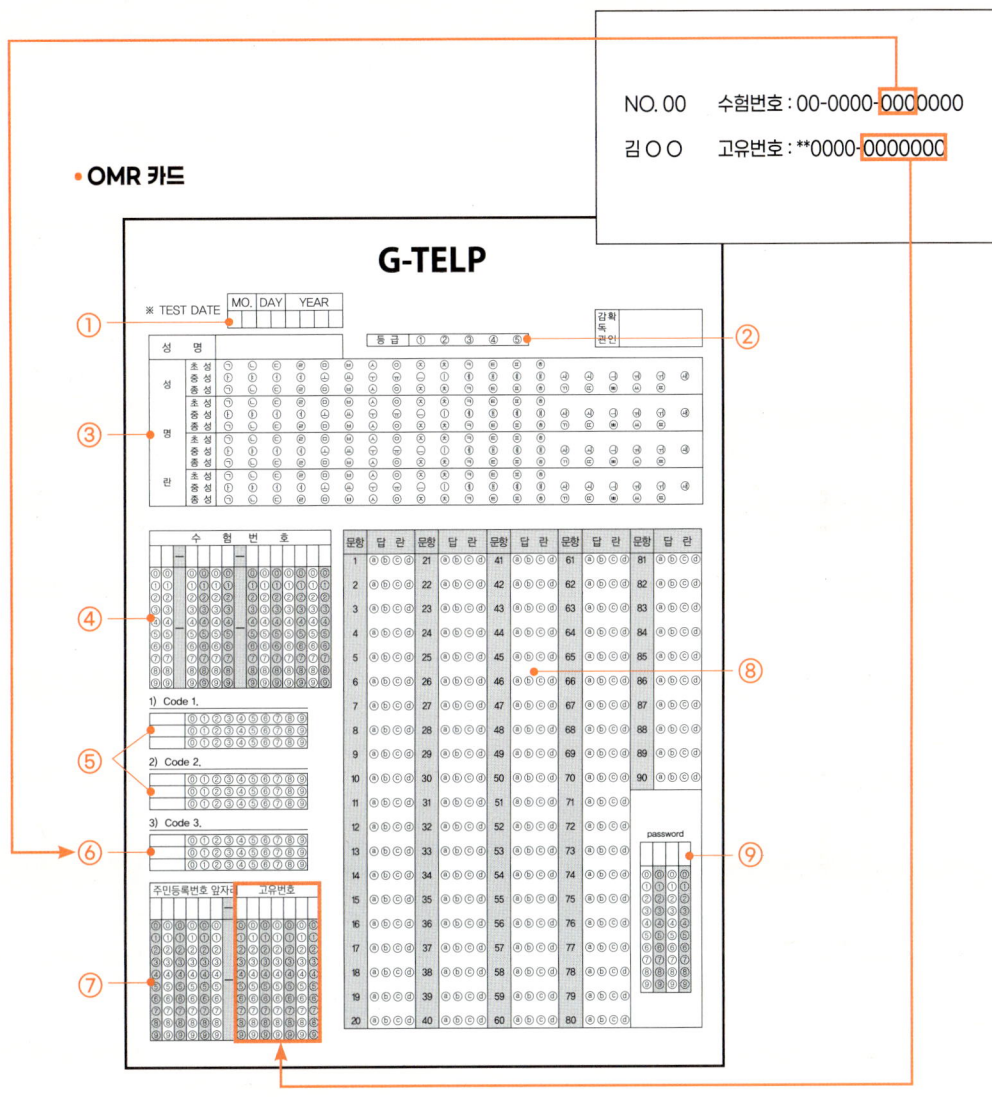

1. TEST DATE란에 월, 일, 년 순으로 기재합니다.
2. 등급은 ②에 마킹합니다.
3. 이름을 기재하고, 성명란에 초성, 중성, 종성에 맞게 마킹합니다.
4. 수험번호는 책상 위에 비치된 좌석표를 참고하여 마킹합니다.
5. Code 1과 Code 2는 OMR카드 뒷면에서 해당하는 코드를 찾아 마킹합니다.
   (대학생이 아닌 일반인의 경우 Code 1은 098, Code 2는 090을 기재하시면 됩니다.)
6. Code 3은 수험번호 마지막 7자리 숫자 중 앞 3자리 숫자를 마킹합니다.
7. 앞자리는 수험자의 주민등록번호 앞자리를, 뒷자리는 좌석표에 기재된 고유번호를 마킹합니다.
8. Level 2 시험은 80문항으로 구성되어 있으므로, 마킹은 80번까지만 하면 됩니다.
   (81~90번에 실수로 마킹이 되더라도 성적 처리에는 영향을 주지 않음)
9. Password는 온라인 성적표 발급 시 필요한 네 자리 숫자이며, 마킹 후 반드시 기억하도록 합니다.

※ 시험 시간에는 별도의 답안지 마킹 시간이 주어지지 않으므로, 종료시간 전에 반드시 마킹을 마무리해야 합니다.

G-TELP

General Tests of English Language Proficiency

지텔프 문법
실전문제풀이

| 문 제 편 |

20회분

실전문제 1

〈 26문항 : 20분 〉

GRAMMAR SECTION

DIRECTIONS:

The following items need a word or words to complete the sentence. From the four choices for each item, choose the best answer. Then blacken in the correct circle on your answer sheet.

Example:

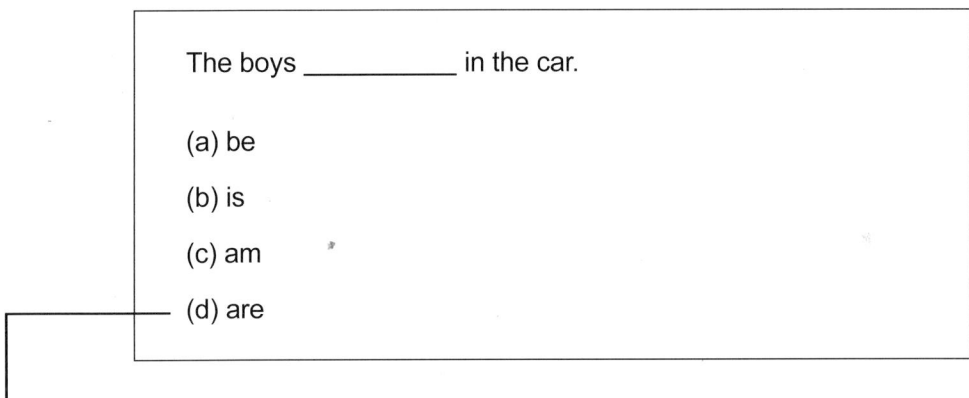

The correct answer is (d), so the circle with the letter (d) has been blackened.

NOW TURN THE PAGE AND BEGIN

1. Visitors to the Statue of Liberty must reserve tickets in advance before visiting its crown. They should also anticipate _____ up and down 162 stairs, as there are no elevators in that part of the monument.

   (a) climbing
   (b) to have climbed
   (c) having climbed
   (d) to climb

2. Richard Williams, father to tennis stars Serena and Venus Williams, is known for his strict coaching. However, if he had not pushed his daughters so hard, they _____ such celebrated athletes at a young age.

   (a) might not become
   (b) will not have become
   (c) might not have become
   (d) had not become

3. Traffic this evening is much worse than Jennifer expected. She has decided to call her friend to let him know that she _____ be late for the movie, so he can just go in without her.

   (a) may
   (b) should
   (c) must
   (d) shall

4. Musa Motha is an internationally recognized dancer, despite losing his left leg to cancer. In 2013, Motha opened up his own dance studio _____ others with disabilities to live without limits.

   (a) having inspired
   (b) to have inspired
   (c) inspiring
   (d) to inspire

5. Though octopuses and crabs are often boiled alive before being eaten, research has shown that these animals are capable of feeling pain. As such, it is necessary that chefs _____ humane methods for preparing these animals.

   (a) have explored
   (b) explore
   (c) are exploring
   (d) will explore

6. Betty's infant son Daniel is mesmerized by the washing machine and has not moved away from it since she turned it on. By the time the wash cycle finishes, Daniel _____ the appliance for an hour.

   (a) will be watching
   (b) had been watching
   (c) will have been watching
   (d) is watching

7. Kenneth has always wanted to own snakes, but his landlord has strict rules against it. If his landlord weren't so stern, Kenneth _____ a Rainbow Boa and a Carpet Python right now.

   (a) would have owned
   (b) has owned
   (c) will own
   (d) would own

8. Jungfraujoch Ice Palace is found at the highest railroad station in Europe and is possibly the highest ice palace in the world. Tourists _____ the structure for over 80 years, making it a popular Swiss attraction.

   (a) are visiting
   (b) have been visiting
   (c) will be visiting
   (d) had been visiting

9. Some carvings on ancient Egyptian temples vary in quality. One reason is that during their creation, master craftsmen and apprentices _____ together when they modified the details, leading to differences in the quality.

   (a) will have worked
   (b) have been working
   (c) were working
   (d) are working

10. Scientists have observed that due to global warming, some animals are evolving to change their body shape. Many of the animals _____ have now developed bodies that are better at dispersing heat.

   (a) what have adapted to rising temperatures
   (b) which they have adapted to rising temperatures
   (c) who have adapted to rising temperatures
   (d) that have adapted to rising temperatures

11. After a night of partying with his friends, Connor stumbled home. He awoke the next morning with water and aspirin next to his bed, but he did not remember _____ the items there the night before.

   (a) placing
   (b) to place
   (c) having placed
   (d) to have placed

12. Olga's parents always boast about how multitalented their daughter is. She sings well, paints portraits, and can ballet dance. _____, she is also academically gifted, graduating top of her class with a degree in political science.

   (a) Regardless
   (b) As a result
   (c) For example
   (d) Moreover

13. The Eiffel Tower initially had a 20-year permit when it was constructed in 1889. By 1910, the local government of Paris had planned _____ the structure, had it not been converted into a radio antenna tower.

(a) to have dismantled
(b) having dismantled
(c) to dismantle
(d) dismantling

14. Peter's town sometimes suffers from wildfires due to its hot, dry weather. In a public statement, the fire department has announced that they _____ free safety checks of homes in high-risk areas throughout the next wildfire season.

(a) will be conducting
(b) have been conducting
(c) will have conducted
(d) would be conducting

15. A New York art collector was shocked to find that a mosaic he purchased was actually an ancient antique. If authorities had not seized the item, the dealer _____ to use the piece as a coffee table.

(a) would continue
(b) would have continued
(c) had continued
(d) will have continued

16. Pleasantville has strict rules for protecting its natural flora. According to the park signage, visitors _____ not step on any of the grass or flowers, lest they be punished with a hefty fine.

(a) must
(b) would
(c) could
(d) might

17. Though it may seem counterintuitive, it is important to exercise even if you have back pain. Experts recommend that one _____ a brisk 30-minute walk three times a week to improve spine mobility.

(a) will take
(b) has taken
(c) take
(d) is taking

18. Thomas was preparing dinner for his girlfriend when he suddenly remembered her tomato allergy. _____ he could have potentially sent his girlfriend to the hospital, he was glad he remembered to remove the tomato in time.

(a) Still
(b) Until
(c) Whenever
(d) Though

19. In an attempt to redirect lightning to kill turkeys, Benjamin Franklin electrocuted himself and nearly died. Had the lightning bolt killed him, he _____ electricity two years later.

    (a) had not harnessed
    (b) would not harness
    (c) will not have harnessed
    (d) would not have harnessed

20. Franny has dreams of becoming an astrophysicist but hates doing her math homework. Her father reminds Franny that it is essential for her _____ because she has such lofty goals.

    (a) to study
    (b) studying
    (c) to have studied
    (d) having studied

21. Despite repeated warnings from colleagues, Chris has been sneaking into work a few minutes late every day for the past few weeks. If he were caught by his boss, he _____ right away.

    (a) would have been reprimanded
    (b) would be reprimanded
    (c) will be reprimanded
    (d) has been reprimanded

22. Yvette wants to surprise her husband with a new golf set, but the prices she sees online shock her. Although she wants to find a great gift, she cannot justify _____ so much money on leisure.

    (a) spending
    (b) to spend
    (c) having spent
    (d) to have spent

23. Known for creating the theory of natural selection, Charles Darwin once became fascinated with some finches he saw on the Galapagos Islands. He _____ the birds for weeks when he started theorizing about their development.

    (a) has been studying
    (b) would study
    (c) will be studying
    (d) had been studying

24. Virender Bhardwaj was looking to pass the time when he started photographing animals in his neighborhood and posting them to social media. He was later the first to document the kukri, _____, in a scientific journal.

    (a) who is a small black and white snake
    (b) what is a small black and white snake
    (c) which is a small black and white snake
    (d) that is a small black and white snake

25. Joseph has been upset all week because it seems like everyone forgot about his birthday. On the contrary, his family and friends _____ for a surprise party right now as he travels home from work.

(a) will have set up
(b) have been setting up
(c) were setting up
(d) are setting up

26. Taylor agreed to watch Mark's dog, but she doesn't know what to do now that it is constantly barking. If she were to go back in time, she _____ her friend for advice in this situation.

(a) will ask
(b) has asked
(c) would ask
(d) would have asked

해설 p.4

THIS IS THE END OF THE GRAMMAR SECTION
DO NOT GO ON UNTIL TOLD TO DO SO

실전문제 2

〈 26문항 : 20분 〉

GRAMMAR SECTION

DIRECTIONS:

The following items need a word or words to complete the sentence. From the four choices for each item, choose the best answer. Then blacken in the correct circle on your answer sheet.

Example:

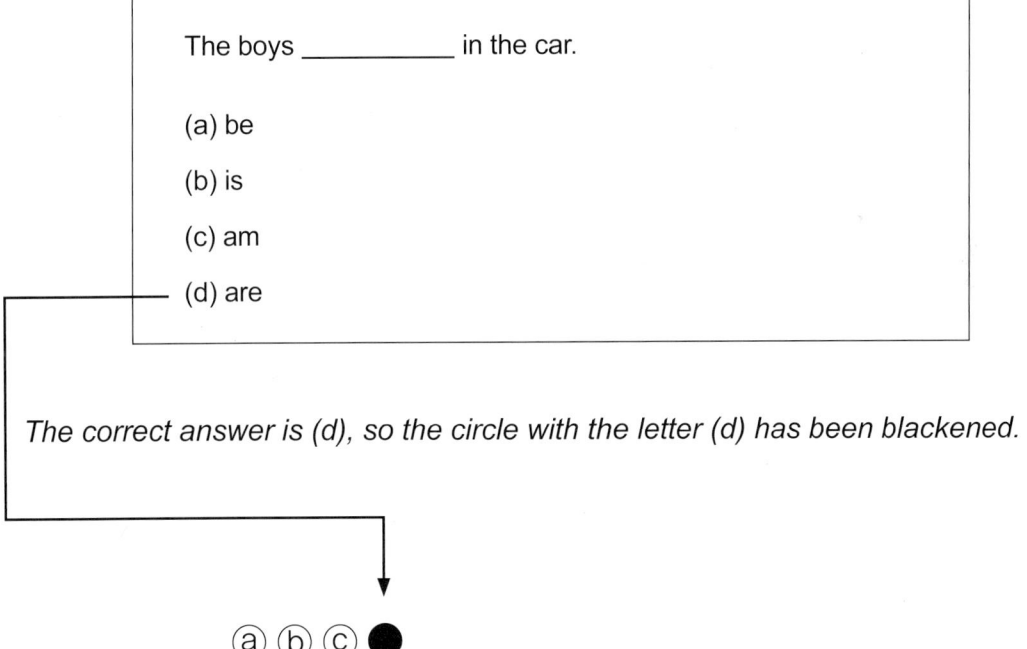

The boys _____ in the car.

(a) be

(b) is

(c) am

(d) are

The correct answer is (d), so the circle with the letter (d) has been blackened.

NOW TURN THE PAGE AND BEGIN

1. The local residents have been seeing more bobcats around lately. Although no harm has been done, we must still be careful. If I were to see a bobcat, I _____ away slowly to get to safety.

   (a) will back
   (b) would back
   (c) have backed
   (d) would have backed

2. The idiom "cut to the chase" originated from the early days of film, when chase scenes were often the highlight of a movie. _____, cutting to the chase means skipping ahead to the interesting part.

   (a) Otherwise
   (b) In contrast
   (c) Similarly
   (d) In other words

3. Five-year-old Tonya was introduced to the art of close-up magic by her grandfather. He promised to reveal the secrets of his magic tricks on her next birthday. When she turns six, she _____ how they are performed.

   (a) would have learned
   (b) had learned
   (c) will be learning
   (d) has been learning

4. My mother meets up with her close childhood friends once a year. Though they all live in different states now, whenever they get together, they can't help _____ on what they call "the good old days."

   (a) to reflect
   (b) reflecting
   (c) having reflected
   (d) to have reflected

5. Jacob was assigned to write a financial report for his supervisor. Though he submitted the report by the given deadline, he _____ through the calculations all night long, such that the resulting figures contained serious errors.

   (a) had been rushing
   (b) will rush
   (c) has been rushing
   (d) rushes

6. Mass shootings in the US seem to be occurring with greater frequency these days. Some gun control advocates believe that if an assault weapons ban had been in place, many of the recent mass shootings _____.

   (a) will have been prevented
   (b) could be prevented
   (c) could have been prevented
   (d) had been prevented

7. Guest arrival times are enforced in hotels so that housekeeping has time to clean rooms between stays. If guests wish _____ early, they must call the hotel in advance.

   (a) to check in
   (b) checking in
   (c) having checked in
   (d) to have checked in

8. The Carolina Reaper is the world's hottest pepper. Chefs do not recommend _____ dishes containing the pepper as it can cause nausea, stomachache, and even increased heart rate.

   (a) having tried
   (b) to try
   (c) trying
   (d) to have tried

9. We're almost ready to start painting our living room walls. We _____ the walls since early this morning to make sure that we'll have enough time to apply multiple coats of paint before sundown.

   (a) are priming
   (b) had been priming
   (c) have been priming
   (d) primed

10. High amounts of artificial blue light from things like computer monitors and smartphone screens can be harmful to the human eye. Optometrists advise that people _____ in blue light filtering lenses for protection.

    (a) are investing
    (b) have invested
    (c) invest
    (d) will invest

11. Westin Watchmakers is a 130-year-old family-run company. Its current owner, the founder's great-granddaughter, proudly upholds traditional values. If it were not for her, the company _____ in a different direction.

    (a) would evolve
    (b) will evolve
    (c) would have evolved
    (d) has never evolved

12. Before my neighbor left for vacation, I agreed to look after her houseplants. I don't have a green thumb, but I _____ them now while she's away. With any luck, they'll still be alive when she returns.

    (a) am watering
    (b) had been watering
    (c) was watering
    (d) will have watered

13. In fifth grade, I remember teasing a new student because of her clothes. Years later, I realized that I had been a bully. If I had known then what I know now, I _____ her.

(a) would not pick on
(b) would not have picked on
(c) will not have picked on
(d) had not picked on

14. Some contracts are incredibly long and filled with intimidating amounts of legalese, or specialized terminology used by legal professionals. Though people _____ read all the fine print before signing, it's not surprising that many don't.

(a) would
(b) shall
(c) must
(d) should

15. Jonah went on a historical walking tour last weekend that was supposed to take about four hours but, halfway through, he encountered an unexpected thunderstorm. He _____ on time if he had only checked the morning weather forecast.

(a) could finish
(b) can finish
(c) had finished
(d) could have finished

16. Black Friday is an annual shopping event that takes place the day after Thanksgiving. Store items are greatly discounted. Customers _____ just to be first in line must be eager for a bargain.

(a) whom they camp out for several days
(b) which camp out for several days
(c) what camp out for several days
(d) that camp out for several days

17. After listening to William's presentation, his supervisor provided feedback so that he could improve the way he gives future presentations. She suggested that he _____ to avoid covering too much information at one time.

(a) try
(b) is trying
(c) tried
(d) will try

18. Many small things can be done around the house to save energy. An easy step everyone can take is replacing old incandescent light bulbs with energy-efficient LED bulbs _____ the amount of electricity consumed.

(a) having reduced
(b) to reduce
(c) reducing
(d) to have reduced

19. Recent funding raised by NuLife will be spent on building a new homeless shelter downtown. The project director, _____, was hand-selected by NuLife's board to lead the project.

    (a) who was once homeless herself
    (b) which was once homeless herself
    (c) that was once homeless herself
    (d) whom she was once homeless herself

20. Lemony Snicket's *A Series of Unfortunate Events* is a series of novels about orphaned children who go through countless sad and terrible experiences. _____, the books' dark content is presented in a humorous fashion.

    (a) In fact
    (b) Unfortunately
    (c) For example
    (d) However

21. Todd and Tammy have carefully planned their wedding. They _____ the final guest list yesterday when they found that several parties hadn't responded. The couple was horrified to find they had forgotten to mail several invitations.

    (a) have been checking
    (b) would check
    (c) were checking
    (d) will have checked

22. Gophers can be a nuisance to gardeners. The burrowing rodents gnaw on roots, effectively killing a plant. Landscapers advise that a homeowner install a wire mesh basket around plants' roots _____ the gophers away.

    (a) to have kept
    (b) keeping
    (c) to keep
    (d) having kept

23. Yolanda returned to the room, speechless. Her eyes were wide, her skin was pale, and she was panting as though trying to catch her breath. The others thought that she _____ have seen a ghost.

    (a) should
    (b) will
    (c) would
    (d) must

24. Jacob was sent to Nairobi on a humanitarian mission to build a school. By the time his mission is over and the building is finally completed, he _____ there for two years.

    (a) was serving
    (b) will be serving
    (c) has been serving
    (d) will have been serving

25. As the upcoming presidential election nears, the number of candidates seeking the presidency will gradually grow smaller. In these final stages, candidates should consider _____ bold stances on divisive issues without alienating their supporters.

(a) to take
(b) taking
(c) having taken
(d) to have taken

26. Jen swears that the newly opened bakery next door makes the best donuts in the world. She jokingly claims that she _____ there for free if it meant she were allowed to eat donuts every day.

(a) would work
(b) would have worked
(c) has worked
(d) will work

해설 p.10

THIS IS THE END OF THE GRAMMAR SECTION
DO NOT GO ON UNTIL TOLD TO DO SO

실전문제 3

〈 26문항 : 20분 〉

GRAMMAR SECTION

DIRECTIONS:

The following items need a word or words to complete the sentence. From the four choices for each item, choose the best answer. Then blacken in the correct circle on your answer sheet.

Example:

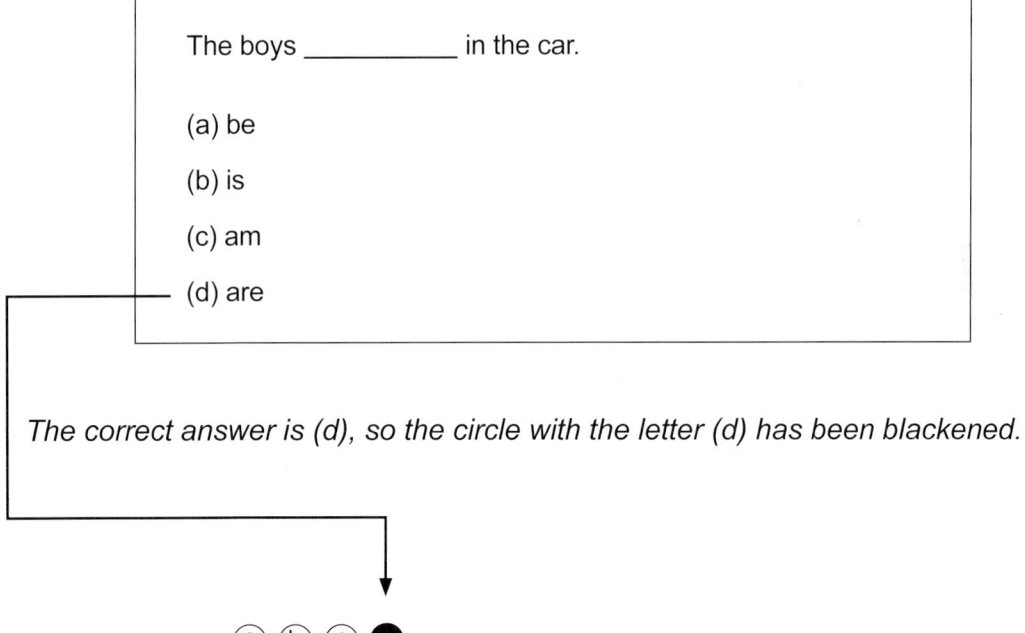

The boys _____ in the car.

(a) be

(b) is

(c) am

(d) are

The correct answer is (d), so the circle with the letter (d) has been blackened.

NOW TURN THE PAGE AND BEGIN

1. Betty asked her friend Robert, a self-proclaimed "steak connoisseur," to help her prepare the perfect ribeye. He insisted that she _____ grain-fed beef, asserting that it has better fat content than grass-fed beef.

   (a) purchase
   (b) will purchase
   (c) purchased
   (d) had purchased

2. Nick agreed to help Susan move next weekend. However, he is unaware that this also entails _____ her entire apartment, since she hasn't been taking good care of it over the years.

   (a) having cleaned
   (b) to clean
   (c) cleaning
   (d) to have cleaned

3. Rocket scientist Lonnie Johnson always loved tinkering with random objects to make improvements. If he had not been so inventive, he _____ the Super Soaker, one of the most popular toys of the '90s.

   (a) would not have created
   (b) would not create
   (c) will not have created
   (d) had not created

4. Traditional Filipino tattooing is a nearly extinct art form. To preserve this culture, tattoo artist Elle Festin took a pilgrimage to the village _____ to speak with the last remaining artist.

   (a) where the tattooing began
   (b) when the tattooing began
   (c) who the tattooing began
   (d) which the tattooing began

5. After a trip to Nigeria, Joon gained an interest in learning about cuisines from West African countries. For the past two months, he _____ how to make traditional dishes such as *fufu* and chicken *yassa*.

   (a) studies
   (b) had been studying
   (c) is studying
   (d) has been studying

6. Florence Nightingale is remembered as a pioneer of modern nursing. Also known as "The Lady with the Lamp," Nightingale _____ to soldiers from the Crimean War when she noticed the need for formal training of nurses.

   (a) would tend
   (b) was tending
   (c) tended
   (d) has been tending

7. The Palacetown apartment community recognizes the growing needs of parents and aims to provide support. Thanks to a new day-care center, working parents _____ rest assured that their children will be well taken care of.

(a) would
(b) must
(c) can
(d) might

8. For hundreds of years, the Inuit have spoken of polar bears using tools to kill prey. Western scientists didn't believe these stories until video evidence proved polar bears manage _____ walruses by throwing rocks from cliffs.

(a) to hunt
(b) hunting
(c) to have hunted
(d) having hunted

9. Gemma has been complaining of toothache caused by her excessive consumption of candies. Her dentist told her that she must resist _____ sweets to protect her teeth.

(a) having eaten
(b) to eat
(c) to have eaten
(d) eating

10. The Spanish Habsburgs were a ruling family whose line ended with the king's death in 1700. Recent studies on the family's facial structure show that if they had not interbred, the family most likely _____ further generations.

(a) would produce
(b) will have produced
(c) would have produced
(d) had produced

11. Louis and Florence's relationship has been going well, so Louis doesn't want to jeopardize it. Fearful that his girlfriend will scold him for breaking her beloved vase, he _____ for a way to repair it at the moment.

(a) is searching
(b) had searched
(c) was searching
(d) has been searching

12. After a 7.1 magnitude earthquake hit last week, a killer whale ended up beached on some jagged coastal rocks. If it had not been for human intervention, the whale _____ due to lack of water.

(a) had died
(b) would have died
(c) will have died
(d) would die

13. Tired of her boring farm life, Lucy dreams about living in a big city. If she were to be surrounded by people instead of animals, she _____ the chance to make human friends.

(a) would have relished
(b) had relished
(c) will relish
(d) would relish

14. The Great Wall of China is one of the most famous landmarks in Asia. Though the wall was initially built _____ foreign invaders, it was also used for commerce and is now a tourist destination.

(a) having deterred
(b) to deter
(c) deterring
(d) to have deterred

15. There are hundreds of caves worldwide covered with prehistoric artwork of animals, flora, and humanlike creatures. Historians are uncertain about what these paintings were for, but they _____ have served either a religious or decorative purpose.

(a) must
(b) should
(c) will
(d) might

16. Rachel was surprised to learn that the fast-food chain Burger Maniac was not founded recently. In fact, the company _____ sandwiches long before she was born in the late 1970s.

(a) serves
(b) had been serving
(c) will have been serving
(d) has been serving

17. Jackie has a stomachache so intense that she cannot go to work. Her boss understands that she is unwell, but he advises that she _____ a doctor to get treatment so she can return to work.

(a) will visit
(b) has visited
(c) is visiting
(d) visit

18. Only one point away from failing pre-calculus, Zach is begging his teacher for extra credit. _____ he shows up to every class and does his homework, Zach will be able to pass, according to Ms. Mullman.

(a) So that
(b) Even though
(c) Provided that
(d) As if

19. Studies show that urban landscapes do not reflect the natural order of the environment, which causes some people to get headaches. If builders were to favor natural architecture, people _____ more comfort looking at vast cityscapes.

    (a) would have found
    (b) will find
    (c) would find
    (d) have found

20. Halley's comet is a meteorological event that occurs approximately every 75 years. Coincidentally, Mark Twain, the author _____ such as *Huckleberry Finn* and *Tom Sawyer*, was born and died the same years the comet visited earth.

    (a) what wrote classics
    (b) which wrote classics
    (c) when wrote classics
    (d) who wrote classics

21. Every year, Rosemount University hosts a dance marathon to raise money for local charities. The event starts this Friday night and, by Saturday afternoon, the remaining contestants _____ for over 12 hours straight.

    (a) are dancing
    (b) will have been dancing
    (c) have been dancing
    (d) will be dancing

22. Michael's group knows how to balance study and leisure well. After a pleasant afternoon snack, they immediately resume _____ on their group presentation even though the deadline is in two weeks.

    (a) to work
    (b) working
    (c) to have worked
    (d) having worked

23. Observing the extravagant lifestyles of billionaires makes Linda green with envy. If she were that rich, she _____ her money on curing social ills instead of wasting it on luxury items.

    (a) would have spent
    (b) has spent
    (c) would spend
    (d) will spend

24. A boisterous five-year-old, Charlize misbehaved during the entire trip to her grandparents' house. Though her parents do not want to reprimand her right now, they _____ a stern talk with her on the way home later.

    (a) will be having
    (b) are having
    (c) will have had
    (d) have been having

25. Martha decided to try the *Labyrinth*, a maze attraction in her local theme park. She spent some time wandering around the maze, trying to find the exit. _____, she was able to find her way out.

   (a) Meanwhile
   (b) Likewise
   (c) Nevertheless
   (d) Eventually

26. The standard eight-hour workday was established in the US in 1866. The labor unions fought bravely _____ working hours because previous labor contracts had been putting undue strain on workers.

   (a) reducing
   (b) to reduce
   (c) having reduced
   (d) to have reduced

해설 p.16

THIS IS THE END OF THE GRAMMAR SECTION
DO NOT GO ON UNTIL TOLD TO DO SO

실전문제 4

〈 26문항 : 20분 〉

GRAMMAR SECTION

DIRECTIONS:

The following items need a word or words to complete the sentence. From the four choices for each item, choose the best answer. Then blacken in the correct circle on your answer sheet.

Example:

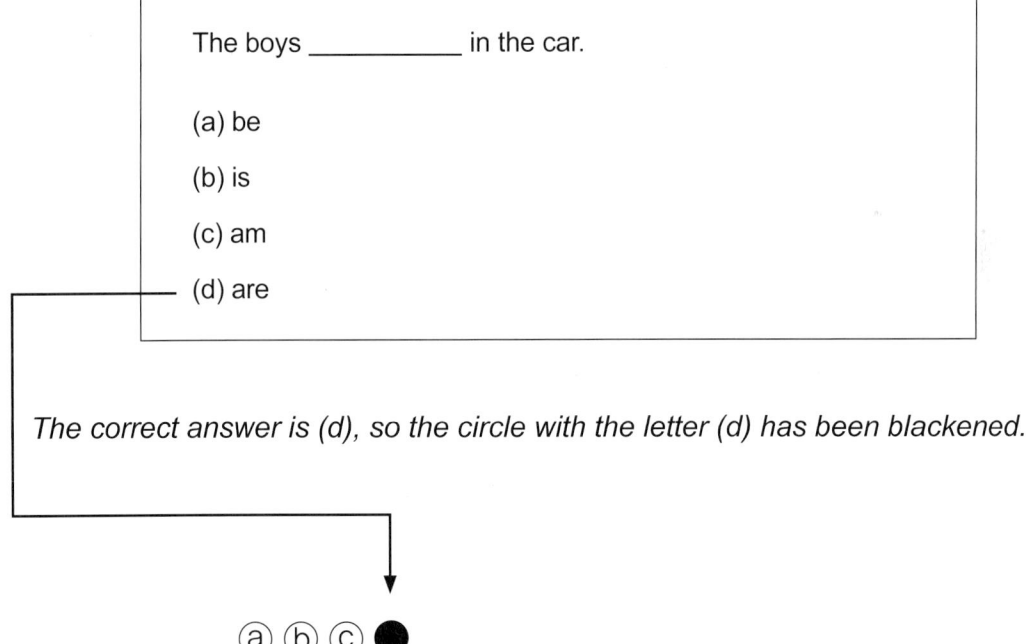

The boys _____ in the car.

(a) be

(b) is

(c) am

(d) are

The correct answer is (d), so the circle with the letter (d) has been blackened.

NOW TURN THE PAGE AND BEGIN

1. Recovering at home from a nasty fall, Bruce cursed himself for trying to climb an icy mountain during a snowstorm. Had he waited until the storm passed, he _____ his ankle during his journey.

   (a) will not have twisted
   (b) might not twist
   (c) had not twisted
   (d) might not have twisted

2. Principal Stewart believes there is a suitable classroom for every child. Though she has never refused _____ a student, there is one prospective pupil with troublesome disciplinary issues on his permanent record that gives her pause.

   (a) to accept
   (b) accepting
   (c) to have accepted
   (d) having accepted

3. Amelia Earhart was a pioneering aviator who set many world records until she disappeared mid-flight in 1937. Interested parties _____ for her remains for over 70 years, and they have several theories about potential resting places.

   (a) will have looked
   (b) are looking
   (c) have been looking
   (d) had been looking

4. Cassie Castaneda, inventor of the Beauty Jet, revolutionized the makeup industry with her unique, spray-on applicator. Thanks to her, professionals and amateurs alike _____ use this convenient tool to more easily apply makeup.

   (a) might
   (b) can
   (c) shall
   (d) must

5. Ronald is frantically driving around his neighborhood looking for Rosie, his lost dog. If he were to buy a more dependable leash, he _____ so much about his dog escaping.

   (a) will not worry
   (b) would not have worried
   (c) has not worried
   (d) would not worry

6. The Terracotta Army is an entombed collection of over 8,000 clay soldiers and horses discovered while a group of Chinese farmers were digging a well. The emperor _____ believed the army would protect him after death.

   (a) who had the mausoleum built
   (b) which had the mausoleum built
   (c) what had the mausoleum built
   (d) that he had the mausoleum built

7. Jerome, a diligent vegan who never consumes animal products, was shocked to find out that certain apple juices are clarified with fish bladders. If he had known earlier, he _____ those brands of juice.

(a) would not drink
(b) will not have drunk
(c) would not have drunk
(d) had not drunk

8. Weightlifting is not just for serious athletes and bodybuilders. Multiple studies show that even basic weightlifting _____ increase cardiovascular health, lower blood pressure, and boost your metabolism.

(a) shall
(b) must
(c) may
(d) would

9. Though nearly everyone finds mosquitos to be an annoyance, some varieties are quite charming and fun to observe. One species, _____, has a pair of vibrant blue legs that resemble fringe boots.

(a) which performs an elaborate mating dance
(b) what performs an elaborate mating dance
(c) who performs an elaborate mating dance
(d) that performs an elaborate mating dance

10. Marianne has always had trouble memorizing vocabulary and is worried about her exam tomorrow. Mr. Barnes, her French teacher, proposes that she _____ her own flashcards tonight so she can better remember new words.

(a) is creating
(b) has created
(c) will create
(d) create

11. Henry's obsession with a dipping sauce caused his friends to burst out laughing. They watched him enthusiastically mix mayonnaise and ketchup while they _____ their burgers.

(a) had unwrapped
(b) were unwrapping
(c) will be unwrapping
(d) have been unwrapping

12. Joyce always stares out the window during class because her professor tends to ramble on about unrelated subjects during his lectures. If her instructor stayed on topic, Joyce _____ intently in order to take notes.

(a) would listen
(b) will listen
(c) would have listened
(d) has listened

13. Sleeping sickness is a debilitating disease that causes insomnia. It used to have a 100 percent fatality rate. _____, modern medicine has developed a treatment that has led to a 95 percent recovery rate.

(a) After all
(b) Naturally
(c) In addition
(d) Thankfully

14. Annie prioritizes stability and consistency in all aspects of her life. As such, she dislikes _____ new foods and won't even try her favorite dishes unless they are prepared exactly as outlined in the recipes.

(a) to sample
(b) having sampled
(c) to have sampled
(d) sampling

15. KenKen puzzles challenge one to fill a grid with digits in a specific order using simple arithmetic. The inventor _____ how to improve his math students' logical thinking for years before the idea finally struck him.

(a) has been pondering
(b) will have been pondering
(c) had been pondering
(d) ponders

16. Daisy was told by her parents that she was not allowed to eat the cookies on the counter before dinner. But, when her father briefly left the apartment, Daisy could not resist _____ the entire stash.

(a) to have devoured
(b) devouring
(c) to devour
(d) having devoured

17. Madeline recently returned from studying abroad in Brazil. Her Portuguese teacher had expected her language abilities to improve, but he was astonished when he realized that it was difficult for Madeline _____ even basic grammar structures.

(a) understanding
(b) to understand
(c) having understood
(d) to have understood

18. Albino alligators usually have short lifespans because they are targeted by predators and are sensitive to sunlight. Had it not been protected by humans, the oldest captive specimen, now 25, _____ it to adulthood.

(a) would not have made
(b) had not made
(c) would not make
(d) will not have made

19. Hilda is trying to think of ways to bring adventure to her marriage. She wonders if her husband would fancy _____ the Grand Canyon for their thirtieth wedding anniversary.

(a) exploring
(b) to explore
(c) having explored
(d) to have explored

20. Mittens is the much-loved mascot of the town of Claudesville, and her feline antics have been winning over residents and visitors alike. This coming July, she _____ as the town's "spokescat" for 16 years.

(a) will be serving
(b) is serving
(c) will have been serving
(d) has been serving

21. Newark Airport is known for its lengthy delays and occasional cancellations of flights. Experts recommend that you _____ to arrive at your destination a day before any important events take place to avoid scheduling issues.

(a) will arrange
(b) arranged
(c) have arranged
(d) arrange

22. Conjoined twins are born physically connected to one another. Though their quality of life may improve when separated, many elect not to undergo separation surgery _____ the procedure carries the risk of death for both twins.

(a) even though
(b) because
(c) as soon as
(d) unless

23. Humans have always been fascinated with extraterrestrial life and travel, and many consider space the final frontier. Right now, a number of corporations and government bodies _____ for ways to send people to other planets.

(a) are hunting
(b) have hunted
(c) will be hunting
(d) had been hunting

24. As a janitor, Jasper always ensures that the office he works in is spotless. To show their appreciation, the workers in the building chipped in for a new smartwatch _____ him for his birthday.

(a) having surprised
(b) to surprise
(c) surprising
(d) to have surprised

25. Cynthia is the first person from her country to compete in next month's Fencing World Cup. Though she feels extremely proud, she must also deal with the pressure of knowing her entire country _____ from home.

(a) has been watching
(b) will have watched
(c) would watch
(d) will be watching

26. Shakespeare, the illustrious playwright and poet, profoundly shaped the English language, which continues to resonate in modern times. If his works were nonexistent, our current lexicon _____ many essential phrases.

(a) would be missing
(b) has been missing
(c) would have been missing
(d) will have been missing

해설 p.22

THIS IS THE END OF THE GRAMMAR SECTION
DO NOT GO ON UNTIL TOLD TO DO SO

실전문제 5

〈 26문항 : 20분 〉

GRAMMAR SECTION

DIRECTIONS:

The following items need a word or words to complete the sentence. From the four choices for each item, choose the best answer. Then blacken in the correct circle on your answer sheet.

Example:

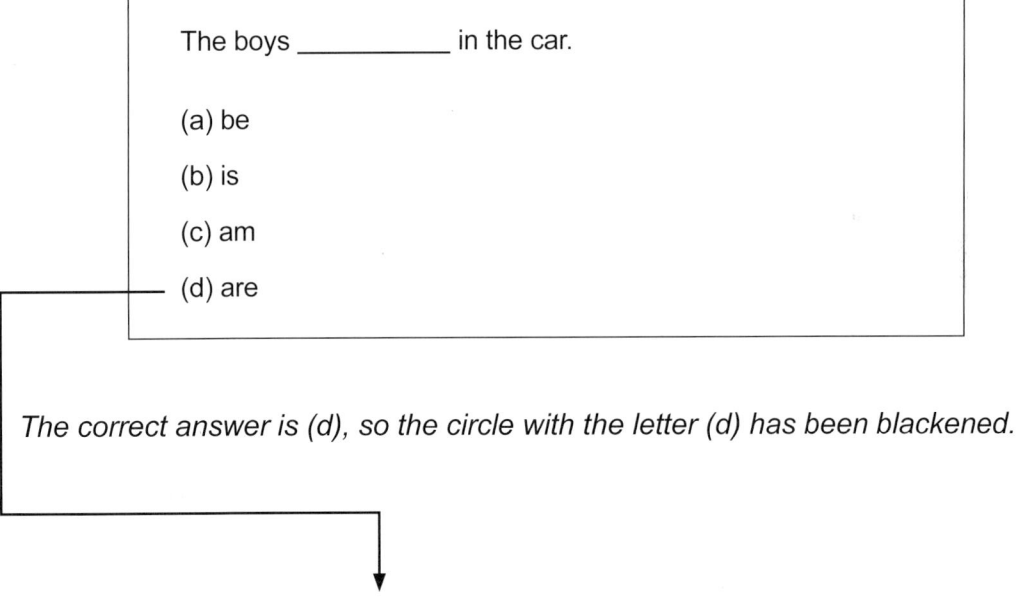

The boys _____ in the car.

(a) be

(b) is

(c) am

(d) are

The correct answer is (d), so the circle with the letter (d) has been blackened.

NOW TURN THE PAGE AND BEGIN

1. Bored of eating the same kinds of food every day, Leo went looking for a unique dining experience. He found a restaurant called Expérience de Safari, _____, and made a reservation for tomorrow evening.

   (a) what sells wild game such as elk and boar
   (b) who sells wild game such as elk and boar
   (c) which sells wild game such as elk and boar
   (d) that sells wild game such as elk and boar

2. Despite his busy schedule and responsibilities as a CEO, John always dreams of exploring different cultures and experiencing new adventures. If he were to get more free time, he _____ the world.

   (a) might definitely travel
   (b) will definitely travel
   (c) might definitely have traveled
   (d) has definitely traveled

3. Though he has never left his hometown of Houston, Texas, Leroy sounds like a native speaker when speaking in Malay. Next month, he _____ the language for over ten years.

   (a) was studying
   (b) will have been studying
   (c) has been studying
   (d) will be studying

4. Walking can be an effective way to get in shape. In order to get the most out of a workout, experts advise that people periodically _____ their pace, which results in a more varied heart rate.

   (a) are altering
   (b) alter
   (c) will alter
   (d) have altered

5. Hermeus is a startup with the goal of creating planes that can travel at five times the speed of sound. At the moment, the company _____ a way to produce hypersonic aircraft fit for human passengers.

   (a) has been developing
   (b) develops
   (c) is developing
   (d) will develop

6. During the important business meeting, Sarah had to maintain a professional attitude at all times. However, she couldn't resist _____ when her colleague unexpectedly told a hilarious joke.

   (a) laughing
   (b) having laughed
   (c) to laugh
   (d) to have laughed

7. Carl just heard that he won first prize in a painting competition. He wants to celebrate at a Michelin-star restaurant but, as a struggling art student, there is simply no way _____ such an extravagant purchase.

(a) having justified
(b) to have justified
(c) justifying
(d) to justify

8. The recent local elections in Greenville have been damaged by numerous cheating allegations between the two mayoral candidates. _____, the vote counting has been delayed as an investigation takes place.

(a) Likewise
(b) As a result
(c) In comparison
(d) Meanwhile

9. Though bananas are a popular fruit, their peels are often thoughtlessly discarded after eating. Surprisingly, banana peels _____ be used for a variety of things, such as removing scuffs from leather or soothing bug bites.

(a) will
(b) shall
(c) can
(d) should

10. When the fire alarm started going off at Montgomery High School yesterday, the students were shocked and scared. If they had paid attention during morning announcements, they _____ the alarm was just a drill.

(a) would know
(b) will have known
(c) had known
(d) would have known

11. Sandy's husband said he was happy to wake up early to walk their Dalmatian puppy, but she refused his offer. Sandy adores _____ Spot and can think of no better way to start her day.

(a) walking
(b) to walk
(c) having walked
(d) to have walked

12. Hoon was dejected because it seemed like everyone forgot about his birthday. Defeated, he decided to take a nap. He _____ for about two hours when he woke up to a surprise party in his living room.

(a) would sleep
(b) had been sleeping
(c) slept
(d) has been sleeping

실전문제4

13. Yo-Yo Ma is a world-renowned cellist and child prodigy. When he was only seven years old, he was selected _____ for presidents Dwight D. Eisenhower and John F. Kennedy.

    (a) having performed
    (b) to have performed
    (c) performing
    (d) to perform

14. Marie Van Brittan Brown is credited as the first person to make a home security system. Brown, _____, created the system to feel safe in her dangerous neighborhood.

    (a) what was a Black nurse living in Queens
    (b) that was a Black nurse living in Queens
    (c) who was a Black nurse living in Queens
    (d) which was a Black nurse living in Queens

15. Lula bought Stephen an expensive baby cashmere jacket as a gift for his birthday. Unfortunately, he disliked _____ the cashmere industry because he believes it is cruel and unethical towards the welfare of goats.

    (a) having supported
    (b) to have supported
    (c) to support
    (d) supporting

16. A van Gogh painting has recently been sold after being hidden from the public eye for over a century. If Nazi soldiers had not confiscated the piece, it most likely _____ many years earlier.

    (a) would be sold
    (b) had been sold
    (c) will have been sold
    (d) would have been sold

17. Lost on an unfamiliar mountain trail, Louis is starting to regret his weekend hike. If his phone battery were not nearly dead, he _____ about how to find his way home.

    (a) would not be worried
    (b) has not worried
    (c) will not worry
    (d) would not have been worried

18. Grant had a stressful day at work and planned to have a relaxing evening at home. While he _____ television, however, a huge cockroach suddenly ran across his screen and caused him even more stress.

    (a) had watched
    (b) was watching
    (c) has been watching
    (d) would watch

19. Though a skunk may be cute, its putrid spray has toxic qualities that induce illness. Skunks tend to spray only as a last resort, but one _____ unleash its toxic concoction if one ventures too close.

    (a) may
    (b) should
    (c) must
    (d) shall

20. Someone has been stealing Katie's lunch from the employee fridge, and she is determined to find out who it is. Tomorrow, she _____ the fridge for the entire day to find the culprit.

    (a) has been observing
    (b) will have observed
    (c) observes
    (d) will be observing

21. Emma thinks eating breakfast is important, but she is always busy getting ready for work in the mornings, so she frequently skips it. If she were to wake up earlier, she _____ more time for a meal.

    (a) will have had
    (b) would have
    (c) will have
    (d) would have had

22. Allison had been living with her new Maine Coon kitten for three weeks before it suddenly disappeared. Allison spent hours frantically searching for him, but was relieved _____ him sleeping under a pile of laundry.

    (a) to find
    (b) finding
    (c) to have found
    (d) having found

23. Richard Montañez is heralded as the former Frito-Lay janitor who developed the million-dollar idea of Flamin' Hot Cheetos. _____, recent evidence suggests that much of his rags-to-riches story may have been fabricated.

    (a) Furthermore
    (b) Therefore
    (c) However
    (d) Accordingly

24. Charles was poised to come in first in his city's annual 5K run. Unfortunately, an unexpected injury mid-race took him out of the competition. If he had not hurt himself, he _____ by a sizeable margin.

    (a) was winning
    (b) would win
    (c) had won
    (d) would have won

25. Mr. Johnson is Julie's favorite Krav Maga instructor. Considering he _____ the martial art for over 30 years, he has become highly skilled and knows the best techniques for students of all levels.

(a) had been teaching
(b) has been teaching
(c) is teaching
(d) will be teaching

26. Aside from holding urine for too long, another cause of urinary tract infections is a lack of water. To prevent the infection, it is essential that one _____ hydrated by drinking plenty of fluids.

(a) has stayed
(b) will stay
(c) stay
(d) is staying

해설 p.29

THIS IS THE END OF THE GRAMMAR SECTION
DO NOT GO ON UNTIL TOLD TO DO SO

실전문제 6

〈 26문항 : 20분 〉

GRAMMAR SECTION

DIRECTIONS:

The following items need a word or words to complete the sentence. From the four choices for each item, choose the best answer. Then blacken in the correct circle on your answer sheet.

Example:

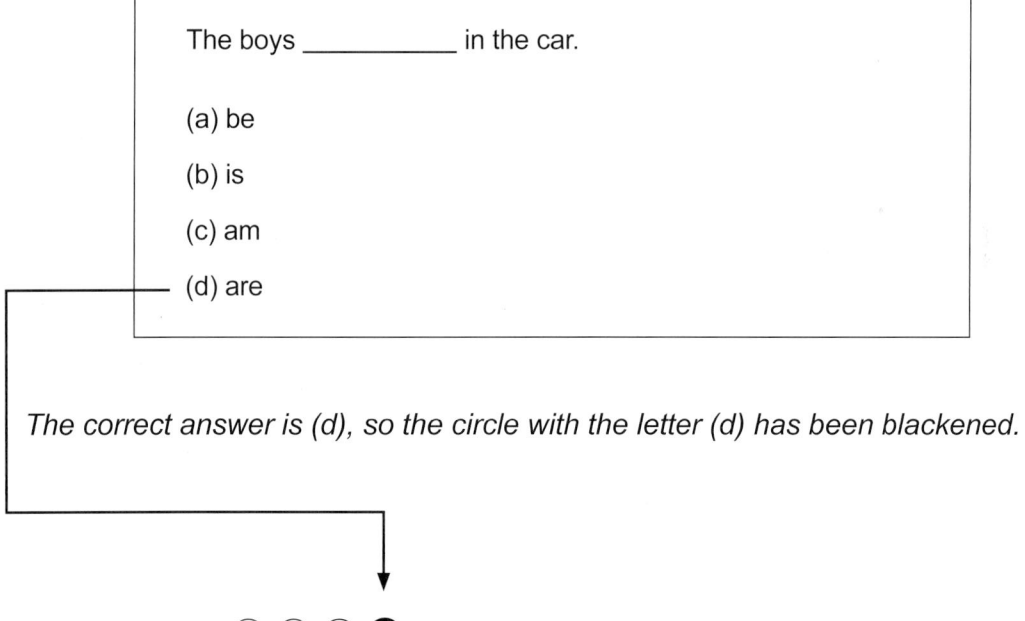

The boys _____ in the car.

(a) be

(b) is

(c) am

(d) are

The correct answer is (d), so the circle with the letter (d) has been blackened.

NOW TURN THE PAGE AND BEGIN

1. Ever since she was a child, Jane has had a fondness for classical music. She appreciates _____ works from composers like Beethoven and Mozart on the radio every now and then.

   (a) to have heard
   (b) to hear
   (c) having heard
   (d) hearing

2. The glaciers of Mount Elbrus, one of the highest peaks in Russia, feed the nearby river systems in the area. However, these once-thick ice masses _____ in size for decades due to increased summer temperatures.

   (a) have been declining
   (b) decline
   (c) are declining
   (d) had been declining

3. The inventor of Coca-Cola had no intention of creating the syrupy drink. He _____ a cure for headaches when his assistant accidentally mixed his concoction with carbonated water, thus creating the popular beverage.

   (a) would develop
   (b) is developing
   (c) developed
   (d) was developing

4. I was running errands when I realized one of my rear tires was flat. Although I had a spare, I couldn't change it on my own. Luckily, a kind stranger offered _____ me.

   (a) to help
   (b) helping
   (c) to have helped
   (d) having helped

5. Sunscreen is crucial for avoiding sunburns and preventing skin cancer. Even on cloudy days, dermatologists say it's important that one _____ sunscreen to stay protected from UV rays, which are invisible to the naked eye.

   (a) is applying
   (b) will apply
   (c) apply
   (d) has applied

6. Everclear Conservatory of Music is preparing for its much-anticipated annual Winter Concert. This year, world-famous opera singer Amelia Walters, _____, is coming to perform her signature songs.

   (a) that is a distinguished alumnus of the school
   (b) which is a distinguished alumnus of the school
   (c) what is a distinguished alumnus of the school
   (d) who is a distinguished alumnus of the school

7. *Kulning* is a form of Scandinavian music used to call livestock back from pastures. Scandinavians do not want to risk _____ the now-rare cultural practice, so they are working on spreading awareness.

(a) to lose
(b) having lost
(c) losing
(d) to have lost

8. Neckties were originally worn to indicate the rank and status of Croatian mercenaries serving in the French military in the 1600s. If it had not been for the soldiers, these clothing items _____ part of European fashion.

(a) would not become
(b) had not become
(c) will not have become
(d) would not have become

9. Carter wants to buy a pair of limited-edition sneakers that will be on sale tomorrow morning. His friend suggests that he _____ to the store early because the shoes will sell out quickly.

(a) will go
(b) go
(c) has gone
(d) is going

10. The small intestine is the part of the digestive system responsible for absorbing nutrients from food. Measuring approximately 18 to 23 feet long, it _____ stretch to almost four times an average person's height.

(a) can
(b) will
(c) must
(d) may

11. Harold's family moved to Las Vegas last fall, whereas he chose to remain in Portland for his graduate studies. Right now, he _____ for tenants to share his family's former home with him.

(a) is looking
(b) has looked
(c) will be looking
(d) looks

12. Jonathan takes public transportation to get to work, and it's about three hours round-trip. He says that if it were up to him, he _____ from home to avoid the hassle of his everyday commute.

(a) would have worked
(b) will work
(c) would work
(d) has worked

13. Dogs have a powerful sense of smell thanks to millions of olfactory receptors in their nose. _____, these receptors provide the dog with a powerful memory for scents, particularly those of other dogs encountered years previously.

(a) Afterward
(b) Furthermore
(c) Eventually
(d) However

14. In 1989, a vote was held to decide Greenland's new flag design. The red and white flag won. However, if it had not been for a few votes, the country's flag _____ to green and white.

(a) would change
(b) would have changed
(c) will have changed
(d) had changed

15. Professor Jules Crawford is going to donate his rare history books to the college library. This is his farewell gesture, as he _____ his retirement when he turns the collection over to the university tonight.

(a) will have been announcing
(b) announces
(c) will be announcing
(d) is announcing

16. Brenda was thrilled when her uncle Jim, an archaeologist, brought her a fossilized dinosaur claw as a gift. He remembered when she asked him _____ her one similar to the one in the movie *Jurassic Park*.

(a) getting
(b) having gotten
(c) to get
(d) to have gotten

17. Genevieve always goes straight home after art class because she cooks dinner for her parents and siblings. If she lived alone, she _____ a different art museum each day to relax.

(a) would visit
(b) would have visited
(c) will visit
(d) has visited

18. The company held its annual safety protocols meeting yesterday. Employees learned what they were supposed to do during an emergency. They were told that they _____ remain calm, even if there was a fire.

(a) will
(b) would
(c) might
(d) should

19. House cats spend nearly two-thirds of their lives sleeping. This is due to their predatory instinct to conserve energy for hunting. _____ household pets may not need to hunt for food, the instinct to sleep remains.

(a) Although
(b) Because
(c) Whenever
(d) Once

20. I was already near the office when I realized that I had left my ID at home. I tried entering without it, but the guard refused _____ me inside, so I had to run back home.

(a) letting
(b) having let
(c) to have let
(d) to let

21. Voyager 1, which is currently in interstellar space, is farther from Earth than any other man-made object has ever traveled. Scientists predict that by the time it loses power, it _____ for almost five decades.

(a) will be flying
(b) will have been flying
(c) flies
(d) has been flying

22. Yesterday, I spent a lot of time at the mall buying tickets for an upcoming music festival. By the time I got to the booth, I _____ in line for almost five hours.

(a) will be standing
(b) would stand
(c) have been standing
(d) had been standing

23. Anita is a classically trained musician, having received lessons since she was ten. Recently, she has been considering _____ out into jazz after witnessing a performance by renowned jazz musician Esperanza Spalding.

(a) to branch
(b) to have branched
(c) branching
(d) having branched

24. Last Saturday, Ericka attended Record Store Day and found a limited release by her favorite band, Navy Blues. If she had not gone, she _____ the chance to buy the vinyl reissue of their first album.

(a) would miss
(b) would have missed
(c) will have missed
(d) had missed

25. Although popularized in England, the sandwich did not originate there. People most likely got the idea for the food item, _____, from the Mediterranean, where Turks and Greeks regularly put food between layers of bread.

(a) who has various ingredients placed between bread slices
(b) that has various ingredients placed between bread slices
(c) which has various ingredients placed between bread slices
(d) what has various ingredients placed between bread slices

26. Argo Navis was once the largest known constellation. However, in the eighteenth century, astronomer Nicolas Louis de Lacaille proposed dividing it up. Had it not been for him, the constellation _____ into three smaller portions in 1930.

(a) might not be officially broken
(b) might not have been officially broken
(c) had not been officially broken
(d) will not have been officially broken

해설 p.35

**THIS IS THE END OF THE GRAMMAR SECTION
DO NOT GO ON UNTIL TOLD TO DO SO**

실전문제 7

〈 26문항 : 20분 〉

GRAMMAR SECTION

DIRECTIONS:

The following items need a word or words to complete the sentence. From the four choices for each item, choose the best answer. Then blacken in the correct circle on your answer sheet.

Example:

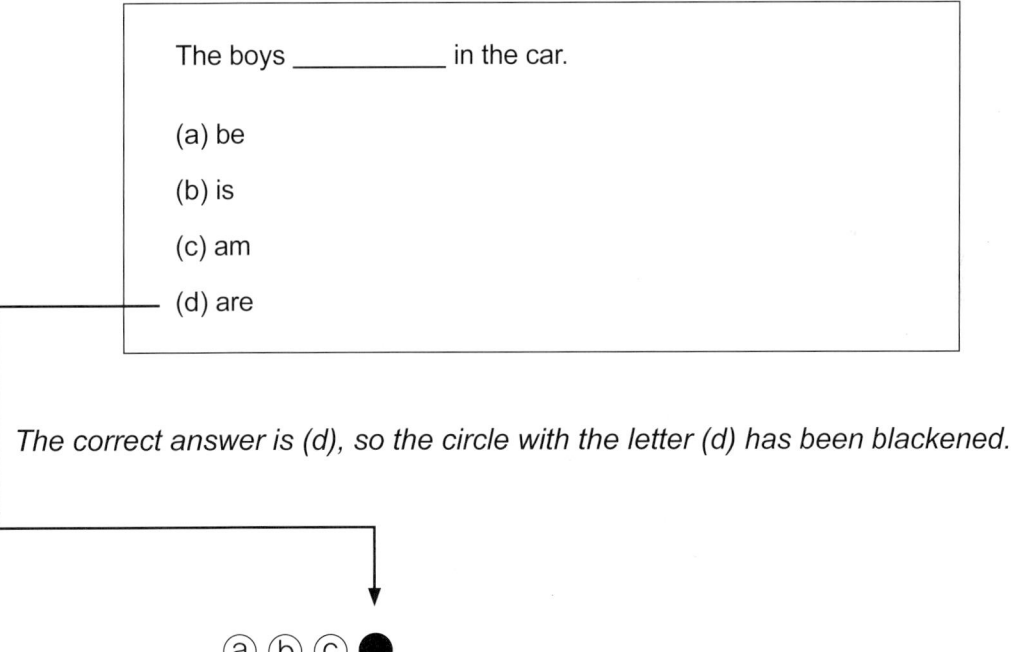

The boys _____ in the car.

(a) be

(b) is

(c) am

(d) are

The correct answer is (d), so the circle with the letter (d) has been blackened.

NOW TURN THE PAGE AND BEGIN

1. Jasmine got bored because the bus took forever to reach her destination. If only she had known that there would be a traffic jam, she _____ a book to read on the bus.

   (a) would have brought
   (b) will have brought
   (c) would bring
   (d) had brought

2. The British are so fond of tea that their soldiers make the beverage even while inside their battle tanks. The special equipment _____ is known as a "boiling vessel" or BV.

   (a) what allows them to boil water for tea
   (b) which it allows them to boil water for tea
   (c) that allows them to boil water for tea
   (d) who allows them to boil water for tea

3. Irene is disappointed that her brother carelessly wrote down the wrong company name on his resume's work history section. She is reminding him that _____ future complications, he must only put accurate information on his resume.

   (a) to have avoided
   (b) to avoid
   (c) having avoided
   (d) avoiding

4. A study shows that the tempo of music can affect how shoppers behave. For example, some department stores play slow music to relax customers and encourage them to keep _____ for longer.

   (a) to have shopped
   (b) to shop
   (c) having shopped
   (d) shopping

5. Mr. Turner wasted precious time while preparing the company's monthly financial report. He _____ data into the balance sheet for an hour when he realized he was looking at expenditures for the wrong month.

   (a) would enter
   (b) had been entering
   (c) entered
   (d) has been entering

6. Penelope wants to eat her favorite cereal, Caramel Oats, but there's no milk left in the fridge. If she were to get ahold of even soy milk, she _____ a bowl of cereal for breakfast.

   (a) would definitely have
   (b) will definitely have
   (c) has definitely had
   (d) would definitely have had

7. According to Aristotle, poets who compose tragic plays have meaningful lessons to impart. _____, he believed that those who write comedies present ideas which are of little to no educational value.

(a) Finally
(b) For instance
(c) Specifically
(d) By contrast

8. Diego's formal suits all needed to be dry-cleaned, so he selected a polo shirt for his job interview. His friend at the company advised that he _____ at least semi-formal attire to the interview.

(a) wore
(b) will wear
(c) wear
(d) is wearing

9. As a faculty advisor in the Arts and Sciences Department, Mrs. Higgins is keen on helping students. She assures them that if they need her assistance, she _____ for them at the Students Affairs Office.

(a) will have been waiting
(b) has waited
(c) would wait
(d) will be waiting

10. The seventh US president, Andrew Jackson, had a pet parrot that was fond of swearing. During Jackson's funeral, the parrot was removed from the room because it would not stop _____ profanities, which disturbed the attendees.

(a) to say
(b) saying
(c) to have said
(d) having said

11. Due to a medical emergency, Harry was unable to take an exam for his Spanish class. His instructor, Ms. Álvarez, says he _____ show her a medical certificate in order to qualify for a special exam.

(a) must
(b) may
(c) will
(d) could

12. Children learn to speak by imitating the sounds made by those around them. Some theorists believe that if infants were to grow up not hearing words, they _____ their own form of language.

(a) would still have developed
(b) will still develop
(c) would still develop
(d) have still developed

13. Michael has lived in his home since he was born. He has never lived elsewhere, even while he was attending college. By next year, he _____ in that same old house for 25 years.

(a) will have been living
(b) is living
(c) will live
(d) has been living

14. After receiving a phone call, Lian couldn't help but jump around for joy. Oden Magazine, Inc., _____ as a writer, is finally giving her the editorial job that she has always wanted.

(a) that is the company she is working for
(b) which is the company she is working for
(c) what is the company she is working for
(d) who is the company she is working for

15. Famous chef Gordon Ramsay turned to culinary arts after suffering a soccer injury when he was young. He said that had he not gotten injured, he _____ a professional soccer player instead.

(a) will have become
(b) could become
(c) had become
(d) could have become

16. Larry is disheartened to learn that he had the lowest number of sales among all the sales representatives for the month of May. Feeling challenged, he is now determined _____ his performance next month.

(a) outdoing
(b) having outdone
(c) to outdo
(d) to have outdone

17. Auntie Anita is proud that her flower business is continuing to expand. Now with ten branches statewide, her business _____ flowers for weddings and other occasions since 2006.

(a) is supplying
(b) has been supplying
(c) will supply
(d) had been supplying

18. Temperature affects the structure of metals. They contract when it's cold and expand when it's hot. That's why the height of the Eiffel Tower _____ vary by up to six inches, depending on the temperature.

(a) may
(b) should
(c) must
(d) would

19. It was observed that students who regularly participated in the music and arts program showed improved emotional well-being. _____, the school board is considering making it a mandatory part of the curriculum.

(a) Similarly
(b) However
(c) Therefore
(d) And then

20. Kevin had to rest last Friday night because he had a fever. He rarely gets to see his friends these days, so he _____ clubbing with them that night if he hadn't been sick.

(a) would go
(b) had gone
(c) will have gone
(d) would have gone

21. Julia was so oblivious when the fire drill was executed at work that she thought there was a real fire. Apparently, she _____ to music through her headphones when the drill was announced.

(a) is listening
(b) was listening
(c) has listened
(d) would listen

22. Yesterday, Jonah neglected to notify the HR manager, Aida, that he was not coming to work. Now that Jonah has reported to work again, Aida is asking that he _____ to her office for a talk.

(a) come
(b) will come
(c) is coming
(d) has come

23. José got a part-time job as a clerk at a comic book store. He is excited about the job because he has always enjoyed _____ comic books, even when he was just a child.

(a) to have collected
(b) to collect
(c) having collected
(d) collecting

24. Samantha just returned from the grocery store with a bag full of fresh vegetables and meats. Currently, she _____ her recipe to ensure she hasn't missed any ingredients before starting to cook dinner.

(a) were double-checking
(b) will have double-checked
(c) is double-checking
(d) has been double-checking

25. Despite the sun's heat, its distance from Earth allows ice to form at the North and South Poles. If the sun were to get closer, the polar ice _____, filling the ocean with more water.

(a) will melt
(b) would have melted
(c) would melt
(d) has melted

26. Shira's long hours of studying paid off and earned her a perfect score on her physics quiz. After such an achievement, she thought that she deserved _____ herself to a meal at a nice restaurant.

(a) to treat
(b) having treated
(c) treating
(d) to have treated

해설 p.41

**THIS IS THE END OF THE GRAMMAR SECTION
DO NOT GO ON UNTIL TOLD TO DO SO**

실전문제 8

⟨ 26문항 : 20분 ⟩

GRAMMAR SECTION

DIRECTIONS:

The following items need a word or words to complete the sentence. From the four choices for each item, choose the best answer. Then blacken in the correct circle on your answer sheet.

Example:

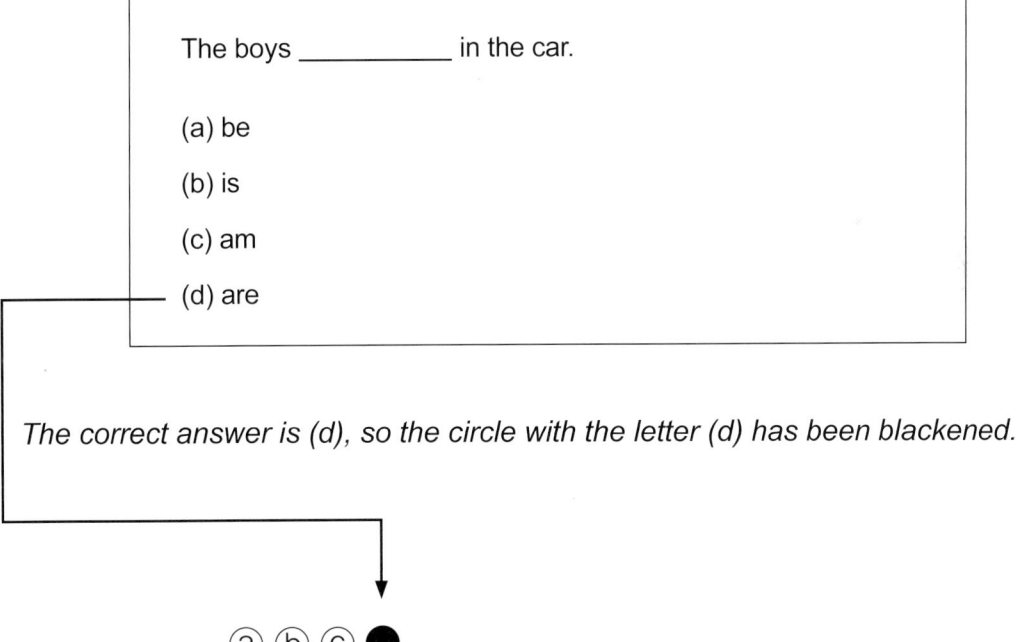

The correct answer is (d), so the circle with the letter (d) has been blackened.

NOW TURN THE PAGE AND BEGIN

1. Jerome arrived early for his date but chose to order chicken marsala anyway. However, he requested that the waiter _____ the dish fifteen minutes later so it wouldn't get cold before his date arrived.

   (a) has served
   (b) served
   (c) serve
   (d) was serving

2. Preparing a balance sheet requires careful attention and accuracy. One _____ correctly enter all the relevant data, such as assets, liabilities, and shareholder equity. Otherwise, the financial statement will not balance.

   (a) will
   (b) can
   (c) must
   (d) may

3. Estelle has felt nauseous recently due to excessive vitamin intake. She _____ vitamin C supplements for a week before her doctor told her that she already gets enough vitamin C from her diet.

   (a) had been taking
   (b) has taken
   (c) will be taking
   (d) would take

4. Basketball was so named because when it was first played, a ball was shot into a wooden peach basket to earn points. If the goal had been a hoop, the game's inventors _____ it "hoopball" instead.

   (a) had called
   (b) could call
   (c) called
   (d) could have called

5. Abel was assigned to manage his company's branch in Indonesia for at least five years. Now, he and his wife are discussing _____ to the Southeast Asian country with their kids.

   (a) having moved
   (b) moving
   (c) to have moved
   (d) to move

6. It was already 9:10 a.m., and Mr. Donovan hadn't arrived to class. The students _____ to leave when he rushed through the door and told them to get ready for their exam.

   (a) were preparing
   (b) prepared
   (c) would prepare
   (d) are preparing

7. Although many people think the fortune cookie is a Chinese invention, this is incorrect. _____ being served mainly in Chinese restaurants, the pastry was originally created by a Japanese-American citizen in the nineteenth century.

(a) So that
(b) Despite
(c) Due to
(d) Unless

8. Desmond has checked out several automatic washing machines at the appliance store, but they all seem complicated to operate. The feature _____ is ease of use, so he is settling for one that is manually operated.

(a) what he wants most in a washing machine
(b) why he wants it most in a washing machine
(c) whom he wants most in a washing machine
(d) that he wants most in a washing machine

9. The elephant bird is an extinct bird that is thought to be the largest to have ever existed. At almost ten feet tall, the bird _____ the ostrich by one foot if it were alive today.

(a) would have dwarfed
(b) dwarfed
(c) would dwarf
(d) had dwarfed

10. Martina will be promoted to her company's chief financial officer. As a senior accountant, she was able _____ an efficient account management system that now saves the firm money.

(a) to develop
(b) having developed
(c) developing
(d) to have developed

11. "Holi" is a colorful Hindu festival that marks the beginning of spring and commemorates the triumph of good over evil. Hindus _____ Holi, one of the world's oldest festivals, since the fourth century BCE.

(a) had celebrated
(b) are celebrating
(c) celebrate
(d) have been celebrating

12. The humps on a camel's back are filled with fatty tissues that the animal uses when food is scarce. Because of this reserve, camels _____ travel in the desert without food for months.

(a) would
(b) can
(c) must
(d) should

13. Kai urgently needs a Bake-Wel bread cutter for his new bakery, but the models he sees online are too expensive. If Bake-Wel were to release a model within his price range, Kai _____ it right away.

(a) has ordered
(b) will order
(c) would order
(d) would have ordered

14. The first feature-length animated film was *El Apóstol*, a 1917 Argentine cut-out animation. However, Disney became the first _____ a feature-length film using cel animation when they made *Snow White and the Seven Dwarfs*.

(a) to create
(b) having created
(c) creating
(d) to have been creating

15. Adam works for a comic book publisher that is in need of an illustrator. The company was struggling to find anyone, so Adam's co-worker recommended _____ his friend who had recently graduated from art school.

(a) to hire
(b) hiring
(c) having hired
(d) to have hired

16. The doorbell just rang, so Francis is asking his daughter to see who is at the door. He cannot leave the kitchen, as he _____ pancakes at the moment and needs to be sure they don't burn.

(a) has made
(b) was making
(c) will make
(d) is making

17. While trekking a Canadian trail last year, Andrea saw some grape-like fruits and almost ate them. Had her local friend not stopped her, Andrea _____, as the Canada moonseed's fruit contains a fatal toxin.

(a) would be poisoned
(b) would have been poisoned
(c) was poisoned
(d) had been poisoned

18. Amber is asking her mentor for advice on how to select a thesis topic. There are several factors to consider, but he suggests first and foremost that Amber _____ a topic that really interests her.

(a) choose
(b) will choose
(c) chose
(d) is choosing

19. While many of the Nobel Prize awardees are individuals, the award is also granted to institutions. In fact, the committee has decided _____ the award to the Red Cross three times, the most among all recipients.

(a) to give
(b) having given
(c) to have given
(d) giving

20. The King's Guard—tall, red-coated guards in bearskin caps—are some of London's most iconic figures. The unit, _____, defends Buckingham Palace along with other royal residences around the United Kingdom.

(a) who consists of highly trained soldiers
(b) that consists of highly trained soldiers
(c) what consists of highly trained soldiers
(d) which consists of highly trained soldiers

21. Mr. Javier is wondering why he didn't receive a salary increase at the end of last year. _____, his performance last year was even better than in previous years when he received raises.

(a) At last
(b) Therefore
(c) After all
(d) Otherwise

22. Darius immediately agreed when Aunt Layla invited him to dinner. He is now excitedly driving to her place. When he arrives there, his aunt _____ his favorite smoked lamb meatballs, as promised.

(a) is cooking
(b) has cooked
(c) would cook
(d) will be cooking

23. Vera's son is about to go to his first day of pre-school, and she can tell that he is anxious. If she were able to stay with him in the classroom, she _____ to alleviate his fears.

(a) will do so
(b) would do so
(c) would have done so
(d) will have done so

24. Glossophobia may sound like a rare type of fear, but it affects about 75 percent of the population. Three out of four people experience this fear when doing an activity that involves _____ in public.

(a) to speak
(b) having spoken
(c) speaking
(d) to have spoken

25. Dr. Morgan has always been the
    Wilsons' family doctor. She treated
    Robert Wilson as a toddler. By the time
    Robert celebrates his birthday next
    month, Dr. Morgan _____ the
    family's health for two decades.

    (a) will see to
    (b) would have been seeing to
    (c) will have been seeing to
    (d) is seeing to

26. Jamal is baffled that his email inbox is
    suddenly full of unwanted ads. If he had
    not clicked on a suspicious link claiming
    he had won a prize, he _____
    victim to phishing.

    (a) would not have fallen
    (b) did not fall
    (c) would not fall
    (d) had not fallen

해설 p.47

THIS IS THE END OF THE GRAMMAR SECTION
DO NOT GO ON UNTIL TOLD TO DO SO

실전문제 9

〈 26문항 : 20분 〉

GRAMMAR SECTION

DIRECTIONS:

The following items need a word or words to complete the sentence. From the four choices for each item, choose the best answer. Then blacken in the correct circle on your answer sheet.

Example:

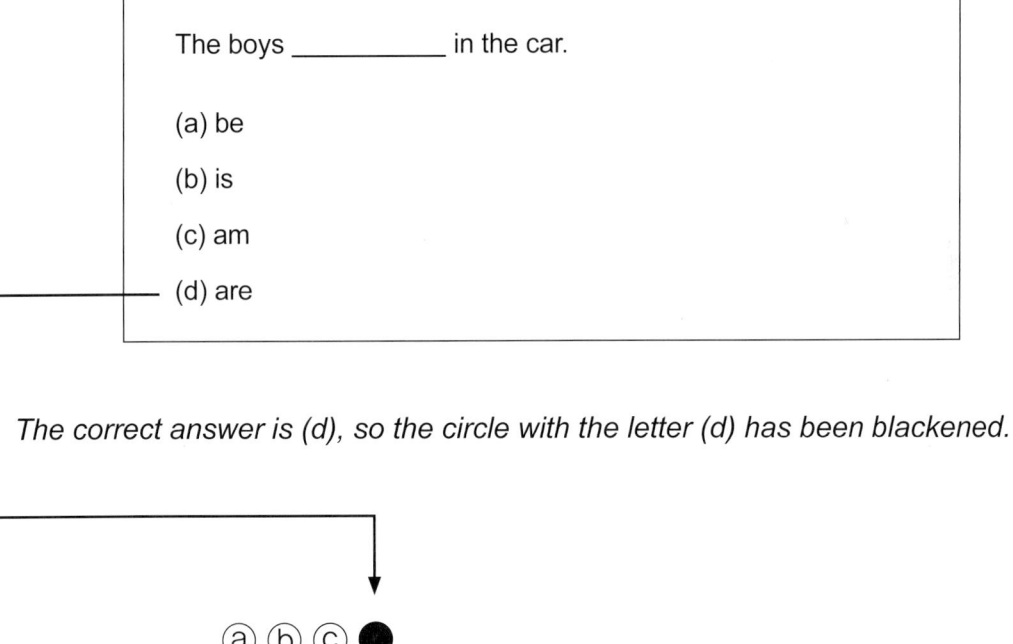

The boys _____ in the car.

(a) be

(b) is

(c) am

(d) are

The correct answer is (d), so the circle with the letter (d) has been blackened.

ⓐ ⓑ ⓒ ●

NOW TURN THE PAGE AND BEGIN

1. Emmanuel is glad to have been hired as a writer for *Weekly Star* magazine. He _____ as a freelance writer for a year before he became interested in getting a full-time job.

   (a) has worked
   (b) had been working
   (c) is working
   (d) has been working

2. Flynn is having trouble finishing his biology assignment because he cannot find helpful sources on the web. A classmate is suggesting that he _____ the school library for better sources.

   (a) will visit
   (b) is visiting
   (c) visit
   (d) visited

3. Tomato plants have a hard time bearing fruit under intense heat, as high temperatures disrupt pollination. The temperature needs _____ under 70 degrees Fahrenheit in order for the plants to produce fruit.

   (a) to stay
   (b) having stayed
   (c) staying
   (d) to have stayed

4. Tatiana called home to say she would arrive late. Due to a traffic standstill on Norfolk Avenue, she is walking from the office. By the time she reaches home, Tatiana _____ for about 45 minutes.

   (a) will walk
   (b) would have walked
   (c) is walking
   (d) will have been walking

5. Kylan resigned from Interglobe Solutions after working with the company for five years. Before he goes back into job hunting, he plans _____ a break for two months to recover from work burnout.

   (a) taking
   (b) to have taken
   (c) having taken
   (d) to take

6. Lena is enjoying the scenery in Paris, but she is hesitant to explore the city. If she knew even basic French, she _____ the Parisians for directions to some of the best places in town.

   (a) would have asked
   (b) is asking
   (c) would ask
   (d) will ask

7. The Big Dipper is one of the constellations that is most visible to the human eye. _____, in Ancient Rome, seeing the constellation served as an eye test for aspiring archers to join the Roman army.

   (a) Likewise
   (b) Even so
   (c) Granted
   (d) In fact

8. The Chicago Spire was a proposed 2000-foot skyscraper. Its construction was canceled due to the 2008 economic crisis. Had it been finished at that time, the building _____ as the second-highest skyscraper in the world.

   (a) ranked
   (b) would have ranked
   (c) had ranked
   (d) will have ranked

9. Luis has been sleeping soundly in his room this afternoon. He came home after he finished _____ baseball with his friends all morning, and he was completely worn out.

   (a) to have played
   (b) playing
   (c) to play
   (d) having played

10. An earthquake hit Mason City this afternoon, but it was so weak that the residents were hardly aware of it. Nicolas didn't feel the tremor at all because he _____ when it happened.

    (a) was sleeping
    (b) had slept
    (c) would sleep
    (d) has been sleeping

11. The superstition of knocking on wood to ward off bad luck has variants in many cultures. In Italy, for example, people touch steel instead of wood _____ they want to cancel out an ill-boding remark.

    (a) before
    (b) so that
    (c) when
    (d) as if

12. The winners of Felton Supermarket's grand raffle are posted on their social media page. The page also says that winners _____ may do so through a delivery service instead.

    (a) which they cannot claim their prizes in person
    (b) whom they cannot claim their prizes in person
    (c) what cannot claim their prizes in person
    (d) who cannot claim their prizes in person

13. After saving up for months, Annabelle is very excited to use the oven she bought. Right now, she _____ ingredients for an apple pie, which she has always wanted to bake.

(a) had bought
(b) is buying
(c) will be buying
(d) was buying

14. Ladybugs are tiny insects known for their dome-shaped bodies and colorful patterns. The insects are usually depicted as having spots, but many ladybug species _____ also have stripes or no patterns at all.

(a) would
(b) can
(c) should
(d) must

15. When Carmen visited her cousin in San Francisco, she was really impressed with how the city looked. If the price of housing were to go down, she _____ there.

(a) is definitely moving
(b) will definitely move
(c) would definitely move
(d) would definitely have moved

16. After the large animals that ate avocados went extinct during the last Ice Age, the seeds of avocado plants could no longer be dispersed. Had they not been domesticated by early farmers, avocados _____ extinct.

(a) would have also become
(b) had also become
(c) also became
(d) would also become

17. I invited Karina to join our kayaking adventure in Acadia National Park this summer, and she was very enthusiastic about it. She enjoys _____ exercise in an outdoors environment.

(a) to get
(b) to have gotten
(c) getting
(d) having gotten

18. Alaska is the largest state in the United States. The state, _____ due to its extensive unsettled area, is bigger than the area of the next three largest states combined.

(a) who has been nicknamed "The Last Frontier"
(b) which has been nicknamed "The Last Frontier"
(c) what has been nicknamed "The Last Frontier"
(d) that has been nicknamed "The Last Frontier"

19. Olga's videoconferencing app couldn't be auto-updating at a worse time. Her group chat with her friends is scheduled to start in just a few minutes. At this rate, her friends _____ when she finally joins them.

(a) will already be chatting
(b) will already chat
(c) would have already chatted
(d) are already chatting

20. Arnold found a nice place to rent in Fairfield's downtown district. However, the rent is too high. If the landlord were to lower the asking price, he _____ the apartment, which is near his office.

(a) will take
(b) would have taken
(c) has taken
(d) would take

21. Cool Tees is selling a new line of graphic T-shirts at low introductory prices. The sale is in response to feedback from customers, who said that the shop _____ offer more affordable products.

(a) should
(b) will
(c) must
(d) may

22. Gwen failed her chemistry exam today. She was unprepared because she was not aware it was coming up. Had she checked her email, she _____ her professor's announcement about the test date.

(a) had seen
(b) will have seen
(c) would have seen
(d) would see

23. After working overtime for three days straight, Daniel is now at work and looking heavily stressed. A co-worker is advising that he _____ a day off in order to recover from the exhaustion.

(a) took
(b) will take
(c) is taking
(d) take

24. Francis was leading a group of tourists when one of the members, Susan, went missing. He asked the others _____ at the lobby while he contacted the authorities for help.

(a) to wait
(b) having waited
(c) waiting
(d) to have waited

25. It is true that ostriches are the largest and fastest-running birds on Earth. However, it is not true that ostriches bury their heads in the sand to avoid _____ by predators.

(a) to have been seen
(b) to be seen
(c) having been seen
(d) being seen

26. The flag of Denmark is currently the oldest continuously used flag in the world. The kingdom _____ the flag since the 1300s, influencing the flag designs of other countries for centuries.

(a) is using
(b) had used
(c) has been using
(d) uses

해설 p.53

***THIS IS THE END OF THE GRAMMAR SECTION
DO NOT GO ON UNTIL TOLD TO DO SO***

실전문제 10

〈 26문항 : 20분 〉

GRAMMAR SECTION

DIRECTIONS:

The following items need a word or words to complete the sentence. From the four choices for each item, choose the best answer. Then blacken in the correct circle on your answer sheet.

Example:

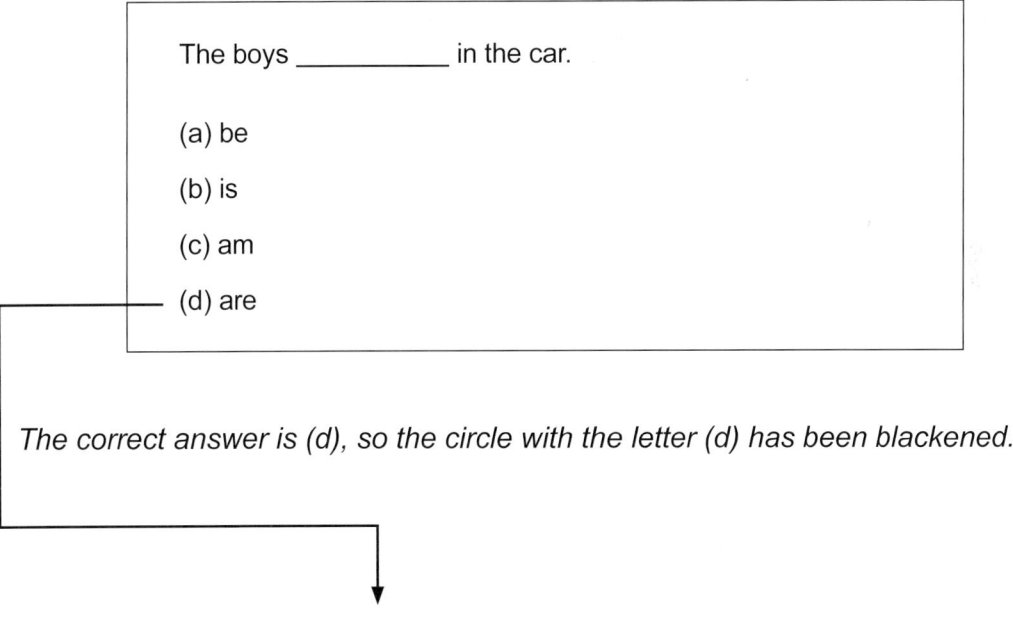

The boys _____ in the car.

(a) be

(b) is

(c) am

(d) are

The correct answer is (d), so the circle with the letter (d) has been blackened.

ⓐ ⓑ ⓒ ●

NOW TURN THE PAGE AND BEGIN

1. For two decades, tug of war was considered a legitimate Olympic sport. However, in 1921, it was removed from the sports roster when the International Olympic Committee, _____, decided it had too many participants.

   (a) which they organized and moderated Olympic events
   (b) who organized and moderated Olympic events
   (c) whom they organized and moderated Olympic events
   (d) that organized and moderated Olympic events

2. After four years of flight training, Noah will finally pilot his first commercial aircraft this afternoon. At the moment, he _____ lightheartedly with the crew to keep his anxiety at bay.

   (a) has been chatting
   (b) would chat
   (c) is chatting
   (d) will be chatting

3. ABC Construction is known to aid communities affected by natural disasters like hurricanes and earthquakes. The company's employees support _____ distressed communities as their way of giving back and making a positive impact.

   (a) to help
   (b) to have helped
   (c) having helped
   (d) helping

4. Julian almost got a perfect score on his exam. The instructions said to underline the correct answer choices, but he circled them instead. Had he followed the instructions, he _____ getting a one-point deduction.

   (a) had avoided
   (b) would avoid
   (c) avoided
   (d) would have avoided

5. Mara found an alternative to taking painkillers for her headaches. This morning, she began using a special pain relief patch from Japan. By noon, she _____ the patch on her forehead for four hours.

   (a) will have been wearing
   (b) will wear
   (c) is wearing
   (d) has been wearing

6. Our CEO, Mr. Maxwell, is looking for suggestions on a corporate social responsibility program before the year ends. He asks that every employee _____ a proposal on or before August 31.

   (a) submitted
   (b) is submitting
   (c) submit
   (d) will submit

7. Due to their unique optical abilities, eagles can see the world eight times more clearly than humans. If humans were born with the same optical abilities as eagles, they _____ things from up to two miles away.

(a) had clearly seen
(b) would clearly see
(c) will clearly see
(d) would have clearly seen

8. Hailey just started her first-ever job this week. She asked me for tips on how to make friends at work. I advised _____ her colleagues during lunch and coffee breaks as often as possible.

(a) to join
(b) having joined
(c) to have joined
(d) joining

9. In 1954, the first human kidney transplant was successfully performed at the Peter Bent Brigham Hospital in Boston. If kidney transplantation had not been developed, its first recipient, Richard Herrick, _____ kidney failure.

(a) would not have survived
(b) had not survived
(c) would not survive
(d) did not survive

10. Dennis spent three days writing and proofreading his reaction paper on Dante's *Inferno*. After all the hard work he put into it, he hopes _____ a grade no lower than A- when he hands it in.

(a) to have gotten
(b) getting
(c) to get
(d) having gotten

11. The Working Time Directive of 2004 specifies a maximum 48-hour work week on average, including overtime, for medical professionals. Hospitals and clinics _____ strictly implement this directive, or they will get heavily fined.

(a) would
(b) can
(c) may
(d) must

12. Jeremy always reminisces about the day he adopted his now two-year-old dog, Max. That day, he _____ to a friend's house when he heard a puppy crying behind a bush in the park.

(a) is cycling
(b) was cycling
(c) cycled
(d) has cycled

13. On their wedding day, Jaiden and Sara said things to each other that touched their guests' hearts. Jaiden said that his life truly began _____ he and Sara first met in a public library parking lot.

   (a) when
   (b) since
   (c) until
   (d) while

14. Singer-actor Evan Bridges just signed a contract with Posh Models International. For his first gig, he _____ three designer outfits at a fall-winter fashion show in Italy next month.

   (a) has modeled
   (b) models
   (c) will be modeling
   (d) has been modeling

15. Nadine ordered a fancy wine decanter online because it was cheaper than in the store. However, the decanter arrived broken. Had she known this would happen, she _____ the more expensive one at the mall.

   (a) would buy
   (b) had bought
   (c) will buy
   (d) would have bought

16. Green spots on potatoes may seem harmless, but they must be taken seriously. These blotches signify the presence of a toxin _____ or worse, a lethal case of food poisoning.

   (a) that can cause an upset stomach
   (b) what can cause an upset stomach
   (c) which it can cause an upset stomach
   (d) who can cause an upset stomach

17. The popsicle was accidentally invented by a boy named Frank Epperson. According to historians, the discovery happened when Epperson forgot _____ a glass of sugary water in from the porch one wintery night.

   (a) having taken
   (b) to take
   (c) to have taken
   (d) taking

18. The Baycats versus Gazelles football match was postponed due to heavy fog. However, the Baycats' goalkeeper was unaware of the announcement. He _____ alone in the bleachers for 30 minutes when he learned about the postponement.

   (a) had been sitting
   (b) would have sat
   (c) will have sat
   (d) has been sitting

19. With more than 200,000 islands, it is estimated that Sweden has the most islands of all the countries in the world. _____, of those islands, only 1,000 of them are inhabited.

(a) Finally
(b) Otherwise
(c) Therefore
(d) However

20. A group of call center agents at CMX Solutions has decided to form a labor union. The company _____ the distribution of some employee benefits since February, and the union intends to correct this wrong.

(a) delayed
(b) has been delaying
(c) are delaying
(d) had been delaying

21. For my mother, nothing beats the taste and smell of freshly baked bread. She says that if she were to try a new hobby, she _____ making bread herself instead of buying it at the store.

(a) has started
(b) would have started
(c) would start
(d) will have started

22. Phishing is the fraudulent practice of sending emails designed to trick a person into giving away confidential information. To avoid phishing scams, anti-fraud experts urge that one _____ one's emails with a critical eye.

(a) read
(b) is reading
(c) will read
(d) has read

23. When she was nine, Janice broke her right wrist, which forced her to rely on her left hand for months. As a result, she _____ use her right and left hands equally well as an adult.

(a) must
(b) may
(c) can
(d) will

24. During World War I, a German Navy battlecruiser disguised itself as a British Royal Navy ship as part of a surprise naval attack. The deception stopped _____ when the fake and real ships met at sea.

(a) working
(b) to have worked
(c) to work
(d) having worked

25. Although earthquakes leave devastating damage and casualties, they are necessary for maintaining the Earth's ecological balance. If earthquakes were to stop happening, the Earth _____ unstable temperatures, barren lands, and uninhabitable continents.

(a) will have
(b) would have had
(c) has had
(d) would have

26. Humans have two lungs protected by the rib cage. However, the left and right lung are different sizes. The left lung is slightly smaller _____ room for the heart.

(a) to have made
(b) making
(c) to make
(d) having made

해설 p.59

**THIS IS THE END OF THE GRAMMAR SECTION
DO NOT GO ON UNTIL TOLD TO DO SO**

실전문제 11

〈 26문항 : 20분 〉

GRAMMAR SECTION

DIRECTIONS:

The following items need a word or words to complete the sentence. From the four choices for each item, choose the best answer. Then blacken in the correct circle on your answer sheet.

Example:

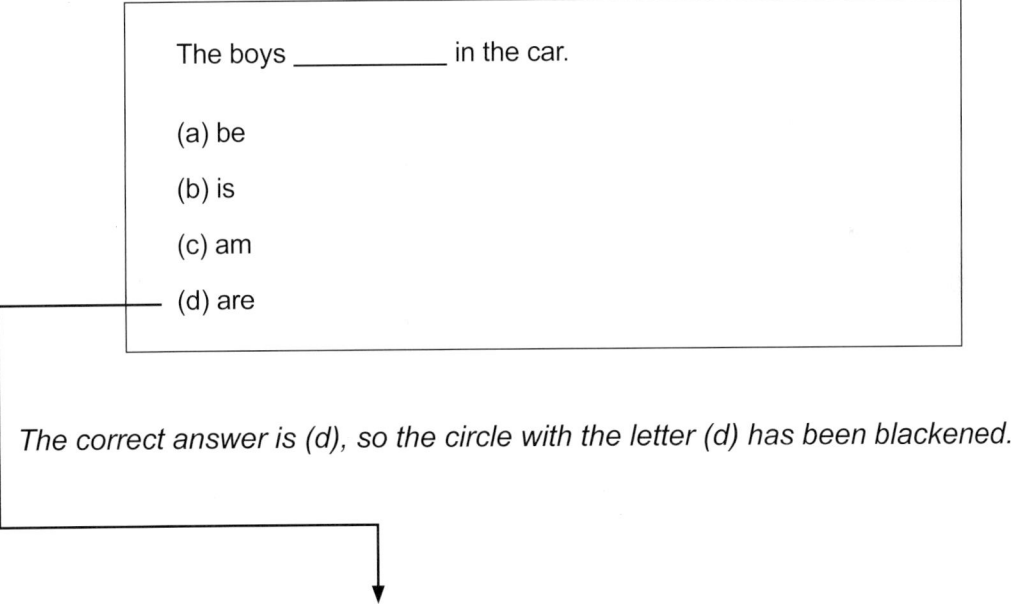

The boys _____ in the car.

(a) be

(b) is

(c) am

(d) are

The correct answer is (d), so the circle with the letter (d) has been blackened.

ⓐ ⓑ ⓒ ●

NOW TURN THE PAGE AND BEGIN

1. Today is the final broadcast of my parents' favorite morning program, *Mornings in LA*. They _____ the show since it first aired 10 years ago and are sad to see it end.

   (a) had been watching
   (b) were watching
   (c) are watching
   (d) have been watching

2. Gabe called ahead and said he would be running late because he was coming from another party. His company wanted to celebrate _____ the prestigious Golden Pen Award for its marketing excellence this year.

   (a) receiving
   (b) to have received
   (c) to receive
   (d) having to receive

3. The jury ruled in favor of the defendant, and all the cases against the accused were dismissed. Had the prosecutors managed to present more convincing evidence, they probably _____ the case.

   (a) had won
   (b) would have won
   (c) would win
   (d) will have won

4. The Health Department routinely warns the public about the growing number of flu cases in the country. According to their latest bulletin, if one begins to feel flu-like symptoms, one _____ seek medical attention immediately.

   (a) may
   (b) will
   (c) should
   (d) could

5. Since yesterday, the factory workers at GladJoe, Inc., have been on strike in response to the company's delayed payment of employee salaries. Until management agrees _____ the workers, they won't come back to work.

   (a) to pay
   (b) having paid
   (c) paying
   (d) to have paid

6. Eugene Polley was an electronics engineer who revolutionized the American lifestyle by inventing the first-ever wireless television remote control. He called it the Flash-Matic, and it was first sold in 1951 when television sets _____ into popularity.

   (a) would come
   (b) were coming
   (c) are coming
   (d) have come

7. Jessie is having second thoughts about paying for an expensive upgrade to his computer. He said that if he were to get the home-based IT job he applied for, he _____ with the upgrade.

   (a) would have proceeded
   (b) has proceeded
   (c) would proceed
   (d) will proceed

8. Before touring Vatican City, the guide reminds the group of several rules and regulations. As they _____ churches and other holy sites later this afternoon, he tells them to be mindful of their actions.

   (a) will have mostly been visiting
   (b) have mostly visited
   (c) mostly visit
   (d) will mostly be visiting

9. Artist John Everett Millais painted *Ophelia* using a live model. Luckily for her, modeling did not entail _____ in a pond for hours as the painting might suggest. Instead, she posed in the artist's studio.

   (a) being submerged
   (b) having been submerged
   (c) to be submerged
   (d) to have been submerged

10. Animals have been used in warfare throughout history. _____, ancient Indian people would fit blades to their elephants' tusks. These bladed war elephants were then ridden and used to attack the enemy.

    (a) And then
    (b) For example
    (c) Of course
    (d) In conclusion

11. Due to his involvement in the university-wide exam cheating, the Dean of the College of Education was fired. The board demanded that he _____ his office at once so a replacement could promptly take over.

    (a) vacate
    (b) is vacating
    (c) vacated
    (d) will vacate

12. Prior to the Pearl Harbor bombing in 1941, Americans openly opposed entering World War II and joining the USSR and Britain in their fight against Adolf Hitler. If the Japanese had not attacked Hawaii, popular opinion _____.

    (a) had probably not changed
    (b) would probably not have changed
    (c) will probably not have changed
    (d) would probably not change

13. When feeling tired, movement or exertion can provide one's body with more energy, as it forces one's cells to produce more fuel. That is why doctors often advise that one _____ more to combat fatigue.

(a) will exercise
(b) exercise
(c) is exercising
(d) has exercised

14. Fiona regrets her decision to attend the office Christmas party. She only did so because she thought there was a raffle. Had she known that the raffle was canceled, she _____.

(a) would not have come
(b) had not come
(c) would not come
(d) will not have come

15. My aunt makes the best chocolate croissants. Making croissants seems challenging because it involves _____ layers of pastry dough. However, she says that it is actually easy to do once you get the hang of it.

(a) to create
(b) to have created
(c) creating
(d) having created

16. "Hocus pocus" is a term associated with magic. Some believe the term to be a contraction of the phrase "hoc est corpus," _____, a phrase said by Catholic priests during Mass when turning bread into flesh.

(a) who is Latin for "this is a body"
(b) which is Latin for "this is a body"
(c) what is Latin for "this is a body"
(d) that is Latin for "this is a body"

17. Coach Gil of the basketball varsity team finally found his new starting point guard. He _____ players from other high schools for over a week before deciding on a first-year student from Rockson High.

(a) has been scouting
(b) would scout
(c) had been scouting
(d) is scouting

18. Mary is still upset with Vic because he arrived late for their dinner last night. She told him that if the same thing were to happen to him, he _____ upset as well.

(a) will be
(b) has been
(c) would have been
(d) would be

19. The current American flag was designed by Robert Heft for a history project. _____ he initially earned a B minus, his grade changed to an A after his design was adopted as the official US flag.

(a) Until
(b) When
(c) Because
(d) Although

20. Mr. Ortiz's secretary informed us he would be late for our meeting. He _____ a deal with another client right now, and it might take another hour before he can listen to our pitch.

(a) is finalizing
(b) finalizes
(c) will be finalizing
(d) has finalized

21. Mercury and Venus cannot have moons because of their nearness to the sun, whose strong gravity pulls natural satellites away from these planets. If they were farther from the sun, they _____ their own orbiting moons.

(a) would probably have had
(b) will probably have
(c) would probably have
(d) have probably had

22. People were already lining up outside the bookstore, waiting for the author to come for his book-signing session. However, because of the author's limited time, only fans _____ were able to have their books autographed.

(a) what arrived before the author
(b) in which they arrived before the author
(c) who arrived before the author
(d) with whom they arrived before the author

23. Sugar gliders are a species of possums known for "flying" between places. They have a flap of skin connecting their front and hind legs, which enables them _____ from one tree to another.

(a) gliding
(b) having glided
(c) to glide
(d) to have glided

24. Famous author Stephen King sells the rights to some of his stories for one dollar. He does this so that student filmmakers _____ use them to make movies. He calls them his "Dollar Babies."

(a) shall
(b) can
(c) would
(d) must

25. Rose's grandfather started building her a treehouse in their backyard as a birthday gift. Hopefully, he will finish it before Rose turns four on Monday. By then, he _____ on the project for almost a week.

    (a) will have been working
    (b) will be working
    (c) is working
    (d) has been working

26. In the late '90s, Jimmie Luecke bulldozed trees on the land he bought to create a large insignia visible from space. The letters were so perfect that NASA used the symbol _____ their camera's maximum resolution.

    (a) having estimated
    (b) to have estimated
    (c) estimating
    (d) to estimate

해설 p.65

***THIS IS THE END OF THE GRAMMAR SECTION
DO NOT GO ON UNTIL TOLD TO DO SO***

MEMO

실전문제 12

〈 26문항 : 20분 〉

GRAMMAR SECTION

DIRECTIONS:

The following items need a word or words to complete the sentence. From the four choices for each item, choose the best answer. Then blacken in the correct circle on your answer sheet.

Example:

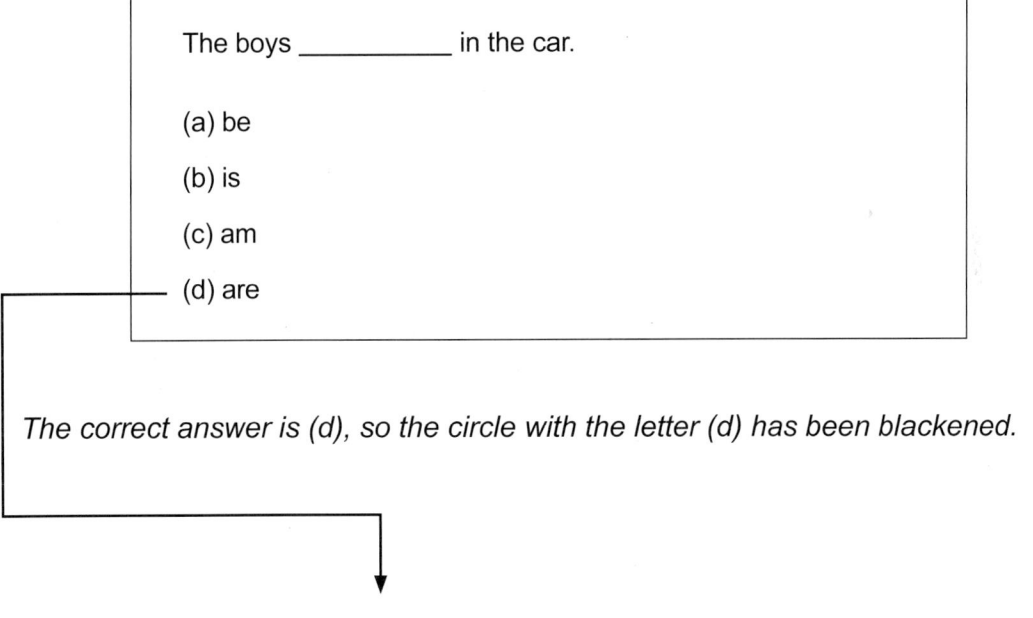

The boys _____ in the car.

(a) be

(b) is

(c) am

(d) are

The correct answer is (d), so the circle with the letter (d) has been blackened.

NOW TURN THE PAGE AND BEGIN

1. George isn't the most skilled intern at VXY International, but he compensates by working harder than his peers. He will definitely become an asset to the company, _____ he maintains his strong work ethic.

   (a) until
   (b) as long as
   (c) before
   (d) even if

2. Jesse Owens was an American track and field athlete who won four gold medals at the 1936 Summer Olympics. As a teenager, he practiced _____ on the track behind his school every afternoon.

   (a) to run
   (b) to have run
   (c) running
   (d) having run

3. Flashing lights can cause seizures because they overstimulate the part of the brain that responds to light. For this reason, neurologists urge that people _____ away from flashing lights at concerts or movie theaters.

   (a) look
   (b) will look
   (c) have looked
   (d) are looking

4. No one told Carla that her nephew, whom she hadn't seen in years, was afraid of clowns. She definitely _____ him a two-foot-tall clown toy for his birthday had someone told her this fact.

   (a) would not buy
   (b) had not bought
   (c) will not have bought
   (d) would not have bought

5. Indie singer Jo Eve just signed a contract with a renowned music label. After her debut next month, she _____ the country alongside her labelmate and idol, rock superstar Elroy Smith.

   (a) has toured
   (b) will be touring
   (c) is touring
   (d) will have toured

6. Sugar consumption is one of the leading causes of tooth decay. However, since sugar is an essential part of the human diet, one shouldn't avoid eating sugar altogether, but should instead brush regularly _____ the teeth.

   (a) to strengthen
   (b) having strengthened
   (c) strengthening
   (d) to have strengthened

7. Dorothy Dandridge was an African American actress who started out with small roles on television. Her Academy Award nomination in 1955, _____, marked the first time a person of color's work as a lead actress was recognized.

   (a) who was for her performance in *Carmen Jones*
   (b) what was for her performance in *Carmen Jones*
   (c) that was for her performance in *Carmen Jones*
   (d) which was for her performance in *Carmen Jones*

8. Justin's dad just scolded him and his friend for playing too noisily around the house. Apparently, his mom, who stayed up all night with his newborn baby sister, _____ to sleep right now.

   (a) tries
   (b) is trying
   (c) will be trying
   (d) has tried

9. The "Capriati Rule" is a sports law named after Jennifer Capriati, who burst onto the tennis scene at 13 years old. It states that athletes under 14 _____ not participate in professional tennis events.

   (a) could
   (b) would
   (c) must
   (d) might

10. Drew is teasing his sister, April, for spending four hours preparing for prom. April argues that if Drew were a girl, he _____ why spending so much time on things like prom is necessary.

    (a) would understand
    (b) would have understood
    (c) will understand
    (d) has understood

11. Of all the volunteers at Zack's nonprofit organization, Courtney is probably the most loyal. By the time the organization celebrates its fifteenth anniversary next year, Courtney _____ her time and effort for almost as long.

    (a) has been volunteering
    (b) will be volunteering
    (c) is volunteering
    (d) will have been volunteering

12. Wayne's been on the phone with his girlfriend for 30 minutes. He thought he was mentally prepared _____ his board exams today, but his anxiety kicked in the moment he arrived at the examination center.

    (a) taking
    (b) to have taken
    (c) to take
    (d) having taken

13. Mila can't decide if she should buy new ballet shoes or not. Her current ones are worn, but they've helped her win several auditions and contests. If I were her, I _____ those lucky shoes.

(a) would not replace
(b) will not replace
(c) would not have replaced
(d) have not replaced

14. Odie's Little Oddities is Keith's favorite Halloween store. The establishment _____ Halloween costumes, props, and decorations since 1993 and continues to offer cheap yet premium-quality products to this day.

(a) is selling
(b) has been selling
(c) would sell
(d) had been selling

15. According to zoologists, the hognose snake is the friendliest venomous snake in the world. However, it is also imperative that people _____ the snake because its venom, while mild and nonlethal, can cause a serious infection.

(a) will not provoke
(b) are not provoking
(c) not provoke
(d) have not provoked

16. *Mommie Dearest* is an exposé-type memoir written by Joan Crawford's adopted child. When the book was published in 1978, countless celebrities _____ simply denounced it as "hysterical fiction."

(a) with whom they were good friends with the late actress
(b) who were good friends with the late actress
(c) that they were good friends with the late actress
(d) which were good friends with the late actress

17. Legend has it that something completely mundane inspired gravitational theory. It is believed that Sir Isaac Newton _____ under a tree for hours when an apple fell, providing him with the visual workings of gravity.

(a) has been sitting
(b) would sit
(c) had been sitting
(d) is sitting

18. Something terrible just happened to the protagonist of the movie that Sharon and her friends are watching. If she were at home and not in a public place, Sharon _____ her eyes out right now.

(a) would unabashedly cry
(b) will unabashedly cry
(c) would have unabashedly cried
(d) has unabashedly cried

19. Brandon's stomach is growling loudly because he didn't get to eat this morning. He _____ pancakes for breakfast when his roommate yelled at him to hurry up for their carpool.

(a) cooked
(b) was cooking
(c) has cooked
(d) is cooking

20. There are still six months left before Adele's wedding. She is considering _____ a personal trainer so that she can feel her best on her special day.

(a) to get
(b) to have gotten
(c) getting
(d) having gotten

21. The hike to the summit of the mountain is treacherous during the winter months, when the temperature can drop way below zero. _____, the park rangers recommend postponing any attempts until the spring.

(a) Nevertheless
(b) Until now
(c) Even so
(d) Therefore

22. Joel did not show up at work yesterday without notifying his supervisors. As a result, the HR expects him _____ a written explanation for his absence or else he will be given a warning.

(a) to provide
(b) to have provided
(c) providing
(d) to have provided

23. When Mount Vesuvius erupted in 79 CE, it covered the whole city of Pompeii in ash and pumice. Had the eventual casualties known that the eruption would cause such tragedy, they _____ in Pompeii.

(a) would probably not have resided
(b) had probably not resided
(c) will probably not have resided
(d) would probably not reside

실전문제12

24. Hypermobility is the ability to stretch one's joints farther than normal. For instance, a person with hypermobility _____ bend his or her thumb to the point where it is touching the wrist.

(a) must
(b) shall
(c) can
(d) would

25. It's a shame that Melissa was feeling under the weather during the teambuilding activity yesterday. If she had been in perfect health, she _____ it as much as her coworkers had.

(a) would enjoy
(b) will have enjoyed
(c) had enjoyed
(d) would have enjoyed

26. Dennis's passport isn't in any of his travel bags. He remembers _____ it earlier on his nightstand, but he isn't sure if he put it inside his backpack before leaving for the airport.

(a) to have seen
(b) to see
(c) having to see
(d) seeing

해설 p.71

THIS IS THE END OF THE GRAMMAR SECTION
DO NOT GO ON UNTIL TOLD TO DO SO

실전문제 13

〈 26문항 : 20분 〉

GRAMMAR SECTION

DIRECTIONS:

The following items need a word or words to complete the sentence. From the four choices for each item, choose the best answer. Then blacken in the correct circle on your answer sheet.

Example:

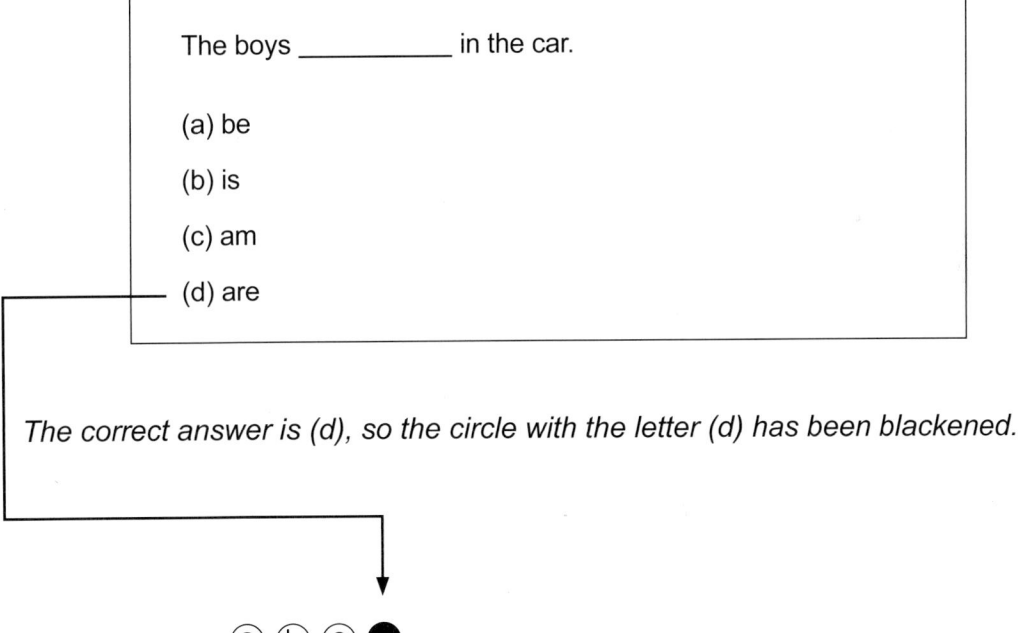

The boys _____ in the car.

(a) be

(b) is

(c) am

(d) are

The correct answer is (d), so the circle with the letter (d) has been blackened.

ⓐ ⓑ ⓒ ●

NOW TURN THE PAGE AND BEGIN

1. Although Julia's clothing shop is doing excellent business, recording her daily financial affairs takes too much time. If her software were able to organize her transactions, Julia _____ time to focus on fulfilling orders instead.

   (a) will save
   (b) would save
   (c) has saved
   (d) would have saved

2. Darryl is going on his yearly vacation in Florida and can't wait to reach Destin's beaches. He can already imagine _____ in the sun as he lies on the clean white sand.

   (a) basking
   (b) to have basked
   (c) to bask
   (d) having basked

3. The sculpture *Venus de Milo* was discovered in 1820 due to an accident. A Greek farmer _____ marble slabs from ancient ruins in Milos when he stumbled upon the statue's top.

   (a) would salvage
   (b) salvaged
   (c) was salvaging
   (d) has been salvaging

4. Thomas Garret High is inviting Linda, an accomplished alumnus of the school, to speak at its graduation ceremony. She says she _____ be honored to deliver an inspirational talk to the graduates.

   (a) will
   (b) can
   (c) must
   (d) may

5. Police officer Charles McGuire hopes to get promoted to detective this year. Having completed the mandatory five years at the police department, he _____ for weeks now to pass a qualifying exam for promotion.

   (a) will be reviewing
   (b) had been reviewing
   (c) will have reviewed
   (d) has been reviewing

6. Aunt Martha is known for her perfectly baked cookies. When asked for tips, she recommends that the cookies _____ of the oven before they're done. They'll continue to cook on the tray, anyway.

   (a) have been taken out
   (b) are taken out
   (c) will be taken out
   (d) be taken out

7. Richard Nixon is known as the only US president to resign from office. However, a fact that many people don't know is that Nixon was also a gifted musician _____ five musical instruments.

(a) which could play
(b) that he could play
(c) who could play
(d) whom he could play

8. Before nails were invented, people used to build houses by interlocking and tying wood. If shaping metal into nails had not been discovered, people _____ a more efficient way to join wood.

(a) would not find
(b) had not found
(c) would not have found
(d) will not have found

9. Paul is determined to join the college track team. So, he is training hard for tryouts. He now runs every day, building his endurance and speed _____ for the team.

(a) having qualified
(b) to have qualified
(c) qualifying
(d) to qualify

10. Megan is preparing for a job application by writing a cover letter that explains how she fits the job. _____, she has revised her resume so that it highlights skills that the job requires.

(a) Likewise
(b) Nevertheless
(c) However
(d) Otherwise

11. Brett wants to invite Margot for coffee, but now is not the best time to call her. She cannot hear her phone ringing, as she _____ while listening to music through headphones.

(a) was working out
(b) is working out
(c) had been working out
(d) will work out

12. Kangaroos are born extremely small and stay in their mothers' pouch to further develop. If kangaroos didn't have a pouch, their young _____ to gestate in the womb before being born.

(a) will continue
(b) would continue
(c) have continued
(d) would have continued

13. Ted's hardware store is having a clearance sale. He is now busy attending to customers, who keep coming in. By the time the store closes, Ted _____ sales for almost eight hours straight.

(a) has been handling
(b) would have handled
(c) will have been handling
(d) will be handling

14. Visiting public networks allows hackers to track a user's online activities. To hide online movements, it is best that people _____ to a virtual private network, or VPN, before joining a public network.

(a) connect
(b) are connecting
(c) have connected
(d) will connect

15. Leonard has begun to use bacon fat again after learning it isn't very harmful to his health. If he had known this fact all along, Leonard _____ cooking fried eggs with bacon grease, which he loves.

(a) would not stop
(b) had not stopped
(c) will not have stopped
(d) would not have stopped

16. During World War II, Nazi Germany occupied practically all of France except for its capital. The French ended up choosing to surrender Paris untouched _____ having their beloved city bombed by the Nazis.

(a) rather than
(b) in spite of
(c) other than
(d) because of

17. The Sumerians were an ancient people who practiced innovation by improving existing technologies. In fact, while other cultures made pottery by hand, the Sumerians _____ already mass produce the product using the turning wheel.

(a) should
(b) could
(c) would
(d) might

18. Lorraine saw her long-lost friend, Dave, on social media, but thought that his account was inactive. She _____ to contact Dave through the network's messaging app for a week before he finally replied.

(a) had been trying
(b) would try
(c) will be trying
(d) has been trying

19. Despite his friends' encouragement, Flynn doesn't participate in cryptocurrency network marketing. He hesitates _____ himself in a digital payment system that is neither backed by another asset nor regulated by the government.

    (a) to involve
    (b) having involved
    (c) involving
    (d) to have involved

20. Snow crab populations in the Bering Sea have been declining in the last five years. The crabs, _____, have dwindled to a few million, prompting the Alaskan government to regulate snow crab harvests.

    (a) that used to number by the billions
    (b) which used to number by the billions
    (c) what used to number by the billions
    (d) who used to number by the billions

21. If you want to see Professor Anand for a consultation on your thesis, drop by his office after 3 p.m. He _____ a lecture at Gates Hall up until that time.

    (a) will deliver
    (b) has been delivering
    (c) will be delivering
    (d) had delivered

22. Despite reaching his sales quota this month, Daniel almost didn't receive a bonus. If he had not taken the time to recheck his figures, he _____ a sales report that was $2,000 short.

    (a) would submit
    (b) will have submitted
    (c) had submitted
    (d) would have submitted

23. Sweet potatoes are one of the cheapest and most nutritious foods we can buy. Their many benefits include _____ our eyes healthy with vitamins A and C.

    (a) to have kept
    (b) to keep
    (c) having kept
    (d) keeping

24. Bess has decided to take her three-year-old son to Clever Toddlers Center. There, he will have the chance _____ with other kids at the daycare, whereas he is the only child at home.

    (a) having mingled
    (b) to mingle
    (c) to have mingled
    (d) mingling

25. Elaine is the only person who has come to see the movie that was released today. If only her officemates were to join her, she _____ able to discuss the movie's plot with them after watching it.

(a) has been
(b) would have been
(c) would be
(d) will be

26. Although Pete loves extreme sports, he refuses to try Haka Pei, a sled race down the side of a volcano. He thinks the Chilean sport is not worth _____, as it is too dangerous.

(a) having tried
(b) to try
(c) to have tried
(d) trying

해설 p.77

**THIS IS THE END OF THE GRAMMAR SECTION
DO NOT GO ON UNTIL TOLD TO DO SO**

실전문제 14

〈 26문항 : 20분 〉

GRAMMAR SECTION

DIRECTIONS:

The following items need a word or words to complete the sentence. From the four choices for each item, choose the best answer. Then blacken in the correct circle on your answer sheet.

Example:

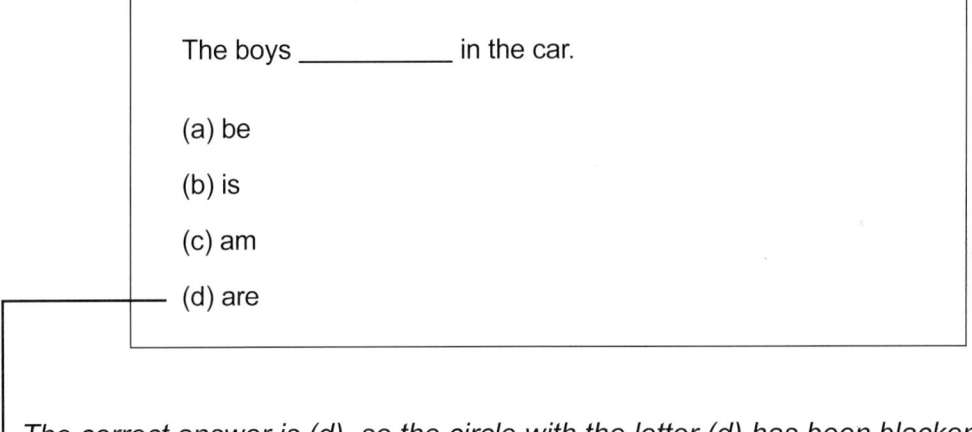

The boys _____ in the car.

(a) be

(b) is

(c) am

(d) are

The correct answer is (d), so the circle with the letter (d) has been blackened.

NOW TURN THE PAGE AND BEGIN

1. While most aquatic mammals have seven cervical vertebrae, or bones in the neck, a manatee only has six. This limits the neck's flexibility, so a manatee _____ turn its head without turning its body around.

   (a) must not
   (b) cannot
   (c) may not
   (d) will not

2. Jeremy finally got to play in the basketball game against a rival school after a teammate got injured. He _____ on the bench for almost four quarters before he replaced the injured player.

   (a) is sitting
   (b) has been sitting
   (c) had been sitting
   (d) would sit

3. Sarah notices that her son hasn't been eating his vegetables lately. She went online to find ways _____ nutrients into his diet. One of the search results was a recipe for a tasty vegetable smoothie.

   (a) to incorporate
   (b) having incorporated
   (c) incorporating
   (d) to have incorporated

4. When the Sapphire Book Club held its bi-monthly meeting last Wednesday, half of its members could not attend. Had they held the meeting on a weekend, members who had weekday work or classes _____.

   (a) would be present
   (b) had been present
   (c) will have been present
   (d) would have been present

5. Paul came back home for the first time in two years. In his old room, he found his guitar, which reminded him of the hobby he stopped _____ after he moved away from home.

   (a) to have done
   (b) to do
   (c) having done
   (d) doing

6. During World War II, the US military needed large amounts of gasoline to fight effectively. However, its supply was limited. President Roosevelt controlled its distribution by commanding that gasoline _____ in all 50 states.

   (a) was rationed
   (b) has been rationed
   (c) be rationed
   (d) will be rationed

7. Digestion begins as soon as food mixes with saliva in the mouth. Saliva contains amylase, an enzyme _____ before food is moved down to the gastrointestinal tract for further digestion.

    (a) who helps break down carbohydrates
    (b) that helps break down carbohydrates
    (c) what helps break down carbohydrates
    (d) which it helps break down carbohydrates

8. The sales team completed the first three parts of a training module after three hours. At this pace, they _____ for five hours by the time they finish the five-chapter module.

    (a) will have been training
    (b) have been training
    (c) will train
    (d) would have trained

9. Trixie doesn't want to accept her brother's apology for accidentally knocking over her dollhouse with a baseball. If he were to help her rebuild the dollhouse, she _____ that he is truly sorry.

    (a) would have believed
    (b) has believed
    (c) will believe
    (d) would believe

10. UVA is a type of light that penetrates the ozone layer and damages the skin. It also passes through glass, so we _____ still apply sunscreen if we stay in buildings with glass ceilings and walls.

    (a) should
    (b) can
    (c) might
    (d) would

11. In nature, close resemblances exist even between very different species. For instance, the hummingbird hawk-moth is an insect that looks and behaves much like a hummingbird. It is difficult _____ them apart from afar.

    (a) to have told
    (b) to tell
    (c) having told
    (d) telling

12. Jenny canceled all her business appointments this afternoon to complete an urgent task. Right now, she _____ a financial report for a potential investor and doesn't wish to be disturbed.

    (a) is writing
    (b) writes
    (c) has written
    (d) was writing

13. Ricky learned that Spanish is not only easier to learn, but it is also more commonly spoken than French. Had he known this beforehand, he _____ Spanish instead of French as his foreign language subject.

(a) had chosen
(b) would choose
(c) will have chosen
(d) would have chosen

14. The Potala Palace is a World Heritage Site located in Lhasa, Tibet. _____, the complex served as the Dalai Lama's winter palace until it was destroyed during a Chinese military attack in 1959.

(a) Further
(b) Eventually
(c) Formerly
(d) At that time

15. Mrs. Harriet's eight-year-old son is asking for permission to sleep over at his friend's house. She doesn't mind _____ him to do so if it is also okay with his friend's mother.

(a) allowing
(b) having allowed
(c) to allow
(d) to have allowed

16. I had quite a scare last night. I _____ a horror novel in the living room when I heard a continuous knocking sound outside. To my relief, it was just my dog scratching on the porch!

(a) would read
(b) was reading
(c) had read
(d) am reading

17. Leslie's goal this year is to develop more muscle mass in her body. Her fitness coach advises that she _____ her protein intake per meal to gradually achieve her desired muscle build.

(a) is increasing
(b) increase
(c) has increased
(d) increased

18. Alicia is weighing her options after receiving an attractive job offer that comes with a catch. If the job didn't require her to move and leave her beautiful town, she _____ twice about accepting it.

(a) will not think
(b) would not have thought
(c) has not thought
(d) would not think

19. Before "germ theory" became popular, many surgeons sewed up wounds using horsehair, which didn't cause much infection. They boiled the hair _____ it pliable, not realizing they were already performing sterilization.

    (a) making
    (b) to make
    (c) having made
    (d) to have made

20. Last month, Golden Group, Inc., postponed its team-building plans due to a health concern. If the number of employees who caught the flu had not been at an alarming level, the event _____ as originally planned.

    (a) might have proceeded
    (b) had proceeded
    (c) might proceed
    (d) will have proceeded

21. Samuel left home without the laptop he uses to teach, so he asked his wife to bring it to the university. He told her that when she arrives at 9 a.m., he _____ in classroom 7-B.

    (a) will teach
    (b) teaches
    (c) will be teaching
    (d) is teaching

22. The Academy Vivarium Novum is the only school in the world that offers studies entirely in Latin and Greek. Its students, _____, get to learn about ancient humanities and literature for a year.

    (a) what are exclusively male scholars
    (b) that are exclusively male scholars
    (c) which are exclusively male scholars
    (d) who are exclusively male scholars

23. Monica went to watch the football team play while waiting for her lunch break to be over. However, she enjoyed _____ the game so much that she arrived late for her afternoon class.

    (a) to watch
    (b) to have watched
    (c) watching
    (d) having watched

24. Mr. Mortimer's upholstery shop is very busy, so he is going to decline an order for a custom sofa set. If his work calendar were not full for the next three months, he _____ the order.

    (a) would accept
    (b) will accept
    (c) has accepted
    (d) would have accepted

25. Gerald's videos on the music website MusicTube have already reached a total of five million views. He _____ guitar tutorials on the website for just two years, and they are proving to be very popular.

(a) had been posting
(b) is posting
(c) posts
(d) has been posting

26. Many people are unaware that hurricanes rotate in different directions depending on the hemisphere in which they occur. Hurricanes in the northern hemisphere rotate counterclockwise, _____ those in the southern hemisphere rotate clockwise.

(a) even if
(b) whereas
(c) so that
(d) unless

해설 p.83

THIS IS THE END OF THE GRAMMAR SECTION
DO NOT GO ON UNTIL TOLD TO DO SO

실전문제 15

〈 26문항 : 20분 〉

GRAMMAR SECTION

DIRECTIONS:

The following items need a word or words to complete the sentence. From the four choices for each item, choose the best answer. Then blacken in the correct circle on your answer sheet.

Example:

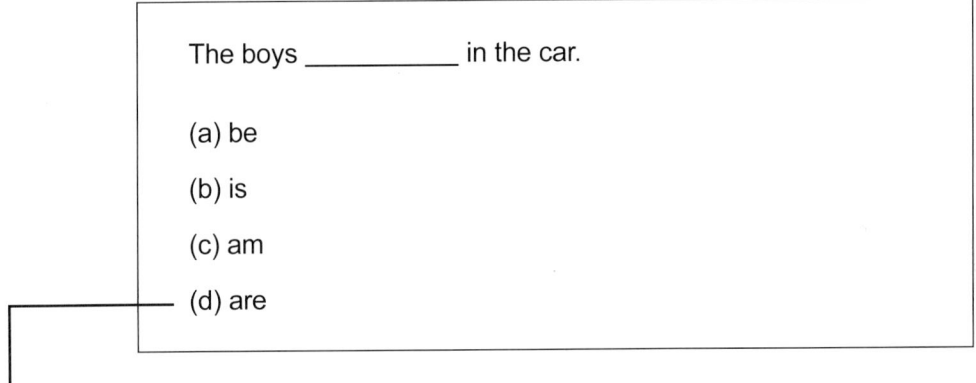

The boys _____ in the car.

(a) be

(b) is

(c) am

(d) are

The correct answer is (d), so the circle with the letter (d) has been blackened.

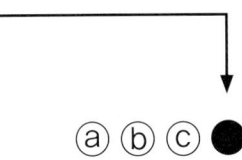

NOW TURN THE PAGE AND BEGIN

1. Ever the humanitarian, Dr. Williams spends more time working at his free clinic than at his private practice. By next year, he _____ free healthcare to the poor and uninsured for seven years.

    (a) has been providing
    (b) will have been providing
    (c) will provide
    (d) would have provided

2. Radio City Music Hall, one of New York City's most well-known performance venues, faced threats of bankruptcy in the 1970s. Had the government not given it landmark status in 1978, it _____.

    (a) will have closed down
    (b) would close down
    (c) would have closed down
    (d) had closed down

3. The Sea Organ is an experimental musical object on a sea coast in Zadar, Croatia. The 230-foot-long instrument consists of 35 tubes that make music _____ sea waves crash into them.

    (a) whenever
    (b) unless
    (c) even if
    (d) before

4. The turntable that Frank ordered from a specialty store in Bavaria, Germany, arrived today. He has wanted _____ one since his parents showed him his grandfather's elegant and well-preserved antique turntable.

    (a) owning
    (b) having owned
    (c) to own
    (d) to have owned

5. Colin and his coach argued at the training center yesterday. Colin _____ for the regional championship for months, only to overhear that his coach planned for someone else to compete at the event.

    (a) will be training
    (b) has been training
    (c) would train
    (d) had been training

6. Tamper-proof packaging protects food, medicine, and other items from deliberate alteration, contamination, and poisoning. If a product's packaging is not tamper-proof, it is strongly advised that a customer _____ it.

    (a) is not purchasing
    (b) not purchase
    (c) has not purchased
    (d) did not purchase

7. Echidnas are small, spike-covered mammals that feed on insects. They have long and sticky tongues, which they use _____ tiny insects that live on logs, such as ants and termites.

(a) to catch
(b) having caught
(c) catching
(d) to have caught

8. Leah came back from lunch with a giant brown stain on her blouse. Angrily, she explained that she _____ towards the elevator when a fidgety-looking man holding a cup of iced coffee bumped into her.

(a) would walk
(b) has been walking
(c) had walked
(d) was walking

9. Contrary to popular belief, rust does not directly cause tetanus. _____, tetanus-causing bacteria can exist on any unsanitary, moist, or exposed surface, whether it contains rust or not.

(a) And yet
(b) Nevertheless
(c) In fact
(d) Similarly

10. When Amelia arrived at prom, three other girls were wearing the exact same dress. Had she known this would happen, she _____ shopping at a different boutique.

(a) would have gone
(b) would go
(c) will have gone
(d) had gone

11. Rob and his friends were on a camping trip in the countryside when it started to rain heavily. Despite the rain, Rob suggested _____ the camping since they were prepared with the appropriate gear.

(a) to continue
(b) having continued
(c) continuing
(d) to have continued

12. Brooke is elated to be elected cheerleading squad captain. As a thank-you to those who voted for her, she _____ them to lunch at her favorite restaurant right now.

(a) has been treating
(b) is treating
(c) treats
(d) has treated

13. Greenland is a large island country that is part of the Kingdom of Denmark. The island, _____, is bordered by huge ice caps and glaciers, and has an economy that thrives on ice fishing and tourism.

    (a) that has a population of 50,000
    (b) which has a population of 50,000
    (c) what has a population of 50,000
    (d) who has a population of 50,000

14. Nathan didn't know that his friend from England was scheduled to fly this morning. If he had been aware of this, he _____ him company at the bar last night for longer than an hour.

    (a) would have kept
    (b) had kept
    (c) will have kept
    (d) would keep

15. Chloe won't be able to attend the high school reunion with her husband, as it will be held on September 30. By then, she _____ to Austria for the most important business meeting of her career.

    (a) will fly
    (b) flies
    (c) is flying
    (d) will be flying

16. The megalodon is an extinct species of megatooth shark that lived over three million years ago. It fed on full-grown whales and _____ grow up to 67 feet long and nearly 10 feet wide.

    (a) must
    (b) might
    (c) should
    (d) could

17. Despite taking remedial Mandarin classes, Hannah is still struggling to learn the language. Her teacher tells her to consider _____ Chinese films and TV shows as a way to enrich her education outside of class.

    (a) to have watched
    (b) to watch
    (c) watching
    (d) having watched

18. Much to his relief, Samuel finished all his tasks today. If this weren't the case, he _____ to work tomorrow, the day his daughter's seventh birthday party will take place.

    (a) would have
    (b) would have had
    (c) will have
    (d) has had

19. Singer-songwriter Tatianna Bailey will be performing at the Maudlin Musician Performance Hall next month. Those _____ can purchase tickets at the venue or on her official website.

    (a) whom they wish to see the pop star in concert
    (b) which wish to see the pop star in concert
    (c) who wish to see the pop star in concert
    (d) what wish to see the pop star in concert

20. Maureen has been thinking of different ways to make her new home look more beautiful. Her sister recommends that she _____ indoor plants and flowers in the living room.

    (a) will put
    (b) put
    (c) has put
    (d) is putting

21. The coffee at Sweet Cup is some of the best John has ever had, but he always hesitates _____ there due to their limited menu. He wishes to make suggestions, but the café doesn't have a suggestion box.

    (a) to go
    (b) to have gone
    (c) having gone
    (d) going

22. Everyone thought Scott would win the singing contest yesterday. However, during the final round, he faltered a little while trying to hit a high note. Had Scott sung every note flawlessly, he _____.

    (a) would probably win
    (b) had probably won
    (c) will probably have won
    (d) would probably have won

23. Eidetic memory is the ability to remember an image with high precision after seeing it only once. People with this ability _____ imprint visual or written data in their mind's eye for extended periods.

    (a) should
    (b) can
    (c) would
    (d) must

24. Gregory was born to a family of best-selling authors and award-winning novelists. He _____ stories since he was nine years old and wishes to publish a book before he turns 30.

    (a) is writing
    (b) had been writing
    (c) writes
    (d) has been writing

25. In Ancient Rome, the strawberry was considered a symbol of Venus, the goddess of love. The Romans believed that the fruit was sacred, so they condemned _____ strawberries as an affront to the goddess.

(a) to eat
(b) eating
(c) to have eaten
(d) having eaten

26. Being half-Italian, Agnes has always dreamed of moving to Italy and pursuing her passions there. However, her loved ones and career are all in California. If uprooting her life were easy, Agnes _____ it right now.

(a) will do
(b) would have done
(c) has done
(d) would do

해설 p.89

THIS IS THE END OF THE GRAMMAR SECTION
DO NOT GO ON UNTIL TOLD TO DO SO

실전문제 16

〈 26문항 : 20분 〉

GRAMMAR SECTION

DIRECTIONS:

The following items need a word or words to complete the sentence. From the four choices for each item, choose the best answer. Then blacken in the correct circle on your answer sheet.

Example:

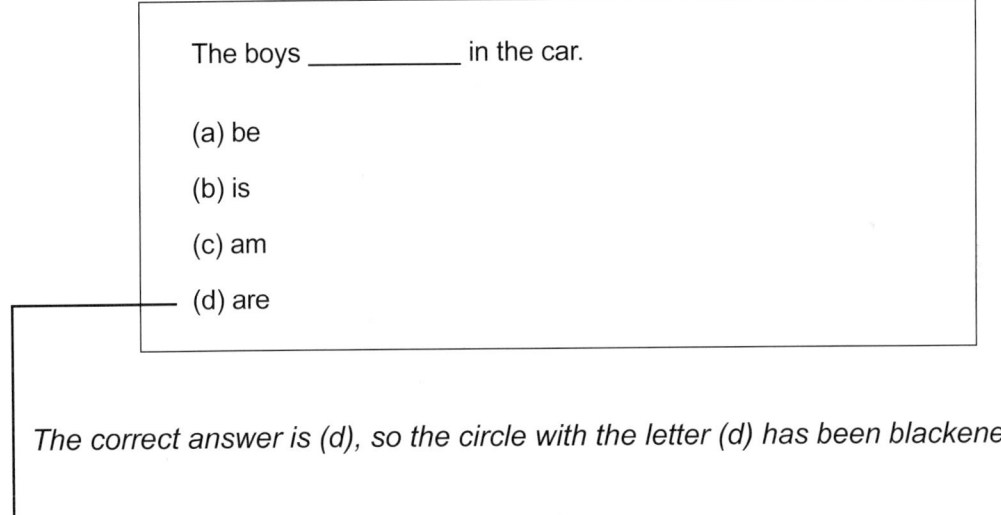

The boys _____ in the car.

(a) be

(b) is

(c) am

(d) are

The correct answer is (d), so the circle with the letter (d) has been blackened.

ⓐ ⓑ ⓒ ●

NOW TURN THE PAGE AND BEGIN

1. Last Friday, the school's board of directors met about the unhealthy food options in the cafeteria. This morning, they announced that the establishment would soon discontinue _____ junk food and soft drinks.

   (a) to sell
   (b) having sold
   (c) to have sold
   (d) selling

2. Jenna immediately quit being a pescatarian after learning it could cause mercury poisoning. She _____ fish every day for two weeks when she came across a scary article about the diet.

   (a) has been eating
   (b) will have eaten
   (c) had been eating
   (d) is eating

3. Vince has never been to a live football match, let alone a major sports event, so he will be grateful _____ premium tickets to this year's Super Bowl from his generous uncle.

   (a) to receive
   (b) to have received
   (c) receiving
   (d) having received

4. Marie Curie is known for her groundbreaking research on radioactivity and two Novel Prizes in the Twentieth century. If she were alive today, she _____ how advanced the field of medical radiation therapy has become.

   (a) will probably commend
   (b) would probably commend
   (c) would have probably commended
   (d) has probably commended

5. All the staff at the Flamenco Theater filed for vacation leave this Thanksgiving. However, since business is at its peak during the holidays, the owner requested that at least two employees _____ to work.

   (a) reported
   (b) report
   (c) are reporting
   (d) will report

6. Experts do not recommend using cotton swabs to clean the inner ear. This is because cotton swabs _____ push the earwax farther inside the ear, which will then cause ear blockage and infection.

   (a) should
   (b) must
   (c) shall
   (d) might

7. When Wendy invited Jane and Sheila to lunch, she didn't think they would bring their boyfriends. Had they given her a heads-up, she _____ food for more than three people.

(a) had prepared
(b) would prepare
(c) would have prepared
(d) will have prepared

8. Harold loves volunteering as a physician in Haiti, but he misses his family in California. Even though he always looks happy, he _____ homesick since his first week in the country.

(a) is actually feeling
(b) had actually been feeling
(c) actually feels
(d) has actually been feeling

9. Do not repeatedly open the oven door when checking a baked good's doneness, as doing so will prevent the dough from rising properly. _____, use a timer or look through the oven window every few minutes.

(a) Instead
(b) Regardless
(c) Afterward
(d) Nevertheless

10. After some begging, the students finally convinced Mrs. Mulligan to extend their project's deadline until 5 p.m. Mrs. Mulligan says she _____ test papers in her office all day if they need to find her.

(a) will be grading
(b) grades
(c) would be grading
(d) will have been grading

11. Despite her parents' constant warnings, Kelly still goes out during the day without putting on sunscreen. If I were her, I _____ to their advice, especially since her parents are dermatologists.

(a) will listen
(b) would listen
(c) would have listened
(d) have listened

12. The beachgoers applauded Simon after he saved a girl from drowning in the sea. Although he fears _____ in deep waters, he can never just stand back and watch when someone is in danger.

(a) to have swum
(b) having swum
(c) swimming
(d) to swim

13. Monica sent her husband a video of their toddler singing along to the TV. She _____ in the kitchen when she heard the sound of their son's voice coming from the living room.

(a) was cooking
(b) has been cooking
(c) cooked
(d) would cook

14. Studies show that some people attract mosquitoes more than others. These people, _____, are found to have elevated levels of carboxylic acid, a substance that smells alluring to mosquitos.

(a) which are referred to as "mosquito magnets"
(b) what are referred to as "mosquito magnets"
(c) that are referred to as "mosquito magnets"
(d) who are referred to as "mosquito magnets"

15. The Browns were supposed to celebrate Christmas with their relatives in Salt Lake City, but their camper van broke down. Had such an unfortunate thing not happened, they _____ the holidays at home.

(a) had not celebrated
(b) would not have celebrated
(c) will not have celebrated
(d) would not celebrate

16. Vulture bees are insects that feed on raw flesh. Due to their gut microbiome, which is very different from that of vegetarian bees, they _____ tolerate rotting meat and its toxins.

(a) may
(b) will
(c) can
(d) shall

17. Since Tyler is now the chief resident, he gets a large office all to himself. However, he doesn't think he will enjoy _____ there all day doing paperwork while his juniors do all the fieldwork.

(a) to sit
(b) sitting
(c) having sat
(d) to have sat

18. Clara is again experiencing chronic back pain, so her chiropractor told her to come back and see him next week. By then, she _____ the doctor for two months.

(a) will be seeing
(b) has been seeing
(c) is seeing
(d) will have been seeing

19. After months of failed auditions, Jacob finally landed his dream job on Broadway. Thanks to a chance encounter with a casting director, he now has the opportunity _____ his talent in performing arts to good use.

    (a) to have put
    (b) putting
    (c) having put
    (d) to put

20. Best friends Robert and Anya love to tease each other. One of the things she always says to him is that if he were to have a girlfriend, she _____ an expert in tolerating terrible jokes.

    (a) would probably have been
    (b) has probably been
    (c) would probably be
    (d) will probably have been

21. Bicycle chains naturally corrode as continuous pedaling creates friction between the vehicle's components. Therefore, it is vital that a biker _____ his or her bicycle's chain clean and well-oiled.

    (a) has kept
    (b) keep
    (c) is keeping
    (d) will keep

22. All JLK, Inc., employees have been told to stay in the conference room while an IT specialist performs a network checkup. At the moment, the specialist _____ the company computers for potential viruses and threats.

    (a) is scanning
    (b) will be scanning
    (c) scanned
    (d) has been scanning

23. According to statistics, there are more cats in Cyprus than humans. At any given moment, around 1.5 million cats inhabit the country, _____ humans, immigrants and tourists included, are only about a million in number.

    (a) while
    (b) until
    (c) since
    (d) unless

24. The Paris Agreement is an international treaty on climate change. It aims to strengthen and sustain the environmental measures that some countries take _____ their greenhouse emissions and carbon footprint.

    (a) having minimized
    (b) to have minimized
    (c) to minimize
    (d) minimizing

25. Many Massachusetts' state laws have
not been updated since 1933. In fact,
it is now the only US state where a
driver's license _____ will
not be accepted as a legitimate
identification card.

(a) that is issued by another state
(b) in which it is issued by another state
(c) what is issued by another state
(d) who is issued by another state

26. Jonas regrets leaving his old job to
seek greener pastures. If he had known
that the company was going to increase
wages exponentially a month after his
resignation, he _____ for at
least another year.

(a) will have stayed
(b) would stay
(c) would have stayed
(d) had stayed

해설 p.95

THIS IS THE END OF THE GRAMMAR SECTION
DO NOT GO ON UNTIL TOLD TO DO SO

실전문제 17

〈 26문항 : 20분 〉

GRAMMAR SECTION

DIRECTIONS:

The following items need a word or words to complete the sentence. From the four choices for each item, choose the best answer. Then blacken in the correct circle on your answer sheet.

Example:

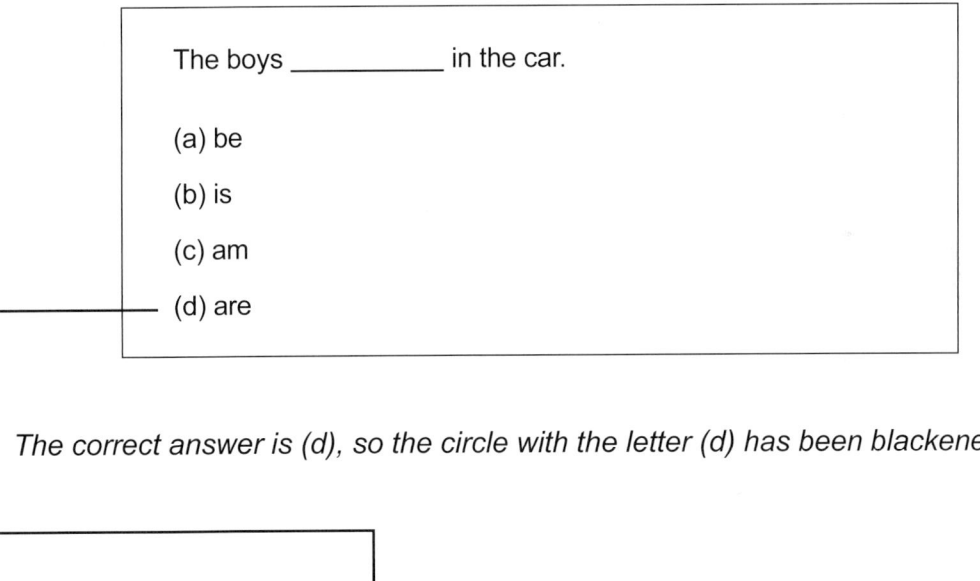

The boys _____ in the car.

(a) be

(b) is

(c) am

(d) are

The correct answer is (d), so the circle with the letter (d) has been blackened.

ⓐ ⓑ ⓒ ●

NOW TURN THE PAGE AND BEGIN

1. Sundews are insect-eating plants with tentacle-like hairs on their leaves. These hairs produce nectar _____ insects, which get stuck on the sticky substance and are digested on the leaf.

   (a) to attract
   (b) having attracted
   (c) attracting
   (d) to have attracted

2. Gretchen is disappointed that her application for a graduate school scholarship was rejected again. Adding to her frustrations is the fact that by next year, she _____ for scholarships for four years.

   (a) has been looking
   (b) is looking
   (c) will have been looking
   (d) will be looking

3. Marlon was cleaning the family's attic when he found a box filled with his son's old toys. He thought of throwing them away, but his wife suggested that they _____ the toys to charity instead.

   (a) donate
   (b) will donate
   (c) donated
   (d) are donating

4. The Olympic Games had been held every four years since 1896, but they were canceled for the first time in 1916. Had it not been for the outbreak of World War I, Berlin _____ the games.

   (a) had hosted
   (b) would have hosted
   (c) would host
   (d) will have hosted

5. Julius and his wife recently moved to their new house in Greenville, Illinois. They _____ in Chicago for two years before they agreed to live in a town with a lower cost of living.

   (a) are living
   (b) have been living
   (c) would live
   (d) had been living

6. Jasmine still has a huge backlog of work to finish. Wanting her weekend to be stress-free, she has decided _____ overtime on Friday instead of waiting until next week to clear her desk of projects.

   (a) working
   (b) having worked
   (c) to work
   (d) to have worked

7. Wild rabbits have become so numerous in Australia that they are considered to be environmental and agricultural pests. In fact, in Queensland, people are banned from keeping rabbits _____ it's for exhibition or entertainment purposes.

(a) because
(b) while
(c) unless
(d) until

8. Mr. Lewis is glad that his flower shop's customers have been steadily increasing in number since last year. Had this improvement not happened, he _____ his shop to a place with less expensive rent.

(a) would have moved
(b) has moved
(c) will have moved
(d) would move

9. Since it is Amanda's birthday today, she went out with her friends to have some fun. Right now, they _____ a game of bowling at the newly-opened bowling alley in the entertainment center.

(a) were playing
(b) are playing
(c) play
(d) have been playing

10. In most households, doing chores is often viewed as necessary but unpleasant. During interviews, children under ten revealed that they disliked _____ these assigned tasks, even when they were very simple.

(a) to do
(b) doing
(c) having done
(d) to have done

11. It looks like my son got hungry because he is now gobbling down a late lunch. He _____ for his exam when I served lunch to his sisters, which is why he skipped it.

(a) would still study
(b) was still studying
(c) still studied
(d) has still been studying

12. Monaco is a city-state in Europe that is smaller than New York's Central Park. Despite its size, the country, _____, is known as the "billionaire's playground" because of its world-class casinos.

(a) who is home to many wealthy residents
(b) what is home to many wealthy residents
(c) that is home to many wealthy residents
(d) which is home to many wealthy residents

13. An advertising firm is making Christopher an attractive job offer, but the company lacks a remote work option. If he didn't have dogs to look after at home, Christopher _____ the offer.

(a) will accept
(b) had accepted
(c) would have accepted
(d) would accept

14. At 21 years old, Marco Polo became a diplomat for Mongol ruler Kublai Khan. This allowed him to travel to places like China and the Middle East. _____, Polo traveled about 15,000 miles throughout his lifetime.

(a) However
(b) Altogether
(c) Instead
(d) Meanwhile

15. Elaine was inspired to enter her school's poetry-writing contest after reading W. E. Henley's poem "Invictus." In fact, she just finished _____ her poem about never losing hope despite the hardships one faces in life.

(a) to draft
(b) to have drafted
(c) drafting
(d) having drafted

16. Just like solar rainbows, lunar rainbows, or moonbows, appear when moonlight is refracted through water particles. A person _____ spot a moonbow by looking at the moon behind sources of water sprays, such as waterfalls.

(a) can
(b) must
(c) shall
(d) should

17. Catherine will end her shift at the bakery early, as she must fetch her mother from the airport. Her mother _____ at the arrival area when her co-workers take their lunch break.

(a) will already wait
(b) has already waited
(c) is already waiting
(d) will already be waiting

18. There was so much traffic on Wilson Highway last night that Nicholas arrived home an hour past midnight. Had he known about the road congestion sooner, he _____ an alternate route to his apartment.

(a) will have taken
(b) would take
(c) would have taken
(d) had taken

19. Our group met with the sociology professor to consult on our proposed research topic. He recommended that we _____ our topic because it could be too extensive to finish on time.

    (a) have changed
    (b) changed
    (c) will change
    (d) change

20. Despite the sudden intense rain last night, the music festival in Belltown went forward as planned. My friends _____ said they actually enjoyed it because the downpour made the experience more memorable.

    (a) who went to the concert
    (b) which went to the concert
    (c) that they went to the concert
    (d) what went to the concert

21. At the department store, Monique sees a beautiful handbag that she wants to buy. However, she doesn't have enough cash with her. If her credit card weren't already at its limit, Monique _____ the handbag.

    (a) has bought
    (b) would have bought
    (c) would buy
    (d) will buy

22. Pandas feed mainly on bamboo, which is not very nutritious. So, they spend 12 hours a day eating bamboo leaves, stems, and shoots in order _____ for their insufficient diet.

    (a) to have made up
    (b) making up
    (c) having made up
    (d) to make up

23. Titanium is one of the most sought-after metals, as it is highly resistant to corrosion. In fact, nuclear waste stored in a titanium container _____ not leak for as long as 100,000 years.

    (a) shall
    (b) will
    (c) might
    (d) must

24. Maggie's Pizzeria is a small restaurant in our town that specializes in authentic Neapolitan pizza. Since 1984, they _____ nothing but San Marzano tomatoes and mozzarella cheese to make pizza.

    (a) will have been using
    (b) have been using
    (c) were using
    (d) had been using

25. Roland is thinking of buying another car, but he is concerned about having to park it on the street. If he were to expand his single-car parking garage, he _____ a second car.

(a) has eagerly purchased
(b) would eagerly have purchased
(c) will eagerly purchase
(d) would eagerly purchase

26. During former U.S. President Ronald Reagan's term, more than 300,000 jelly beans were shipped to the White House monthly. This is because after he quit _____, he resorted to eating jelly beans as a coping mechanism.

(a) smoking
(b) to smoke
(c) having smoked
(d) to have smoked

해설 p.101

THIS IS THE END OF THE GRAMMAR SECTION
DO NOT GO ON UNTIL TOLD TO DO SO

실전문제 18

〈 26문항 : 20분 〉

GRAMMAR SECTION

DIRECTIONS:

The following items need a word or words to complete the sentence. From the four choices for each item, choose the best answer. Then blacken in the correct circle on your answer sheet.

Example:

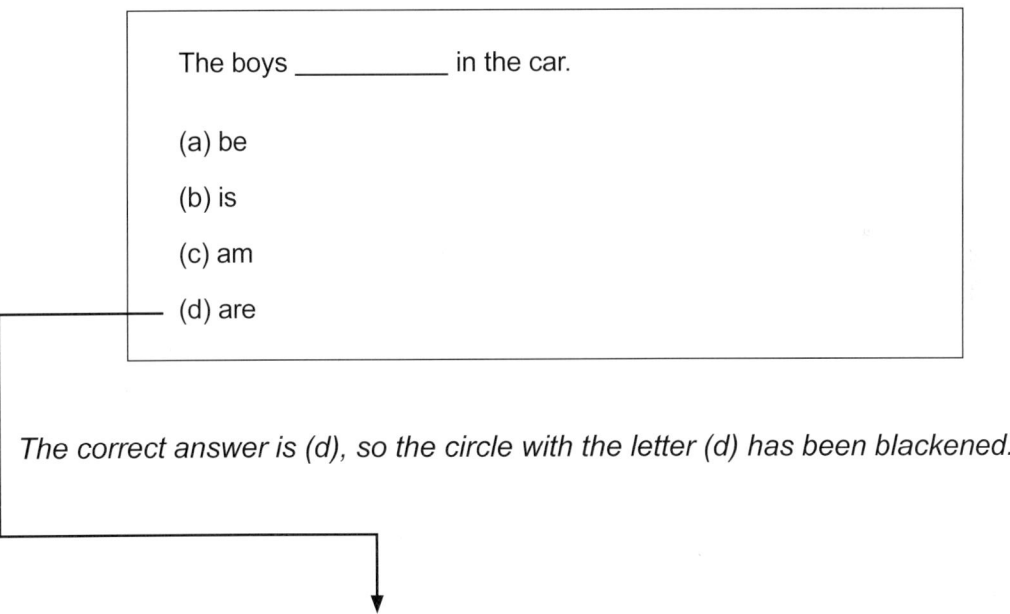

The boys _____ in the car.

(a) be

(b) is

(c) am

(d) are

The correct answer is (d), so the circle with the letter (d) has been blackened.

실전문제18

ⓐ ⓑ ⓒ ●

NOW TURN THE PAGE AND BEGIN

1. The leopard shark is the friendliest species of shark in the world. However, marine biologists caution divers against liberally poking and prodding the animal, as it _____ attack out of sheer annoyance.

   (a) would
   (b) shall
   (c) must
   (d) might

2. Andrew stopped buying his favorite juice drink because it was apparently quite harmful. He _____ the beverage for years before he saw a documentary claiming its organic sweetener was much worse than processed sugar.

   (a) has been drinking
   (b) will have drunk
   (c) had been drinking
   (d) is drinking

3. In 1976, Nadia Comaneci became the first gymnast to receive a perfect score of 10.0 at the Olympics. If today's gymnasts were to replicate her fairly antiquated routines at modern competitions, they _____ respectable scores.

   (a) will probably still get
   (b) would probably still get
   (c) would have probably still gotten
   (d) have probably still gotten

4. Because of the hurricane, the governor prohibited fishermen from sailing until the storm passed. He said that a safety advisory will be released before they can resume _____ in the sea.

   (a) to fish
   (b) having fished
   (c) to have fished
   (d) fishing

5. After watching a scary movie this evening, Diane couldn't bear to be alone in her room. Desperately, she called her best friend Kylie and asked that she _____ over at her place tonight.

   (a) slept
   (b) sleep
   (c) is sleeping
   (d) will sleep

6. It took a lot of the proverbial blood, sweat, and tears, but Shane is finally getting recognized for his talents. In fact, next month, he _____ North America as part of a world-renowned entertainer's dance crew.

   (a) will be traveling
   (b) travels
   (c) would be traveling
   (d) has been traveling

7. Several critics hail *The Girl with the Dragon Tattoo*'s Lisbeth Salander as one of the best heroines in literary fiction. According to Stieg Larsson, the novel's author, he wanted _____ a confident, virtuous protagonist in Salander.

(a) creating
(b) to have created
(c) to create
(d) having created

8. James is worried sick about his missing cat Silky. He _____ for the beloved feline since yesterday morning, and every hour that passes without her makes James more and more restless.

(a) is searching
(b) had been searching
(c) will have been searching
(d) has been searching

9. Despite an illustrious acting career, Diana Ross has never won an Academy Award. _____, for several moviegoers and film critics, she was the rightful winner of the Academy Award for Best Actress in 1973.

(a) Nevertheless
(b) For example
(c) Otherwise
(d) In addition

10. Vigorous and constant exfoliation strips the skin of essential, naturally occurring chemicals like sebum and hyaluronic acid. Hence, skincare experts advise that one _____ exfoliants to the skin gently and sparingly.

(a) has applied
(b) apply
(c) was applying
(d) applied

11. Rachel has been fascinated with Amelia Earhart all her life. She always says that if time machines were real, she _____ one to travel to the past and meet the legendary aviator.

(a) will use
(b) would use
(c) would have used
(d) has used

12. The last time Steven tried to keep up with his bodybuilder friends at the gym, he dislocated his right shoulder. Needless to say, he dreads _____ to the gym now.

(a) to have gone
(b) to go
(c) going
(d) having gone

13. Shirley entered our office this morning with an awkward walk. Apparently, she _____ on the escalator when a man barreled clumsily into her, causing the heel of one of her shoes to snap off.

(a) was standing
(b) would stand
(c) has been standing
(d) is standing

14. Studies show that some people can have up to 100 percent more tastebuds than others. These people, _____, can experience flavors so intensely that many of them tend to be quite picky about what they eat.

(a) what are called "supertasters"
(b) that are called "supertasters"
(c) which are called "supertasters"
(d) who are called "supertasters"

15. When Scott saw Tessa earlier in the parking lot, he merely greeted her. Had he known she was flying home to Australia in a few hours, he _____ something more profound than "hi."

(a) had said
(b) would say
(c) will have said
(d) would have said

16. The ivory-billed woodpecker was a species of bird that went extinct in 2021. It had shiny black plumage and a red head. Its strong, straight bill _____ hammer, wedge, and peel tree bark.

(a) may
(b) could
(c) will
(d) should

17. Overeating and a sedentary lifestyle have caused John's weight to reach an unhealthy level. However, his doctor said that a year of consistent exercise and dieting should be enough _____ his weight to a healthier range.

(a) bringing
(b) having brought
(c) to have brought
(d) to bring

18. *The Shining Star* is Dana's favorite holiday movie of all time. She watches it every year on Christmas day, without fail. By Christmas next year, she _____ it annually for 12 years.

(a) will be watching
(b) has been watching
(c) is watching
(d) will have been watching

19. Most countries set up laws against trespassing in wilderness areas in order to protect them from potential damage. However, in Northern Europe, some countries permit _____ in these uninhabited places.

(a) to roam
(b) roaming
(c) to have roamed
(d) having roamed

20. My eight-year-old nephew thinks nothing is worse than broccoli. He often tells his aunts and uncles that he _____ broccoli if it were magically turned into his favorite pepperoni pizza.

(a) would have eaten
(b) has eaten
(c) would eat
(d) will eat

21. Clara is pleased that her first major art exhibit went so well. In fact, two of her paintings, _____, were purchased by a wealthy art collector who enthusiastically praised the originality of her work.

(a) which depicted scenes from her childhood
(b) what depicted scenes from her childhood
(c) who depicted scenes from her childhood
(d) that depicted scenes from her childhood

22. After being on call for five consecutive nights, Dr. Farrow can barely keep his eyes open. Right now, he _____ in front of the coffee vending machine as he waits for the caffeine to kick in.

(a) is pacing
(b) will pace
(c) paced
(d) has been pacing

23. For decades, the upper class looked upon lobsters as "vermin of the sea." It was not _____ humble railway diners in Maine started serving lobsters that the elite realized how luxurious the shellfish could actually taste.

(a) since
(b) until
(c) unless
(d) while

24. Paleontologists believe that the warm-blooded megalodon shark became extinct when the ice age turned the waters too cold. If Earth had not had an ice age, the megalodon _____ until the end of the Pleistocene period.

(a) had lived
(b) would live
(c) would have lived
(d) will have lived

25. It was Paula's first time going to
New York City. Before leaving, she
researched hidden tourist spots in the
city and made a list so that she will
remember _____ all of them
before going home.

(a) to visit
(b) having visited
(c) to have visited
(d) visiting

26. Crystal regrets having pursued a
business degree only to humor her
parents. Had she known it would be
hard to enjoy herself in an industry she
was not passionate about, she
_____ what she really loved.

(a) will have pursued
(b) would pursue
(c) would have pursued
(d) had pursued

해설 p.107

THIS IS THE END OF THE GRAMMAR SECTION
DO NOT GO ON UNTIL TOLD TO DO SO

실전문제 19

〈 26문항 : 20분 〉

GRAMMAR SECTION

DIRECTIONS:

The following items need a word or words to complete the sentence. From the four choices for each item, choose the best answer. Then blacken in the correct circle on your answer sheet.

Example:

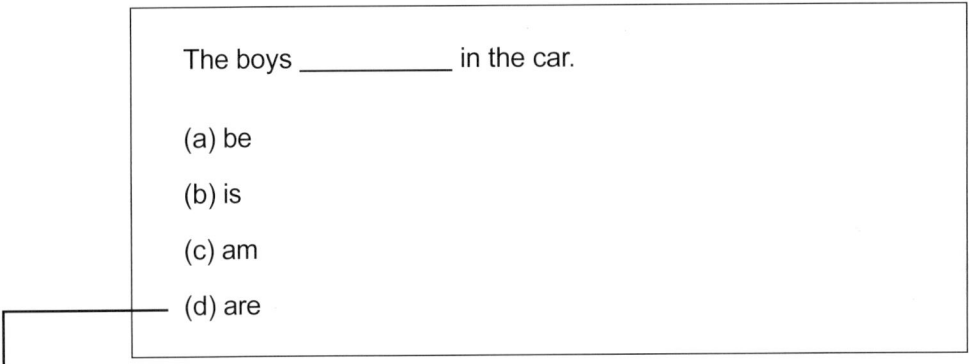

The boys _____ in the car.

(a) be

(b) is

(c) am

(d) are

The correct answer is (d), so the circle with the letter (d) has been blackened.

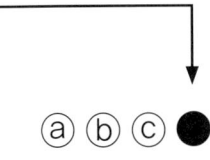

NOW TURN THE PAGE AND BEGIN

1. After losing the title of final champion to his rival, Scott has a chip on his shoulder. So, starting tomorrow, he _____ vigorously to beat his adversary at the national championships.

   (a) will be training
   (b) trains
   (c) will have trained
   (d) has been training

2. The Amur leopard is an endangered species with attractive features like cream-colored fur and rosette-like flank marks. Animal conservationists are strongly against the hunting of Amur leopards because the beautiful animal _____ soon become extinct.

   (a) shall
   (b) must
   (c) should
   (d) might

3. Yesterday, Nathan saw his best friend cheating during their history test. For a moment, he considered _____ quiet about it. Thankfully, his good nature prevailed, and he told the teacher about the situation after class.

   (a) to keep
   (b) having kept
   (c) to have kept
   (d) keeping

4. Aviation science has come a long way since Henri Giffard first flew an aircraft in 1852. If the iconic aviator were still alive today, he _____ proud of the men and women consistently revolutionizing the field.

   (a) will probably be
   (b) would probably be
   (c) would probably have been
   (d) had probably been

5. Zack doesn't eat at fast food establishments anymore. He _____ them regularly for almost two decades when he met a guy his age who had various health concerns due to excessive fast food consumption.

   (a) has been enjoying
   (b) will have enjoyed
   (c) had been enjoying
   (d) is enjoying

6. The custom-made wedding cake Lina ordered from an online bakeshop ended up looking quite awful. Tearfully, Lina begged that her baker friend _____ the cake as best as he could before her wedding tomorrow.

   (a) fixed up
   (b) fix up
   (c) is fixing up
   (d) will fix up

7. In 2016, dozens of Winter Olympic athletes were apprehended due to their alleged participation in a state-sponsored doping program. The athletes denied _____ in the program but were nonetheless stripped of their Olympic medals.

(a) to have partaken
(b) to partake
(c) partaking
(d) having to partake

8. According to dental professionals, brushing the teeth horizontally will quickly erode both the teeth enamel and gums. That is why it is important that one _____ one's teeth in a circular pattern only.

(a) has brushed
(b) brush
(c) is brushing
(d) will brush

9. The moment the clock struck 12 p.m., Ginny dashed out of the office in search of an Italian restaurant. She _____ pasta since yesterday and will stop at nothing to find some for lunch today.

(a) is craving
(b) had been craving
(c) will have been craving
(d) has been craving

10. Studies show that over 90 percent of sweet syrups on the market are either artificial or synthetic. _____, most maple syrup sold in grocery stores is, in fact, maple-flavored high-fructose corn syrup.

(a) For instance
(b) In contrast
(c) Nevertheless
(d) Therefore

11. Ever the hopeless romantic, Julia is pining for one of the characters in the romance novel she is reading. She says if Chris, the male protagonist, were a real person, she _____ him in a heartbeat.

(a) will marry
(b) would marry
(c) would have married
(d) has married

12. The 1979 film *Apocalypse Now* is considered legendary, in part, for its exceedingly difficult production process. The setbacks were so dire that the director, Francis Ford Coppola, could hardly believe they managed _____ the movie.

(a) finishing
(b) to have finished
(c) to finish
(d) having finished

13. Dyslexia is a learning disability that affects the way a person interprets written letters and words. This condition, _____, impacts the cognitive skills involved in reading, writing, and spelling.

    (a) what affects 15 to 44 million children in the US
    (b) that affects 15 to 44 million children in the US
    (c) which affects 15 to 44 million children in the US
    (d) who affects 15 to 44 million children in the US

14. Daniel feels bad for the little girl he saw in the park this morning. She _____ by the edge of the pond when suddenly a big, fat, rambunctious duck launched itself at her.

    (a) was squatting
    (b) would squat
    (c) has squatted
    (d) is squatting

15. After weeks of awkwardness and hesitation, Peter finally mustered the courage to ask Hazel out on a date. Had he known she liked him as well, he _____ her out months ago.

    (a) would ask
    (b) will have asked
    (c) had asked
    (d) would have asked

16. Irene is disappointed that she didn't get a car for her eighteenth birthday. Her parents say that she needs _____ her studies more seriously before they give her something so extravagant.

    (a) to have taken
    (b) taking
    (c) having taken
    (d) to take

17. The Ninja Lanternshark is a bioluminescent shark species that was discovered off the Pacific Coast in 2015. True to its name, the shark _____ make its internal organs glow bright green to attract mates or prey.

    (a) shall
    (b) can
    (c) would
    (d) may

18. Uncle Richard has dreamed of becoming a famous science fiction author since he was a teen. In fact, by next year, he _____ his novel, *The Breaking Point*, for 15 years.

    (a) will be writing
    (b) has been writing
    (c) is writing
    (d) will have been writing

19. Teresa has an extreme fear of heights and doesn't even think about going skydiving. Even so, she _____ it if someone were to pay her millions of dollars.

    (a) has reluctantly done
    (b) might have reluctantly done
    (c) might reluctantly do
    (d) will reluctantly do

20. After a challenging week at work, Chelsea and her boyfriend treated themselves to a meal at their favorite restaurant. The server recommended _____ their seafood entrees with a glass of the house white wine.

    (a) to pair
    (b) pairing
    (c) having paired
    (d) to have paired

21. Alec will introduce his fiancée to his parents in Connecticut today. According to his younger sister's text message, their mother and father _____ in the kitchen at the moment.

    (a) are happily cooking
    (b) will happily be cooking
    (c) happily cook
    (d) have happily cooked

22. At the 1993 Academy Awards, the favorites to win Best Supporting Actress were Joan Plowright, Vanessa Redgrave, and Miranda Richardson. However, the actress _____ was the young and fairly inexperienced Marisa Tomei.

    (a) who won the coveted accolade
    (b) which won the coveted accolade
    (c) what won the coveted accolade
    (d) that she won the coveted accolade

23. Despite its name, white chocolate is not real chocolate, but rather a confection with zero chocolate solids, nibs, or powder. It is only called chocolate _____ its butter component comes from the cacao plant.

    (a) until
    (b) because
    (c) in case
    (d) even though

24. For the third time in a row, the Employee of the Year award eluded Crystal's grasp. Had she not missed five days of work this year due to the flu, she _____.

    (a) will have won
    (b) would win
    (c) would have won
    (d) had won

25. A fight broke out at the subway, causing commuters to call the authorities. While security was resolving the brawl, other station personnel were encouraging everyone _____ the commotion.

(a) to ignore
(b) ignoring
(c) to have ignored
(d) having ignored

26. In the late 1920s, Alexander Fleming created the world's first effective antibiotic by accident. Had Fleming not contaminated a Petri dish, he _____ that the contaminant could be transformed into a cure for bacterial infections.

(a) will not have realized
(b) would not realize
(c) would not have realized
(d) had not realized

해설 p.113

**THIS IS THE END OF THE GRAMMAR SECTION
DO NOT GO ON UNTIL TOLD TO DO SO**

실전문제 20

〈 26문항 : 20분 〉

GRAMMAR SECTION

DIRECTIONS:

The following items need a word or words to complete the sentence. From the four choices for each item, choose the best answer. Then blacken in the correct circle on your answer sheet.

Example:

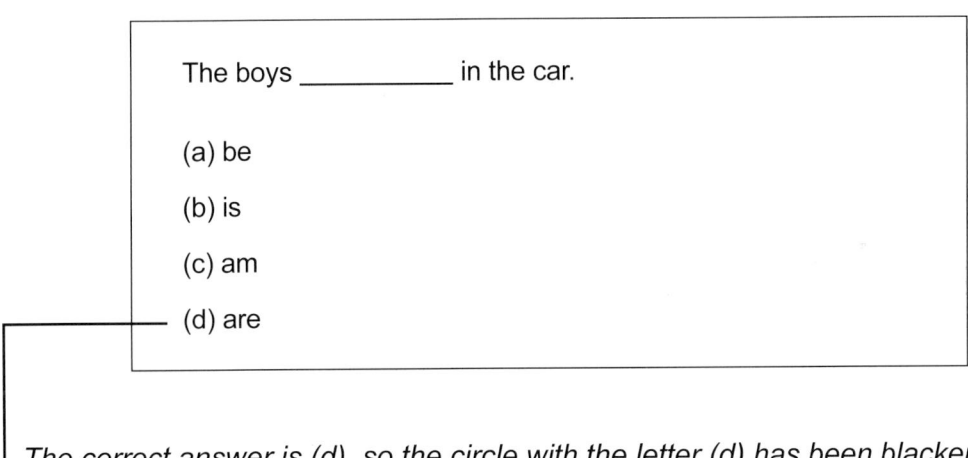

The boys _____ in the car.

(a) be

(b) is

(c) am

(d) are

The correct answer is (d), so the circle with the letter (d) has been blackened.

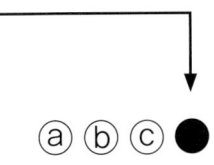

NOW TURN THE PAGE AND BEGIN

1. Richie does some household chores. And, while he enjoys most of these chores, he despises _____ the bathroom, as it requires intense scrubbing to break down the dirt and grime on tiles.

   (a) to have cleaned
   (b) cleaning
   (c) to clean
   (d) having cleaned

2. Rachel is thinking of quitting her job. She receives a good salary, but she also has to do tasks outside her job description. If it weren't for the unrelated workload, she _____ staying.

   (a) would consider
   (b) will consider
   (c) had considered
   (d) would have considered

3. Grizzly bears produce one of the most fatal animal bites. While humans have a bite force of 120-160 pounds per square inch (PSI), a grizzly's bite averages 1,200 PSI, which _____ easily crush a bowling ball.

   (a) should
   (b) must
   (c) can
   (d) might

4. A lot of scammers target travelers from foreign countries. Just yesterday, a street peddler _____ a tourist to buy his goods when the tourist felt another guy picking his pocket. Apparently, they were accomplices.

   (a) is urging
   (b) would urge
   (c) has been urging
   (d) was urging

5. Wearing tight shoes can damage your feet. If your shoes are too small, some recommend that you _____ your shoes in the freezer with a water-filled plastic bag in each one.

   (a) put
   (b) are putting
   (c) have put
   (d) will put

6. Olivia kept the wristband from the music festival as a souvenir. Afraid to break the keepsake, she _____ it for a week when her brother showed her how to remove the band without cutting it.

   (a) had been wearing
   (b) is wearing
   (c) has been wearing
   (d) would wear

7. Kevin and his manager will be going to a business conference in Paris next week. Their boss chose them _____ the company, as they have impressive public relations skills and can attract potential connections.

(a) representing
(b) to have represented
(c) having represented
(d) to represent

8. The opposable thumb is an evolutionary adaptation that helped humankind develop by allowing early people to create and use tools. If the adaptation had not occurred, human society as we know it _____ at all.

(a) might not have developed
(b) will not have developed
(c) might not develop
(d) had not developed

9. Darwin's bark spider holds the record for having the strongest silk web. The silk could have strong commercial potential _____ it is 10 times tougher than Kevlar, a synthetic fiber used for making armor.

(a) while
(b) unless
(c) although
(d) because

10. Gwen is apprehensive about transferring to a new university. She is nervous about not only the reputation of the school, _____, but also the thought of not making new friends there easily.

(a) who has high academic standards
(b) which has high academic standards
(c) what has high academic standards
(d) that has high academic standards

11. Michael has begun planning his vacation itinerary for his upcoming trip to Italy. Currently, he _____ the best places to visit and activities to do during his stay in Rome and Florence.

(a) has been researching
(b) will be researching
(c) is researching
(d) would research

12. Marvin tried fixing his phone himself by following an online tutorial. Afterwards, his phone stopped working completely. Had he known his attempts would make things worse, he _____ the device to a repairman instead.

(a) would have brought
(b) will have brought
(c) had brought
(d) would bring

13. Unlike other six-legged insects, such as butterflies and beetles, dragonflies cannot use their legs to walk. Instead, their legs are designed _____ various types of surfaces upon landing.

(a) having grasped
(b) to grasp
(c) to have grasped
(d) grasping

14. For their weeklong Caribbean cruise, Sylvia brought three rolls of film for her SLR camera. However, she ran out of film at the Bahamas. Had she prepared better, she _____ pictures of the islands' pristine beaches.

(a) could take
(b) will have taken
(c) had taken
(d) could have taken

15. After a strong earthquake shook the city, our boss stopped the meeting and announced that it would continue the following day. He suggested that everyone _____ home early to check on their families.

(a) will go
(b) went
(c) was going
(d) go

16. Mom has allotted at least 30 minutes every morning for our dog Maggie's exercise. Her new routine includes _____ with Maggie around the neighborhood every morning before having breakfast.

(a) to walk
(b) having walked
(c) walking
(d) to have walked

17. Holland and the Netherlands are not the same thing as people often assume. 'Holland' refers to the two provinces, North and South Holland. _____, 'the Netherlands' pertains to the entire country.

(a) Therefore
(b) On the other hand
(c) Instead
(d) Otherwise

18. It will be Aunt Thelma's fiftieth birthday tomorrow, but I'm still struggling to find her a gift. I _____ for a gift for a week but still can't find one good enough for a milestone celebration.

(a) have been looking
(b) am looking
(c) will look
(d) had been looking

19. It's such a bummer that the pizza house on the corner of the street closes at 10 p.m. If only it were open later, Ronnie _____ there while working on his thesis every night.

(a) will eat
(b) would have eaten
(c) has eaten
(d) would eat

20. The Sahara Desert makes a vital contribution to the Amazon rainforest's ecosystem. The desert's dust, _____, gets picked up by the wind and is deposited into the Amazon soil. The nutrients keep the forest thriving.

(a) which contains minerals, such as phosphorus and iron
(b) what contains minerals, such as phosphorus and iron
(c) who contains minerals, such as phosphorus and iron
(d) that contains minerals, such as phosphorus and iron

21. Switzerland passed a law that requires pet owners to give social animals adequate interaction with others of their species. For instance, when keeping guinea pigs, one _____ own two or more of the animals.

(a) may
(b) must
(c) will
(d) can

22. Laura was relieved to make it to her son's piano recital this morning. She thought she would miss _____ her son play due to being stuck in a traffic jam on the way to the venue.

(a) to have seen
(b) to see
(c) seeing
(d) having seen

23. Mrs. Gardner will no longer be working at the 5th Avenue office next week. The management approved her request _____ to their Queens office, as she will be moving to an apartment near there.

(a) to have transferred
(b) transferring
(c) having transferred
(d) to transfer

24. Andy is absent from school today because of a high fever. Andy's mother _____ for his classmate when classes end today to borrow the student's notes so that Andy won't fall behind.

(a) will be waiting
(b) has waited
(c) will wait
(d) is waiting

25. The blobfish lives about 4,000 feet underwater, where the pressure holds its body in shape. If humans were to go deep into a blobfish's habitat, however, the pressure _____ their bodies.

(a) would have squashed
(b) will squash
(c) would squash
(d) had squashed

26. Terry is frustrated. He hired a real estate agent to list his house for sale, but there has been little interest from prospective buyers. By next month, he _____ to sell his house for a year.

(a) has been trying
(b) will have been trying
(c) had tried
(d) will be trying

해설 p.119

THIS IS THE END OF THE GRAMMAR SECTION
DO NOT GO ON UNTIL TOLD TO DO SO

지텔프는 **지텔프에듀**

지텔프에듀에서 지텔프를 시작해야하는 이유는?

:

지텔프 공식 주관사와 함께하는 지텔프에듀의 정보를
무료로 받아볼 수 있기 때문입니다.

> 수험생들의 생생한 시험후기 확인
> ## 지텔프에듀 게시판 톡톡

- 수험생들의 실제 시험후기 / 비법 공개
- 시험 난이도 및 논란문제 확인 가능

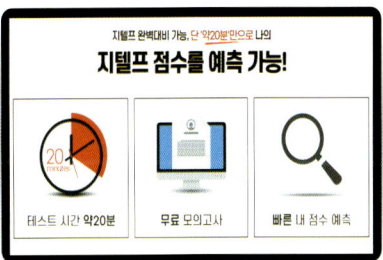

> 20분만에 지텔프 점수 예측 가능
> ## 지텔프 예측 점수.. 나는 몇점일까?

- 간단한 모의고사를 통해 내 점수 예측 가능
- 20분만에 점수를 확인하는 무료 모의고사 제공

지텔프는
지텔프에듀
G-TELP *EDU*

하단[채널추가]
▶[시크릿자료 신청] 클릭

QR코드 찍기

> 매주 업로드 되는 지텔프 무료 자료
> ## 카카오톡 플친 혜택

- 할인 쿠폰 및 다양한 무료자료 제공
- 이벤트 및 혜택 소식을 빠르게 확인 가능

지텔프 공식 주관사와 함께하는 지텔프에듀

지텔프에듀 | 검색

G-TELP KOREA 수험서
한 눈에 보기

기본서

지텔프 퀵스타터
문법, 보카편

지텔프 퀵스타터
독해편

Final
지텔프 43+

Final
실전 지텔프

보카

지텔프 보카

일주일 완성
퀵 지텔프 보카

실전 모의고사

시크릿G 봉투모의고사 시리즈
#1~3
(각 1회분)

퀵 지텔프 봉투모의고사 시리즈
1~3
(각 1회분)

퀵 지텔프
공식 모의고사
(3회)

지텔프 공식 주관사
기출유형 문제집
(7회)

지텔프 문법 실전문제
(20회)

등급별 공식 수험서

실전 문제를 통해
Part별로 완성하는
G-TELP 2급

실전 문제를 통해
Part별로 완성하는
G-TELP 3급

실전 문제를 통해
Part별로 완성하는
G-TELP 4급

스피킹 라이팅

퀵 지텔프 스피킹
기본서

G-TELP
Writing Test
공식수험서

비즈니스 영어

G-TELP
Business
Speaking Test
공식수험서

G-TELP
Business
Writing Test
공식수험서

G-TELP 공식 주관사

G-TELP Level 2
GRAMMAR Section

지텔프

정기시험 완벽 대비
20회분

G-TELP 영어연구소 저

문법 실전 문제

5·7급 공무원 I 경찰 I 소방 I 군무원 I 회계사 I 세무사 I 노무사 I 감정평가사 영어 시험

지텔프 Level 2 문법 영역
최신 경향 반영 | 해설편

G-TELP KOREA 출판사업본부

G-TELP 공식 주관사

G-TELP Level 2
GRAMMAR Section

지텔프

정기시험 완벽 대비
20회분

G-TELP 영어연구소 저

문법 실전 문제

5·7급 공무원 I 경찰 I 소방 I 군무원 I 회계사 I 세무사 I 노무사 I 감정평가사 영어 시험

지텔프 Level 2 문법 영역
최신 경향 반영

해설편

G-TELP KOREA 출판사업본부

G-TELP

General Tests of English Language Proficiency

지텔프 문법
실전문제풀이

| 해 설 편 |

20회분

01 (a)	**02** (c)	**03** (a)	**04** (d)	**05** (b)
06 (c)	**07** (d)	**08** (b)	**09** (c)	**10** (d)
11 (a)	**12** (d)	**13** (c)	**14** (a)	**15** (b)
16 (a)	**17** (c)	**18** (d)	**19** (d)	**20** (a)
21 (b)	**22** (a)	**23** (d)	**24** (c)	**25** (d)
26 (c)				

01 준동사 – 동명사 정답 (a)

해석 자유의 여신상 방문객들은 그 왕관을 방문하기 전에 표를 미리 예매해야 한다. 그들은 또한 162개의 계단을 오르내리는 것을 예상해야 하는데, 그 기념비적 건축물의 계단 부분에는 엘리베이터가 없기 때문이다.

해설 빈칸 앞 동사 anticipate는 동명사를 목적어로 취한다. 보기의 동사 climb은 문맥상 anticipate와 시제가 같은 동작(오르내리는 것을 예상하다)이므로, 그보다 이전의 동작(이미 오르내렸던 것을 예상하다)을 나타내는 having p.p.를 오답으로 소거하면 단순 동명사인 (a)가 정답이다.

어휘 visitor 방문객 reserve 예약하다 in advance 미리 crown 왕관 anticipate 기대하다, 예상하다 climb 오르다, 올라가다 stair 계단 as ~때문에 monument 기념물, 기념비적인(역사적인) 건축물

02 가정법 – 과거완료 정답 (c)

해석 테니스 스타 세레나와 비너스 윌리엄스의 아버지인 리처드 윌리엄스는 그의 엄격한 지도로 유명하다. 그러나, 그가 그의 딸들을 그렇게 강하게 밀어붙이지 않았다면, 그들은 어린 나이에 그렇게 유명한 운동선수가 되지 못했을지도 모른다.

해설 빈칸 절의 if와 보기의 might는 가정법 문제를 나타내고, if절의 과거완료시제 동사 had not pushed가 가정법 과거완료의 단서이므로 〈might+have p.p.〉의 형태인 (c)가 정답이다.

어휘 be known for ~로 알려져 있다, 유명하다 strict 엄격한 coaching 지도 however 그러나 push ~ hard ~를 강하게 밀어붙이다 such 그런, 그러한 celebrated 유명한, 저명한 athlete 운동선수

03 조동사 문맥 찾기 정답 (a)

해석 오늘 저녁 교통이 제니퍼가 예상했던 것보다 훨씬 더 나쁘다. 그녀는 자기가 영화 시간에 늦을지도 모르니 친구가 그녀 없이 그냥 들어가도 된다는 것을 알리기 위해 그에게 전화하기로 결정했다.

해설 앞에서 교통 상황이 제니퍼의 예상보다 나쁘다(much worse than Jennifer expected)고 한 부분이 그녀가 처한 상황의 불확실성을 나타내므로, 그녀가 '상황에 따라 영화에 늦을 가능성이 있다'라는 문맥이 되어야 가장 적절하다. 이때 조동사 may(~일지도 모른다)가 약한 추측 또는 불확실한 가능성의 의미를 나타낼 수 있으므로 (a)가 정답이다.

 **오답체크**

그녀가 영화에 늦는 것은 의무나 권유에 의한 것이 아니므로 should, must 모두 오답이다.

어휘 traffic (도로상의) 교통, 교통량 much 비교급 than ~보다 훨씬 더 …한 expect 예상하다 decide 결정하다 late 늦은

04 준동사 – to부정사 정답 (d)

해석 무사 모타는 암으로 왼쪽 다리를 잃었음에도 불구하고 국제적으로 인정받는 댄서이다. 2013년에, 모타는 장애를 가진 다른 이들이 한계 없이 살 수 있도록 영감을 주기 위해 자신의 댄스 스튜디오를 개업했다.

해설 빈칸 앞 문장(모타가 댄스 스튜디오를 열었다)을 뒤에서 부사처럼 수식(영감을 주기 위해)할 수 있는 to부정사가 빈칸에 가장 적절하다. 이때 '~하기 위해'라는 의미의 목적을 나타낼 때 단순 to부정사를 사용하므로, 정답은 (d)이다.

어휘 internationally 국제적으로 recognized 인정받는, 알려진 despite ~에도 불구하고 lose 잃다 cancer 암 open up (사업 또는 영업을) 시작하다, 개업하다 inspire 고무하다, 영감을 주다 disability 장애 limit 제한, 한계

05 that절 should 생략   정답 (b)

해석 비록 문어와 게는 종종 먹히기 전에 산 채로 삶아지기는 하지만, 연구는 이 동물들이 고통을 느낄 수 있다는 것을 보여줘왔다. 그렇기 때문에, 요리사들은 이 동물들을 요리하기 위한 인도적인 방법들을 <u>탐구해야 하는</u> 것이 필수적이다.

해설 necessary와 같이 당위성을 나타내는 형용사가 that절과 함께 나오면, that절의 동사 자리에는 〈should + 동사원형〉에서 should가 생략된 동사원형만 가능하다. 따라서 정답은 (b)이다.

어휘 octopus 문어 crab 게 often 종종, 자주 boil 끓이다 alive 산 채로 show 보여주다 be capable of -ing ~할수 있다 pain 고통 as such (문두에서) 그렇기 때문에, 그런 것처럼 necessary 필수적인 chef 요리사 explore 탐구하다 humane 인도적인 method 방법 prepare 준비하다

06 시제 – 미래완료진행   정답 (c)

해석 베티의 영아 아들 대니얼은 그 세탁기에 매료되어 베티가 세탁기를 작동시킨 이래로 거기서 떠나지 않고 있다. 세탁 시간이 끝날 때쯤이면, 대니얼은 한 시간 동안 그 가전기기를 <u>보는 중일 것이다</u>.

해설 빈칸 절에서 〈by the time+현재시제 동사(finishes)〉와 〈for + 기간(for an hour)〉은 빈칸의 동사가 미래의 어느 시점까지 계속 진행 중일 것임을 나타낼 때 쓰이는 미래완료진행시제의 단서이다. 즉 세탁 시간이 끝날 시점에는(미래) 대니얼이 그것을 한 시간 동안(완료) '봐오고 있을 것이다'라는 의미가 되어야 하므로, 정답은 (c)이다.

어휘 infant 유아의, 어린 mesmerized 매료된 move away from ~로부터 벗어나다 since ~이래로 turn on ~을 켜다, 작동시키다 by the time ~할 때쯤 finish 끝나다 appliance (가정용) 기기, 가전제품

07 가정법 – 과거   정답 (d)

해석 케네스는 항상 뱀을 갖고 싶었지만, 집주인은 그것에 반하는 엄격한 규칙을 가지고 있다. 만약 집주인이 그렇게 엄격하지 않다면, 케네스는 현재 무지개 보아와 융단비단뱀을 <u>가지고 있을 것이다</u>.

해설 빈칸 절의 if와 보기의 would는 가정법 문제를 나타내고, if절의 과거시제 동사 weren't가 가정법 과거의 단서이므로 〈would + 동사원형〉의 형태인 (d)가 정답이다.

어휘 own 소유하다 landlord 임대주, 집주인 strict 엄격한 rule 규칙 against ~에 반하는 stern 엄격한, 준엄한

08 시제 – 현재완료진행   정답 (b)

해석 융프라우요흐 얼음 궁전은 유럽에서 가장 높은 곳에 있는 기차역에서 발견되며 세계에서 어쩌면 가장 높이가 있는 얼음 궁전이다. 관광객들은 이 건물을 80년이 넘는 동안 방문해오고 있으며, 이 건물을 인기 있는 스위스 명소로 만들었다.

해설 빈칸 절에서 〈for + 기간(over 80 years)〉은 현재완료진행시제의 단서이며, 현재까지 80년이 넘는 기간 동안(완료) 그 건물을 '방문해오는 중이었다'라는 의미를 만든다. 따라서 정답은 (b)이다.

어휘 palace 궁전 railroad station 기차역 possibly 아마, 어쩌면 tourist 관광객 visit 방문하다 structure 구조물, 건물 over ~이상 popular 인기 있는, 유명한 attraction 명소

09 시제 – 과거진행   정답 (c)

해석 고대 이집트 신전의 몇몇 조각품들은 품질이 다양하다. 한 가지 이유로는 그것들이 제작되는 동안에, 장인들과 견습생들이 세부 사항을 수정했을 때 함께 <u>작업하고 있었기</u> 때문이며, 그것이 품질의 차이로 이어졌다.

해설 빈칸 절에서 〈when + 과거시제 동사(modified)〉는 빈칸의 동사가 과거의 특정 시점에 동시에 진행 중이었음을 나타내는 과거진행시제의 단서이다. 즉 세부 사항을 수정했던 과거의 그 시점에 작업하는 행위가 진행 중이었다는 의미가 되어야 하므로 정답은 (c)이다.

10 관계사 – 관계대명사   정답 (d)

해석 ▶ 과학자들은 지구 온난화 때문에 일부 동물들이 그들의 몸 형태를 변화시키기 위해 진화하고 있다는 것을 관측했다. 높아지는 기온에 적응해오는 동물들 중 다수는 이제 열을 발산시키는 것을 더 잘하는 몸으로 발달시켰다.

해설 ▶ 빈칸 앞 선행사인 the animals는 동물이므로 관계대명사 which 또는 that의 수식을 받는다. 빈칸 앞에 콤마(,)가 없어서 that을 소거하지 못하는 경우, 관계대명사 뒤에 주어(또는 목적어)가 없는 불완전한 절이 있는 보기를 답으로 골라야 한다. which 뒤의 절은 주어 they가 있어 완전한 절, that 뒤의 절은 불완전한 절이다. 따라서 정답은 (d)이다.

어휘 ▶ observe 관측하다 due to ~때문에 evolve 진화하다 change 바꾸다, 변화시키다 shape 형태 adapt to ~에 적응하다 rising 높아지는, 상승하는 temperature 기온 develop 발달시키다 be better at ~을 더 잘 하다 disperse 흩어지게 하다, 분산시키다

11 준동사 – 동명사   정답 (a)

해석 ▶ 친구들과 파티를 즐기는 밤을 보낸 후, 코너는 집에 비틀비틀 걸어왔다. 그는 다음 날 아침에 침대 옆에 물과 아스피린을 둔 상태로 깨어났는데, 그 전날 밤에 그 물품들을 그곳에 둔 것을 기억하지 못했다.

해설 ▶ 빈칸 앞 동사 remember는 to부정사(앞으로 할 일)와 동명사(과거에 이미 한 일) 둘 다 목적어로 취할 수 있는데, 주어진 문맥에서는 'the night before'라는 힌트를 통해 전날 밤에 그 곳에 물과 아스피린을 둔 행동은 앞으로 할 일이 아니라 과거에 이미 한 일에 해당된다. 따라서 정답은 (a)이다.

> ✅ **오답체크**
>
> remember와 같은 동사는 이미 단순 to부정사와 단순 동명사를 통해 행위 시점이 정해지므로 to have p.p.나 having p.p.는 사용되지 않는다. 따라서 (c)와 (d)는 오답으로 소거한다.

12 연결어 – 접속부사   정답 (d)

해석 ▶ 올가의 부모는 그들의 딸이 얼마나 다재다능한지를 항상 자랑한다. 그녀는 노래를 잘 부르고, 풍경화를 그리며, 발레 무용을 할 수 있다. 게다가, 그녀는 학업적으로도 재능이 있어 정치학 학위로 반에서 최상위로 졸업했다.

해설 ▶ 앞 내용(노래, 그림 그리기, 무용을 한다)에서 올가의 다재다능함이라는 특징이 먼저 언급되고 빈칸 뒤 내용이 문맥상 그녀의 다재다능함에 대한 새로운 추가정보로 첨가(반에서 최상위로 졸업했다)되는 흐름이므로, 앞의 주장을 강화할 때 쓰이는 Moreover (게다가)가 빈칸에 가장 적절하다. 따라서 정답은 (d)이다.

어휘 ▶ always 언제나, 항상 boast 자랑하다 multitalented 다재다능한 portrait 풍경화 also 또한 academically 학업적으로 graduate 졸업하다 degree 학위 political science 정치학 regardless 상관없이 as a result 결과적으로 for example 예를 들어 moreover 게다가

13 준동사 – to부정사   정답 (c)

해석 ▶ 에펠탑은 1889년에 건설되었을 때 처음에는 20년치 허가를 받았다. 1910년쯤에, 만약 에펠탑을 라디오 안테나 타워로 변환되지 않았다면, 파리의 지방 자치 단체는 그 구조물을 철거하는 것을 계획했었다.

해설 ▶ 빈칸 앞 동사 plan은 to부정사를 목적어로 취한다. 보기의 동사 dismantle은 문맥상 plan 이후의 동작(철거할 것을 계획하다)이므로, 그보다 이전의 동작(이미 철거했던 것을 계획하다)을 나타내는 to have p.p.를 오답으로 소거하면 단순 to부정사인 (c)가 정답이다.

어휘 ▶ initially 처음에, 초기에 permit 허가증 construct 건설하다 local government 지방 정부, 지방 자치 단체 plan 계획하다 dismantle 해체하다, 철거하다 structure 구조(물), 건축물 convert A into B A를 B로 바꾸다, 변환하다

14　시제 – 미래진행　　정답 (a)

해석 피터의 도시는 덥고 건조한 날씨 때문에 때때로 산불로 고통받고 있다. 공식 성명에서, 소방당국은 다음 산불철 내내 고위험 지역의 주택에 대한 무료 안전 점검을 <u>실시하고 있을 것이라고</u> 발표했다.

해설 빈칸 절 맨 뒤에 주어진 전치사구(throughout the next wildfire season)에서 next는 빈칸의 동사가 미래의 어느 시점에서 진행 중일 것임을 나타내는 미래진행시제의 단서이다. 즉 다음(미래) 산불철 내내 점검을 '실시하고 있을 것이다'라는 의미가 되어야 하므로, 정답은 (a)이다.

어휘 suffer from ~로 고통받다 wildfire 산불 due to ~때문에 dry 건조한 public statement 공식 성명 announce 발표하다 safety check 안전 점검 high-risk 고위험의 throughout ~동안 내내 conduct ~하다, 실시하다

15　가정법 – 과거완료　　정답 (b)

해석 뉴욕의 한 미술품 수집가는 그가 구입한 모자이크가 실제로 고대 골동품이었다는 것을 알게 되어 충격을 받았다. 당국이 그 물건을 압수하지 않았다면, 그 딜러는 그 작품을 커피 테이블로 <u>계속 사용했을 것이다.</u>

해설 빈칸 절의 if와 보기의 would는 가정법 문제를 나타내고, if절의 과거완료시제 동사 had not seized가 가정법 과거완료의 단서이므로 〈would + have p.p.〉의 형태인 (b)가 정답이다.

어휘 art collector 미술품 수집가 shocked 충격을 받은 find 알게 되다 purchase 구입하다 actually 사실은 ancient 고대의 antique 골동품 authority 권위, 권위자, 당국 seize 빼앗다, 몰수하다 continue 계속하다 piece (글·미술·음악 등의) 작품 (한 점) as ~로서

16　조동사 문맥 찾기　　정답 (a)

해석 플레전트빌은 자연 식물을 보호하기 위한 엄격한 규칙을 가지고 있다. 공원 표지판에 따르면, 방문객들은 과중한 벌금을 물지 않도록, 잔디나 꽃 어느 것도 <u>밟지 말아야 한다.</u>

해설 빈칸 앞에 '엄격한 규칙(strict rules)'이라는 표현이 나온다. 벌금을 물지 않도록 어떠한 잔디나 꽃도 밟으면 안 되는 것이 규정된 의무 사항이므로 '밟지 말아야 한다'라는 문맥이 되어야 가장 적절하다. 이때 조동사 must(~해야 한다)가 강제적인 의무를 나타낼 수 있으므로 (a)가 정답이다.

어휘 strict 엄격한 rule 규칙 protect 보호하다 natural 자연의 flora 식물군 according to ~에 따르면 signage 표지판 visitor 방문객 step on ~을 밟다, 해치다 lest ~하지 않도록 be punish 처벌하다 hefty 과중한 fine 벌금

17　that절 should 생략　　정답 (c)

해석 직관에 반대되는 것 같아 보여도, 허리 통증이 있을지라도 운동하는 것은 중요하다. 전문가들은 척추 운동성을 향상시키기 위해 일주일에 세 번 30분 정도의 빨리 걷기를 <u>해야 한다고</u> 권장한다.

해설 recommend와 같이 주장·제안·명령·요구 등을 나타내는 동사가 that절과 함께 나오면, that절의 동사 자리에는 〈should + 동사원형〉에서 should가 생략된 동사원형만 가능하다. 따라서 정답은 (c)이다.

어휘 though 비록 ~이지만 seem ~인 것처럼 보이다 counterintuitive 직관에 반대되는 important 중요한 exercise 운동하다 even if ~일지라도 back pain 허리 통증, 요통 expert 전문가 recommend 추천하다, 권장하다 take a brisk walk 빠르게 걷다 improve 향상시키다 spine 척추 mobility 운동성, 가동성

18　연결어 – 접속사　　정답 (d)

해석 토마스는 여자친구의 토마토 알레르기가 갑자기 기억났을 때 그녀를 위한 저녁 식사를 준비하고 있었다. 비록 그는 그녀를 잠재적으로 병원에 보내버릴 수 있었지만, 그는 제 시간에 토마토를 뺄 것을 기억하게 되어 기뻤다.

해설 빈칸 절의 내용(그가 그녀를 병원에 보낼 수도 있었다)에 이어지는 주절의 내용(그가 토마토를 제때 빼야 할 것을 기억했다)은 앞 내용을 통해 예상되는 것과 달리 병원에 보내지 않아도 된다는 뜻이다. 두 문장이 서로 반대되는 문맥이므로, 역접을 나타내는 Though(~에도 불구하고)가 빈칸에 가장 적절하다. 따라서 정답은 (d)이다.

어휘 prepare 준비하다 when ~할 때 suddenly 갑자기, 불현듯 remember 기억하다, 기억나다 allergy 알레르기 potentially 잠재적으로 be glad that ~하게 되어 기쁘다 remove 없애다, 제거하다 in time 제 시간에 still 아직, 여전히 until ~까지 whenever ~할 때마다 though 비록 ~이지만

19 가정법 – 과거완료 정답 (d)

해석 칠면조를 죽이려고 번개를 다른 방향으로 바꾸려는 시도 중에, 벤자민 프랭클린은 스스로를 감전시켰고 거의 죽을 뻔했다. 만약 그 낙뢰가 그를 죽였다면, 그는 2년 뒤에 전기를 이용하지 못했을 것이다.

해설 빈칸 절에서 Had the lightning bolt killed 이하는 가정법 if절(If the lightning bolt killed)의 도치된 형태이다. 이때 과거완료시제 동사를 구성하는 Had와 killed가 가정법 과거완료의 단서이므로 〈would + have p.p.〉의 형태인 (d)가 정답이다.

어휘 in an attempt to V ~하려는 시도로 redirect ~의 방향을 바꾸다 lightning 번개 turkey 칠면조 electrocute 감전시키다 nearly 거의 lightning bolt 번개, 벼락, 낙뢰 harness 활용하다, 이용하다 electricity 전기 later ~후에

20 준동사 – to부정사 정답 (a)

해석 프래니는 천체물리학자가 되는 꿈을 꿔왔지만 그녀의 수학 숙제를 하는 것을 싫어한다. 그녀의 아버지는 프래니에게 그녀가 그런 높은 목표를 가지고 있기 때문에 그녀가 공부하는 것이 필수라는 것을 상기시켜주었다.

해설 빈칸 앞 it is essential은 to부정사와 함께 '~하는 것은 필수적이다'라는 의미의 가주어 진주어 구문을 구성할 때 쓰이고 이어지는 for her은 to부정사 앞에서 의미상의 주어를 나타내므로, 빈칸에는 가주어 it에 대한 진주어 역할을 하는 to부정사가 들어가야 한다. 따라서 정답은 (a)이다.

어휘 astrophysicist 천체물리학자 hate 싫어하다 remind A that A에게 ~를 상기시키다 essential 필수적인 because ~때문에 such 그런, 그러한 lofty 높은, 고귀한 goal 목표

21 가정법 – 과거 정답 (b)

해석 동료 직원들의 반복되는 경고에도 불구하고, 크리스는 지난 몇 주 동안 매일을 몇 분씩 몰래 지각해오고 있다. 만약 그가 상사에게 들키면, 그는 곧바로 질책을 받을 것이다.

해설 빈칸 절의 if와 보기의 would는 가정법 문제를 나타내고, if절의 과거시제 동사 were가 가정법 과거의 단서이므로 〈would + 동사원형〉의 형태인 (b)가 정답이다.

어휘 despite ~에도 불구하고 repeated 반복되는 warning 경고 colleague (직장의) 동료 sneak into 몰래 들어가다 be caught by ~에게 들키다 reprimand 질책하다, 징계하다, 혼내다 right away 곧바로, 즉시

22 준동사 – 동명사 정답 (a)

해석 이베트는 새로운 골프 세트로 남편을 깜짝 놀라게 하고 싶지만, 그녀가 온라인에서 본 가격은 그녀에게 충격을 준다. 그녀는 훌륭한 선물을 찾고 싶음에도 불구하고, 여가 활동에 그렇게 많은 돈을 쓰는 것을 정당화할 수 없다.

해설 빈칸 앞 동사 justify는 동명사를 목적어로 취한다. 보기의 동사 spend는 문맥상 justify와 시제가 같은 동작(돈을 쓰는 것을 정당화하다)이므로, 그보다 이전의 동작(이미 돈을 썼던 것을 정당화하다)을 나타내는 having p.p.를 오답으로 소거하면 단순 동명사인 (a)가 정답이다.

어휘 surprise 놀라게 하다 price 가격 shock 충격을 주다 although ~에도 불구하고 justify 정당화하다 spend money on ~에 돈을 쓰다

23 시제 – 과거완료진행 정답 (d)

해석 자연선택 이론을 만든 것으로 유명한 찰스 다윈은 한때 그가 갈라파고스 제도에서 봤던 일부 핀치들에 매료되었다. 그가 그 새들의 발달에 대한 이론을 세우기 시작했을 때 그는 그들을 몇 주간 연구해오던 중이었다.

해설 빈칸 절에서 〈when + 과거시제 동사(started)〉와 〈for + 기간(for weeks)〉은 과거 시점을 기준으로 그 이전부터 시작된 빈칸의 동사가 기준 시점까지 진행 중이었음을 나타낼 때 쓰이는 과거완료진행시제의 단서이다. 즉 이론을 세우기 시작했던 시점(과거)을 기준으로 찰스 다윈이 그 이전부터 기준 시점까지 새들을 몇 주간(완료) '연구해오던 중이었다'라는 의미가 되어야 하므로, 정답은 (d)이다.

어휘 known for ~로 알려진 theory 이론 natural selection 자연선택 once 한때 fascinated 매료된 finch 핀치, 되새류 theorize 이론을 세우다 development 발전, 발달

---

24 관계사 – 관계대명사 　　　정답 (c)

해석 비렌더 바르와지는 동네에서 동물들을 촬영하고 그들을 소셜 미디어에 게시하기 시작했을 때 시간을 때우고 있었다. 이후에 그는 최초로 작은 흑백색의 뱀인 쿠크리를 과학잡지에 기록했다.

해설 빈칸 앞 선행사인 the kukri는 사물이므로 관계대명사 that 또는 which의 수식을 받는다. 이때 that은 콤마(,) 뒤에 나올 수 없으므로 오답으로 소거하고 나면, 결국 남은 보기인 (c)가 정답이다.

어휘 pass the time (심심풀이로) 시간을 보내다 photograph (사진을) 찍다, 촬영하다 neighborhood 근처, 인근 post 게시하다 later 나중에 document 기록하다

---

25 시제 – 현재진행 　　　정답 (d)

해석 조셉은 모두가 그의 생일 잊어버린 것 같아 보였기 때문에 한 주 내내 화가 나 있었다. 반대로, 그의 가족과 친구들은 조셉이 회사에서 퇴근하고 있어서 바로 지금 깜짝 파티를 준비하는 중이다.

해설 빈칸 절에서 문장 사이에 주어진 시간 부사 right now는 빈칸의 동사가 현재 시점에서 진행 중임을 나타내는 현재진행시제의 단서이므로, 정답은 (d)이다.

어휘 upset 화가 난 seem ~인 것처럼 보이다 forget 잊어버리다 on the contrary 반대로, 대조적으로 set up 설치하다, 준비하다 travel home from work 퇴근하다

---

26 가정법 – 과거 　　　정답 (c)

해석 테일러는 마크의 반려견을 돌보는 것에 합의했지만, 반려견이 지속적으로 짖고 있자 그녀는 무엇을 해야 할지 모르고 있다. 만약 그녀가 과거로 돌아간다면, 그녀는 친구에게 이 상황에 대한 조언을 구할 것이다.

해설 빈칸 절의 if와 보기의 would는 가정법 문제를 나타내고, if절의 과거시제 동사 were가 가정법 과거의 단서이므로 〈would + 동사원형〉의 형태인 (c)가 정답이다.

어휘 agree 동의하다 watch 지키다, 돌보다 now that 이제 ~ 이니까 constantly 지속적으로 bark 짖다 go back in time 과거로 돌아가다, 시간을 되돌리다 ask A for B A에게 B를 구하다, 요청하다 advice 조언 situation 상황

실전문제 2

p.20

01 (b)	**02** (d)	**03** (c)	**04** (b)	**05** (a)
06 (c)	**07** (a)	**08** (c)	**09** (c)	**10** (c)
11 (a)	**12** (a)	**13** (b)	**14** (d)	**15** (d)
16 (d)	**17** (a)	**18** (b)	**19** (a)	**20** (d)
21 (c)	**22** (c)	**23** (d)	**24** (d)	**25** (b)
26 (a)				

01 가정법 – 과거 　정답 (b)

해석 ▶ 그 지역 주민들은 최근에 주위에서 더 많은 붉은스라소니들을 봤고 있다. 아직 피해를 입지 않았음에도 불구하고, 우리는 여전히 조심해야 한다. 만약 내가 붉은스라소니를 본다면, 나는 안전한 곳까지 가기 위해 천천히 물러설 것이다.

해설 ▶ 빈칸 절의 if와 보기의 would는 가정법 문제를 나타내고, if절의 과거시제 동사 were가 가정법 과거의 단서이므로 〈would + 동사원형〉의 형태인 (b)가 정답이다.

어휘 ▶ local 지역의, 현지의 resident 주민 bobcat 보브캣, 붉은스라소니 around 주위에, 사방에서 although ~에도 불구하고 still 아직, 여전히 careful 조심하는, 신중한 back away 물러서다 slowly 천천히 get to safety 안전한 곳으로 가다

02 연결어 – 접속사 　정답 (d)

해석 ▶ "cut to the chase"라는 관용구는 추격 장면들이 종종 영화의 하이라이트였던 영화 산업의 초창기 시절에서 유래되었다. 다시 말해, 추격 상황으로 잘라 들어간다는 것은 흥미로운 부분을 향해 앞으로 건너뛴다는 것을 의미한다.

해설 ▶ 빈칸 앞뒤 문맥을 보면 앞 내용("cut to the chase" 관용구의 유래) 다음에 이어지는 뒤 내용(그 관용구의 의미)이 "cut to the chase" 관용구에 대해 부연설명하는 흐름이므로, In other words(다시 말해)가 빈칸에 가장 적절하다. 따라서 정답은 (d)이다.

어휘 ▶ idiom 관용구 cut to the chase 본론으로 들어가다 originate from ~에서 유래되다, 비롯되다 early days 초창기 시절 film 영화 (산업) chase 추격, 추적 scene (영화·연극·책 등의) 장면 often 종종 mean 의미하다 skip 건너뛰다 ahead 앞으로, 미리 interesting 흥미로운, 재미있는 otherwise 그러지 않으면 in contrast 대조적으로 similarly 유사하게, 비슷하게 in other words 다시 말해

03 시제 – 미래진행 　정답 (c)

해석 ▶ 다섯 살인 토냐는 그녀의 할아버지에 의해 클로즈업 마술의 기술을 소개받았다. 할아버지는 그녀의 다음 생일에 그의 마술 속임수의 비밀을 공개하기로 약속했다. 그녀가 여섯 살이 될 때, 그녀는 그것들이 어떻게 수행되는지에 대해 배우고 있을 것이다.

해설 ▶ 접속사 when이 이끄는 시간 부사절에는 미래 대신 현재시제 동사(turns)를 사용하여 미래를 나타내므로, 〈when + 현재시제 동사(turns)〉는 미래진행시제의 단서가 된다. 따라서 정답은 (c)이다.

어휘 ▶ introduce 소개하다 art 기술 close-up 근거리의, 가까이에 있는 promise 약속하다 reveal 드러내다, 밝히다 secret 비밀 trick 속임수, 솜씨, 재주 perform 수행하다

04 준동사 – 동명사 　정답 (b)

해석 ▶ 어머니는 일 년에 한 번 어릴 적 친한 친구들과 만난다. 비록 그들 모두가 현재 다른 주에서 살지만, 그들이 모일 때마다, 그들은 이른바 "좋았던 옛 시절"을 회상하지 않을 수 없다.

해설 ▶ 빈칸 앞 can't help는 단순 동명사와 함께 〈can't help -ing(~하지 않을 수 없다)〉라는 의미의 관용 표현으로 쓰이므로, 정답은 (b)이다.

어휘 ▶ meet up with (약속하여) ~와 만나다 close 가까운, 친한 childhood 어린 시절 though 비록 ~이지만 live in ~에 살다 different 다른, 다양한 state (미국의) 주(州) whenever ~할 때마다 get together 모이다

05 시제 – 과거완료진행 정답 (a)

해석 제이콥은 그의 상사를 위한 재무보고서를 작성하는 일을 배정받았다. 비록 그는 주어진 마감일까지 보고서를 제출했지만, 그는 밤새도록 계산을 <u>서둘러오고 있었고</u>, 그렇다 보니 결과값이 심각한 오류를 포함하고 있었다.

해설 빈칸 앞에서 제이콥이 보고서를 제출했다(submitted)는 내용이 나오는데, 계산을 '서두르다'라는 동작은 문맥상 제출하기 전 시점부터 시작되어서 제출할 때까지 특정 기간 동안(all night long) 계속된 것이다. 제출했던 시점이 과거이므로 과거를 기준 시점으로 잡으면, 그 이전부터 시작된 동작이 기준 시점까지 진행 중임을 나타낼 때 쓰이는 과거완료진행시제가 빈칸에 가장 적절하다. 따라서 정답은 (a)이다.

어휘 assign 배정하다, 선임하다, 맡기다 financial report 재무보고서 supervisor 상사, 책임자 though 비록 ~이지만 submit 제출하다 given 주어진 deadline 기한 rush through 서둘러 처리하다 calculation 계산 all night long 밤새 resulting 결과로 초래된 figure 수치, 숫자 contain 포함하다 serious 심각한 error 오류

06 가정법 – 과거완료 정답 (c)

해석 요즘에는 미국에서의 총기 난사가 더 빈번하게 발생하고 있는 것처럼 보인다. 일부 총기 규제 옹호자들은 만약 공격용 무기 금지가 시행 중이었다면, 최근의 많은 총기 난사를 <u>예방될 수 있었을</u> 거라고 믿는다.

해설 빈칸 절의 if와 보기의 could는 가정법 문제를 나타내고, if절의 과거완료시제 동사 had been이 가정법 과거완료의 단서이므로 〈could + have p.p.〉의 형태인 (c)가 정답이다.

어휘 mass shooting 총기 난사 seem ~인 것처럼 보이다 occur 발생하다 frequency 빈도 control 규제, 통제 advocate 옹호자 assault weapon 공격용 무기 ban 금지 in place 준비된, 가동 중인 recent 최근의 prevent 막다, 예방하다

07 준동사 – to부정사 정답 (a)

해석 투숙객 도착 시간은 객실정비가 체류 기간 사이사이에 방을 청소할 시간을 갖도록 호텔에서 강요된다. 만약 투숙객들이 일찍 <u>체크인하고</u> <u>싶으면</u>, 그들은 호텔에 미리 연락해야 한다.

해설 빈칸 앞 동사 wish는 to부정사를 목적어로 취한다. 보기의 동사 check in은 문맥상 wish 이후의 동작(체크인하기를 원하다)이므로, 그보다 이전의 동작(이미 체크인했던 것을 원하다)을 나타내는 to have p.p.를 오답으로 소거하면 단순 to부정사인 (a)가 정답이다.

어휘 arrival time 도착 시간 enforce 집행하다, 시행하다, 강요하다 so that ~하도록 housekeeping 객실정비 clean 청소하다 between ~사이에 stay 체류 (기간) wish ~를 소망하다 check in 투숙(탑승) 수속을 밟다 early 일찍, 이르게 in advance 미리

08 준동사 – 동명사 정답 (c)

해석 캐롤라이나 리퍼는 세계에서 가장 매운 고추이다. 셰프들은 그것이 메스꺼움, 복통, 심지어는 증가한 심장 박동수를 유발할 수 있기 때문에 이 고추가 든 요리를 <u>시도하는 것을</u> 추천하지 않는다.

해설 빈칸 앞 동사 recommend는 동명사를 목적어로 취한다. 보기의 동사 try는 문맥상 recommend와 시제가 같은 동작(시도하는 것을 추천하다)이므로, 그보다 이전의 동작(이미 시도했던 것을 추천하다)을 나타내는 having p.p.를 오답으로 소거하면 단순 동명사인 (c)가 정답이다.

어휘 hot 매운 pepper 고추 recommend 추천하다, 권하다 try 시도하다 dish 요리, 음식 contain 포함하다, ~이 들어 있다 as ~때문에 cause 유발하다, 야기하다 nausea 메스꺼움 stomachache 복통 even 심지어 increased 증가한 heart rate 심장박동수

09 시제 – 현재완료진행 정답 (c)

해석 우리는 거실 벽에 페인트칠을 시작할 준비가 거의 되었다. 우리는 해가 지기 전에 페인트를 여러 번 칠할 충분한 시간을 가지도록 오늘 이른 아침부터 벽에 <u>밑칠해오고 있는 중이다.</u>

해설 빈칸 절에서 〈since+과거시점(early this morning)〉은 현재완료진행시제의 단서이며, 오늘 이른 아침부터 지금까지(완료) 계속 '벽에 밑칠해오고 있는 중이다'라는 의미를 만든다. 따라서 정답은 (c)이다.

어휘 almost 거의 be ready to V ~할 준비를 하다 prime (목재·금속 등에 칠을 하기 위해) 밑칠을 하다 since ~이래로 early 이른 make sure 반드시 ~하게 하다 enough 충분한 apply 적용하다, 바르다 multiple 다수의 coat (표면을 덮는) 칠 sundown 일몰

---

10 that절 should 생략 정답 (c)

해석 컴퓨터 모니터와 스마트폰 화면과 같은 사물에서 나오는 많은 양의 인공 청색광은 사람의 눈에 해로울 수 있다. 안경사들은 사람들이 보호용 청색광 차단 렌즈에 투자해야 한다고 조언한다.

해설 advise와 같이 주장·제안·명령·요구 등을 나타내는 동사가 that절과 함께 나오면, that절의 동사 자리에는 〈should + 동사원형〉에서 should가 생략된 동사원형만 가능하다. 따라서 정답은 (c)이다.

어휘 amount 양 artificial 인공의 blue light 청색광, 블루라이트 harmful 해로운 optometrist 안경사, 검안사 advise 조언하다 invest in ~에 투자하다 protection 보호

---

11 가정법 – 과거 정답 (a)

해석 웨스틴 워치메이커스는 130년 된 가족경영 기업이다. 창립자의 증손녀인 현 기업주는 전통적 가치를 자랑스럽게 유지하고 있다. 만약 그녀가 없다면, 회사는 다른 방향으로 발전할 것이다.

해설 빈칸 절의 if와 보기의 would는 가정법 문제를 나타내고, if절의 과거시제 동사 were가 가정법 과거의 단서이므로 〈would + 동사원형〉의 형태인 (a)가 정답이다.

학습 Tip!

if it were not for = were it not for ~가 아니라면, ~가 없다면 (= without)
→ 가정법 if 도치 구문. if가 생략되고 주어 it과 동사 were가 도치된 형태

어휘 family-run 가족이 운영하는 current 현재의 owner 소유주 founder 설립자 grand granddaughter 증손녀 proudly 자랑스럽게 uphold (전통·명성 등을) 유지하다 traditional 전통적인 value 가치 evolve 발전하다, 발달하다 in a different direction 다른 방향으로

---

12 시제 – 현재진행 정답 (a)

해석 내 이웃이 휴가를 떠나기 전에, 나는 그녀의 화초를 돌보는 데 동의했다. 나는 원예에 소질이 있는 건 아니지만, 그녀가 떠나 있는 동안 지금 화초에 물을 주는 중이다. 운이 따른다면, 그녀가 복귀할 때 그들은 여전히 살아있을 것이다.

해설 빈칸 절에서 문장 사이에 주어진 시간 부사 now는 빈칸의 동사가 현재 시점에서 진행 중임을 나타내는 현재진행시제의 단서이므로, 정답은 (a)이다.

어휘 leave 떠나다 agree 동의하다 look after ~를 돌보다 houseplant (실내용) 화초 have a green thumb 원예에 소질이 있다, 정원을 가꾸는 재주가 있다 water (식물 등에) 물을 주다 still 아직, 여전히 alive 살아 있는

---

13 가정법 – 과거완료 정답 (b)

해석 5학년 때, 나는 새로 온 학생의 옷 때문에 그녀를 놀렸던 것을 기억한다. 몇 년 후, 나는 내가 못된 짓을 했다는 것을 깨달았다. 만약 내가 지금 알고 있는 것을 그때 알았다면, 나는 그녀를 괴롭히지 않았을 것이다.

해설 빈칸 절의 if와 보기의 would는 가정법 문제를 나타내고, if절의 과거완료시제 동사 had known이 가정법 과거완료의 단서이므로 〈would + have p.p.〉의 형태인 (b)가 정답이다.

어휘 grade 학년 remember -ing ~했던 것을 기억하다 tease 놀리다 because of ~때문에 clothes 옷, 의복 realize 깨닫다 bully 불량배, 괴롭히는 사람 then 그때 pick on 괴롭히다

14 조동사 문맥 찾기 정답 (d)

해석 일부 계약서는 엄청나게 길고, 겁이 날정도로 많은 양의 난해한 법률 용어 또는 법률전문가들에 의해 사용되는 전문 용어로 가득 차 있다. 사람들은 서명하기 전에 모든 세세한 항목을 <u>읽어야 함에도 불구하고</u>, 다수가 그러지 않는다는 것은 놀랍지 않다.

해설 주어진 문장을 보면 계약서의 길이나 법률전문가들이 사용하는 용어 때문에 사람들이 계약서 서명 전에 '모든 세세한 항목을 읽어야 함에도 불구하고' 그렇게 하지 않는다는 문맥이다. 즉 계약서를 읽는 행위가 권고 또는 당위성에 의한 것이므로 '~해야 한다'의 의미를 나타내는 should가 빈칸에 가장 적절하다. 따라서 (d)가 정답이다.

>  **오답체크**
>
> must의 경우 보통 법 또는 규정에 의해 강제되는 의무를 나타낼 때 사용한다. 언급되고 있는 여러 법 관련 용어들은 단지 계약서(contracts)의 특징을 설명하는 데 사용될 뿐 읽는 행위 자체에 강제성을 부여하는 것이 아니므로 must는 오답이다.

어휘 contract 계약서 incredibly 믿을 수 없을 정도로, 엄청나게 filled with ~로 가득 찬 intimidating 겁을 주는 amount 양 legalese 난해한 법률 용어 specialized 전문적인, 전문화된 terminology 전문 용어 legal professional 법률전문가 though ~에도 불구하고 fine print (작은 글자로 인쇄된) 세세한 항목, 주의사항 sign 서명하다 surprising 놀랍게 하는

15 가정법 – 과거완료 정답 (d)

해석 조나는 지난 주말에 약 4시간 정도 걸리기로 되어 있던 역사 도보 관광을 갔는데, 도중에 그는 예기치 못한 폭풍우를 맞닥뜨렸다. 만약 그가 아침 일기예보를 확인하기라도 했다면 그는 제 시간에 <u>끝마칠 수 있었을 것이다.</u>

해설 빈칸 절의 if와 보기의 could는 가정법 문제를 나타내고, if절의 과거완료시제 동사 had only checked가 가정법 과거완료의 단서이므로 〈could + have p.p.〉의 형태인 (d)가 정답이다.

어휘 weekend 주말 be supposed to V ~하기로 되어 있다 about 대략, 약 halfway through 도중에 encounter 맞닥뜨리다, 마주치다 unexpected 예기치 못한

thunderstorm 폭풍우, 뇌우 finish 끝마치다 on time 정시에, 제시간에 check 확인하다 weather forecast 일기예보

16 관계사 – 관계대명사 정답 (d)

해석 블랙 프라이데이는 추수감사절 다음 날에 열리는 연례 쇼핑 행사이다. 상점의 품목들은 대폭 할인된다. 그저 맨 앞 줄에 서기 위해 며칠 동안 진을 치는 고객들은 분명 특가를 간절히 바라고 있을 것이다.

해설 빈칸 앞 선행사인 Customers는 사람이므로 관계대명사 whom 또는 that의 수식을 받는다. 빈칸 앞에 콤마(,)가 없어서 that을 소거하지 못하는 경우, 관계대명사 뒤에 주어(또는 목적어)가 없는 불완전한 절이 있는 보기를 답으로 골라야 한다. whom 뒤의 절은 주어 they가 있어 완전한 절, that 뒤의 절은 불완전한 절이다. 따라서 정답은 (d)이다.

어휘 annual 연례의, 연간의 take place 개최되다, 일어나다 greatly 대단히, 크게 discounted 할인된 camp out 야영하다, 진을 치다 be first in line 맨 앞 줄에 서다 eager 간절히 바라는, 열망하는 bargain 싸게 산 물건, 특가(품)

17 that절 should 생략 정답 (a)

해석 윌리엄의 발표를 들은 후, 그의 상사는 그가 향후 발표를 하는 방식을 개선할 수 있도록 피드백을 제공했다. 그녀는 그가 한꺼번에 너무 많은 정보를 다루는 것을 피하려고 <u>노력해야 한다고</u> 제안했다.

해설 suggest와 같이 주장·제안·명령·요구 등을 나타내는 동사가 that절과 함께 나오면, that절의 동사 자리에는 〈should + 동사원형〉에서 should가 생략된 동사원형만 가능하다. 따라서 정답은 (a)이다.

어휘 supervisor 상사 provide 제공하다 so that ~ can ~할 수 있도록 improve 향상시키다, 개선하다 give a presentation 발표를 하다 suggest 제안하다 try to V ~하려고 노력하다 avoid 피하다 cover 다루다 at one time 한꺼번에, 동시에

18 준동사 – to부정사 정답 (b)

해석 에너지를 절약하기 위해 많은 작은 일들은 집에서 행해질 수 있다. 모두가 취할 수 있는 하나의 쉬운 조치는 소비되는 전력량을 <u>줄이기 위해</u> 오래된 백열등을 에너지 효율이 높은 LED 전구로 교체하는 것이다.

해설 빈칸 앞 문장(쉬운 방법은 에너지 효율이 높은 LED 전구로 교체하는 것이다)을 뒤에서 부사처럼 수식(소비되는 전력량을 줄이기 위해)할 수 있는 to부정사가 빈칸에 가장 적절하다. 이때 '~하기 위해'라는 의미의 목적을 나타낼 때 단순 to부정사를 사용하므로, 정답은 (b)이다.

어휘 save 절약하다 take a step 조치를 취하다 replace A with B A를 B로 바꾸다 incandescent light bulb 백열등 energy-efficient 에너지 효율이 높은 reduce 줄이다, 낮추다 consume 소비하다

---

19 관계사 – 관계대명사 정답 (a)

해석 뉴라이프에 의해 조달된 최근의 자금은 시내에 새 노숙자 쉼터를 짓는 데 쓰일 것이다. 한때 노숙자였던 프로젝트 담당자는 그 프로젝트를 이끌기 위해 뉴라이프 이사회에 의해 직접 뽑혔다.

해설 빈칸 앞 선행사인 The project director는 사람이므로 관계대명사 who 또는 that의 수식을 받는다. 이때 that은 콤마(,) 뒤에 나올 수 없으므로 오답으로 소거하고 나면, 결국 남은 보기인 (a)가 정답이다.

어휘 funding 자금 (조달), 재정지원 raise (자금 등을) 모으다, 조달하다 spend (돈·시간 등을) 쓰다, 보내다 build 짓다, 건설하다 homeless 노숙자 shelter 쉼터, 대피소 once 한때 hand-selected 직접 선택받은 board 이사회 lead 이끌다

---

20 연결어 – 접속부사 정답 (d)

해석 레모니 스니켓의 《위험한 대결》은 수없이 많은 슬프고 끔찍한 경험들을 겪은 고아가 된 아이들에 관한 연작 소설이다. 그러나, 그 책의 어두운 내용은 유머러스한 방식으로 묘사된다.

해설 빈칸 앞 내용(슬프고 끔찍한 경험을 겪는다)에 이어지는 빈칸 뒤 내용(책 내용은 유머러스한 방식으로 묘사된다)은 앞 내용을 통해 예상되는 것과 달리 책 내용이 슬프거나 끔찍하지 않다는 뜻이다. 앞뒤 내용이 서로 반대되는 문맥이므로, 역접을 나타내는 However(그러나)가 빈칸에 가장 적절하다. 따라서 정답은 (d)이다.

어휘 a series of novels 연작 소설 orphaned 고아가 된 go through ~을 거치다, 겪다 countless 수없이 많은 terrible 끔찍한 content 내용물 present 보여주다, 나타내다, 묘사하다 in a/an ~ fashion ~한 방식으로 humorous 유머러스한, 익살맞은 in fact 사실은 unfortunately 안타깝게도 for example 예를 들어

---

21 시제 – 과거진행 정답 (c)

해석 토드와 태미는 그들의 결혼식을 신중하게 계획해왔다. 그들은 어제 몇몇 일행들이 응답하지 않았다는 것을 알았을 때 최종 하객 명단을 확인하던 중이었다. 그 커플은 그들이 몇몇 청첩장을 보낼 것을 잊어버렸다는 사실을 알게 되고 경악했다.

해설 빈칸 절에서 〈when + 과거시제 동사(found)〉는 빈칸의 동사가 과거의 특정 시점에 동시에 진행 중이었음을 나타내는 과거진행시제의 단서이다. 즉 그들이 알게 된 과거의 그 시점에 명단을 확인하는 행위가 진행 중이었다는 의미가 되어야 하므로 정답은 (c)이다.

어휘 carefully 신중하게 plan 계획하다 wedding 결혼식 check 확인하다 final 마지막의, 최종적인 several 몇몇의 party 일행 respond 응답하다 horrified 경악한 forget 잊어버리다 mail (우편으로) 보내다 invitation 초대장, 청첩장

---

22 준동사 – to부정사 정답 (c)

해석 땅다람쥐는 정원사들에게 골칫거리일 수 있다. 이 굴을 파는 설치류는 뿌리를 갉아먹어 실질적으로 식물을 죽인다. 조경사들은 땅다람쥐들을 멀리하기 위해 식물 뿌리 주변에 철망 바구니를 설치해야 한다고 말한다.

해설 빈칸 앞 문장(철망 바구니를 설치해야 한다고 말한다)을 뒤에서 부사처럼 수식(땅다람쥐들을 멀리하기 위해)할 수 있는 to부정사가 빈칸에 가장 적절하다. 이때 '~하기 위해'라는 의미의 목적을 나타낼 때 단순 to부정사를 사용하므로, 정답은 (c)이다.

어휘 gopher 고퍼, 땅다람쥐 nuisance 성가신 것(사람), 골칫거리 gardener 정원사 burrow 굴을 파다 rodent 설치류 gnaw 갉아먹다 root 뿌리 effectively 효과적으로, 실질적으로, 사실상 plant 식물 landscaper 조경사 install 설치하다 wire mesh 철망 keep ~ away ~를 멀리하다

23 조동사 문맥 찾기   정답 (d)

해석 ▶ 욜란다는 말을 잇지 못한 채 방으로 돌아왔다. 그녀의 눈은 커졌고, 피부는 창백했으며, 마치 숨 고르기를 하려는 것처럼 헐떡이고 있었다. 다른 이들은 그녀가 유령을 봤음에 틀림없다고 생각했다.

해설 ▶ 주어진 문장에서 욜란다가 보인 행동이 그녀가 무서운 것을 보았을 것이라는 높은 확신을 나타내므로 '유령을 봤음에 틀림없다'라는 문맥이 되어야 가장 적절하다. 이때 must가 have p.p.와 함께 '~했던 것에 틀림없다'의 의미로 강한 확신을 나타낼 수 있으므로 (d)가 정답이다.

오답체크

should have p.p.는 '~했어야 했다'의 의미로 과거에 발생했으면 좋았을 텐데 실제로는 그러지 못한 데에 대한 아쉬움을 나타낼 때 사용되므로 (a)는 오답이다.

어휘 ▶ return 복귀하다, 돌아오다 speechless 말을 하지 못하는 wide (눈이) 커진, 휘둥그레진 skin 피부 pale 창백한 pant (숨을) 헐떡이다 as though 마치 ~인 것처럼 catch one's breath 숨을 고르다, 한숨 돌리다

24 시제 – 미래완료진행   정답 (d)

해석 ▶ 제이콥은 학교를 짓는 인도주의적인 임무를 안고 나이로비로 파견되었다. 그의 임무가 끝나고 건물이 마침내 완공될 때쯤이면, 그는 그 곳에서 2년 동안 봉사해오고 있을 것이다.

해설 ▶ 빈칸 절에서 ⟨by the time + 현재시제 동사(is, is completed)⟩와 ⟨for + 기간(for two years)⟩은 빈칸의 동사가 미래의 어느 시점까지 계속 진행 중일 것임을 나타낼 때 쓰이는 미래완료진행시제의 단서이다. 즉 임무가 끝나고 건물이 완공될 시점에는(미래) 제이콥이 그 곳에서 2년 동안(완료) '봉사해오고 있을 것이다'라는 의미가 되어야 하므로, 정답은 (d)이다.

어휘 ▶ send (사람을) 보내다, 파견하다 on a mission to V ~하는 임무를 안고 humanitarian 인도주의적인 finally 마침내 completed 완료하다, 끝마치다 serve 봉사하다, 근무하다

25 준동사 – 동명사   정답 (b)

해석 ▶ 다가오는 대선이 가까워짐에 따라, 대통령직을 추구하는 후보들의 수는 점점 줄어들 것이다. 그들의 최종 단계에서는, 후보자들이 그들의 지지자들을 멀어지게 하지 않으면서 논란이 되는 사안들에 대해 대담한 입장을 취하는 것을 고려해야 한다.

해설 ▶ 빈칸 앞 동사 consider는 동명사를 목적어로 취한다. 보기의 동사 take은 문맥상 consider와 시제가 같은 동작(입장을 취하는 것을 고려하다)이므로, 그보다 이전의 동작(이미 입장을 취했던 것을 고려하다)을 나타내는 having p.p.를 오답으로 소거하면 단순 동명사인 (b)가 정답이다.

어휘 ▶ upcoming 다가오는, 곧 있을 presidential election 대통령 선거 near 가까워지다, 다가오다 candidate 후보 seek 추구하다 presidency 대통령직, 대통령 임기 gradually 점진적으로 grow + 비교급 더 ~해지다 final 마지막의, 최종적인 stage 단계 consider 고려하다 take a/an ~ stance ~한 입장을 취하다 bold 대담한, 용감한 divisive 분열을 초래하는, 불화를 일으키는 issue 문제, 사안 without ~없이 alienate (사람을) 멀어지게 만들다, 소외감을 느끼게 하다 supporter 지지자, 후원자

26 가정법 – 과거   정답 (a)

해석 ▶ 젠은 옆 건물에 새로 개업한 빵집이 세상에서 제일 맛있는 도넛을 만든다고 단언한다. 그녀는 만약 매일 도넛을 먹는 게 허용되는 거라면 그곳에서 무보수로 일할 거라고 농담 삼아 주장한다.

해설 ▶ 빈칸 절의 if와 보기의 would는 가정법 문제를 나타내고, if절의 과거시제 동사 were가 가정법 과거의 단서이므로 ⟨would + 동사원형⟩의 형태인 (a)가 정답이다.

학습Tip!

if 다음에 나오는 'it meant'는 의미상 if절을 강조하는 일종의 삽입절 기능을 할 뿐이며 문제풀이와는 관련 없다.

어휘 ▶ swear that ~라고 단언하다, 장담하다 newly 새롭게 jokingly 농담 삼아 claim 주장하다 for free 무료로 allow 허용하다, 허락하다

실전문제 3

p.28

01 (a)	**02** (c)	**03** (a)	**04** (a)	**05** (d)
06 (b)	**07** (c)	**08** (a)	**09** (d)	**10** (c)
11 (a)	**12** (b)	**13** (d)	**14** (b)	**15** (d)
16 (b)	**17** (d)	**18** (d)	**19** (c)	**20** (d)
21 (b)	**22** (b)	**23** (c)	**24** (a)	**25** (d)
26 (b)				

01 that절 should 생략

정답 (a)

해석 베티는 자칭 "스테이크 전문가"인 그녀의 친구 로버트에게 완벽한 립아이를 요리하는 것을 도와달라고 부탁했다. 그는 그녀가 곡물을 먹인 소를 <u>구입해야 한다</u>고 주장하면서, 그것이 풀을 먹인 소보다 지방 함량이 더 낫다고 했다.

해설 insist와 같이 주장·제안·명령·요구 등을 나타내는 동사가 that절과 함께 나오면, that절의 동사 자리에는 〈should + 동사원형〉에서 should가 생략된 동사원형만 가능하다. 따라서 정답은 (a)이다.

어휘 ask A to V A에게 ~할 것을 요청하다 self-proclaimed 자칭하는 connoisseur 전문가, 감정가 ribeye 꽃등심 insist 주장하다 grain-fed 곡물을 먹인 assert (사실임을 강하게) 주장하다 fat content 지방 함량 grass-fed 풀을 먹인

02 준동사 – 동명사

정답 (c)

해석 닉은 수잔이 다음 주말에 이사하는 것을 돕는 데 동의했다. 하지만, 그녀가 수 년간 아파트를 잘 관리하지 않았기 때문에, 그는 이것이 그녀의 아파트 전체를 <u>청소하는 것</u>도 수반한다는 것을 알지 못했다.

해설 빈칸 앞 동사 entail은 동명사를 목적어로 취한다. 보기의 동사 clean은 문맥상 entail과 시제가 같은 동작(청소하는 것을 수반하다)이므로, 그보다 이전의 동작(이미 청소했던 것을 수반하다)을 나타내는 having p.p.를 오답으로 소거하면 단순 동명사인 (c)가 정답이다.

어휘 agree 동의하다 move 이사하다 however 그러나 unaware 알지 못하는 entail 수반하다 clean 청소하다 entire 전체의 since ~때문에 take care of ~을 돌보다, ~에 신경을 쓰다 over the years 수년간

03 가정법 – 과거완료

정답 (a)

해석 로켓 과학자 로니 존슨은 항상 개선을 위해 무작위의 사물을 손보는 것을 좋아했다. 만약 그가 그렇게 창의적이지 않았다면, 그는 90년대의 가장 인기 있는 장난감 중 하나인 슈퍼 소커를 만들지 않았을 것이다.

해설 빈칸 절의 if와 보기의 would는 가정법 문제를 나타내고, if절의 과거완료시제 동사 had not been이 가정법 과거완료의 단서이므로 〈would + have p.p.〉의 형태인 (a)가 정답이다.

어휘 tinker with ~를 만지작거리다, 손보다, 고치다 random 임의의, 무작위의 object 사물, 물체 make improvements 개선하다, 향상시키다 inventive 창의적인, 발명의 popular 인기 있는

04 관계사 – 관계부사

정답 (a)

해석 전통 필리핀 문신 새기기는 거의 사라진 예술 형태이다. 이 문화를 보존하기 위해, 문신 예술가인 엘 페스틴은 마지막으로 남은 예술가와 대화하기 위해 <u>문신을 새기는 행위가 시작된</u> 마을로 순례를 떠났다.

해설 빈칸 앞 선행사인 the village는 장소이므로, 빈칸에는 장소를 선행사로 수식할 때 사용하는 관계부사 where(+ 완전한 절)이 들어가야 한다. 따라서 정답은 (a)이다.

 **오답체크**

which가 the village를 수식할 수 있지만 뒤에 불완전한 절이 나와야 한다. (d)를 보면 which 뒤에 완전한 절이 나오고 있으므로 (d)는 오답이다.

어휘 ▶ traditional 전통적인 Filipino 필리핀의 tattoo 문신(을 새기다) nearly 거의 extinct 멸종된, 사라진 art 예술 form 형태 preserve 보존하다 culture 문화 take a pilgrimage to ~로 순례를 떠나다 last 마지막으로 remaining 남아 있는

---

05 시제 – 현재완료진행 정답 (d)

해석 ▶ 나이지리아 여행 후, 준은 서아프리카 국가들의 요리법을 배우는 것에 관심을 얻었다. 지난 두 달 동안, 그는 '푸푸', 그리고 치킨 '야사'와 같은 전통 음식을 만드는 방법을 공부해오는 중이다.

해설 ▶ 빈칸 절에서 〈for + 기간(the past two months)〉은 현재완료진행시제의 단서이며, 현재까지 지난 두 달 동안(완료) '공부해오는 중이었다'라는 의미를 만든다. 따라서 정답은 (d)이다.

어휘 ▶ gain 얻다 interest 흥미 cuisine 요리(법) traditional 전통적인 dish 요리, 음식 such as ~와 같은

---

06 시제 – 과거진행 정답 (b)

해석 ▶ 플로렌스 나이팅게일은 현대 간호의 선구자로 기억된다. "램프를 든 여인"으로도 알려진 나이팅게일은 간호사들을 위한 정식 훈련의 필요성에 주목했을 때 크림 전쟁에서 온 병사들을 돌보는 중이었다.

해설 ▶ 빈칸 절에서 〈when + 과거시제 동사(noticed)〉는 빈칸의 동사가 과거의 특정 시점에 동시에 진행 중이었음을 나타내는 과거진행시제의 단서이다. 즉 그들이 주목했던 과거의 그 시점에 병사들을 돌보는 행위가 진행 중이었다는 의미가 되어야 하므로 정답은 (b)이다.

> ✓ **오답체크**
>
> 주어진 문맥은 나이팅게일이 병사들을 돌보는 도중에 훈련의 필요성을 느꼈다는 것인데, 단순과거시제 (c) tended를 쓰면 필요성에 주목한 다음에 병사들을 돌봤다는 어색한 의미가 되므로 (c)는 오답이다.

어휘 ▶ be remembered as ~로 기억되다 pioneer 선구자 modern 현대의 nursing 간호, 간병 also known as ~로도 알려진 tend to + 사람 ~을 돌보다 notice 알아채다, 주목하다 formal 공식적인, 정식의 training 훈련 nurse 간호사

---

07 조동사 문맥 찾기 정답 (c)

해석 ▶ 팰리스타운 아파트 단지는 부모들의 증가하는 요구를 인지하고 지원을 제공하는 것을 목표로 한다. 새로운 보육시설 덕분에, 맞벌이 부부들은 그들의 자녀들이 잘 보살펴지고 있다는 것에 안심할 수 있다.

해설 ▶ 빈칸 앞에서 보육시설 덕분이라는(Thanks to a new day-care center) 내용이 나오고 있으므로, 그로 인해 부모들이 안심하는 것이 '가능해진다'라는 문맥이 되어야 가장 적절하다. 이때 조동사 can(~할 수 있다)이 가능의 의미를 나타낼 수 있으므로 (c)가 정답이다.

어휘 ▶ recognize 인식하다 growing 증가하는 need 요구, 필요 aim 목표로 하다 provide 제공하다 support 지지, 지원 thanks to ~덕분에 day-care center 보육시설 working parents 맞벌이 부부 rest assured that ~에 대해 안심하다 take care of 보살피다

---

08 준동사 – to부정사 정답 (a)

해석 ▶ 수백 년 동안, 이누이트족은 사냥감을 죽이기 위해 도구를 사용하는 북극곰들에 대해 말해왔다. 서양의 과학자들은 북극곰들이 절벽에서 바위를 던져서 바다코끼리를 사냥해낸다는 것을 영상 증거가 입증했을 때까지 이러한 이야기들을 믿지 않았다.

해설 ▶ 빈칸 앞 동사 manage는 to부정사를 목적어로 취한다. 보기의 동사 hunt는 문맥상 manage와 시제가 같은 동작(어떻게든 사냥해내다)이므로, 그보다 이전의 동작(이미 사냥했던 것을 해내다)을 나타내는 to have p.p.를 오답으로 소거하면 단순 to부정사인 (a)가 정답이다.

어휘 ▶ speak of ~에 대해 말하다 tool 도구 prey 먹이, 사냥감 western 서양의 scientist 과학자 believe 믿다 until ~할 때까지 evidence 증거 prove 입증하다 manage to V 어떻게든 ~해내다 hunt 사냥하다 walrus 바다코끼리 throw 던지다 cliff 절벽

---

09 준동사 – 동명사 정답 (d)

해석 ▶ 젬마는 과도한 사탕 섭취에 의해 유발된 충치가 아프다고 호소해오고 있다. 그녀의 치과의사는 그녀에게 치아를 보호하기 위해 단 음식을 먹는 것을 반드시 참아야 한다고 말했다.

해설 빈칸 앞 동사 resist는 단순 동명사를 목적어로 취하여 '~하는 것을 참다, 견디다'의 의미로 쓰이므로, 보기 중 단순 동명사인 (d)가 정답이다.

어휘 complain of 불평하다, (~가 아프다고) 호소하다 toothache 충치 cause 유발하다, 야기하다 excessive 과도한 consumption 섭취 dentist 치과의사 resist 저항하다, 참다 sweets 단 것, 단 음식 protect 보호하다

10 가정법 – 과거완료 정답 (c)

해석 스페인 합스부르크는 지배 가문이었는데 그들의 혈통은 1700년에 왕의 죽음으로 끝났다. 그 가문의 안면 구조에 관한 최근의 연구는 만약 그들이 근친하지 않았다면, 그 가문은 그 이상의 세대를 낳았을 가능성이 높다는 것을 보여준다.

해설 빈칸 절의 if와 보기의 would는 가정법 문제를 나타내고, if절의 과거완료시제 동사 had not interbred가 가정법 과거완료의 단서이므로 〈would + have p.p.〉의 형태인 (c)가 정답이다.

어휘 ruling 지배하는 family 가문 line 혈통 recent 최근의 study 연구 facial 얼굴의, 안면의 structure 구조 show 보여주다 interbreed 이종교배하다, 근친하다 most likely 가장 그럴 듯한, 가능성이 높은 produce 생산하다, (자식을) 낳다 further 더 나아가, 그 이상의 generation 세대

11 시제 – 현재진행 정답 (a)

해석 루이스와 플로렌스의 관계는 잘 되어가던 중이었기에, 루이스는 그것을 위태롭게 하고 싶지 않는다. 여자친구의 소중한 꽃병을 깨뜨린 걸로 그녀가 그를 혼낼까봐 걱정이 되자, 그는 현재 꽃병을 수리할 방법을 찾는 중이다.

해설 빈칸 절에서 문장 맨 뒤에 주어진 시간 부사 at the moment는 빈칸의 동사가 현재 시점에서 진행 중임을 나타내는 현재진행시제의 단서이므로, 정답은 (a)이다.

어휘 relationship 관계 go well 잘 되어가다 jeopardize 위협하다 fearful 걱정하는, 우려하는 scold A for B B를 이유로 A를 꾸짖다, 혼내다 break 깨뜨리다 beloved 소중한, 애용하는 vase 꽃병 search for ~를 찾다 way 방법 repair 수리하다 at the moment 지금, 현재

12 가정법 – 과거완료 정답 (b)

해석 지난 주에 규모 7.1의 지진이 발생한 후, 범고래 한 마리가 들쭉날쭉한 해안 바위 위로 밀려왔다. 만약 인간의 개입이 없었다면, 그 고래는 물 부족 때문에 죽었을 것이다.

해설 빈칸 절의 if와 보기의 would는 가정법 문제를 나타내고, if절의 과거완료시제 동사 had not been이 가정법 과거완료의 단서이므로 〈would + have p.p.〉의 형태인 (b)가 정답이다.

어휘 magnitude (지진 등의) 규모 earthquake 지진 killer whale 범고래 beached (바다에서 육지로) 밀려내다, 끌어올리다 jagged 들쭉날쭉한 coastal 해안의 intervention 개입 due to ~때문에 lack 부족

13 가정법 – 과거 정답 (d)

해석 지루한 농장 생활에 싫증이 난 루시는 대도시에서 사는 것을 꿈꾼다. 만약 그녀가 동물들 대신 사람들에게 둘러싸여 있다면, 그녀는 사람 친구를 만들 기회를 만끽할 것이다.

해설 빈칸 절의 if와 보기의 would는 가정법 문제를 나타내고, if절의 과거시제 동사 were가 가정법 과거의 단서이므로 〈would + 동사원형〉의 형태인 (d)가 정답이다.

어휘 tired of ~에 싫증이 난 boring 지루한 farm 농장 dream about ~을 꿈꾸다 surrounded 둘러싸인 instead of ~대신에 relish 즐기다, 만끽하다 chance 기회

14 준동사 – to부정사 정답 (b)

해석 중국의 만리장성은 아시아에서 가장 유명한 명소들 중 하나이다. 그 벽은 처음에는 외국의 침략자들을 막기 위해 건설되기는 했지만, 상업용으로도 사용되었으며 지금은 관광지이다.

해설 빈칸 앞 문장(그 벽이 초기에 건설되었다)을 뒤에서 부사처럼 수식(막기 위해)할 수 있는 to부정사가 빈칸에 가장 적절하다. 이때 '~하기 위해'라는 의미의 목적을 나타낼 때 단순 to부정사를 사용하므로, 정답은 (b)이다.

어휘 famous 유명한 landmark 주요 지형지물, 명소 though 비록 ~이지만 initially 초기에 build 짓다, 건설하다 deter 막다 foreign 외국의, 해외의 invader 침입자, 침략자 also 또한 commerce 상업 tourist destination 관광지

---

15 조동사 문맥 찾기   정답 (d)

해석 ▶ 동물, 식물, 그리고 사람의 형상을 한 생명체들의 선사시대 삽화들로 뒤덮인 수백 개의 동굴들이 전 세계적으로 있다. 역사가들은 이 그림들이 무엇을 위한 것이었는지에 대해 확신하지 못하지만, 그것들은 종교적이거나 장식적인 용도로 쓰였을 지도 모른다.

해설 ▶ 빈칸 앞에 불확실성을 나타내는 형용사 uncertain 이 사용되고 있으므로, 역사가들이 '그림의 목적에 대해 확신하지는 못하지만(Historians are uncertain about ~, but) 종교적이거나 장식적인 용도로 쓰였을 것으로 추측된다'라는 문맥이 되어야 가장 적절하다. 이때 조동사 might가 have p.p.와 함께 '~했을 지도 모른다'와 같이 과거에 대한 추측의 의미를 나타낼 수 있으므로 (d)가 정답이다.

> **✅ 오답체크**
>
> must have p.p.는 '~했던 것에 틀림없다'의 의미로 높은 확신을 나타낼 때 사용되는데, 본문의 uncertain은 반대로 낮은 확실성을 나타내므로 must는 오답이다.

어휘 ▶ cave 동굴 worldwide 전 세계적으로 cover 둘러싸다, 뒤덮다 prehistoric 선사시대의 artwork 삽화, 예술품 flora 식물(군) humanlike 인간 같은 creature 생물, 생명체 historian 역사가 uncertain 불확실한, 확신이 없는 painting 그림 serve purpose 목적에 부합하다, ~의 용도로 쓰이다 religious 종교적인 decorative 장식적인

---

16 시제 – 과거완료진행   정답 (b)

해석 ▶ 레이첼은 패스트푸드 체인점인 버거매니악이 최근에 만들어진게 아니라는 것을 알게 되어 놀랐다. 사실, 이 회사는 1970년 말에 그녀가 태어나기 훨씬 전부터 샌드위치를 제공해오던 중이었다.

해설 ▶ 빈칸 절에서 〈before + 과거시제 동사(was)〉는 과거 시점을 기준으로 그 이전부터 시작된 빈칸의 동사가 기준 시점까지 진행 중이었음을 나타낼 때

쓰이는 과거완료진행시제의 단서이다. 즉 레이첼이 태어났던 시점(과거)이 기준 시점이 되고, 버거 매니악은 이미 그 이전 시점부터 샌드위치를 계속 '제공해오던 중이었다'라는 의미가 되어야 하므로, 정답은 (b)이다.

어휘 ▶ surprised 놀라는 learn 알게 되다 found 설립하다, 만들다 recently 최근에 in fact 사실은 serve (식당에서 음식을) 제공하다 long before 훨씬 이전에

---

17 that절 should 생략   정답 (d)

해석 ▶ 재키는 배탈이 너무 심하게 나서 출근할 수가 없다. 그녀의 직장 상사는 그녀의 몸 상태가 좋지 않다는 것을 이해하지만, 그녀가 업무에 복귀할 수 있도록 치료를 받으러 의사를 방문해야 한다고 조언했다.

해설 ▶ advise와 같이 주장·제안·명령·요구 등을 나타내는 동사가 that절과 함께 나오면, that절의 동사 자리에는 〈should + 동사원형〉에서 should가 생략된 동사원형만 가능하다. 따라서 정답은 (d)이다.

어휘 ▶ have a stomachache 배탈이 나다 intense 강렬한, 극심한 go to work 출근하다 unwell (몸 상태가) 좋지 않은, 편찮은 advise 조언하다 visit 방문하다 treatment 치료 return 복귀하다

---

18 연결어 – 접속사   정답 (c)

해석 ▶ 기초 미적분학에 낙제하기까지 겨우 1점밖에 남지 않은 자크는 선생님에게 추가 점수를 애원하고 있다. 멀먼 씨에 따르면, 자크가 모든 수업에 출석하고 숙제를 한다는 조건하에 통과할 수 있을 것이다.

해설 ▶ 빈칸 절의 내용(모든 수업에 출석하고 숙제도 한다)에 이어지는 주절의 내용(과목을 통과할 수 있을 것이다)은 문맥상 앞 내용대로 한다고 가정했을 때 기대되는 결과에 해당되므로, 조건절 접속사를 이끄는 Provided that(~한다는 조건하에)이 빈칸에 가장 적절하다. 따라서 정답은 (c)이다.

어휘 ▶ fail (시험에) 떨어지다, 낙제하다 pre-calculus 기초 미적분학 beg A for B A에게 B를 애원하다 extra credit 추가 점수 (부족한 점수를 만회할 수 있는 미국 학교의 보너스 점수제도) show up 나타나다, 출석하다 be able to V ~할 수 있다 pass (시험을) 통과하다 according to ~에 따르면 so that ~하도록 even though 비록 ~이지만 provided that ~한다는 조건하에 as if 마치 ~인 것처럼

19 가정법 – 과거   정답 (c)

해석 ▶ 연구들은 도시 조경이 환경의 자연의 질서를 반영하지 않고 있고, 이는 몇몇 사람들에게 두통을 유발한다는 것을 보여준다. 만약 건축업자들이 자연적인 건축 양식을 선호한다면, 사람들은 광활한 도시 경관을 보면서 더 많은 위안을 얻을 것이다.

해설 ▶ 빈칸 절의 if와 보기의 would는 가정법 문제를 나타내고, if절의 과거시제 동사 were가 가정법 과거의 단서이므로 〈would + 동사원형〉의 형태인 (c)가 정답이다.

어휘 ▶ urban 도시의 landscape 경관, 조경 reflect 반영하다 natural 자연의 order 질서 environment 환경 cause A to V A에게 ~을 유발하다, 야기하다 headache 두통 favor 선호하다 architecture 건축 (양식), 건축학 find comfort 위안을 얻다 vast 광활한 cityscape 도시 경관

---

20 관계사 – 관계대명사   정답 (d)

해석 ▶ 핼리 혜성은 대략 75년마다 발생하는 기상학적 사건이다. 우연하게도, 《허클베리 핀》과 《톰 소여》와 같은 명작을 쓴 작가인 마크 트웨인은 그 혜성이 지구를 찾아왔던 때와 같은 해에 태어나고 죽었다.

해설 ▶ 빈칸 앞 선행사인 the author는 사람이므로, 빈칸에는 사람 명사를 선행사로 수식할 때 사용하는 관계대명사 who(+ 불완전한 절)가 들어가야 한다. 따라서 정답은 (d)이다.

어휘 ▶ comet 혜성 meteorological 기상학적인 event 사건 occur 발생하다 approximately 대략, 약 every + 기간 매 ~마다 coincidentally 우연히도 author 작가 classic 고전, 명작

---

21 시제 – 미래완료진행   정답 (b)

해석 ▶ 매년 로즈마운트 대학은 지역 자선단체를 위한 기금을 모으기 위해 댄스 마라톤을 주최한다. 그 행사는 이번 주 금요일 밤에 시작되고, 토요일 오후까지, 남은 참가자들이 12시간이 넘는 시간을 계속해서 춤을 춰오고 있을 것이다.

해설 ▶ 빈칸 절에서 〈by 미래 시점(Saturday afternoon)〉와 〈for + 기간(for over 12 hours straight)〉은 빈칸의 동사가 미래의 어느 시점까지 계속 진행

중일 것임을 나타낼 때 쓰이는 미래완료진행시제의 단서이다. 즉 토요일 오후가 될 시점에는(미래) 참가자들이 12시간 동안(완료) '춤을 춰오고 있을 것이다' 라는 의미가 되어야 하므로, 정답은 (b)이다.

어휘 ▶ host 개최하다 raise 모금하다 charity 자선단체 remaining 남아있는 contestant 참가자 straight 쉬지 않고, 계속해서

---

22 준동사 – 동명사   정답 (b)

해석 ▶ 마이클의 그룹은 공부와 여가시간의 균형을 어떻게 잘 맞추는 지를 알고 있다. 마감일이 2주 뒤임에도 불구하고 그들은 즐거운 오후의 간식 시간 후에 그룹 발표를 작업하는 것을 곧장 재개했다.

해설 ▶ 빈칸 앞 동사 resume은 동명사를 목적어로 취한다. 보기의 동사 work는 문맥상 resume과 시제가 같은 동작(작업하는 것을 재개하다)이므로, 그보다 이전의 동작(이미 작업했던 것을 재개하다)을 나타내는 having p.p.를 오답으로 소거하면 단순 동명사인 (b)가 정답이다.

어휘 ▶ balance 균형을 맞추다 leisure 여가시간 pleasant 즐거운, 기분 좋은 immediately 즉시, 곧장 resume 재개하다 work on ~에 노력을 들이다, 착수하다 presentation 발표 even though ~에도 불구하고 deadline 마감일

---

23 가정법 – 과거   정답 (c)

해석 ▶ 억만장자들의 사치스러운 생활양식을 보는 것은 린다로 하여금 몹시 부러워하게 만들었다. 만약 그녀가 그렇게 부자라면, 그녀는 사치품에 낭비하기 보다는 사회악을 치유하는 데 돈을 쓸 것이다.

해설 ▶ 빈칸 절의 if와 보기의 would는 가정법 문제를 나타내고, if절의 과거시제 동사 were가 가정법 과거의 단서이므로 〈would + 동사원형〉의 형태인 (c)가 정답이다.

학습 Tip!

green with envy 몹시 부러워하는, 질투하는

---

observe 보다, 관측하다 extravagant 사치스러운 lifestyle 생활양식 billionaire 억만장자 rich 부유한 spend money on -ing ~하는 데 돈을 쓰다 cure 치유하다 social ill 사회악 instead of ~대신에 waste 낭비하다 luxury 호화로운

24 시제 – 미래진행   정답 (a)

해석 잠시도 가만히 있지 못하는 다섯 살 샤를리즈는 조부 모님 집으로 이동하는 동안 내내 버릇없이 굴었다. 비록 그녀의 부모는 지금 당장 그녀를 꾸짖고 싶지 않지만, 나중에 집으로 가는 길에 그녀와 엄중한 대화를 나누고 있을 것이다.

해설 빈칸 절 맨 뒤에 주어진 시간 부사(later)는 미래진행 시제의 단서이다. 즉 나중에 집으로 가는 길에 그녀와 '엄중한 대화를 나누고 있을 것이다'와 같이 미래 시점에 행위가 진행 중인 의미가 되어야 하므로, 정답은 (a)이다.

> ✅ **오답체크**
>
> 빈칸 앞 right now에 주의해야 한다. 현재진행 시제의 단서 표현인 right now가 위치상으로는 Though가 이끄는 종속절 안에 있고, 그 안에서 종 속절 동사구(do not want to reprimand ~)의 시 제에 관여하고 있다. 빈칸의 동사 시제와는 무관한 위치에 있으므로 현재진행시제를 나타내는 (b) are having은 답이 될 수 없다.

어휘 boisterous 잠시도 가만히 있지 못하는, 활기찬, 시끄러운 misbehave 버릇없이 굴다, 못된 짓을 하다 during ~동안 entire 전체의 trip 여행, 이동 though 비록 ~이지만 reprimand 꾸짖다, 징계하다 right now 지금 stern 엄중한, 심각한 on one's way home 집으로 가는 도중에

25 연결어 – 접속부사   정답 (d)

해석 마사는 그녀의 동네 테마파크에 있는 미로 놀이기구 인 '미궁'을 시도해 보기로 결정했다. 그녀는 출구를 찾으려고 노력하면서 미로 주변을 이리저리 돌아다니는 데 시간을 보냈다. 결국, 그녀는 나가는 길을 찾을 수 있었다.

해설 빈칸의 앞뒤 문맥을 보면 뒤 내용이 앞 내용(출구를 찾으려고 노력했다) 이후의 결과(나가는 길을 찾을 수 있었다)로 이어지는 흐름이므로, 결과를 나타낼 때 쓰이는 Eventually(결국)이 빈칸에 가장 적절하다. 따라서 정답은 (d)이다.

어휘 decide 결정하다 try 시도하다 labyrinth 미로, 미궁 maze 미로 attraction (놀이공원에 있는) 시설, 놀이기구, 어트랙션 local 지역의, 현지의 spend 시간 -ing ~하는 데 시간을 보내다 wander around 이리저리 돌아다니다, 헤매다 exit 출구 be able to V ~할 수 있다 way out 나가는 길, (탈)출구 meanwhile 그러는 동안 likewise 마찬가지로 nevertheless 그럼에도 불구하고 eventually 결국

26 준동사 – to부정사   정답 (b)

해석 표준 8시간 근무제는 1866년에 미국에서 제정되었다. 이전의 근로 계약들이 근로자들에게 과도한 부담을 주었기 때문에 노동 조합은 근무 시간을 줄이기 위해 용감하게 투쟁했다.

해설 빈칸 앞 문장(노동 조합이 용감하게 투쟁했다)을 뒤에서 부사처럼 수식(줄이기 위해)할 수 있는 to부정사가 빈칸에 가장 적절하다. 이때 '~하기 위해'라는 의미의 목적을 나타낼 때 단순 to부정사를 사용하므로, 정답은 (b)이다.

어휘 standard 표준의 establish 설립하다, (법률·제도 등을) 제정하다 labor union 노동 조합 fight 싸우다, 투쟁하다 bravely 용감하게 working hours 근무 시간 because ~때문에 previous 이전의 labor contract 근로 계약(서) put A on B A에게 B를 부과하다 undue 과도한 strain 부담, 중압(감)

실전문제 4

p.36

01 (d)	**02** (a)	**03** (c)	**04** (b)	**05** (d)
06 (a)	**07** (c)	**08** (c)	**09** (a)	**10** (d)
11 (b)	**12** (a)	**13** (d)	**14** (d)	**15** (c)
16 (b)	**17** (b)	**18** (a)	**19** (a)	**20** (c)
21 (d)	**22** (b)	**23** (a)	**24** (b)	**25** (d)
26 (a)				

01 가정법 – 과거완료   정답 (d)

해석 ▶ 심하게 넘어져서 집에서 휴식을 취하고 있는 브루스는 눈보라가 치는 동안 얼음으로 뒤덮인 산을 등반하려 한 것으로 스스로를 욕했다. 만약 그가 폭풍이 지나갈 때까지 기다렸다면, 그는 여행 동안 발목을 접질리지 않았을 지도 모른다.

해설 ▶ 빈칸 절에서 Had he waited 이하는 가정법 if절(If he had waited)의 도치된 형태이다. 이때 과거완료 시제 동사를 구성하는 Had와 waited가 가정법 과거완료의 단서이므로 〈might + have p.p.〉의 형태인 (d)가 정답이다.

어휘 ▶ recover from ~로부터 회복하다 nasty 위험한, 심각한, 끔찍한 fall 넘어짐, 떨어짐 curse A for B B로 인해 A를 욕하다, 저주하다 climb 오르다, 등반하다 icy 얼음으로 뒤덮인 during ~동안 snowstorm 눈보라 until ~할 때까지 pass 지나가다 twist (발목을) 삐다, 접질리다 ankle 발목 journey 여행, 여정, 이동

02 준동사 – to부정사   정답 (a)

해석 ▶ 스튜어트 교장은 모든 아이들을 위한 적합한 교실이 있다고 믿는다. 비록 그녀는 학생을 받는 것을 거절했던 적이 없지만, 한 예비학생은 생활기록부 상에 그녀를 주저하게 만드는 골치 아픈 징계 문제가 있다.

해설 ▶ 빈칸 앞 동사 refuse는 to부정사를 목적어로 취한다. 보기의 동사 accept는 문맥상 refuse와 시제가 같은 동작(받는 것을 거절하다)이므로, 그보다 이전의 동작(이미 받았던 것을 거절하다)을 나타내는 to have p.p.를 오답으로 소거하면 단순 to부정사인 (a)가 정답이다.

어휘 ▶ principal 교장 suitable 적합한 refuse 거절하다, 거부하다 accept 받아들이다, 수락하다 prospective 장래의 pupil (특히 어린) 학생, 문하생, 눈동자 troublesome 골치 아픈, 성가신 disciplinary 징계의 issue 문제, 사안 permanent record 영구적 기록, (학교의) 생활기록부 give A pause A를 주저하게 만들다

03 시제 – 현재완료진행   정답 (c)

해석 ▶ 어밀리아 에어하트는 1937년에 비행 도중에 사라졌을 때까지 많은 세계 기록을 세웠던 선구적인 비행사였다. 관심을 가진 집단들은 70년이 넘는 기간 동안 그녀의 유해를 찾아오고 있는 중이며, 묻혔을 가능성이 있는 곳들에 대한 몇몇 이론을 가지고 있다.

해설 ▶ 빈칸 절에서 〈for + 기간(over 70 years)〉은 현재완료진행시제의 단서이며, 현재까지 70년이 넘는 기간 동안(완료) 그녀의 유해를 '찾아오고 있는 중이다'라는 의미를 만든다. 따라서 정답은 (c)이다.

학습Tip!

interested parties는 '(사건의) 이해관계자, 당사자'의 의미로도 사용될 수 있다.

어휘 ▶ pioneering 선구적인 aviator 비행사 set (기록 등)을 세우다 record 기록 until ~까지 disappear 사라지다 mid-flight 비행 도중에 interested 관심이 있는 party 집단, 단체 remains 남은 것, 유적, (죽은 사람·동물의) 유해 over + 숫자 ~이상 several 몇몇(의) theory 이론 potential 가능성 있는, 잠재적인 resting place 휴게소, 묻힌 곳, 무덤

04 조동사 문맥 찾기 　　정답 (b)

해석 뷰티젯의 발명가인 캐시 카스타네다는 자신의 독특한 스프레이 도포기로 메이크업 업계에 혁신을 일으켰다. 그녀 덕분에, 전문가들과 비전문가들 모두가 더욱 쉽게 화장하는 데 이 편리한 도구를 <u>사용할 수 있다</u>.

해설 빈칸 앞에서 그녀 덕분이라는(Thanks to her) 내용이 나오고 있으므로, 그로 인해 메이크업을 더 쉽게 하는 것이 '가능해진다'의 문맥이 되어야 가장 적절하다. 이때 조동사 can(~할 수 있다)이 가능의 의미를 나타낼 수 있으므로 (b)가 정답이다.

어휘 inventor 발명가 revolutionize 혁신을 일으키다 makeup 메이크업, 화장 industry 산업, 업계 unique 독특한 spray-on 스프레이 형태의 applicator 도포기 thanks to ~덕분에 professional 전문가 amateur 비전문가 A and B alike A와 B 모두, 똑같이 convenient 편리한 tool 도구 easily 쉽게 apply makeup 화장하다, 화장품을 바르다

05 가정법 – 과거 　　정답 (d)

해석 로널드는 그가 잃어버린 반려견인 로지를 찾아 그의 동네 주변을 정신없이 운전하고 있다. 만약 그가 더 신뢰할 수 있는 목줄을 산다면, 그는 반려견이 탈출하는 것에 대해 그렇게 많이 <u>걱정하지 않을 것이다</u>.

해설 빈칸 절의 if와 보기의 would는 가정법 문제를 나타내고, if절의 과거시제 동사 were가 가정법 과거의 단서이므로 〈would + 동사원형〉의 형태인 (d)가 정답이다.

어휘 frantically 정신없이 neighborhood 동네, 근처 lost 잃어버린 dependable 믿을 수 있는, 신뢰할 수 있는 leash 목줄 escape 탈출하다

06 관계사 – 관계대명사 　　정답 (a)

해석 테라코타 군대는 중국 농부 집단이 우물을 파고 있는 동안에 발견된 8천 개 이상의 흙 병사와 말의 매장된 무리이다. <u>그 무덤을 지어지게 했던</u> 황제는 그 군대가 사후에 그를 지켜줄 거라고 믿었다.

해설 빈칸 앞 선행사인 The emperor는 사람이므로 관계대명사 who 또는 that의 수식을 받는다. 빈칸 앞에 콤마(,)가 없어서 that을 소거하지 못하는 경우, 관계대명사 뒤에 주어(또는 목적어)가 없는 불완전한 절이 있는 보기를 답으로 골라야 한다. that 뒤의 절은 주어 he가 있어 완전한 절, who 뒤의 절은 불완전한 절이다. 따라서 정답은 (a)이다.

어휘 entomb 완전히 파묻다, 뒤덮다 collection 수집품, 소장품, 무리, 더미 over ~이상의 clay 흙, 점토 discover 발견하다 while ~하는 동안 farmer 농부 dig (땅에서) 파다, 파내다 well 우물 emperor 황제 mausoleum (중요한 인물·가문의) 묘, 능 protect 보호하다

07 가정법 – 과거완료 　　정답 (c)

해석 동물로 만든 제품을 전혀 먹지 않는 부지런한 채식주의자인 제롬은 특정한 사과 주스가 물고기 부레로 맑아진다는 사실을 알게 되어 충격을 받았다. 만약 그가 더 일찍 알았다면, 그는 그러한 주스 브랜드들을 <u>마시지 않았을 것이다</u>.

해설 빈칸 절의 if와 보기의 would는 가정법 문제를 나타내고, if절의 과거완료시제 동사 had known이 가정법 과거완료의 단서이므로 〈would + have p.p.〉의 형태인 (c)가 정답이다.

어휘 diligent 성실한, 부지런한 vegan (극단적인) 채식주의자, 비건 consume 소비하다 shocked 충격을 받은 find out 알아내다 certain 특정한 clarify 투명하게 하다, 맑게 하다 fish bladder 물고기 부레(공기주머니) earlier 좀더 일찍

08 조동사 문맥 찾기 　　정답 (c)

해석 역도가 진지한 운동선수와 보디빌더만을 위한 것은 아니다. 다수의 연구는 기초적인 역도조차도 심혈관 건강을 증진시키고, 혈압을 낮추며, 신진대사를 <u>촉진시킬 수도 있다</u>는 것을 보여준다.

해설 주어진 문장을 보면 역도가 전문적인 사람들만을 위한 것이 아니고, 오히려 기초적인 역도만으로도 심혈관, 혈압, 신진대사 등을 '좋게 할 가능성이 있다'라는 문맥이 되어야 가장 적절하다. 이때 조동사 may(~일지도 모른다)가 추측 또는 가능성의 의미를 나타낼 수 있으므로 (c)가 정답이다.

 **오답체크**

(d) would는 과거 시점에서 바라본 미래를 나타내며 주어진 문장의 시제와 맞지 않아 오답이다.

어휘 **weightlifting** 역도 **serious** 진지한, 심각한 **athlete** 운동선수 **multiple** 다수의 **study** 연구 **show** 보여주다 **even** 심지어 **basic** 기본적인, 기초적인 **cardiovascular** 심혈관의 **lower** 낮추다 **blood pressure** 혈압 **boost** 증진시키다 **metabolism** 신진대사

09 관계사 – 관계대명사 정답 (a)

해석 거의 모든 사람들은 모기가 짜증나는 것이라고 생각하지만, 일부 변종은 꽤나 매력적이고 관찰하는 재미가 있다. <u>현란한 짝짓기 춤을 추는</u> 한 종은 프린지 부츠를 닮은 선명한 파란색 다리 한 쌍을 가지고 있다.

해설 빈칸 앞 선행사인 One species는 사물 취급하므로 관계대명사 which 또는 that의 수식을 받는다. 이때 that은 콤마(,) 뒤에 나올 수 없으므로 오답으로 소거하고 나면, 결국 남은 보기인 (a)가 정답이다.

어휘 **though** 비록 ~이지만 **nearly** 거의 **find A to be B** A를 B라고 생각하다 **annoyance** 짜증나는 것(사람) 골칫거리 **variety** 다양성, 종류, 변종 **quite** 꽤, 상당히 **charming** 매력적인 **observe** 관측하다 **species** (동식물의) 종 **elaborate** 정교한, 복잡한, 화려한 **mating** 짝짓기 **vibrant** 활기찬, (색채가) 선명한 **resemble** ~을 닮다

10 that절 should 생략 정답 (d)

해석 메리앤은 단어를 외우는 데 항상 어려움을 겪어왔고 내일 있을 시험에 대해 걱정하고 있다. 그녀의 프랑스어 선생님인 반스 씨는 그녀가 새로운 단어들을 더 잘 기억할 수 있도록 오늘 밤 <u>자신만의 플래시카드를 만들어야 한다</u>고 제안했다.

해설 propose와 같이 주장·제안·명령·요구 등을 나타내는 동사가 that절과 함께 나오면, that절의 동사 자리에는 ⟨should + 동사원형⟩에서 should가 생략된 동사원형만 가능하다. 따라서 정답은 (d)이다.

어휘 **have trouble -ing** ~하는 데 어려움을 겪다 **memorize** 외우다, 암기하다 **vocabulary** 단어 **be worried about** ~에 대해 걱정하다 **propose** 제안하다 **remember** 기억하다

11 시제 – 과거진행 정답 (b)

해석 디핑 소스에 대한 헨리의 집착은 그의 친구들로 하여금 웃음이 터지게 만들었다. 친구들은 그들의 버거 포장지를 <u>뜯고 있던 동안에</u> 그가 마요네즈와 케첩을 열광적으로 섞는 것을 보았다.

해설 빈칸 앞 구조를 보면 ⟨주어+과거시제 동사(watched) + while⟩의 형태로 나오고 있다. 주절의 동사 시제가 과거이므로, while 다음에 나오는 동사 자리 빈칸에는 과거의 그 시점(친구들이 헨리를 바라보고 있다)에 진행되는 동작(포장지를 뜯는 동안에)을 나타낼 수 있는 과거진행시제 동사가 가장 적절하다. 따라서 (b)가 정답이다.

> **학습 Tip!**
>
> 과거진행시제의 주요 단서 표현
>
> 주어 + ＿＿＿ + **when** + 주어 + **과거V**
> 주어 + **과거V** + **while** + 주어 + ＿＿＿

어휘 **obsession** 집착 **cause** 야기하다, 초래하다 **burst out laughing** 웃음을 터뜨리다, 폭소하다 **enthusiastically** 열광적으로 **unwrap** (포장지 등을) 뜯다, 벗기다

12 가정법 – 과거 정답 (a)

해석 조이스는 그녀의 교수가 강의 중에 관련 없는 주제에 대해 횡설수설하는 경향이 있기 때문에 수업 중에 항상 창밖을 바라본다. 만약 그 교수가 주제에 집중한다면, 조이스는 필기를 하기 위해 열중해서 <u>들을 것이다</u>.

해설 빈칸 절의 if와 보기의 would는 가정법 문제를 나타내고, if절의 과거시제 동사 stayed가 가정법 과거의 단서이므로 ⟨would + 동사원형⟩의 형태인 (a)가 정답이다.

어휘 **always** 언제나, 항상 **stare** 빤히 쳐다보다, 응시하다 **during** ~동안 **class** 수업 **because** ~때문에 **professor** 교수 **tend to V** ~하는 경향이 있다 **ramble on** 장황하게 말하다, 횡설수설하다 **unrelated** 관련 없는 **subject** 주제 **lecture** 수업, 강의 **instructor** 가르치는 사람, 교사, 강사 **stay** 머무르다 **topic** 화제, 주제 **intently** 열중해서 **take notes** 필기하다, 메모하다

13 연결어 – 접속부사   정답 (d)

해석 수면병은 불면증을 유발하는 심신을 쇠약하게 만드는 질병이다. 그것은 100퍼센트의 치사율을 가지곤 했다. 다행스럽게도, 현대 의학은 95퍼센트의 회복률을 이끌어낸 치료법을 개발했다.

해설 빈칸의 앞뒤 문맥을 보면 앞 내용(치사율이 10퍼센트이다)의 부정적인 상황에 이어서 뒤 내용(치료법이 발전되어 회복률이 95퍼센트이다)은 긍정적인 결과가 나오고 있는 흐름이다. 앞뒤 내용이 서로 반대되는 문맥이므로, 역접을 나타낼 때 쓰는 Thankfully(다행스럽게도)가 빈칸에 가장 적절하다. 따라서 정답은 (d)이다.

어휘 sleeping sickness 수면병 debilitating 심신을 쇠약하게 만드는 disease 질병 cause 유발하다 insomnia 불면증 used to V ~하곤 했다 fatality rate 치사율 modern 현대의 medicine 의학, 의료 develop 발전하다 treatment 치료 lead to ~로 이어지다, 이끌다 recover 회복 after all 결국, 어쨌든 naturally 자연스럽게 in addition 게다가 thankfully 다행스럽게도

14 준동사 – 동명사   정답 (d)

해석 애니는 그녀 삶의 모든 면에서 안정성과 일관성을 우선시한다. 그러다 보니, 그녀는 새 음식을 맛보는 것을 싫어하고 그녀가 가장 좋아하는 요리를 그것들이 조리법에 쓰여진 대로 정확하게 준비되지 않는다면 시도조차 하지 않을 것이다.

해설 빈칸 앞 동사 dislike는 동명사를 목적어로 취한다. 보기의 동사 sample은 문맥상 dislike와 시제가 같은 동작(맛보는 것을 싫어하다)이므로, 그보다 이전의 동작(이미 맛봤던 것을 싫어하다)을 나타내는 having p.p.를 오답으로 소거하면 단순 동명사인 (d)가 정답이다.

> **학습Tip!**
>
> **as + 과거분사(p.p.)** ~된 대로
> 예 as planned 계획대로

어휘 prioritize 우선하다 stability 안정성 consistency 일관성 aspect 측면, 양상 dislike 싫어하다 sample 맛보다, 시식(시음)하다 even 심지어 favorite 가장 좋아하는 unless 만약 ~하지 않는다면 prepare 준비하다 exactly 정확히 outline 개요를 말하다, 약술하다 recipe 조리법

15 시제 – 과거완료진행   정답 (c)

해석 켄켄 퍼즐은 간단한 연산을 사용하여 특정한 순서로 칸을 숫자로 채우도록 도전을 요구한다. 발명가는 마침내 그 아이디어를 떠올리기 전에 수 년간 그의 수학 수업 학생들의 논리적 사고를 향상시킬 방법을 생각해오던 중이었다.

해설 빈칸 절에서 〈before + 과거시제 동사(struck)〉와 〈for + 기간(for years)〉은 과거 시점을 기준으로 그 이전부터 시작된 빈칸의 동사가 기준 시점까지 진행 중이었음을 나타낼 때 쓰이는 과거완료진행시제의 단서이다. 즉 아이디어를 떠올렸던 시점(과거)이 기준 시점이 되고, 그 이전부터 발명가가 기준 시점까지 수 년간(완료) '생각해오던 중이었다'라는 의미가 되어야 하므로, 정답은 (c)이다.

어휘 challenge 도전하다, (도전 등을) 요구하다 fill A with B A를 B로 채우다 grid 격자무늬, 칸 digit (0에서 9까지의) 숫자 specific 특정한 order 순서 simple 단순한, 간단한 arithmetic 연산 inventor 발명가 ponder 숙고하다, 생각하다 improve 향상시키다 logical 논리적인 thinking 생각, 사고 finally 마침내 strike (생각 등이) 떠오르다

16 준동사 – 동명사   정답 (b)

해석 데이지는 부모님에 의해 저녁 먹기 전에 조리대에 있는 쿠키를 먹는 것이 허락되지 않는다는 말을 들었다. 그러나, 그녀의 아버지가 아파트를 잠깐 떠났을 때, 데이지는 숨겨 둔 것 전부를 먹어치우는 것을 참을 수 없었다.

해설 빈칸 앞 동사 resist는 동명사를 목적어로 취한다. 보기의 동사 devour는 문맥상 resist와 시제가 같은 동작(먹어치우는 것을 참다)이므로, 그보다 이전의 동작(이미 먹어치웠던 것을 참다)을 나타내는 having p.p.를 오답으로 소거하면 단순 동명사인 (b)가 정답이다.

어휘 be told that ~라는 말을 듣다 allow 허락하다, 허용하다 briefly 잠시 leave 떠나다, 나가다 resist 저항하다, 참다 devour 게걸스레 먹다, 먹어치우다 entire 전체의, 온 stash 숨겨 둔(챙겨 둔) 것

17 준동사 – to부정사　정답 (b)

해석 매들린은 브라질에 유학을 갔다가 최근에 돌아왔다. 그녀의 포르투갈어 선생님은 그녀의 언어 능력이 나아졌을 거라고 기대했다. 그러나 그는 매들린이 기본적인 문법 구조조차도 <u>이해하는 것이</u> 어렵다는 것을 깨달았을 때 깜짝 놀랐다.

해설 빈칸 앞 it is difficult는 to부정사와 함께 '~하는 것은 어렵다'라는 의미의 가주어 진주어 구문을 구성할 때 쓰이고 이어지는 for Madeline은 to부정사 앞에서 의미상의 주어를 나타내므로, 빈칸에는 가주어 it에 대한 진주어 역할을 하는 to부정사가 들어가야 한다. 따라서 정답은 (b)이다.

어휘 recently 최근에 return 돌아오다, 복귀하다 study abroad 유학을 가다 expect A to V A가 ~하는 것을 기대하다, 예상하다 ability 능력 improve 향상시키다, 나아지다 astonished 깜짝 놀란 realize 깨닫다 difficult 힘든, 어려운 understand 이해하다 even 심지어, ~조차 basic 기본적인 grammar 문법 structure 구조

18 가정법 – 과거완료　정답 (a)

해석 알비노 악어는 포식자들의 표적이 되고 햇빛에 민감하기 때문에 보통 짧은 수명을 가지고 있다. 만약 그가 인간에 의해 보호받지 못했다면, 현재 25살로 가장 나이가 많은 포획된 표본은 성년기에 <u>이르지 못했을 것이다.</u>

해설 빈칸 절에서 Had it not been protected 이하는 가정법 if절(If it had not been protected)의 도치된 형태이다. 이때 과거완료시제 동사를 구성하는 Had와 been이 가정법 과거완료의 단서이므로 〈would + have p.p.〉의 형태인 (a)가 정답이다.

어휘 usually 보통, 일반적으로 short 짧은 lifespan 수명 because ~때문에 target 표적으로 삼다 predator 포식자 sensitive 예민한, 민감한 sunlight 햇빛 protect 보호하다 captive 포로로 잡힌, 억류된 specimen 견본, 샘플, (동식물의) 표본 make it to ~에 이르다, 도착하다 adulthood 성인, 성년

19 준동사 – 동명사　정답 (a)

해석 힐다는 그녀의 결혼 생활에 모험심을 가져다줄 방법을 생각해 내려고 노력하고 있다. 그녀는 남편이 그들의 결혼기념일 30주년을 위해 그랜드 캐니언을 <u>탐험하는 것을</u> 하고 싶어할지를 궁금해했다.

해설 빈칸 앞 동사 fancy는 동명사를 목적어로 취한다. 보기의 동사 explore는 문맥상 fancy와 시제가 같은 동작(탐험하는 것을 하고 싶다)이므로, 그보다 이전의 동작(이미 탐험했던 것을 하고 싶다)을 나타내는 having p.p.를 오답으로 소거하면 단순 동명사인 (a)가 정답이다.

어휘 try 노력하다, 시도하다 think of 고려하다, 생각해 내다 adventure 모험(심) marriage 결혼 생활 wonder if ~인지 궁금해하다 fancy 원하다, ~하고 싶다 explore 탐험하다 wedding anniversary 결혼기념일

20 시제 – 미래완료진행　정답 (c)

해석 미튼스는 클라우즈빌 시의 많은 사랑을 받는 마스코트이고 그녀의 고양이 특유의 우스꽝스러운 행동이 주민들과 방문객들 모두의 마음을 사로잡아왔다. 이번에 다가오는 7월이면, 그녀는 16년 동안 시의 "대표냥이"의 <u>역할을 해오고 있을 것이다.</u>

해설 빈칸 절에서 〈미래 시점(This coming July)〉와 〈for + 기간(for 16 years)〉은 빈칸의 동사가 미래의 어느 시점까지 계속 진행 중일 것임을 나타낼 때 쓰이는 미래완료진행시제의 단서이다. 즉 7월이 될 시점에는(미래) 미튼스가 16년 동안(완료) 그 곳의 대표 고양이의 '역할을 해오고 있을 것이다'라는 의미가 되어야 하므로, 정답은 (c)이다.

어휘 much-loved 많은 사랑을 받는 mascot 마스코트 feline 고양이의, 고양이같은 antics 익살스러운(우스꽝스러운) 행동 win over 설득하다, (자기 편으로) 끌어들이다, ~의 마음을 얻다 resident 주민 visitor 방문객 A and B alike A와 B 모두, 똑같이 coming 다가오는, 다음의 serve as ~의 역할을 하다

21 that절 should 생략　정답 (d)

해석 뉴어크 공항은 항공편의 기나긴 지연과 간헐적인 취소로 유명하다. 전문가들은 일정상의 문제를 피하기

위해 중요한 일이 발생하기 하루 전에는 목적지에 도착할 계획을 세워야 한다고 권장한다.

recommend와 같이 주장·제안·명령·요구 등을 나타내는 동사가 that절과 함께 나오면, that절의 동사 자리에는 〈should + 동사원형〉에서 should가 생략된 동사원형만 가능하다. 따라서 정답은 (d)이다.

어휘 be known for ~로 알려져 있다, 유명하다 lengthy 긴, 장황한 delay 지연, 연기 occasional 가끔의 cancellation 취소 flight 비행, 항공편 recommend 추천하다, 권장하다 arrange to V ~할 계획을 세우다, 준비하다 arrive 도착하다 destination 목적지 important 중요한 take place 발생하다 avoid 피하다 scheduling 일정상의 issue 문제

---

22 연결어 – 접속사   정답 (b)

해석 결합쌍둥이는 신체적으로 서로 연결되어져서 태어난다. 비록 그들이 떨어졌을 때 삶의 질이 개선될 수 있지만, 다수는 분리 수술이 쌍둥이 둘 모두에게 사망 위험을 가져다주기 때문에 수술을 받지 말라고 한다.

해설 빈칸의 앞뒤 문맥을 보면 원인(그 수술은 사망 위험이 수반된다)과 결과(분리 수술에 반대한다)의 흐름으로 연결되는 문맥이므로, 이유를 나타낼 때 쓰이는 because(~때문에)가 빈칸에 가장 적절하다. 따라서 정답은 (b)이다.

어휘 conjoined twin 결합쌍둥이 physically 신체적으로 connect 연결하다 one another 서로 though 비록 ~이지만 quality of life 삶의 질 improve 개선되다, 나아지다 separate 떨어뜨리다, 분리시키다 elect 선택하다, (선거로) 선출하다 undergo surgery 수술을 받다 procedure 절차, 과정 carry (어떤 결과가) 따르다, 수반되다 risk 위험 even though 비록 ~일지라도 because ~때문에 as soon as ~하자마자 unless 만약 ~하지 않는다면

---

23 시제 – 현재진행   정답 (a)

해석 인류는 지구 밖의 삶과 여행에 항상 매료되어 왔고, 다수는 우주가 최종 개척지라고 여긴다. 현재, 많은 기업들과 정부기구들은 사람들을 다른 행성으로 보낼 방법을 찾는 중이다.

해설 빈칸 절에서 문장 맨 앞에 주어진 시간 부사 Right now는 빈칸의 동사가 현재 시점에서 진행 중임을 나타내는 현재진행시제의 단서이므로, 정답은 (a)이다.

어휘 be fascinated with ~에 매료되다 extraterrestrial 외계의, 지구 밖의 consider 고려하다, 여기다, 간주하다 final 최종적인 frontier 개척지, 미개척 분야 a number of 많은 corporation 기업 government body 정부기구 hunt for ~을 찾다, 물색하다 way 방법 planet 행성

---

24 준동사 – to부정사   정답 (b)

해석 재스퍼는 관리인으로서 그가 일하는 사무실이 항상 더러워지지 않게 한다. 감사를 표하려고, 그 건물에 있는 직원들은 그의 생일에 그를 깜짝 놀라게 하기 위해 새 스마트워치를 살 돈을 걷었다.

해설 빈칸 앞 문장(직원들이 돈을 걷었다)을 뒤에서 부사처럼 수식(깜짝 놀라게 하기 위해)할 수 있는 to부정사가 빈칸에 가장 적절하다. 이때 '~하기 위해'라는 의미의 목적을 나타낼 때 단순 to부정사를 사용하므로, 정답은 (b)이다.

어휘 janitor 수위, 관리인 ensure 반드시 ~하게 하다 spotless 더러워지지 않은, 흠잡을 데 없는 show 보여주다 appreciation 감사, 감상 chip in for ~을 살 돈을 걷다, 돈을 모아 ~를 사다 surprise 놀라게 하다

---

25 시제 – 미래진행   정답 (d)

해석 신시아는 다음 달의 펜싱 월드컵에 참가하는 그녀의 나라가 배출한 최초의 사람이다. 비록 그녀는 극도로 자랑스럽지만, 그녀는 그녀의 온 나라가 집에서 보고 있을 것이라는 압박감 또한 대처해야 한다.

해설 첫째 문장에 나오는 next month's Fencing World Cup을 통해 펜싱 월드컵이 열리는 시점이 미래임을 확인할 수 있다. 결국 미래 시점에 온 나라가 월드컵을 '보고 있을 것이다'라는 동작의 진행을 나타낼 수 있어야 하므로, 정답은 (d)이다.

어휘 compete in ~에 참가하다, 출전하다 though 비록 ~이지만 extremely 극도로 proud 자랑스러워하는, 자랑스러운 also 또한 deal with 다루다, 대처하다 pressure 압박 entire 전체의, 온

26 가정법 – 과거　　　　정답 (a)

해석 ▶ 저명한 극작가이자 시인인 셰익스피어는 영어라는 언어를 심오하게 형성하였고, 이는 현대에 들어서 계속 울려 퍼지고 있다. 그의 작품들이 존재하지 않았다면, 우리 현재의 어휘 목록은 많은 필수적인 문구들을 <u>빠뜨리고 있었을 것이다.</u>

해설 ▶ 빈칸 절의 if와 보기의 would는 가정법 문제를 나타내고, if절의 과거시제 동사 were가 가정법 과거의 단서이므로 〈would + 동사원형〉의 형태인 (a)가 정답이다.

어휘 ▶ illustrious 유명한, 저명한　playwright 극작가　poet 시인　profoundly 심오하게, 깊이　shape 형성하다　resonate 공명하다, 울려 퍼지다　nonexistent 존재하지 않는　lexicon 어휘 (목록)　essential 필수적인　phrase 구, 어구, 문구

실전문제 5

01 (c)	**02** (a)	**03** (b)	**04** (b)	**05** (c)
06 (a)	**07** (d)	**08** (b)	**09** (c)	**10** (d)
11 (a)	**12** (b)	**13** (d)	**14** (c)	**15** (d)
16 (d)	**17** (a)	**18** (b)	**19** (a)	**20** (d)
21 (b)	**22** (a)	**23** (c)	**24** (d)	**25** (b)
26 (c)				

01 관계사 – 관계대명사 　　정답 (c)

해석 ▶ 매일 같은 종류의 음식을 먹는 것이 지겨운 레오는 독특한 식사 경험을 찾으러 갔다. 그는 엘크와 맷돼지 같은 야생 사냥감을 판매하는 엑스페리앙스 드 사파리라고 불리는 식당을 발견했고 내일 저녁 시간으로 예약했다.

해설 ▶ 빈칸 앞 선행사인 Expérience de Safari는 사물이므로 관계대명사 which 또는 that의 수식을 받는다. 이때 that은 콤마(,) 뒤에 나올 수 없으므로 오답으로 소거하고 나면, 결국 남은 보기인 (c)가 정답이다.

어휘 ▶ bored 지루해하는, 지겨운 unique 독특한, 특별한 dining 식사 experience 경험 wile 야생의 game 사냥감 such as ~와 같은 elk (사슴과에 속하는) 엘크 boar 맷돼지 make a reservation 예약하다

02 가정법 – 과거 　　정답 (a)

해석 ▶ CEO로서의 바쁜 일정과 책임감에도 불구하고, 존은 언제나 다른 문화를 탐험하고 새로운 모험을 경험하기를 꿈꾼다. 만약 그가 더 많은 자유 시간을 얻는다면, 그는 세계를 분명 여행할 지도 모른다.

해설 ▶ 빈칸 절의 if와 보기의 might는 가정법 문제를 나타내고, if절의 과거시제 동사 were가 가정법 과거의 단서이므로 〈might + 동사원형〉의 형태인 (a)가 정답이다.

어휘 ▶ despite ~에도 불구하고 busy 바쁜 schedule 일정 responsibility 책임 dream of -ing ~하기를 꿈꾸다 explore 탐험하다 different 다른 culture 문화 experience 경험하다 adventure 모험 definitely 분명히 travel 여행하다, 이동하다

03 시제 – 미래완료진행 　　정답 (b)

해석 ▶ 비록 르로이는 자신의 고향인 텍사스 주 휴스턴을 절대 떠나본 적 없지만, 말레이어로 말할 때는 원어민처럼 들린다. 다음 달이면, 그는 10년 넘게 그 언어를 공부해오고 있을 것이다.

해설 ▶ 빈칸 절에서 〈미래 시점(Next month)〉과 〈for + 기간(for over ten years)〉은 빈칸의 동사가 미래의 어느 시점까지 계속 진행 중일 것임을 나타낼 때 쓰이는 미래완료진행시제의 단서이다. 즉 다음 달이 될 시점에는(미래) 르로이가 그 언어를 10년이 넘는 기간 동안(완료) '공부해오고 있을 것이다'라는 의미가 되어야 하므로, 정답은 (b)이다.

어휘 ▶ though 비록 ~이지만 leave 떠나다 hometown 고향 native speaker 원어민 over ~이상

04 that절 should 생략 　　정답 (b)

해석 ▶ 걷기는 좋은 몸 상태를 유지하는 효과적인 방법일 수 있다. 운동을 최대한 활용하기 위해, 전문가들은 사람들이 주기적으로 속도를 바꿔야 한다고 조언하고 있으며, 이는 더 다양한 심박수라는 결과를 낳는다.

해설 ▶ advise와 같이 주장·제안·명령·요구 등을 나타내는 동사가 that절과 함께 나오면, that절의 동사 자리에는 〈should + 동사원형〉에서 should가 생략된 동사원형만 가능하다. 따라서 정답은 (b)이다.

학습 Tip!

get the most out of ~를 최대한 활용하다

effective 효과적인 way 방법 get in shape 몸을 가꾸다, 좋은 몸 상태를 유지하다 advise 조언하다, 권고하다 periodically 주기적으로 alter 바꾸다, 고치다 pace (걸음·달리기·움직임의) 속도 result in ~의 결과를 낳다 varied 다양한 heart rate 심박수

05 시제 – 현재진행   정답 (c)

해석 헤르메우스는 음속의 5배로 여행할 수 있는 비행기를 창조하는 것을 목표로 하는 스타트업이다. 현재, 그 회사는 인간 승객들에게 적합한 극초음속 항공기를 제작하는 방법을 개발하는 중이다.

해설 빈칸 절에서 문장 맨 앞에 주어진 시간 부사 At the moment는 빈칸의 동사가 현재 시점에서 진행 중임을 나타내는 현재진행시제의 단서이므로, 정답은 (c)이다.

어휘 goal 목표 create 창조하다, 만들다 travel 여행하다, 이동하다 at the moment 지금, 현재 develop 개발하다, 발전시키다 way to V ~하는 방법 produce 제작하다 hypersonic 극초음속의 aircraft 항공기 fit 적합한, 어울리는 passenger 승객

06 준동사 – 동명사   정답 (a)

해석 중요한 사업 회의 동안, 새라는 전문적인 태도를 항상 유지해야 했다. 그러나, 그녀는 동료 직원이 예기치 못하게 아주 재미있는 농담을 말했을 때 웃는 것을 참을 수 없었다.

해설 빈칸 앞 동사 resist는 동명사를 목적어로 취한다. 보기의 동사 laugh는 문맥상 resist와 시제가 같은 동작(웃는 것을 참다)이므로, 그보다 이전의 동작(이미 웃었던 것을 참다)을 나타내는 having p.p.를 오답으로 소거하면 단순 동명사인 (a)가 정답이다.

어휘 during ~동안 important 중요한 maintain 유지하다 professional 전문적인 attitude 태도 at all times 항상 however 그러나 resist 저항하다, 참다 colleague (같은 직장이나 직종의) 동료 unexpectedly 예기치 못하게, 느닷없이 hilarious 아주 재미있는 joke 농담

07 준동사 – to부정사   정답 (d)

해석 칼은 그가 그림 공모전에서 1등상을 수상했다는 것을 이제 막 들었다. 그는 미쉐린 스타 식당에서 축하하고 싶었지만, 어려운 미술학도로서, 그런 사치스러운 구매를 정당화할 방법은 결코 없었다.

해설 빈칸 앞 명사(way)를 뒤에서 형용사처럼 수식하여 '정당화할 방법'이라는 의미를 만들 수 있는 것은 단순 to부정사(~할, ~하는)이므로, 정답은 (d)이다.

어휘 win 얻다, 수상하다 prize 상 competition 대회 celebrate 축하하다, 기념하다 as ~로서 struggling 어려운, 힘든, 고군분투하는 simply (부정어와 함께) 도저히, 결코 way 방법 justify 정당화하다 such 그런, 그러한 extravagant 낭비하는, 사치스러운 purchase 구매(하다)

08 연결어 – 접속부사   정답 (b)

해석 그린빌 시의 최근의 지방선거는 두 시장직 후보들 사이의 수많은 부정행위 혐의에 의해 타격을 받았다. 결과적으로, 조사가 열림에 따라 개표는 연기되었다.

해설 빈칸 앞뒤 문맥을 보면 앞 내용이 이유(최근 지방선거가 부정행위로 타격을 입었다)가 되어 뒤 내용의 결과(조사가 열리며 개표는 지연되었다)로 이어지는 흐름이므로 As a result(결과적으로)가 빈칸에 가장 적절하다. 따라서 정답은 (b)이다.

어휘 recent 최근의 local election 지방선거 damage 피해를 주다 numerous 수많은 cheating 부정행위 allegation 혐의, (충분한 근거가 없는) 주장 mayoral 시장직의 candidate 후보 vote counting 개표 delay 지연시키다 investigation 조사, 수사 take place (일이) 일어나다, 열리다 likewise 마찬가지로 as a result 결과적으로 in comparison 비교해보면 meanwhile 그러는 동안, 한편

09 조동사 문맥 찾기   정답 (c)

해석 바나나는 인기가 많은 과일임에도 불구하고, 그 껍질은 먹은 후에 종종 아무 생각 없이 버려진다. 놀랍게도, 바나나 껍질은 가죽의 흠집을 제거하는 것 또는 벌레 물린 곳을 진정시키는 것과 같이 다양한 목적으로 사용될 수 있다.

해설 빈칸 뒤 가죽의 흠집을 제거하거나 벌레 물린 곳을 진정시키는 것은 바나나 껍질로 할 수 있는 기능이므로, 다양한 용도로 사용되는 것이 '가능하다'라는 문맥이 되어야 가장 적절하다. 이때 조동사 can(~할 수 있다)이 능력의 의미를 나타낼 수 있으므로 (c)가 정답이다.

어휘 popular 인기 있는 peel 껍질 often 종종 thoughtlessly 아무 생각 없이, 무턱대고 discard 버리다 a variety of 다양한 such as ~와 같이 remove 제거하다 scuff (긁혀서 생긴) 흠집 leather 가죽 soothe 진정시키다 bug bite 벌레 물린 곳

---

10 가정법 – 과거완료 　　　정답 (d)

해석 어제 몽고메리 고등학교에서 화재경보가 울리기 시작했을 때, 학생들은 충격에 빠져 겁을 먹었다. 만약 그들이 조례 시간 동안에 주의를 기울였다면, 그들은 그 경보가 그저 훈련이었다는 것을 <u>알았을 것이다</u>.

해설 빈칸 절의 if와 보기의 would는 가정법 문제를 나타내고, if절의 과거완료시제 동사 had paid가 가정법 과거완료의 단서이므로 〈would + have p.p.〉의 형태인 (d)가 정답이다.

어휘 fire alarm 화재경보 go off (경보가) 울리다 shocked 충격을 받은 scared 겁에 질린 pay attention 주의를 기울이다 during ~동안에 morning announcement 조례 drill 훈련, 연습

---

11 준동사 – 동명사 　　　정답 (a)

해석 샌디의 남편은 그가 그들의 달마시안 강아지를 산책시키기 위해 기꺼이 일찍 일어나겠다고 말했지만, 그녀는 그의 제안을 거절했다. 샌디는 점박이를 <u>산책시키는 것</u>을 정말 좋아하고 그녀의 하루를 시작하는 더 나은 방법을 생각해낼 수 없다.

해설 빈칸 앞 동사 adore는 동명사를 목적어로 취한다. 보기의 동사 walk는 문맥상 adore와 시제가 같은 동작(산책시키는 것을 정말 좋아하다)이므로, 그보다 이전의 동작(이미 산책시켰던 것을 정말 좋아하다)을 나타내는 having p.p.를 오답으로 소거하면 단순 동명사인 (a)가 정답이다.

어휘 be happy to V 기꺼이 ~하다 wake up (잠에서) 깨어나다 early 일찍 walk (반려동물을) 산책시키다 refuse 거절하다, 거부하다 offer 제안 adore 매우 좋아하다 think of ~을 생각해내다

---

12 시제 – 과거완료진행 　　　정답 (b)

해석 훈은 모두가 자신의 생일을 잊어버린 것처럼 보였기 때문에 낙담해 있었다. 무기력해진 그는 낮잠을 자기로 결심했다. 그는 잠에서 깨어나 자신의 거실에서의 깜짝 파티를 인지했을 때 약 두 시간 동안 <u>잠을 자오던 중이었다</u>.

해설 빈칸 절에서 〈when + 과거시제 동사(woke up)〉와 〈for + 기간(for about two hours)〉은 과거 시점을 기준으로 그 이전부터 시작된 빈칸의 동사가 기준 시점까지 진행 중이었음을 나타낼 때 쓰이는 과거완료 진행시제의 단서이다. 즉 그가 잠에서 깨어났던 시점(과거)이 기준 시점이 되고, 그가 그 이전부터 기준 시점까지 약 두 시간 동안(완료) '잠을 자오던 중이었다'라는 의미가 되어야 하므로, 정답은 (b)이다.

어휘 dejected 낙담한 because ~때문에 seem like ~인 것처럼 보이다 forget about ~에 대해 잊어버리다 defeated 패배한, 무기력한 decide 결정하다 take a nap 낮잠을 자다 living room 거실

---

13 준동사 – to부정사 　　　정답 (d)

해석 요요마는 세계적으로 유명한 첼리스트이자 신동이다. 그가 겨우 7살이었을 때, 그는 드와이트 D. 아이젠하워 대통령과 존 F. 케네디 대통령을 위해 <u>공연하도록</u> 선택되었다.

해설 동사 select의 be p.p. 형태인 was selected는 to부정사와 함께 '~하도록 선택되어졌다'라는 의미로 쓰인다. 또한 be p.p. 뒤에서 '~하도록'의 의미로 목적을 나타낼 때 단순 to부정사를 사용하므로, 정답은 (d)이다.

어휘 world-renowned 세계적으로 유명한 cellist 첼리스트(첼로 연주가) child prodigy 신동 only 겨우 select 선정하다 perform 연주하다 president 대통령

14 관계사 – 관계대명사 　　정답 (c)

해석 ▶ 마리 반 브리탄 브라운은 가정용 보안 시스템을 만든 최초의 사람으로 인정받고 있다. 퀸즈에 거주하는 흑인 간호사였던 브라운은 그녀의 위험한 동네에서 안전하다고 느끼기 위해 그 시스템을 만들었다.

해설 ▶ 빈칸 앞 선행사인 Brown 은 사람이므로 관계대명사 that 또는 who의 수식을 받는다. 이때 that은 콤마(,) 뒤에 나올 수 없으므로 오답으로 소거하고 나면, 결국 남은 보기인 (c)가 정답이다.

어휘 ▶ be credited as ~로 인정받다, 여겨지다 security 보안, 경비 nurse 간호사 live in ~에 살다, 거주하다 safe 안전한, 안심할 수 있는 dangerous 위험한 neighborhood 동네

15 준동사 – 동명사 　　정답 (d)

해석 ▶ 룰라는 스티븐에게 그의 생일을 위한 선물로 값비싼 유아용 캐시미어 재킷을 사줬다. 안타깝게도, 그는 염소들의 복지에 잔인하고 비윤리적이라고 믿었기 때문에 캐시미어 산업을 지지하는 것을 싫어했다.

해설 ▶ 빈칸 앞 동사 dislike는 동명사를 목적어로 취한다. 보기의 동사 support는 문맥상 dislike와 시제가 같은 동작(지지하는 것을 싫어하다)이므로, 그보다 이전의 동작(이미 지지했던 것을 싫어하다)을 나타내는 having p.p.를 오답으로 소거하면 단순 동명사인 (d)가 정답이다.

어휘 ▶ expensive 값비싼 unfortunately 불행하게도, 안타깝게도 dislike 싫어하다 support 지지하다, 지원하다 industry 산업 because ~때문에 cruel 잔인한 unethical 비윤리적인 towards ~를 향해, ~에 대해 welfare 복지, 안녕 goat 염소

16 가정법 – 과거완료 　　정답 (d)

해석 ▶ 반 고흐의 한 그림이 1세기가 넘는 기간 동안 대중의 시선으로부터 숨겨진 후에 최근에 판매되었다. 만약 나치 군인들이 그 작품을 몰수하지 않았다면, 그것은 몇 년은 더 일찍 판매되었을 것 같다.

해설 ▶ 빈칸 절의 if와 보기의 would는 가정법 문제를 나타내고, if절의 과거완료시제 동사 had not confiscated 가 가정법 과거완료의 단서이므로 〈would + have p.p.〉의 형태인 (d)가 정답이다.

어휘 ▶ recently 최근에 hidden 숨겨진 public 대중의 over ~이상 century 세기 soldier 군인, 병사 confiscate 몰수하다, 압수하다 piece (문학·예술상의) 작품 most likely 아마도, 가능성이 높은 earlier 더 일찍

17 가정법 – 과거 　　정답 (a)

해석 ▶ 울창한 밀림에서 길을 잃은 루이스는 다른 스카우트 단원들로부터 떨어져 있는 것을 후회하기 시작하고 있다. 만약 그가 핸드폰을 소지하는 것이 허용된다면, 그는 야영지로 돌아가는 길을 찾기 위해 그것을 사용할 것이다.

해설 ▶ 빈칸 절의 if와 보기의 would는 가정법 문제를 나타내고, if절의 과거시제 동사 had가 가정법 과거의 단서이므로 〈would + 동사원형〉의 형태인 (a)가 정답이다.

어휘 ▶ lost 길을 잃은 dense 빽빽한, 밀집한 wilderness 황야, 황무지, 밀림 regret 후회하다 separate 떨어지다 have permission to V ~하는 허가를 받다 carry 소지하다 way 방법, 길 campsite 야영지

18 시제 – 과거진행 　　정답 (b)

해석 ▶ 그랜트는 직장에서 스트레스 받는 하루를 보냈고 집에서 편안한 저녁을 보낼 것을 계획했다. 그러나, 그가 TV를 보고 있던 동안에, 커다란 바퀴벌레가 갑자기 화면을 가로질러갔고 그에게 훨씬 더 많은 스트레스를 야기했다.

해설 ▶ while(~하는 동안)은 동시에 발생하는 두 동작을 나타낼 때 사용하므로, while절의 동사 시제는 주절의 동사 시제를 따라간다. 주절의 동사 시제가 과거(ran across)이므로, 과거의 그 시점에 TV를 보는 행위가 진행 중이었음을 나타낼 수 있는 과거진행시제가 빈칸에 가장 적절하다. 따라서 정답은 (b)이다.

어휘 ▶ stressful 스트레스 받는 plan 계획하다 relaxing 느긋한, 긴장을 푸는, 편안한 while ~하는 동안 huge 거대한 suddenly 갑자기 run across 우연히 마주치다, 가로질러 가다 screen 화면 cause 유발하다, 야기하다 even + 비교급 훨씬 더 ~한

19 조동사 문맥 찾기   정답 (a)

해석 스컹크는 귀여울지 몰라도, 그의 악취 나는 분사물은 질병을 유발하는 유독성을 가진다. 스컹크는 최후의 수단으로만 분사하려는 경향이 있지만, 만약 누군가가 너무 가까이 다가간다면 스컹크의 지독한 혼합물을 방출시킬 지도 모른다.

해설 빈칸 문장을 보면 '스컹크가 가스를 최후의 수단으로만(only as a last resort) 분사하려는 경향이 있다'고 했으므로, '그러나 누가 가까이 온다면 가스를 방출할 수도 있다'와 같이 특정 상황에서의 낮은 가능성을 나타내는 문맥으로 이어져야 가장 적절하다. 이때 조동사 may(~일지도 모른다)가 추측 또는 가능성의 의미를 나타낼 수 있으므로 (a)가 정답이다.

> ✓ **오답체크**
>
> 최후의 수단으로만 한다는 것은 가스 분사가 의무적이기보다는 선택적인 행동임을 나타낸다. 따라서 의무나 당위성을 나타내는 should와 must는 오답이다.

어휘 though ~이기는 하지만 putrid 썩은, 악취가 나는 spray 분사(하다) toxic 유독한, 독성의 quality 질, 품질, 특성, 속성 induce 유발하다, 초래하다 illness 질병 tend to V ~하는 경향이 있다 last resort 최후의 수단 unleash 풀어놓다, 해방하다 concoction 혼합물 venture (과감하게) 향하다, 하다

20 시제 – 미래진행   정답 (d)

해석 누군가가 직원 냉장고에서 케이티의 점심을 훔쳐오고 있으며, 그녀는 그게 누구인지 알아내기로 결심했다. 내일 그녀는 범인을 찾기 위해 하루 온종일 냉장고를 감시하고 있을 것이다.

해설 빈칸 절에서 주절 앞에 주어진 시간 부사(Tomorrow)는 빈칸의 동사가 미래 시점에서 진행 중임을 나타내는 미래진행시제의 단서이므로, 정답은 (d)이다.

어휘 steal 훔치다 employee 직원 fridge 냉장고 be determined to V ~하기로 결심하다 find out 알아내다 observe 관찰하다, 지켜보다, 감시하다 entire 전체의, 온 culprit 범인, (문제의) 원인, 장본인

21 가정법 – 과거   정답 (b)

해석 엠마는 아침을 먹는 것이 중요하다고 생각하지만, 아침에 출근 준비로 항상 분주해서 아침식사를 자주 건너뛴다. 만약 그녀가 더 일찍 일어난다면, 그녀는 밥을 먹을 더 많은 시간을 가졌을 것이다.

해설 빈칸 절의 if와 보기의 would는 가정법 문제를 나타내고, if절의 과거시제 동사 were가 가정법 과거의 단서이므로 〈would + 동사원형〉의 형태인 (b)가 정답이다.

어휘 important 중요한 be busy -ing ~하느라 바쁘다 get ready for ~을 준비하다 frequently 자주, 빈번하게 skip 건너뛰다, 생략하다 wake up 일어나다, (잠에서) 깨다 earlier 더 일찍

22 준동사 – to부정사   정답 (a)

해석 앨리슨은 그녀의 새로운 메인쿤 새끼 고양이가 갑자기 사라지기 전에 3주 동안 함께 살고 있었다. 앨리슨은 고양이를 찾는 데 몇 시간을 정신없이 보냈지만, 고양이가 빨래 더미 밑에서 자고 있는 모습을 발견하게 되어 안도했다.

해설 빈칸 앞 was relieved(안도했다)을 뒤에서 부사처럼 수식(발견하게 되어)할 수 있는 to부정사가 빈칸에 가장 적절하다. 또한 '~하게 되어'라는 의미로 '안도하는' 감정에 대한 원인을 나타낼 때 단순 to부정사를 사용하므로, 정답은 (a)이다.

어휘 kitten 새끼 고양이 before ~전에 suddenly 갑자기 disappear 사라지다 spend 시간 -ing ~하는 데 시간을 보내다 frantically 정신없이, 미친 듯이 search for ~을 찾다 relieved 안도하는, 다행으로 여기는 find 찾다, 발견하다 under ~아래에 a pile of ~더미 laundry 세탁, 세탁물, 세탁소

23 연결어 – 접속부사   정답 (c)

해석 리처드 몬타네즈는 매우 가치 있는 플레이밍 핫 치토스 아이디어를 발전시켰던 전직 프리토-레이 사 청소부로 알려져 있다. 그러나, 최근의 증거는 그의 무일푼에서 부자가 된 이야기가 날조된 것일 수도 있다는 점을 암시한다.

해설 빈칸 앞뒤 문맥을 보면 앞 내용(치토스 아이디어를 발전시켰다)과 뒤 내용(그 내용이 사실은 조작된 것일 수 있다)이 반대되는 흐름으로 이어지고 있으므로, 역접을 나타낼 때 쓰는 However(그러나)가 빈칸에 가장 적절하다. 따라서 정답은 (c)이다.

어휘 be heralded as ~로 알려져 있다 former 이전의 janitor 청소부 develop 개발하다, 발전시키다 million-dollar 중요한, 가치가 큰 recent 최근의 evidence 증거 suggest 제안하다, 암시하다 rags-to-riches 무일푼에서 부자가 된 fabricate 날조하다 furthermore 게다가 therefore 그러므로 however 그러나 accordingly 그에 따라

24 가정법 – 과거완료 정답 (d)

해석 찰스는 그의 도시의 연례 5킬로미터 마라톤에서 1등으로 들어오기 직전이었다. 불행하게도, 경주 도중 예기치 못한 부상이 그를 경쟁에서 이탈하게 했다. 만약 그가 스스로 다치지 않았다면, 그는 상당한 격차로 이겼을 것이다.

해설 빈칸 절의 if와 보기의 would는 가정법 문제를 나타내고, if절의 과거완료시제 동사 had not hurt가 가정법 과거완료의 단서이므로 〈would + have p.p.〉의 형태인 (d)가 정답이다.

어휘 be poised to V ~할 준비가 되다, ~하는 것이 확실시되다, ~하기 직전이다 come in first 1위로 들어오다 unfortunately 불행하게도, 안타깝게도 unexpected 예기치 못한 injury 부상 mid-race 경주 도중에 take A out of B A를 B에서 나가게 하다 competition 경쟁, 대회, 경기 hurt 다치다 win 얻다, 이기다 sizeable 상당한 margin 차이

25 시제 – 현재완료진행 정답 (b)

해석 존슨 씨는 줄리가 가장 좋아하는 크라브 마가 강사이다. 그가 30년이 넘는 기간 동안 무술을 가르쳐오고 있는 것을 고려하면, 그는 매우 능숙해졌으며 모든 수준의 학생들에게 맞는 최고의 기술들을 알고 있다.

해설 빈칸 절에서 〈for + 기간(over 30 years)〉은 현재완료진행시제의 단서이며, 현재까지 30년이 넘는 기간 동안(완료) 무술을 '가르쳐오고 있는 중이다'라는 의미를 만든다. 따라서 정답은 (b)이다.

어휘 favorite 가장 좋아하는 instructor 선생님, 강사 considering ~를 고려하면 martial art 무술 over ~이상 highly 매우, 상당히 skilled 숙련된, 능숙한 technique 기술

26 that절 should 생략 정답 (c)

해석 소변을 너무 오래 참는 것 외에, 요로감염증의 또 다른 원인은 수분의 부족이다. 감염을 예방하기 위해, 물을 많이 마심으로써 수분 상태를 유지하는 것이 필수적이다.

해설 essential과 같이 당위성을 나타내는 형용사가 that절과 함께 나오면, that절의 동사 자리에는 〈should + 동사원형〉에서 should가 생략된 동사원형만 가능하다. 따라서 정답은 (c)이다.

어휘 aside from ~외에도 hold urine 소변을 참다 cause 원인 urinary tract infection 요로감염증 lack 부족 prevent 막다, 예방하다 essential 필수적인 stay hydrated 수분을 유지하다 plenty of 많은 fluid 수분, 물

01 (d)	**02** (a)	**03** (d)	**04** (a)	**05** (c)
06 (d)	**07** (c)	**08** (d)	**09** (b)	**10** (a)
11 (a)	**12** (c)	**13** (b)	**14** (b)	**15** (c)
16 (c)	**17** (a)	**18** (d)	**19** (a)	**20** (d)
21 (b)	**22** (d)	**23** (c)	**24** (b)	**25** (c)
26 (b)				

01   준동사 – 동명사   정답 (d)

해석 ▶ 제인은 어렸을 때부터 줄곧 클래식 뮤직에 애착을 가졌었다. 그녀는 때때로 라디오에서 나오는 베토벤과 모차르트 같은 작곡가들의 작품을 <u>듣는 것을</u> 즐긴다.

해설 ▶ 빈칸 앞 동사 appreciate는 명사를 목적어로 취한다. 보기의 동사 hear는 문맥상 appreciate와 시제가 같은 동작(듣는 것을 즐기다)이므로, 그보다 이전의 동작(이미 들었던 것을 즐기다)을 나타내는 having p.p.를 오답으로 소거하면 단순 동명사인 (d)가 정답이다.

어휘 ▶ ever since ~한 이래로 줄곧 fondness 애정, 애착 appreciate 고마워하다, 감상하다, (진가를 알아보고) 즐기다 work 작품 composer 작곡가 every now and then 때때로

02   시제 – 현재완료진행   정답 (a)

해석 ▶ 러시아에서 가장 높은 봉우리 중 하나인 옐브루스 산의 빙하는 해당 지역의 인근 하천계로 흘러든다. 그러나, 한때 두꺼웠던 이 얼음 덩어리들은 상승된 여름 기온으로 인해 수십 년 동안 크기가 <u>감소해오고 있는 중</u>이다.

해설 ▶ 빈칸 절에서 for decades은 특정 기간을 나타내는 현재완료진행시제의 단서이며, 현재까지 수십 년 동안(완료) 얼음 덩어리들이 크기가 '감소해오고 있는 중이다'라는 의미를 만든다. 따라서 정답은 (a)이다.

어휘 ▶ glacier 빙하 peak 봉우리, 꼭대기 feed 먹이를 주다, 공급하다, (강이) ~에 흘러들다 nearby 근처의 once 한때 thick 두꺼운 mass 덩어리 decline 줄어들다, 감소하다 in size 크기가 due to ~때문에 increased 상승된 temperature 온도, 기온

03   시제 – 과거진행   정답 (d)

해석 ▶ 코카콜라의 발명가는 시럽 음료를 만들 의도가 없었다. 그는 그의 조수가 뜻하지 않게 자신의 배합물을 탄산수와 혼합했을 때 두통 치료제를 <u>개발하던 중이었고</u>, 그래서 그 유명한 음료를 창조해냈다.

해설 ▶ 빈칸 절에서 〈when + 과거시제 동사(mixed)〉는 빈칸의 동사가 과거의 특정 시점에 동시에 진행 중이었음을 나타내는 과거진행시제의 단서이다. 즉 그의 조수가 배합물을 혼합했던 과거의 그 시점에 치료제를 개발하는 행위가 진행 중이었다는 의미가 되어야 하므로 정답은 (d)이다.

> ✓ **오답체크**
>
> 주어진 문맥은 두통 치료제를 개발하고 있는 과정에서 조수가 배합물을 혼합했다는 것인데, (c) developed의 경우 배합물을 혼합한 다음에 치료제를 개발했다는 어색한 문맥이 되므로 (c)는 오답이다.

어휘 ▶ inventor 발명가 have intention of -ing ~할 의도가 있다 syrupy 시럽이 든 develop 개발하다 cure 치료제 headache 두통 assistant 조수 accidentally 뜻하지 않게, 우연히 mix 섞다, 혼합하다 concoction 혼합물, 배합물 carbonated water 탄산수 thus 그러므로, 그래서 popular 인기 있는 beverage 음료

04   준동사 – to부정사   정답 (a)

해석 ▶ 나는 내 뒤쪽 타이어 중 하나가 바람이 빠졌다는 것을 깨달았을 때 심부름을 가던 중이었다. 비록 예비 타이어가 있기는 했지만, 나 혼자서 그것을 교체할 수 없었다. 운이 좋게도, 친절한 낯선 사람이 나를 <u>도와주겠다고</u> 제안했다.

해설 빈칸 앞 동사 offer는 to부정사를 목적어로 취한다. 보기의 동사 help는 문맥상 offer 이후의 동작(도와 주겠다고 제안하다)이므로, 그보다 이전의 동작(이미 도왔던 것을 제안하다)을 나타내는 to have p.p.를 오답으로 소거하면 단순 to부정사인 (a)가 정답이다.

어휘 run errands 심부름을 하다 realize 깨닫다, 알아차리다 rear 뒤쪽의 flat 평평한, 김빠진, (타이어가) 바람이 빠진, 펑크 난 although 비록 ~이지만 on one's own ~가 혼자서, 스스로 luckily 운이 좋게도 kind 친절한 stranger 낯선 사람 offer 제안하다, 제공하다

---

05 that절 should 생략 　　정답 (c)

해석 선크림은 햇볕으로 인한 화상을 피하고 피부암을 예방하는 데 있어 중요하다. 흐린 날에도, 피부과 전문의들은 육안으로는 보이지 않는 자외선으로부터 보호받는 상태를 유지하기 위해 선크림을 바르는 것이 중요하다고 말한다.

해설 important와 같이 당위성을 나타내는 형용사가 that절과 함께 나오면, that절의 동사 자리에는 〈should + 동사원형〉에서 should가 생략된 동사원형만 가능하다. 따라서 정답은 (c)이다.

어휘 sunscreen 자외선 차단제, 선크림 crucial 중요한 sunburn 햇볕에 심하게 탐, 일광화상 prevent 막다, 예방하다 skin cancer 피부암 even 심지어 cloudy (날씨가) 흐린 dermatologist 피부과 전문의 important 중요한 protect 보호하다 ray 빛, 광선 invisible 보이지 않는 naked eye 육안

---

06 관계사 – 관계대명사 　　정답 (d)

해석 에버클리어 음악원은 그들의 매우 기대 받는 연례 겨울 콘서트를 준비하는 중이다. 올해에, 대학의 저명한 동문인 세계적으로 유명한 오페라 가수 아멜리아 월터스가 자신의 대표곡들을 공연하러 올 것이다.

해설 빈칸 앞 선행사인 Amelia Walters는 사람이므로 관계대명사 that 또는 who의 수식을 받는다. 이때 that은 콤마(,) 뒤에 나올 수 없으므로 오답으로 소거하고 나면, 결국 남은 보기인 (d)가 정답이다.

어휘 conservatory 콘서바토리(음악대학) prepare for ~을 준비하다 much-anticipated 매우 기대 받는 annual 연례의, 연간의 world-famous 세계적으로 유명한 distinguished 저명한, 우수한 alumnus 졸업생, 동창, 동문 perform 공연하다 signature 서명, 특징, 대표(가 되는 것)

---

07 준동사 – 동명사 　　정답 (c)

해석 '컬닝'은 초원에서 가축을 불러들이기 위해 사용되는 스칸디나비아 음악의 한 형태이다. 스칸디나비아인들은 이제는 희귀한 그 문화적 관습을 잃어버리는 위험을 감수하고 싶지 않아서, 그들은 인식을 퍼뜨리는 데 노력을 기울이고 있다.

해설 빈칸 앞 동사 risk는 동명사를 목적어로 취한다. 보기의 동사 lose는 문맥상 risk와 시제가 같은 동작(잃어버리는 위험을 감수하다)이므로, 그보다 이전의 동작(이미 잃어버렸던 것의 위험을 감수하다)을 나타내는 having p.p.를 오답으로 소거하면 단순 동명사인 (c)가 정답이다.

어휘 form 형태 livestock 가축 pasture 목초지, 초원 risk 위험을 감수하다 lose 잃다 rare 희귀한, 드문 cultural 문화적인 practice 실행, 관행, 관습 so 그래서 work on ~에 노력을 들이다 spread 확산시키다, 퍼뜨리다 awareness 인식, 인지도

---

08 가정법 – 과거완료 　　정답 (d)

해석 넥타이는 원래 1600년대에 프랑스군에서 복무하는 크로아티아 용병들의 계급과 지위를 나타내기 위해 착용되었다. 그 군인들이 아니었으면, 그 의류 용품은 유럽 패션의 일부가 되지 못했을 것이다.

해설 빈칸 절의 if와 보기의 would는 가정법 문제를 나타내고, if절의 과거완료시제 동사 had not been이 가정법 과거완료의 단서이므로 〈would + have p.p.〉의 형태인 (d)가 정답이다.

어휘 originally 원래, 본래 wear 입고(착용하고) 있다 indicate 나타내다 rank 등급, 계급 status 지위, 신분 mercenary 용병 serve 봉사하다, 복무하다 military 군대 soldier 군인 clothing 옷, 의류

---

09 that절 should 생략 　　정답 (b)

해석 카터는 내일 아침에 판매될 한정판 운동화 한 켤레를 사고 싶어 한다. 그의 친구는 그 신발이 빨리 품절될 것이기 때문에 매장에 일찍 가야 한다고 제안한다.

해설 suggest와 같이 주장·제안·명령·요구 등을 나타내는 동사가 that절과 함께 나오면, that절의 동사 자리에는 〈should + 동사원형〉에서 should가 생략된 동사원형만 가능하다. 따라서 정답은 (b)이다.

어휘 a pair of 한 켤레(짝)의 limited-edition 한정판 sneakers 운동화 on sale 판매 중인 suggest 제안하다 early 일찍 because ~때문에 sell out 다 팔리다 quickly 빠르게

---

10 조동사 문맥 찾기 정답 (a)

해석 소장은 음식으로부터 영양분을 흡수하는 것을 담당하는 소화기관의 일부이다. 길이가 약 18에서 23피트인 그것은 평균적인 사람 키에서 거의 4배까지 늘어날 수 있다.

해설 빈칸 앞에서 '소장의 길이가 18~23 피트 정도 된다(Measuring approximately 18 to 23 feet long)'라고 한 부분은 소장이 사람 키의 4배만큼 늘어날 수 있는 능력을 나타내므로, '~할 수 있다'의 의미로 능력 또는 가능을 나타내는 조동사 can이 빈칸에 가장 적절하다. 따라서 (a)가 정답이다.

> ✅ **오답체크**
>
> 소장의 늘어나는 특징은 문장에 주어진 길이 정보를 바탕으로 하는 물리적인 능력을 나타내므로, 추측 또는 불확실한 가능성을 나타낼 때 쓰는 may는 어울리지 않는다.

어휘 small intestine 소장 digestive 소화의 responsible 책임이 있는, 담당인 absorb 흡수하다 nutrient 영양분 measure 재다, 측정하다 approximately 대략, 약 stretch 늘이다, 늘어나다 almost 거의 average 평균, 평균의 height 키, 높이

---

11 시제 – 현재진행 정답 (a)

해석 해럴드의 가족은 지난 가을에 라스베가스로 이사를 갔고, 반면에 그는 대학원 공부 때문에 포틀랜드에 남는 것을 선택했다. 현재, 그는 가족의 이전 집을 그와 공유할 세입자를 찾고 있는 중이다.

해설 빈칸 절에서 문장 맨 앞에 주어진 시간 부사 Right now는 빈칸의 동사가 현재 시점에서 진행 중임을 나타내는 현재진행시제의 단서이므로, 정답은 (a)이다.

어휘 move 이동하다, 옮기다, 이사하다 last 지난 whereas ~하는 반면에 remain 남다, 남아있다 graduate study 대학원 공부 right now 지금 당장, 현재 tenant 세입자, 임차인 share 나누다, 공유하다 former 이전의

---

12 가정법 – 과거 정답 (c)

해석 조나단은 대중교통을 타고 출근하고, 그것은 왕복으로 약 3시간이 걸린다. 그는 만약 그것이 그에게 달렸다면, 그는 매일 통근할 때의 번거로움을 피하기 위해 재택근무할 것이라고 말한다.

해설 빈칸 절의 if와 보기의 would는 가정법 문제를 나타내고, if절의 과거시제 동사 were가 가정법 과거의 단서이므로 〈would + 동사원형〉의 형태인 (c)가 정답이다.

어휘 public transportation 대중교통 get to work 회사에 가다, 출근하다 about 대략, 약 round-trip 왕복의 be up to + 사람명사 ~에 달려 있다, ~가 결정할 일이다 work from home 집에서 일하다, 재택근무하다 avoid 피하다 hassle 혼란, 번거로움 commute 통근, 통근하다

---

13 연결어 – 접속부사 정답 (b)

해석 개들은 그들의 코에 있는 수백만 개의 후각수용체 덕분에 강력한 후각을 갖고 있다. 게다가, 그 수용체들은 특히 수 년 전에 마주쳤던 다른 개들의 그 자취들에 대한 강한 기억을 개에게 제공한다.

해설 앞 내용(수백만 개의 후각수용체 덕분에 강력한 후각을 갖고 있다)에서 개들의 후각에 대한 특징이 먼저 언급되고 빈칸 뒤 내용이 문맥상 후각에 대한 새로운 추가정보로 첨가(오래 전에 마주쳤던 개들의 냄새에 대한 강한 기억을 제공한다)되는 흐름이므로, 앞의 주장을 강화할 때 쓰이는 Furthermore(게다가)가 빈칸에 가장 적절하다. 따라서 정답은 (b)이다.

어휘 sense of smell 후각 thanks to ~덕분에 olfactory 후각의 receptor (감각)수용체 provide A with B A에게 B를 제공하다 memory 기억(력) scent 향기, 냄새, 자취 particularly 특히 encounter 만나다, 마주치다 previously 이전에 afterward 나중에 furthermore 게다가 eventually 결국 however 그러나

14 가정법 – 과거완료　　　정답 (b)

해석 1989년에, 그린란드의 새로운 국기 디자인을 결정하기 위해 투표가 열렸다. 붉은색과 흰색의 국기가 이겼다. 그러나, 소수의 표가 없었더라면, 그 나라의 국기는 녹색과 흰색으로 바뀌었을 것이다.

해설 빈칸 절의 if와 보기의 would는 가정법 문제를 나타내고, if절의 과거완료시제 동사 had not been이 가정법 과거완료의 단서이므로 〈would + have p.p.〉의 형태인 (b)가 정답이다.

어휘 vote 투표 hold 열다, 개최하다 decide 결정하다 flag 깃발, 국기 win 얻다, 이기다 however 그러나 a few 약간의, 조금의 change 변하다, 바뀌다

15 시제 – 미래진행　　　정답 (c)

해석 줄스 크로포드 교수는 대학 도서관에 그의 희귀 역사책들을 기증할 것이다. 그는 그가 그 소장품을 오늘 밤 대학교에 넘길 때 은퇴를 발표하고 있을 것이기 때문에, 이는 그의 작별의 표시이다.

해설 접속사 when이 이끄는 시간 부사절에는 미래 대신 현재시제 동사(turns)를 사용하여 미래를 나타내므로, 〈when + 현재시제 동사(turns)〉는 미래진행시제의 단서가 된다. 즉 교수가 소장품을 넘겨주는 미래 시점에 발표하는 상황이 진행 중일 것이라는 의미가 되어야 하므로, 정답은 (c)이다.

어휘 donate 기부하다, 기증하다 rare 희귀한, 드문 farewell 작별 (인사) gesture 몸짓, 표시, 표현 as ~때문에 announce 발표하다 retirement 은퇴 turn A over to A를 ~에게 넘기다 collection 소장품, 수집품, 모음

16 준동사 – to부정사　　　정답 (c)

해석 브렌다는 고고학자인 그녀의 삼촌 짐이 그녀에게 화석화된 공룡 발톱을 선물로 가져다줬을 때 매우 신이 났다. 그는 그녀가 그에게 영화 《쥬라기 공원》에 나오는 것과 비슷한 걸로 구해달라고 요청했던 때를 기억했다.

해설 빈칸 앞 동사 ask는 〈ask + 목적어 + to부정사(~에게 …하도록 요청하다)〉의 어순으로 쓰여 to부정사를 목적어 him 뒤에 목적격 보어로 취하고, 이때 get이

ask와 시제가 같은 동작이므로 단순 to부정사인 (c)가 정답이다.

어휘 thrilled (기쁜 마음에) 몹시 흥분한, 신이 난 archaeologist 고고학자 bring 가져다주다 fossilized 화석화된 claw (새·짐승의) 발톱 remember 기억하다 ask 묻다, 요청하다 similar to ~와 비슷한, 유사한

17 가정법 – 과거　　　정답 (a)

해석 제너비브는 그녀가 부모님과 남매들을 위해 저녁식사를 요리하기 때문에 미술 수업이 끝나고나서 항상 집으로 곧장 간다. 만약 그녀가 혼자 산다면, 그녀는 쉬기 위해 매일 다른 미술관을 방문할 것이다.

해설 빈칸 절의 if와 보기의 would는 가정법 문제를 나타내고, if절의 과거시제 동사 lived가 가정법 과거의 단서이므로 〈would + 동사원형〉의 형태인 (a)가 정답이다.

어휘 straight 곧바로, 곧장 because ~때문에 sibling 형제자매, 남매 alone 혼자 visit 방문하다 each day 매일 relax 휴식을 취하다, 쉬다

18 조동사 문맥 찾기　　　정답 (d)

해석 회사는 어제 연례 안전 규약 회의를 열었다. 직원들은 비상시에 그들이 무엇을 해야 했는 지를 배웠다. 그들은 불이 났을 지라도 평정을 유지해야 한다고 들었다.

해설 빈칸 앞에서 '직원들이 비상시 무엇을 해야 하는지(what they were supposed to do)를 배웠다'라고 했으므로, '불이 났더라도 평정을 유지해야 한다'의 문맥으로 이어져야 가장 적절하다. 이때 조동사 should(~해야 한다)가 권고, 의무, 당위성을 나타낼 수 있으므로 (d)가 정답이다.

어휘 hold 열다, 개최하다 annual 연간의, 연례의 safety protocol 안전 규약 be supposed to V ~하기로 되어 있다 during ~동안 emergency 비상 (사태) remain ~의 상태를 유지하다 calm 침착한 even if 비록 ~일 지라도

19 연결어 – 접속사   정답 (a)

해석 ▶ 집고양이는 일생의 거의 3분의 2를 잠을 자는 데 보낸다. 이는 사냥을 위한 에너지를 보존하려는 그들의 포식자 본능 때문이다. 집에서 키우는 반려동물들은 음식을 위해 사냥할 필요가 <u>없음에도 불구하고</u>, 잠 자는 본능은 남아 있다.

해설 ▶ 앞 문장에서 고양이가 잠을 많이 자는 것은 사냥을 위해 에너지를 보존하려는 본능 때문(due to their predatory instinct to conserve energy for hunting)이라고 했다. 이를 통해 빈칸 앞뒤 문맥을 보면 빈칸 절의 내용(집고양이는 식량을 위해 사냥할 필요가 없다 = 잠을 많이 안 자도 된다)과 이어지는 뒤 내용(잠을 자려는 습성은 여전하다)이 서로 역접 관계이므로, '~에도 불구하고'의 의미로 쓰이는 Although가 빈칸에 가장 적절하다. 따라서 정답은 (a)이다.

어휘 ▶ spend 시간 -ing ~하는 데 시간을 보내다 two-thirds 3분의 2 (2/3) life 생애, 일생 due to ~때문에 predatory 포식성의 instinct 본능 conserve 보존하다 household 가정 remain 남아 있다 although 비록 ~이지만, ~에도 불구하고 because ~때문에 whenever ~할 때마다 once 일단 ~하면

20 준동사 – to부정사   정답 (d)

해석 ▶ 내가 신분증을 집에 두고 왔다는 것을 깨달았을 때 난 이미 사무실 근처였다. 나는 신분증 없이 들어가 보려고 했지만, 경비원이 날 안으로 <u>들이는 것을</u> 거부했고, 그래서 나는 집으로 다시 뛰어갈 수밖에 없었다.

해설 ▶ 빈칸 앞 동사 refuse는 to부정사를 목적어로 취한다. 보기의 동사 let 이하는 문맥상 refuse와 시제가 같은 동작(안으로 들이는 것을 거부하다)이므로, 그보다 이전의 동작(이미 안으로 들였던 것을 거부하다)을 나타내는 to have p.p.를 오답으로 소거하면 단순 to부정사인 (d)가 정답이다.

어휘 ▶ already 이미 near ~의 근처에 있는 realize 깨닫다, 알아차리다 leave 떠나다, 남기다, 놓다 try -ing (시험삼아) ~해보다 enter 들어가다, 입장하다 without ~없이 but 그러나 guard 경비(원), 경호원 refuse 거절하다, 거부하다 let ~ inside ~를 안으로 들어가게 하다 so 그래서

21 시제 – 미래완료진행   정답 (b)

해석 ▶ 현재 성간 우주에 있는 보이저 1호는 인간이 만든 다른 어떤 물체들이 여행했던 것보다 지구에서 더 멀리 떨어져 있다. 과학자들은 보이저 1호가 동력을 잃을 때쯤이면, 그것은 약 50년 동안 <u>비행해오고 있을 것이라고</u> 예측했다.

해설 ▶ 빈칸 절에서 〈by the time+현재시제 동사(loses)〉와 〈for + 기간(for almost five decades)〉은 빈칸의 동사가 미래의 어느 시점까지 계속 진행 중일 것임을 나타낼 때 쓰이는 미래완료진행시제의 단서이다. 즉 동력을 잃게 될 시점에는(미래) 보이저 1호는 거의 50년 동안(완료) '비행해오고 있을 것이다'라는 의미가 되어야 하므로, 정답은 (b)이다.

어휘 ▶ currently 현재 interstellar space 성간 우주 farther than ~보다 더 멀리 떨어진 man-made 인간이 만든 object 물체, 사물 travel 여행하다, 이동하다 predict 예측하다 by the time ~할 때쯤이면 lose 잃다 power 동력 almost 거의 decade 10년

22 시제 – 과거완료진행   정답 (d)

해석 ▶ 어제, 나는 많은 시간을 쇼핑몰에서 다가오는 음악축제 표를 구입하는 데 보냈다. 내가 부스에 도착했을 때쯤, 나는 거의 다섯 시간 동안 <u>줄을 서오던 중이었다.</u>

해설 ▶ 빈칸 절에서 〈by the time + 과거시제 동사(got)〉와 〈for + 기간(for almost five hours)〉은 과거 시점을 기준으로 그 이전부터 시작된 빈칸의 동사가 기준 시점까지 진행 중이었음을 나타낼 때 쓰이는 과거완료진행시제의 단서이다. 즉 부스에 도착했던 시점(과거)이 기준 시점이 되고, 나는 그 이전부터 기준 시점까지 거의 다섯 시간 동안(완료) '줄을 서 오던 중이었다'라는 의미가 되어야 하므로, 정답은 (d)이다.

어휘 ▶ spend 시간 -ing ~하는 데 시간을 쓰다, 보내다 mall 쇼핑몰 upcoming 다가오는, 곧 있을 by the time ~할 때쯤에 get to ~에 닿다, 도착하다 booth (칸막이로 된) 작은 공간, 부스 stand in line 줄을 서다 almost 거의

23 준동사 - 동명사   정답 (c)

해석 아니타는 클래식 음악 교육을 받은 뮤지션으로, 그녀가 10살이었을 때부터 레슨을 받아왔다. 최근에, 그녀는 명성 있는 재즈 뮤지션인 에스페란자 스팔딩의 공연을 목격한 후에 재즈 분야로 진출하는 것을 고려해오는 중이다.

해설 빈칸 앞 동사 consider는 동명사를 목적어로 취한다. 보기의 동사 branch는 문맥상 consider와 시제가 같은 동작(진출하는 것을 고려하다)이므로, 그보다 이전의 동작(이미 진출했던 것을 고려하다)을 나타내는 having p.p.를 오답으로 소거하면 단순 동명사인 (c)가 정답이다.

어휘 classically trained 클래식 음악 교육을 받은 receive 받다 lesson 교습, 레슨 since ~이래로 recently 최근에 consider 고려하다 branch out into (새로운 분야로) 진출하다 witness 목격하다 renowned 유명한, 명성 있는

24 가정법 - 과거완료   정답 (b)

해석 지난 토요일에, 에리카는 레코드 스토어 데이에 참석했고 그녀가 특히 좋아하는 밴드인 네이비 블루스의 한정발매반을 발견했다. 만약 그녀가 가지 않았다면, 그녀는 그 밴드의 첫 번째 앨범의 LP판 재발매 음반을 구입할 기회를 놓쳤을 것이다.

해설 빈칸 절의 if와 보기의 would는 가정법 문제를 나타내고, if절의 과거완료시제 동사 had not gone이 가정법 과거완료의 단서이므로 〈would + have p.p.〉의 형태인 (b)가 정답이다.

어휘 attend 참석하다 limited release 한정발매반 favorite 가장 좋아하는 miss 놓치다 chance 기회 vinyl 레코드판, LP판 reissue 재발간 도서, 재발매 음반

25 관계사 - 관계대명사   정답 (c)

해석 비록 영국에서 대중화되긴 했지만, 샌드위치는 그곳에서 유래되지는 않았다. 사람들은 다양한 식재료를 얇게 썬 빵 사이에 넣는 그 식품에 대한 발상을 터키인들과 그리스인들이 빵의 층과 층 사이에 음식을 자주 넣었다는 지중해에서 얻었을 것 같았다.

해설 빈칸 앞 선행사인 the food item은 사물이므로 관계대명사 that 또는 which의 수식을 받는다. 이때 that은 콤마(,) 뒤에 나올 수 없으므로 오답으로 소거하고 나면, 결국 남은 보기인 (c)가 정답이다.

어휘 although 비록 ~이기는 하지만 popularize 대중화시키다 originate from ~에서 유래되다, 비롯되다, 시작되다 various 다양한 ingredient 식재료 place 놓다, 배치하다 Turk 터키인 Greek 그리스인 regularly 주기적으로, 자주 layer 층

26 가정법 - 과거완료   정답 (b)

해석 아르고자리는 한때 가장 크다고 알려진 별자리였다. 그러나, 18세기에, 천문학자 니콜라 루이 드 라카유는 그것을 분리시키는 것을 제안했다. 라카유가 없었다면, 그 별자리는 1930년에 세 개의 더 작은 부분들로 공식적으로 나눠지지 않았을 지도 모른다.

해설 빈칸 절에서 Had it not been 이하는 가정법 if절(If it had not been)의 도치된 형태이다. 이때 과거완료시제 동사를 구성하는 Had와 been이 가정법 과거완료의 단서이므로 〈might + have p.p.〉의 형태인 (b)가 정답이다.

> **학습 Tip!**
>
> **if it had not been for** ~가 없었다면, 아니었다면 (= without)

어휘 once 한때 constellation 별자리 however 그러나 astronomer 천문학자 propose 제안하다 divide ~ up ~를 나누다, 분리시키다 be broken into ~로 쪼개지다, 나눠지다 officially 공식적으로 portion (더 큰 것의) 부분, 일부

실전문제 7

p.60

01 (a)	**02** (c)	**03** (b)	**04** (d)	**05** (b)
06 (a)	**07** (d)	**08** (c)	**09** (d)	**10** (b)
11 (a)	**12** (c)	**13** (a)	**14** (b)	**15** (d)
16 (c)	**17** (b)	**18** (a)	**19** (c)	**20** (d)
21 (b)	**22** (a)	**23** (d)	**24** (c)	**25** (c)
26 (a)				

01 가정법 – 과거완료　　정답 (a)

해석 재스민은 버스가 그녀의 목적지에 도달하는 데 한 세월이 걸렸기 때문에 지루해졌다. 만약 그녀가 교통체증이 있었을 거라고 알기라도 했다면, 그녀는 버스에서 읽을 책을 하나 가져왔을 것이다.

해설 빈칸 절의 if와 보기의 would는 가정법 문제를 나타내고, if절의 과거완료시제 동사 had known이 가정법 과거완료의 단서이므로 〈would + have p.p.〉의 형태인 (a)가 정답이다.

어휘 get bored 지루해지다 because ~하기 때문에 reach 닿다, 도달하다 destination 목적지 traffic jam 교통체증

02 관계사 – 관계대명사　　정답 (c)

해석 영국인들은 차를 너무 좋아해서 그들의 군인들은 심지어 그들의 전차 안에 있는 동안에도 그 음료를 만든다. 그들이 차를 위해 물을 끓일 수 있게 해주는 특별한 장비는 "물 끓이는 용기"나 BV로 알려져 있다.

해설 빈칸 앞 선행사인 The special equipment는 사물이므로 관계대명사 which 또는 that의 수식을 받는다. 빈칸 앞에 콤마(,)가 없어서 that을 소거하지 못하는 경우, 관계대명사 뒤에 주어(또는 목적어)가 없는 불완전한 절이 있는 보기를 답으로 골라야 한다. which 뒤의 절은 주어 it이 있어 완전한 절, that 뒤의 절은 불완전한 절이다. 따라서 정답은 (c)이다.

어휘 be fond of ~을 좋아하다 soldier 군인 beverage 음료 while ~하는 동안 inside ~내부에 equipment 장비 allow A to V A가 ~하도록 허용하다 boil ~가 끓다, ~를 끓이다 be known as ~로서 알려져 있다 vessel 용기, 그릇

03 준동사 – to부정사　　정답 (b)

해석 아이린은 남동생이 잘못된 회사명을 이력서의 경력란에 부주의하게 적어놓았다는 것에 실망했다. 그녀는 그가 미래의 문제를 피하기 위해 이력서에는 정확한 정보만을 넣어야 한다고 그에게 상기시키고 있다.

해설 that절 안에 주어진 콤마 뒤 문장(정확한 정보만을 넣어야 한다)을 앞에서 부사처럼 수식(미래의 문제를 피하기 위해)할 수 있는 to부정사가 빈칸에 가장 적절하다. 이때 '~하기 위해'라는 의미의 목적을 나타낼 때 단순 to부정사를 사용하므로, 정답은 (b)이다.

어휘 disappointed 실망한 carelessly 부주의하게, 경솔하게 write down 적어놓다, 기록하다 wrong 잘못된 resume 이력서 work history 경력, 이력 section 부분, 부문, 구획 remind A that A에게 that절을 상기시키다 avoid 피하다 future 미래의, 향후의 complication 복잡한 상태, 문제 only 오직, ~만 put A on B A에 B를 덧붙이다 accurate 정확한 information 정보

04 준동사 – 동명사　　정답 (d)

해석 한 연구는 음악의 템포가 쇼핑객들이 행동하는 방식에 영향을 줄 수 있다는 것을 보여준다. 예를 들면, 몇몇 백화점들은 고객들을 진정시키고 그들이 더 오랫동안 계속 쇼핑하는 것을 장려하기 위해 느린 음악을 재생한다.

해설 빈칸 앞 동사 keep은 동명사를 목적어로 취한다. 보기의 동사 shop은 문맥상 keep과 시제가 같은 동작(쇼핑하는 것을 계속하다)이므로, 그보다 이전의 동작(이미 쇼핑했던 것을 계속하다)을 나타내는 having p.p.를 오답으로 소거하면 단순 동명사인 (d)가 정답이다.

어휘 ▶ study 연구 show 보여주다 tempo (연주의) 속도, 템포 affect 영향을 주다 behave 행동하다 for example 예를 들면 department store 백화점 play (음악을) 재생하다 relax 긴장을 풀다, 휴식을 취하다, 진정시키다 encourage 장려하다

05 시제 – 과거완료진행   정답 (b)

해석 ▶ 터너 씨는 회사의 월 재무보고서를 준비하는 동안 귀중한 시간을 낭비했다. 그가 다른 달의 지출 내역을 보고 있었다는 것을 깨달았을 때 그는 재무상태표에 데이터를 한 시간 동안 <u>입력해오던 중이었다</u>.

해설 ▶ 빈칸 절에서 〈when + 과거시제 동사(realized)〉와 〈for + 기간(for an hour)〉은 과거 시점을 기준으로 그 이전부터 시작된 빈칸의 동사가 기준 시점까지 진행 중이었음을 나타낼 때 쓰는 과거완료진행시제의 단서이다. 즉 터너가 깨닫던 시점(과거)이 기준 시점이 되고, 그 이전부터 기준 시점까지 한 시간 동안 (완료) 데이터를 '입력해오던 중이었다'라는 의미가 되어야 하므로, 정답은 (b)이다.

어휘 ▶ waste (시간을) 낭비하다 precious 소중한, 귀중한 while ~하는 동안 prepare 준비하다 monthly 매월의, 월간의 financial 재정의 report 보고서 enter (이름·숫자·내용 등을) 기입하다, 입력하다 balance sheet 재무상태표 when ~할 때 realize 깨닫다, 알아차리다 expenditure 지출

06 가정법 – 과거   정답 (a)

해석 ▶ 페넬로페는 그녀가 가장 좋아하는 시리얼인 카라멜 오트를 먹고 싶어하지만, 냉장고에는 남은 우유가 없다. 만약 그녀가 두유라도 입수한다면, 그녀는 아침으로 시리얼 한 그릇을 <u>분명 먹을 것이다</u>.

해설 ▶ 빈칸 절의 if와 보기의 would는 가정법 문제를 나타내고, if절의 과거시제 동사 were가 가정법 과거의 단서이므로 〈would + 동사원형〉의 형태인 (a)가 정답이다.

어휘 ▶ favorite 가장 좋아하는 left 남은, 남아 있는 fridge 냉장고 get ahold of ~을 손에 넣다, 입수하다 soy milk 두유 definitely 분명히 a bowl of 한 그릇의

07 연결어 – 접속부사   정답 (d)

해석 ▶ 아리스토텔레스에 따르면, 비극적인 연극을 쓰는 시인들은 의미 있는 교훈을 전한다. 대조적으로, 그는 희극을 쓰는 시인들이 교육적 가치가 거의 없는 발상을 제시한다고 믿었다.

해설 ▶ 빈칸 앞뒤 문맥을 보면 앞 내용(비극을 다룬 시에는 교훈이 있다)과 뒤 내용(희극을 다룬 시에는 교육적 가치가 없다)이 서로 대조되는 흐름으로 나오고 있으므로, 두 내용의 대조를 나타낼 때 쓰는 By contrast(대조적으로)가 빈칸에 가장 적절하다. 따라서 정답은 (d)이다.

어휘 ▶ according to ~에 따르면 poet 시인 compose 구성하다, 쓰다, 작성(작곡)하다 tragic 비극적인 play 연극 meaningful 의미 있는 lesson 수업, 교훈 impart (정보·지식 등을) 주다, 전하다 comedy 희극 present 보여주다, 제시하다 of little value 거의 가치가 없는 educational 교육적인 finally 마침내 for instance 예를 들면 specifically 구체적으로 by contrast 대조적으로

08 that절 should 생략   정답 (c)

해석 ▶ 디에고의 정장들 전부 드라이 클리닝이 필요했고, 그래서 그는 취업 면접으로 폴로티를 선택했다. 그 회사에 다니는 그의 친구는 인터뷰에는 최소한 세미정장은 입고 있어야 한다고 조언했다.

해설 ▶ advise와 같이 주장·제안·명령·요구 등을 나타내는 동사가 that절과 함께 나오면, that절의 동사 자리에는 〈should + 동사원형〉에서 should가 생략된 동사원형만 가능하다. 따라서 정답은 (c)이다.

어휘 ▶ formal suit 정장 select 선택하다 job interview 취업 면접 advise 조언하다 wear 입고 있다 at least 최소한 attire 의복, 복장 (옷)차림

09 시제 – 미래진행   정답 (d)

해석 ▶ 예술과학대학의 학부 지도교수로서, 히긴스 씨는 학생들을 돕는 데 열중한다. 그녀는 학생들에게 만약 그들이 자신의 지원을 필요로 한다면 그녀가 학생처에서 그들을 <u>기다리고 있을 거라고</u> 보증한다.

해설 접속사 if가 이끄는 조건 부사절에는 미래 대신 현재시제 동사(need)를 사용하여 미래를 나타내므로, 〈if + 현재시제 동사(need)〉는 미래진행시제의 단서가 된다. 즉 그들이 도움이 필요할 미래의 어느 시점에 히긴스가 기다리는 상태가 진행 중일 것이라는 의미가 되어야 하므로, 정답은 (d)이다.

어휘 as ~로서 faculty advisor 학부 지도교수 be keen on -ing ~하는 데 열중하다 assure 보증하다, 장담하다 assistance 도움, 지원

10 준동사 – 동명사 정답 (b)

해석 미국 7대 대통령인 앤드류 잭슨은 욕하기를 좋아하는 반려동물 앵무새를 갖고 있었다. 잭슨의 장례식 동안, 그 앵무새는 상스러운 말을 말하는 것을 멈추지 않고 해서 참석자들을 방해했기 때문에 방에서 퇴장당했다.

해설 빈칸 앞 동사 stop은 동명사를 목적어로 취한다. 보기의 동사 say는 문맥상 stop과 시제가 같은 동작(말하는 것을 멈추다)이므로, 그보다 이전의 동작(이미 말했던 것을 멈추다)을 나타내는 having p.p.를 오답으로 소거하면 단순 동명사인 (b)가 정답이다.

학습Tip!

stop + -ing ~하는 것을 멈추다
stop + to V ~하기 위해 멈추다
→ stop 뒤 to부정사는 목적어가 아니라 부사적 용법(목적)으로 사용됨 (동명사와 해석 다름)

어휘 president 대통령 parrot 앵무새 be fond of ~를 좋아하다 swear 욕을 하다 during ~동안 funeral 장례식 remove 제거하다, 퇴장시키다 because ~때문에 profanity 신성 모독, 불경, 비속한(상스러운) 말 disturb 방해하다 attendee 참석자

11 조동사 문맥 찾기 정답 (a)

해석 응급 상황 때문에, 해리는 스페인어 시험을 볼 수 없었다. 그의 선생님인 알바레즈 씨는 특별시험 자격을 얻기 위해서는 진단서를 보여주어야 한다고 말한다.

해설 진단서를 보여주는 것(show her a medical certificate)은 특별 시험을 보기 위한(in order to qualify for a special exam) 의무 사항에 해당되므로, 특별 시험을 보려면 진단서를 '보여줘야 한다'의 문맥이 되어야 가장 적절하다. 이때 조동사 must(~해야 한다)가 강제적인 의무를 나타낼 수 있으므로 (a)가 정답이다.

어휘 due to ~로 인해 medical emergency 응급 상황 be unable to ~할 수 없다 take an exam 시험을 보다 instructor 강사 medical certificate 진단서 qualify for ~의 자격을 얻다

12 가정법 – 과거 정답 (c)

해석 아이들은 그들 주변에 있는 사람들에 의해 만들어진 소리를 흉내냄으로써 말하는 것을 배운다. 일부 이론가들은 만약 유아들이 말을 듣지 않으면서 자란다면, 그들은 자신들만의 언어 형태를 여전히 발달시킬 거라고 믿고 있다.

해설 빈칸 절의 if와 보기의 would는 가정법 문제를 나타내고, if절의 과거시제 동사 were가 가정법 과거의 단서이므로 〈would + 동사원형〉의 형태인 (c)가 정답이다.

어휘 imitate 모방하다, 흉내내다 theorist 이론가 infant 유아, 갓난아기 grow up 자라다, 성장하다 still 아직, 여전히, 그런데도 develop 발달시키다 form 형태 language 언어

13 시제 – 미래완료진행 정답 (a)

해석 마이클은 그가 태어난 이래로 그의 집에서 살아왔다. 그는 심지어 대학교를 다니는 동안에도 다른 곳에서 산 적이 없다. 내년이 되면, 그는 늘 똑같은 그 집에서 25년 동안 살아오는 중일 것이다.

해설 빈칸 절에서 〈by + 미래 시점(next year)〉와 〈for + 기간(for 25 years)〉은 빈칸의 동사가 미래의 어느 시점까지 계속 진행 중일 것임을 나타낼 때 쓰이는 미래완료진행시제의 단서이다. 즉 내년이 되는 시점에는(미래) 마이클이 그 집에서 25년 동안(완료) '살아오고 있을 것이다'라는 의미가 되어야 하므로, 정답은 (a)이다.

어휘 live in ~에 살다, 거주하다 since ~이래로 born 태어난 elsewhere 다른 곳에서 even 심지어 while ~하는 동안 attend 참석하다, (학교에) 다니다 the same old 늘 똑같은, 여전한, 흔히 있는

---

14 관계사 – 관계대명사 정답 (b)

해석 전화를 받은 뒤에, 리안은 기쁨에 겨워 뛰어다니지 않을 수 없었다. 작가로서 그녀가 일하고 있는 회사인 오덴 매거진 사는 그녀가 항상 원했던 편집 직무를 마침내 그녀에게 줄 것이다.

해설 빈칸 앞 선행사인 Oden Magazine, Inc.는 사물 취급하므로 관계대명사 that 또는 which의 수식을 받는다. 이때 that은 콤마(,) 뒤에 나올 수 없으므로 오답으로 소거하고 나면, 결국 남은 보기인 (b)가 정답이다.

어휘 receive 받다 can't help but V ~하지 않을 수 없다 jump around 뛰어다니다, 팔짝팔짝 뛰다 joy 기쁨 as ~로서 writer 작가, 저자 finally 마침내 editorial 편집의 job 직책, 직무 always 언제나, 항상

---

15 가정법 – 과거완료 정답 (d)

해석 유명한 요리사 고든 램지는 그가 어렸을 때 축구 부상을 겪은 후 요리학과로 전향했다. 그는 만약 그가 부상을 당하지 않았다면, 대신 프로축구선수가 될 수 있었을 거라고 말했다.

해설 빈칸 절에서 had he not gotten 이하는 가정법 if 절(if he had not gotten)의 도치된 형태이다. 이때 과거완료시제 동사를 구성하는 had와 gotten이 가정법 과거완료의 단서이므로 〈could + have p.p.〉의 형태인 (d)가 정답이다.

어휘 famous 유명한 turn to ~로 바꾸다, 전향하다, ~에 의지하다 culinary arts 요리학과 suffer (부상·패배·상실 등을) 겪다, 당하다 injury 부상, 부상을 입히다 professional 전문적인 instead 대신에

---

16 준동사 – to부정사 정답 (c)

해석 래리는 그가 5월 한 달간 모든 영업사원들 중에서 가장 저조한 판매량을 가졌다는 것을 알게 되어 낙심

했다. 도전의식을 느끼는 그는 이제 다음 달에는 자신의 성과를 능가하기로 결심했다.

해설 빈칸 앞 동사 determine은 단순 to부정사와 함께 〈be determined + to부정사(~하기로 결심하다)〉라는 의미의 관용 표현으로 쓰이므로, 정답은 (c)이다.

어휘 disheartened 낙심한 learn 알게 되다 low 낮은 sales 판매량, 매출액 among ~사이에, ~중에서 sales representative 영업사원 challenged 도전을 받은, 동기부여가 된 determined 결심한, 단호한 outdo ~를 능가하다, 앞지르다 performance 성과

---

17 시제 – 현재완료진행 정답 (b)

해석 아니타 이모는 그녀의 꽃 사업이 계속 확장되고 있어서 자랑스럽다. 현재 주 전체에서 10개 지점을 가지고 있는 그녀의 사업체는 2006년 이래로 결혼식 및 기타 행사들을 위한 꽃을 공급해오고 있는 중이다.

해설 빈칸 절에서 〈since + 과거시점(2006)〉은 현재완료진행시제의 단서이며, 2006년부터 지금까지(완료) 계속 '꽃을 공급해오고 있는 중이다'라는 의미를 만든다. 따라서 정답은 (b)이다.

어휘 be proud that ~하게 되어 자랑스럽다 continue to V 계속 ~하다 expand 확장하다, 확대되다 branch 지사, 분점 statewide 주(州) 전체에 supply 공급하다 occasion 때, 경우, 행사

---

18 조동사 문맥 찾기 정답 (a)

해석 온도는 금속의 구조에 영향을 미친다. 금속들은 추울 때 수축하고 더울 때 팽창한다. 그것이 에펠탑의 높이가 온도에 따라 6인치까지 달라질 수도 있는 이유이다.

해설 주어진 문장은 에펠탑의 높이가 온도 상황에 따라 (depending on the temperature) 높아지거나 낮아질 수 있다는 조건적인 특징을 나타내는 문맥이 되어야 하므로, '~일지도 모른다'와 같이 추측 또는 가능성의 의미를 나타낼 수 있는 조동사 may가 빈칸에 가장 적절하다. 따라서 (a)가 정답이다.

어휘 ▶ temperature 온도 affect 영향을 미치다 structure 구조 metal 금속 contract 수축하다 expand 팽창하다 height 높이 vary 다르다, 달라지다 up to ~까지 depending on ~에 따라

---

19 연결어 – 접속부사 　　　정답 (c)

해석 ▶ 정기적으로 음악 및 예술 프로그램에 참가하는 학생들은 개선된 정서적 안녕감을 보여줬다는 것이 관측되었다. 그러므로, 학교 이사회는 그 프로그램을 교육과정의 의무적인 부분으로 만들 것을 고려하는 중이다.

해설 ▶ 빈칸 앞뒤 문맥을 보면 앞 내용이 이유(음악 예술 프로그램에 참가하는 학생들에 정서적 안녕감이 개선되었다)가 되어 뒤 내용의 결과(그 프로그램을 의무 교육과정으로 만드는 것을 고려 중이다)로 이어지는 흐름이므로 Therefore(그러므로)가 빈칸에 가장 적절하다. 따라서 정답은 (c)이다.

어휘 ▶ observe 관찰하다, 관측하다 regularly 정기적으로, 주기적으로 participate in ~에 참가하다 show 보여주다 improved 향상된, 개선된 emotional 정서의, 감정의 well-being 행복, 안녕 board 이사회 consider 고려하다, 여기다, 간주하다 mandatory 의무적인 curriculum 교육과정 similarly 유사하게, 비슷하게 however 그러나 therefore 그러므로 and then 그리고 나서

---

20 가정법 – 과거완료 　　　정답 (d)

해석 ▶ 케빈은 열이 있었기 때문에 지난 금요일 밤에 쉬어야 했다. 그는 요즘 친구들을 좀처럼 보지 못했고, 그래서 만약 그가 아프지 않았다면 그날 밤에 친구들과 클럽에 갔을 것이다.

해설 ▶ 빈칸 절의 if와 보기의 would는 가정법 문제를 나타내고, if절의 과거완료시제 동사 hadn't been이 가정법 과거완료의 단서이므로 〈would + have p.p.〉의 형태인 (d)가 정답이다.

어휘 ▶ rest 휴식을 취하다 last 지난 because ~때문에 have a fever 열이 있다 rarely 좀처럼 ~않는 these days 요즘에는 so 그래서 go clubbing with ~와 클럽에 가다 sick 아픈, 병에 걸린

---

21 시제 – 과거진행 　　　정답 (b)

해석 ▶ 줄리아는 직장에서 소방훈련이 실시되었을 때 너무 멍하니 있느라 진짜 불이 났다고 생각했다. 명백하게도, 그녀는 그 훈련이 방송으로 알려졌을 때 자신의 헤드폰을 통해 음악을 듣던 중이었다.

해설 ▶ 빈칸 절에서 〈when+과거시제 동사(was announced)〉는 빈칸의 동사가 과거의 특정 시점에 동시에 진행 중이었음을 나타내는 과거진행시제의 단서이다. 즉 그 훈련이 알려지는 과거의 그 시점에 음악을 듣는 행위가 진행 중이었다는 의미가 되어야 하므로 정답은 (b)이다.

어휘 ▶ oblivious 의식하지 못하는, 멍한, 부주의한 fire drill 소방훈련 execute 실행하다, 실시하다 apparently 분명히, 명백히 through ~를 통해서 announce 발표하다, (방송으로) 알리다

---

22 that절 should 생략 　　　정답 (a)

해석 ▶ 어제, 조나는 인사과 팀장인 에이다에게 회사에 오지 않았다는 것을 알리지 않았다. 이제 조나가 다시 출근 보고를 했으니, 에이다는 그가 대화를 위해 그녀의 사무실로 와야 한다고 요청하는 중이다.

해설 ▶ ask와 같이 주장·제안·명령·요구 등을 나타내는 동사가 that절과 함께 나오면, that절의 동사 자리에는 〈should + 동사원형〉에서 should가 생략된 동사원형만 가능하다. 따라서 정답은 (a)이다.

어휘 ▶ neglect 소홀히 하다, 태만하다 notify A that A에게 that절을 알리다 report 알리다, 보고하다 ask 요청하다

---

23 준동사 – 동명사 　　　정답 (d)

해석 ▶ 호세는 만화방 점원이라는 시간제 일자리를 구했다. 그는 그저 어린 아이였을 때조차도 만화책을 수집하는 것을 항상 즐겨왔기 때문에 그 일에 대해 흥분해 있다.

해설 빈칸 앞 동사 enjoy는 동명사를 목적어로 취한다. 보기의 동사 collect는 문맥상 enjoy와 시제가 같은 동작(수집하는 것을 즐기다)이므로, 그보다 이전의 동작(이미 수집했던 것을 즐기다)을 나타내는 having p.p.를 오답으로 소거하면 단순 동명사인 (d)가 정답이다.

어휘 part-time 시간제의 job 일자리, 직책 clerk 점원 excited 흥분한, 신이 난 always 언제나, 항상 enjoy 즐기다 collect 모으다, 수집하다 even 심지어, ~조차도 when ~할 때 just 단지, 그저

---

24 시제 – 현재진행 정답 (c)

해석 사만다는 신선한 야채와 고기로 가득한 가방을 가지고 식료품점에서 방금 도착했다. 현재, 그녀는 저녁 식사 조리하는 것을 시작하기 전에 식재료를 빠트리지 않았다는 것을 확실히 하기 위해 그녀의 조리법을 재확인하는 중이다.

해설 빈칸 절에서 문장 맨 앞에 주어진 시간 부사 Currently는 빈칸의 동사가 현재 시점에 진행 중임을 나타내는 현재진행시제의 단서이므로, 정답은 (c)이다.

> **학습 Tip!**
>
> 현재진행시제의 주요 단서 표현
> (right) now, at the moment, currently

어휘 grocery store 식료품점 full of ~로 가득한 currently 현재 ensure 확실히 하다 miss 놓치다 ingredient 식재료 double-check 재확인하다, 다시 한 번 확인하다

---

25 가정법 – 과거 정답 (c)

해석 태양의 열기에도 불구하고, 지구로부터의 거리는 얼음으로 하여금 북극과 남극에 형성되게 한다. 만약 태양이 더 가까워진다면, 극지방의 얼음은 바다에 더 많은 물을 채우면서 녹을 것이다.

해설 빈칸 절의 if와 보기의 would는 가정법 문제를 나타내고, if절의 과거시제 동사 were가 가정법 과거의 단서이므로 〈would + 동사원형〉의 형태인 (c)가 정답이다.

어휘 despite ~에도 불구하고 heat 열기 distance 거리 allow A to V A가 ~하는 것을 허용하다 form 형성되다 North (South) Pole 북극(남극) get closer 더 가까워지다 polar 극지방의 melt 녹다 fill A with B A를 B로 채우다

---

26 준동사 – to부정사 정답 (a)

해석 쉬라의 긴 시간 공부한 것은 결실을 맺었고 그녀에게 물리학 시험에서 만점을 안겨주었다. 그러한 성취 후에, 그녀는 근사한 식당에서의 식사를 특별히 사먹을 자격이 있다고 생각했다.

해설 빈칸 앞 동사 deserve는 to부정사를 목적어로 취한다. 보기의 동사 treat 이하는 문맥상 deserve와 시제가 같은 동작(식사를 할 자격이 있다)이므로, 그보다 이전의 동작(이미 식사했던 자격이 있다)을 나타내는 to have p.p.를 오답으로 소거하면 단순 to부정사인 (a)가 정답이다.

어휘 pay off 결실을 맺다, 빛을 발하다 earn ~을 얻다, 안겨주다 physics 물리학 such 그러한, 그 정도의 achievement 업적, 성과, 성취 deserve ~의 자격이 있다 treat oneself to (보상으로 특별히) ~를 하다

01 (c)	**02** (c)	**03** (a)	**04** (d)	**05** (b)
06 (a)	**07** (b)	**08** (d)	**09** (c)	**10** (a)
11 (d)	**12** (b)	**13** (c)	**14** (a)	**15** (b)
16 (d)	**17** (b)	**18** (a)	**19** (a)	**20** (d)
21 (c)	**22** (d)	**23** (b)	**24** (c)	**25** (c)
26 (a)				

01 that절 should 생략　　　정답 (c)

해석 제롬은 데이트를 위해 일찍 도착했지만 일단 치킨 마르살라를 주문하기로 했다. 그러나, 그는 웨이터에게 자신의 데이트 상대가 도착하기 전에 음식이 차가워지지 않도록 15분 늦게 <u>제공해줘야 한다</u>고 요청했다.

해설 request와 같이 주장·제안·명령·요구 등을 나타내는 동사가 that절과 함께 나오면, that절의 동사 자리에는 〈should + 동사원형〉에서 should가 생략된 동사원형만 가능하다. 따라서 정답은 (c)이다.

어휘 arrive 도착하다　early 일찍　choose to V ~할 것을 선택하다　order 주문하다　however 그러나　request 요청하다　serve (식당 등에서 음식을) 제공하다　dish 접시, 음식　date 데이트 (상대)

02 조동사 문맥 찾기　　　정답 (c)

해석 재무상태표를 준비하는 것은 주의 깊은 관심과 정확도를 요구한다. 사람들은 자산, 부채, 주주 자본과 같은 모든 관련 데이터를 제대로 <u>입력해야 한다</u>. 그렇지 않으면, 재무제표가 맞지 않을 것이다.

해설 첫째 문장의 '대차대조표를 준비하는 것은 세심한 주의와 정확성을 요구한다(requires)', 마지막 문장의 '그렇지 않으면 재무제표가 맞지 않을 것이다(Otherwise, the financial statement will not balance)'는 문맥상 데이터를 정확하게 입력하는 것이 강하게 요구하는 것이므로 '입력해야 한다'의

의미가 되어야 가장 적절하다. 이때 조동사 must(~해야 한다)가 강제적인 의무를 나타낼 수 있으므로 (c)가 정답이다.

어휘 prepare 준비하다　balance sheet 재무상태표　require 요구하다　careful 신중한, 주의 깊은　attention 주의, 관심　accuracy 정확도　correctly 제대로, 정확하게　enter 입력하다　relevant 관련된　such as ~와 같은　asset 자산　liability 부채　shareholder 주주　equity 자본　otherwise 그렇지 않으면　financial statement 재무제표　balance (무게·액수·가치 따위가) 맞다, 균형이 잡히다

03 시제 – 과거완료진행　　　정답 (a)

해석 에스텔은 과한 비타민 섭취 때문에 속이 메슥거려왔다. 그녀는 이미 그녀의 식단으로 충분한 비타민 C를 얻고 있다는 것을 의사가 말해주기 전까지 일주일 동안 비타민 C 보충제를 <u>복용하던 중이었다</u>.

해설 빈칸 절에서 〈before + 과거시제 동사(told)〉와 〈for + 기간(for a week)〉은 과거 시점을 기준으로 그 이전부터 시작된 빈칸의 동사가 기준 시점까지 진행 중이었음을 나타낼 때 쓰이는 과거완료진행시제의 단서이다. 즉 의사가 그녀에게 말해줬던 시점(과거)이 기준 시점이 되고, 그 이전부터 에스텔이 기준 시점까지 일주일 동안(완료) '복용하던 중이었다'라는 의미가 되어야 하므로, 정답은 (a)이다.

어휘 nauseous 메스꺼운　recently 최근에　due to ~때문에　excessive 과도한　intake 섭취　supplement 보충제　already 이미　enough 충분한　diet 식단

04 가정법 – 과거완료　　　정답 (d)

해석 농구는 처음 했을 때 득점하기 위해 공이 나무로 된 복숭아 바구니 안으로 쏘아졌기 때문에 그렇게 이름 지어졌다. 만약 목표가 고리였다면, 그 게임의 발명가는 농구를 "후프볼"이라고 대신 <u>부를 수 있었을 것이다</u>.

해설 빈칸 절의 if와 보기의 could는 가정법 문제를 나타내고, if절의 과거완료시제 동사 had been이 가정법 과거완료의 단서이므로 〈could + have p.p.〉의 형태인 (d)가 정답이다.

어휘 so 그렇게 name 이름을 지어주다 because ~때문에 shoot A into B A를 B 안으로 쏘다 wooden 나무로 된 peach 복숭아 basket 바구니 earn 얻다 point 점수 hoop 테, 고리 inventor 발명가 call ~를 …라고 부르다 instead 대신에

05 준동사 – 동명사   정답 (b)

해석 아벨은 최소 5년 동안 그의 회사의 인도네시아 지사를 관리하는 일이 맡겨졌다. 이제, 그와 그의 아내는 아이들과 함께 동남아시아 국가로 집을 옮기는 것을 상의하는 중이다.

해설 빈칸 앞 동사 discuss는 동명사를 목적어로 취한다. 보기의 동사 move는 문맥상 discuss와 시제가 같은 동작(옮기는 것을 상의하다)이므로, 그보다 이전의 동작(이미 옮겼던 것을 상의하다)을 나타내는 having p.p.를 오답으로 소거하면 단순 동명사인 (b)가 정답이다.

어휘 assigned 배정된, 할당된 manage 관리하다 branch 지사, 분점 at least 최소한 discuss 상의하다, 의논하다 move to (집 또는 직장을) ~로 옮기다, 이사를 가다

06 시제 – 과거진행   정답 (a)

해석 시간은 이미 오전 9시 10분이었고, 도노번 씨는 아직 수업에 도착하지 못하고 있었다. 그가 문을 통해 들이닥쳤고 학생들에게 시험을 준비하라고 말했을 때 그들은 나갈 준비를 하고 있었다.

해설 빈칸 절에서 〈when + 과거시제 동사(rushed)〉는 빈칸의 동사가 과거의 특정 시점에 동시에 진행 중이었음을 나타내는 과거진행시제의 단서이다. 즉 도노반 씨가 문을 통해 들이닥쳐 학생들에게 말했던 과거의 그 시점에 학생들이 나갈 준비를 하는 행위가 진행 중이었다는 의미가 되어야 하므로 정답은 (a)이다.

오답체크

주어진 문맥은 학생들이 나갈 준비를 하고 있던 도중에 도노반 씨가 문을 열고 들어왔다는 것인데, (b) prepared를 쓰면 그가 들어온 다음에 학생들이 나갈 준비를 했다는 어색한 의미가 되므로 (b)는 오답이다.

어휘 already 이미 arrive 도착하다 class 수업 prepare 준비하다 leave 나가다, 떠나다 rush 돌진하다, 달려들다 through ~를 통해서 get ready for ~를 준비하다 exam 시험

07 연결어 – 전치사   정답 (b)

해석 비록 많은 사람들이 포춘쿠키가 중국의 발명품이라고 생각하지만, 이는 틀렸다. 중국 식당에서 주로 제공되었음에도 불구하고, 그 페이스트리는 원래 19세기에 일본계 미국 시민에 의해 만들어졌다.

해설 주어진 문장의 문맥을 보면 앞 내용(포춘쿠키는 중국 발명품이다)에 이어지는 뒤 내용(그 페이스트리는 일본계 미국인이 창조했다)은 앞에서 언급된 것과 달리 포춘쿠키는 중국 발명품이 아니라는 뜻이다. 앞뒤 내용이 서로 반대되는 문맥이므로, 역접을 나타내는 전치사 Despite(~에도 불구하고)가 빈칸에 가장 적절하다. 따라서 정답은 (b)이다.

어휘 although 비록 ~이지만 invention 발명(품) incorrect 부정확한, 틀린 serve 제공하다 mainly 주로 originally 원래, 본래 Japanese-American 일본계 미국인의 citizen 시민 so that ~하도록 despite ~에도 불구하고 due to ~때문에 unless 만약 ~하지 않는다면

08 관계사 – 관계대명사   정답 (d)

해석 데즈먼드는 가전제품 매장에서 몇몇 자동 세탁기를 살펴보고 있지만, 그것들은 모두 조작이 복잡해 보인다. 세탁기에서 그가 가장 원하는 특징은 사용의 용이함이라서, 그는 수동으로 작동되는 것으로 마음을 정하려 하고 있다.

해설 빈칸 앞 선행사인 The feature는 사물이므로, 빈칸에는 사물 명사를 선행사로 수식할 때 사용하는 관계대명사 that(+ 불완전한 절)이 들어가야 한다. 따라서 정답은 (d)이다.

check out 확인하다, 조사하다, 살펴보다 several 몇몇의 automatic 자동의 washing machine 세탁기 appliance store 가전제품 매장 seem ~인 것처럼 보이다 complicated 복잡한 operate (기기를) 조작하다, 작동시키다 feature 특징, 기능 ease 쉬움, 용이함 use 사용(하다), 이용(하다) so 그래서 settle 정착하다, (마침내) 결정하다 manually 수동으로

09 가정법 – 과거 정답 (c)

해석 코끼리새는 이제껏 존재했던 것들 중에 가장 크다고 여겨지는 멸종된 새이다. 길이가 거의 10피트 정도 되는 이 새는 만약 오늘날 살아 있다면 타조를 1피트 만큼 작아 보이게 할 것이다.

해설 빈칸 절의 if와 보기의 would는 가정법 문제를 나타 내고, if절의 과거시제 동사 were가 가정법 과거의 단서이므로 〈would + 동사원형〉의 형태인 (c)가 정 답이다.

어휘 extinct 멸종한 be thought to V ~라고 생각되다, 여겨지 다 exist 존재하다 almost 거의 dwarf ~를 작아 보이게 하 다 ostrich 타조 alive 살아 있는

10 준동사 – to부정사 정답 (a)

해석 마티나는 그녀의 회사의 최고 재무 책임자(CFO)로 승진할 것이다. 시니어 회계사로서, 그녀는 현재 회사 자금을 절약하고 있는 효율적인 계정관리시스템을 개발할 수 있었다.

해설 빈칸 앞 was able은 to부정사와 함께 〈be able to 부정사(~할 수 있다)〉라는 관용 표현으로 쓰이므로, 정답은 (a)이다.

어휘 be promoted to ~로 승진하다 accountant 회계사 efficient 효율적인 account 계정 management 관리 save 절약하다 firm 회사

11 시제 – 현재완료진행 정답 (d)

해석 "홀리"는 봄의 시작을 알리고 악에 대한 선의 승리를 축하하는 형형색색의 힌두교 축제이다. 힌두교도들 은 세계에서 가장 오래된 축제들 중 하나인 홀리를 기 원전 4세기 이래로 축하해오고 있다.

해설 빈칸 절에서 〈since+과거시점(the fourth century BCE)〉은 현재완료진행시제의 단서이며, 기원전 4 세기 때부터 지금까지(완료) 계속 '축하해오고 있는 중이다'라는 의미를 만든다. 따라서 정답은 (d)이다.

어휘 colorful 형형색색의, (색이) 다채로운 mark 표시하다, 알리다 commemorate 기념하다, 축하하다 triumph 승리 good 선 evil 악 celebrate 기념하다, 축하하다 fourth 네 번째 의, 제4의 century 세기

12 조동사 문맥 찾기 정답 (b)

해석 낙타 등에 있는 혹은 음식이 부족할 때 이 동물이 사용 하는 지방 조직으로 채워져 있다. 이 비축분 때문에, 낙타는 몇 달간 식량 없이 사막에서 이동할 수 있다.

해설 빈칸 앞에서 '이 비축분 때문에(Because of this reserve)'라는 내용이 나오고 있으므로, 그로 인해 낙타가 식량 없이 사막에서 이동하는 것이 '가능해진 다'라는 문맥이 되어야 가장 적절하다. 이때 조동사 can(~할 수 있다)이 능력의 의미를 나타낼 수 있으므 로 (b)가 정답이다.

어휘 hump (지면 등에) 솟아오른 곳, (낙타 등의) 혹 camel 낙타 back 등 be filled with ~로 채워져 있다 fatty 지방이 많은, 지방으로 된 tissue (세포들로 이뤄진) 조직 scarce 부족한 because of ~때문에 reserve 비축, 보관품, 축적 travel 이동하다 desert 사막 without ~없이

13 가정법 – 과거 정답 (c)

해석 카이는 그의 새 빵집을 위한 베이크-웰 빵칼이 급하 게 필요하지만, 그가 온라인으로 본 모델들은 너무 비 싸다. 만약 베이크-웰이 그의 가격 범위 내에 있는 모 델을 출시한다면, 카이는 그것을 바로 주문할 것이다.

해설 빈칸 절의 if와 보기의 would는 가정법 문제를 나타 내고, if절의 과거시제 동사 were가 가정법 과거의 단서이므로 〈would + 동사원형〉의 형태인 (c)가 정 답이다.

어휘 urgently 급히 bakery 빵집, 제과점 expensive 비싼 release 출시하다 within ~이내에 range 범위 order 주 문하다 right away 곧바로, 즉시

14 준동사 – to부정사 정답 (a)

해석 ▶ 최초의 장편 만화 영화는 1917년 아르헨티나 컷아웃 애니메이션인 《사도들》이었다. 그러나, 디즈니는 그들이 《백설공주와 일곱 난쟁이》를 만들었을 때 셀 애니메이션을 사용하여 장편 영화를 <u>제작한</u> 최초가 되었다.

해설 ▶ 빈칸 앞 명사(first)를 뒤에서 형용사처럼 수식하여 '제작한 최초'라는 의미를 만들 수 있는 것은 단순 to부정사(~할, ~하는)이므로, 정답은 (a)이다.

어휘 ▶ first 최초, 최초의 feature-length 장편의 animated film 만화 영화 cut-out animation 컷아웃 애니메이션(캐릭터, 소품, 배경을 종이로 잘라 평면으로 표현하는 기법) however 그러나 cel animation 셀 애니메이션(투명 비닐 위에 캐릭터를 그려 움직이게 하는 기법)

15 준동사 – 동명사 정답 (b)

해석 ▶ 애덤은 삽화가가 필요한 만화책 출판회사에서 일한다. 그 회사는 누구라도 찾는 데 애를 먹고 있었으며, 그래서 애덤의 동료 직원이 최근에 미대에서 졸업했던 자신의 친구를 <u>고용하는 것을</u> 추천했다.

해설 ▶ 빈칸 앞 동사 recommend는 동명사를 목적어로 취한다. 보기의 동사 hire는 문맥상 recommend와 시제가 같은 동작(고용하는 것을 추천하다)이므로, 그보다 이전의 동작(이미 고용했던 것을 추천하다)을 나타내는 having p.p.를 오답으로 소거하면 단순 동명사인 (b)가 정답이다.

어휘 ▶ publisher 출판사 be in need of ~가 필요하다 illustrator 삽화가 struggle 애쓰다, 분투하다 so 그래서 recommend 추천하다, 권장하다 hire 고용하다 recently 최근에 graduate from ~를 졸업하다 art school 미술대학

16 시제 – 현재진행 정답 (d)

해석 ▶ 초인종이 방금 울려서, 프랜시스는 딸에게 누가 문 앞에 있는지 봐 달라고 요청하고 있다. 그는 지금 팬케이크를 <u>만드는 중이었고</u> 그것들이 타지 않게 해야 하기 때문에 주방을 떠날 수 없다.

해설 ▶ 빈칸 절에 주어진 시간 부사 at the moment는 빈칸의 동사가 현재 시점에 진행 중임을 나타내는 현재진행시제의 단서이므로, 정답은 (d)이다.

어휘 ▶ doorbell 초인종 ring (종이나 벨 등이) 울리다 ask A to V A가 ~하도록 요청하다 leave 떠나다 be sure (that) S+V ~가 …하지 않는 것을 분명히 하다 burn (불이) 타오르다, (불에) 타다

17 가정법 – 과거완료 정답 (b)

해석 ▶ 작년에 캐나다의 등산로를 산행하는 동안, 안드레아는 몇몇 포도같이 생긴 열매들을 보았고 그것들을 거의 먹을 뻔했다. 캐나다 새모래덩굴의 열매에는 치명적인 독소가 들어 있기 때문에, 그녀의 현지 친구가 그녀를 막지 않았다면 안드레아는 <u>독에 중독되었을 것이다.</u>

해설 ▶ 빈칸 절에서 Had her local friend not stopped 이하는 가정법 if절(If her local friend had not stopped)의 도치된 형태이다. 이때 과거완료시제 동사를 구성하는 Had와 stopped가 가정법 과거완료의 단서이므로 〈would + have p.p.〉의 형태인 (b)가 정답이다.

어휘 ▶ trek (특히 산악 지역을 힘들게 오래) 걷다, 산행(등산)하다 trail 산길, 산책로 grape-like 포도같이 생긴 fruit 과일, 열매 almost 거의 local 지역의, 현지의 poison ~에 독을 넣다, 식중독에 걸리게 하다 moonseed 새모래덩굴 contain ~가 들어 있다, 함유되어 있다 fatal 치명적인 toxin 독소

18 that절 should 생략 정답 (a)

해석 ▶ 앰버는 자신의 멘토에게 논문 주제를 선정하는 방법에 대한 조언을 부탁했다. 고려할 만한 몇 가지 요인들이 있지만, 그는 앰버가 다른 무엇보다도 정말로 그녀의 관심을 끄는 주제를 <u>선택해야 한다고</u> 제안했다.

해설 ▶ suggest와 같이 주장·제안·명령·요구 등을 나타내는 동사가 that절과 함께 나오면, that절의 동사 자리에는 〈should + 동사원형〉에서 should가 생략된 동사원형만 가능하다. 따라서 정답은 (a)이다.

어휘 ask A for B A에게 B를 요청하다, 부탁하다 advice 조언 thesis 논문 topic 주제 several 몇몇의 factor 요인 consider 고려하다 suggest 제안하다 first and foremost 다른 무엇보다도 choose 선택하다 interest ~의 관심을 끌다

19 준동사 – to부정사   정답 (a)

해석 노벨상 수상자들 중 다수는 개인인 반면에, 그 상은 기관에게도 수여된다. 사실은, 그 위원회는 수상 단체들 중 가장 많은 3회를 적십자에 주는 것을 결정해 왔다.

해설 빈칸 앞 동사 decide는 to부정사를 목적어로 취한다. 보기의 동사 give는 문맥상 decide 이후의 동작(주는 것을 결정하다)이므로, 그보다 이전의 동작(이미 줬던 것을 결정하다)을 나타내는 to have p.p.를 오답으로 소거하면 단순 to부정사인 (a)가 정답이다.

어휘 while ~하는 동안, 반면에 awardee 수상자 individual 개인 also 또한 grant 수여하다 institution 기관, 단체 in fact 사실은 committee 위원회 decide 결정하다 among ~중에서 recipient 수령인, 수신자

20 관계사 – 관계대명사   정답 (d)

해석 곰가죽 모자를 쓴 키 크고 붉은 색 복장의 경비병인 근위대는 런던의 가장 상징적인 인물들 중 일부이다. 고도로 훈련받은 군인들로 구성된 이 부대는 영국 주위의 왕궁들과 함께 버킹엄 궁전을 지킨다.

해설 빈칸 앞 선행사인 The unit은 사람들로 구성된 하나의 집합으로 간주되어 사물 취급, 관계대명사 that 또는 which의 수식을 받는다. 이때 that은 콤마(,) 뒤에 나올 수 없으므로 오답으로 소거하고 나면, 결국 남은 보기인 (d)가 정답이다.

어휘 King's Guard 영국군 근위대 coated 상의를 입은 guard 보초, 경호원, 경비병 bearskin 곰가죽 cap 모자 iconic 상징적인 figure 인물 unit 구성 단위, (특정 임무를 위한) 부대, 단체 consist of ~로 구성되다 highly 매우, 대단히, 고도로 trained 훈련된 soldier 군인, 병사 defend 수비하다, 방어하다, 지키다 along with ~와 함께 royal residence 왕궁

21 연결어 – 접속부사   정답 (c)

해석 자비에 씨는 왜 그가 작년 말에 임금 인상을 못 받았는지를 궁금해하고 있다. 어쨌든, 그의 작년 실적은 임금 인상을 받았던 이전의 몇 년보다 훨씬 더 좋았다.

해설 자비에 씨가 임금 인상을 받았어야 했다는 빈칸 앞 내용(왜 작년에 임금 인상이 안 됐는지 궁금하다)의 주장을 뒤 내용(그의 작년 실적은 이전 몇 년보다 더 좋았다)이 뒷받침하는 문맥이므로, 설명이나 이유를 덧붙일 때 사용하는 After all(그래도, 어쨌든)이 빈칸에 가장 적절하다. 따라서 정답은 (c)이다.

> **학습 Tip!**
>
> even + 비교급 than ~보다 훨씬 더 …한

어휘 wonder 궁금해하다 receive 받다 salary increase 임금 인상 performance 성과, 실적 previous 이전의 raise (물가·임금의) 인상 at last 마침내 therefore 그러므로 after all 결국에는, 어쨌든 otherwise 그렇지 않으면

22 시제 – 미래진행   정답 (d)

해석 다리우스는 라일라 숙모가 저녁식사에 그를 초대했을 때 바로 승낙했다. 그는 지금 그녀의 집으로 신이 나서 운전하는 중이다. 그가 그곳에 도착했을 때, 숙모는 약속대로 그가 제일 좋아하는 훈제 양고기 미트볼을 조리하고 있을 것이다.

해설 접속사 when이 이끄는 시간 부사절에는 미래 대신 현재시제 동사(arrives)를 사용하여 미래를 나타내므로, 〈when + 현재시제 동사(arrives)〉는 미래진행 시제의 단서가 된다. 즉 다리우스가 도착하는 미래의 어느 시점에 요리하는 행위가 진행 중일 것이라는 의미가 되어야 하므로, 정답은 (d)이다.

어휘 immediately 곧바로, 즉시 agree 동의하다, 합의하다, 승낙하다 aunt 숙모, 이모 invite 초대하다 excitedly 신이 나서 arrive 도착하다 favorite 가장 좋아하는 smoked 훈제한, 그을린 lamb 어린(새끼) 양, 양고기 as promised 약속대로

23 가정법 – 과거   정답 (b)

해석▶ 베라의 아들은 첫날 유치원에 가려고 하는데, 그녀는 그가 불안해하고 있음을 알 수 있었다. 만약 그녀가 교실에 그와 함께 머물 수 있다면, 그녀는 그의 두려움을 덜어주기 위해 <u>그렇게 했을 것이다</u>.

해설▶ 빈칸 절의 if와 보기의 would는 가정법 문제를 나타내고, if절의 과거시제 동사 were가 가정법 과거의 단서이므로 〈would + 동사원형〉의 형태인 (b)가 정답이다.

어휘▶ be about to V 막 ~하려는 참이다 pre-school 유치원 tell 알다, 구분하다 anxious 불안해하는, 간절히 바라는 be able to V ~할 수 있다 stay 머무르다 alleviate 경감하다, 완화하다 fear 공포, 두려움

24 준동사 – 동명사   정답 (c)

해석▶ 연설공포증은 두려움의 희귀한 종류인 것처럼 들릴 수 있지만, 인구의 약 75퍼센트에게 영향을 준다. 4명 중 3명은 사람들이 있는 데서 <u>말하는 것</u>을 포함하는 활동을 할 때 이 두려움을 겪는다.

해설▶ 빈칸 앞 동사 involve는 동명사를 목적어로 취한다. 보기의 동사 speak는 문맥상 involve와 시제가 같은 동작(말하는 것을 포함하다)이므로, 그보다 이전의 동작(이미 말했던 것을 포함하다)을 나타내는 having p.p.를 오답으로 소거하면 단순 동명사인 (c)가 정답이다.

어휘▶ glossophobia 발표공포증, 연설공포증 rare 희귀한, 드문 fear 공포, 두려움 affect 영향을 미치다 about 대략, 약 population 인구 experience 겪다, 경험하다 activity 활동 involve 포함하다 in public 공개적으로, 사람들이 있는 데서

25 시제 – 미래완료진행   정답 (c)

해석▶ 모건 박사는 언제나 윌슨 가족의 가족 주치의였다. 그녀는 아기였던 로버트 윌슨을 치료했었다. 로버트가 다음 달에 자신의 생일을 축하할 때쯤이면, 모건 박사는 20년 동안 가족의 건강을 <u>돌봐오는 중일 것이다</u>.

해설▶ 빈칸 절에서 〈by the time+현재시제 동사(celebrates)〉와 〈for + 기간(for two decades)〉은 빈칸의 동사가 미래의 어느 시점까지 계속 진행 중일 것임을 나타낼 때 쓰이는 미래완료진행시제의 단서이다. 즉 다음 달에 생일을 맞게 될 시점에는(미래) 모건 박사는 가족의 건강을 20년 동안(완료) '돌보고 있을 것이다'라는 의미가 되어야 하므로, 정답은 (c)이다.

어휘▶ family doctor 가족 주치의 treat 다루다, 취급하다, 치료하다 toddler 유아 celebrate 축하하다, 기념하다 see to ~를 돌보아 주다, 처리하다 decade 10년

26 가정법 – 과거완료   정답 (a)

해석▶ 자말은 그의 이메일 받은편지함이 갑자기 원치 않는 광고들로 가득 차서 당혹스러워하고 있다. 만약 그가 경품을 탔다고 주장하는 수상한 링크를 클릭하지 않았다면, 그는 피싱 사기에 <u>당하지 않았을 것이다</u>.

해설▶ 빈칸 절의 if와 보기의 would는 가정법 문제를 나타내고, if절의 과거완료시제 동사 had not clicked가 가정법 과거완료의 단서이므로 〈would + have p.p.〉의 형태인 (a)가 정답이다.

어휘▶ baffled 이해하지 못하는, 당혹스러워하는 inbox 수신함, 보낸편지함 suddenly 갑자기 be full of ~로 가득 찬 unwanted 원치 않는 ad 광고 click on ~를 누르다, 클릭하다 suspicious 수상한, 미심쩍은 claim 주장하다 win 얻다, 수상하다 prize 경품, 상품 fall victim to ~에 희생되다, 당하다 phishing 피싱 사기

실전문제 9

p.76

01 (b)	**02** (c)	**03** (a)	**04** (d)	**05** (d)
06 (c)	**07** (d)	**08** (b)	**09** (b)	**10** (a)
11 (c)	**12** (d)	**13** (b)	**14** (b)	**15** (c)
16 (a)	**17** (c)	**18** (b)	**19** (a)	**20** (d)
21 (a)	**22** (c)	**23** (d)	**24** (a)	**25** (d)
26 (c)				

해설 suggest와 같이 주장·제안·명령·요구 등을 나타내는 동사가 that절과 함께 나오면, that절의 동사 자리에는 〈should + 동사원형〉에서 should가 생략된 동사원형만 가능하다. 따라서 정답은 (c)이다.

어휘 have trouble -ing ~하는 데 어려움을 겪다 finish 끝마치다 biology 생물학 assignment 과제 helpful 유용한, 도움이 되는 source 자료 web 인터넷 classmate 학우 suggest 제안하다 visit 방문하다 better 더 나은

01 시제 – 과거완료진행 정답 (b)

해석 엠마누엘은 《위클리 스타》 잡지의 작가로 고용되어서 기뻐하고 있다. 그는 정규직으로 취업하는 것에 관심을 갖게 되기 전에 1년 동안 프리랜서 작가로 일해오던 중이었다.

해설 빈칸 절에서 〈before + 과거시제 동사(became)〉와 〈for + 기간(for a year)〉은 과거 시점을 기준으로 그 이전부터 시작된 빈칸의 동사가 기준 시점까지 진행 중이었음을 나타낼 때 쓰이는 과거완료진행시제의 단서이다. 즉 엠마누엘이 정규직 취업에 관심을 갖게 되었던 시점(과거)이 기준 시점이 되고, 그 이전부터 기준 시점까지 프리랜서 작가로 일 년간(완료) '일해오던 중이었다'라는 의미가 되어야 하므로, 정답은 (b)이다.

어휘 be glad to V ~해서 기쁘다 hire 고용하다 magazine 잡지 freelance writer 프리랜서 작가 become interested in ~에 관심을 갖게 되다 full-time job 정규직

02 that절 should 생략 정답 (c)

해석 플린은 인터넷에서 유용한 자료를 찾을 수 없기 때문에 생물학 과제를 끝마치는 데 어려움을 겪고 있다. 한 급우는 플린이 더 나은 자료를 위해 학교 도서관에 방문해야 한다고 제안하는 중이다.

03 준동사 – to부정사 정답 (a)

해석 토마토 식물은 높은 기온이 수분 작용을 방해하기 때문에 강한 열기 아래서 열매를 맺기가 어렵다. 토마토가 열매를 생산하기 위해서 그 기온은 화씨 70도 이하로 유지되는 것이 필요하다.

해설 빈칸 앞 동사 need는 to부정사를 목적어로 취한다. 보기의 동사 stay는 문맥상 need 이후의 동작(유지하는 것이 필요하다)이므로, 그보다 이전의 동작(이미 유지했던 것이 필요하다)을 나타내는 to have p.p.를 오답으로 소거하면 단순 to부정사인 (a)가 정답이다.

어휘 have a hard time -ing ~하는 데 어려움을 겪다 bear (꽃이나 열매를) 피우다, 맺다 intense 강렬한 heat 열기 as ~때문에 disrupt 방해하다 pollination 수분 작용 (꽃가루가 암술머리로 옮겨져 열매를 맺게 하는 현상) stay (특정 상태를) 유지하다 Fahrenheit 화씨 produce 생산하다, (열매 등을) 맺다

04 시제 – 미래완료진행 정답 (d)

해석 타티아나는 그녀가 늦게 도착할 거라고 말하기 위해 집에 전화했다. 노퍽 가의 교통 정체 때문에, 그녀는 사무실에서부터 걸어가는 중이다. 그녀가 집에 도착할 때쯤이면, 타티아나는 약 45분 동안 걸어오는 중일 것이다.

해설 빈칸 절에서 〈by the time+현재시제 동사(reaches)〉와 〈for + 기간(for about 45 minutes)〉은 빈칸의 동사가 미래의 어느 시점까지 계속 진행 중일 것임을 나타낼 때 쓰이는 미래완료진행시제의 단서이다. 즉 집에 도착할 시점에는(미래) 타티아나는 거의 45분 동안(완료) '걸어오고 있을 것이다'라는 의미가 되어야 하므로, 정답은 (d)이다.

어휘 arrive 도착하다 late 늦게 due to ~로 인해 traffic (도로 상의) 차량들, 교통(량) standstill 정체, 멈춤, 꽉 막힘 reach ~에 이르다, 도달하다 about 대략, 약

05 준동사 – to부정사   정답 (d)

해석 킬런은 인터글로브 솔루션즈에서 5년 동안 근무한 뒤에 퇴사했다. 그가 취업 전선으로 다시 뛰어들기 전에, 그는 직장 번아웃으로부터 회복하기 위해 두 달 동안 휴식을 취하는 것을 계획하고 있다.

해설 빈칸 앞 동사 plan은 to부정사를 목적어로 취한다. 보기의 동사 take 이하는 문맥상 plan 이후의 동작(휴식을 취하는 것을 계획하다)이므로, 그보다 이전의 동작(이미 휴식을 취했던 것을 계획하다)을 나타내는 to have p.p.를 오답으로 소거하면 단순 to부정사인 (d)가 정답이다.

어휘 resign 사직하다, 물러나다 plan 계획하다 take a break 휴식을 취하다 recover 회복하다 burnout (극도의) 피로, 신경 쇠약

06 가정법 – 과거   정답 (c)

해석 레나는 파리의 풍경을 즐기고는 있지만, 그 도시를 탐험하는 것을 주저한다. 만약 그녀가 기초적인 프랑스어라도 안다면, 그녀는 파리지앵들에게 시내에서 가장 좋은 장소 몇 군데에 가는 방향을 물어봤을 것이다.

해설 빈칸 절의 if와 보기의 would는 가정법 문제를 나타내고, if절의 과거시제 동사 knew가 가정법 과거의 단서이므로 〈would + 동사원형〉의 형태인 (c)가 정답이다.

어휘 enjoy ~를 즐기다 scenery 경치, 풍경 be hesitant to V ~하는 것을 주저하다 explore 탐험하다 even 심지어, ~이라도 basic 기본적인, 기초적인 ask A for B A에게 B에 대해 묻다, 요청하다 direction 방향 place 장소, 곳

07 연결어 – 접속부사   정답 (d)

해석 북두칠성은 사람의 눈에 가장 잘 보이는 별자리들 중 하나이다. 사실은, 고대 로마에서는, 이 별자리를 보는 것이 궁수가 되고 싶은 이들이 로마 군대에 들어가기 위한 시력 테스트의 역할을 했다.

해설 빈칸 뒤 내용은 문맥상 앞 내용(북두칠성은 눈에 가장 잘 보이는 별자리이다)이 사실임을 뒷받침하는 더 자세한 설명(고대 로마에서 북두칠성을 보는 것이 궁수들 군 입대용 시력 테스트였다)에 해당되므로, 앞 내용에 대해 부연 설명할 때 쓰이는 In fact(사실은, 실제로)가 빈칸에 가장 적절하다. 따라서 정답은 (d)이다.

어휘 Big Dipper 북두칠성 constellation 별자리 visible (눈에) 보이는, 뚜렷한 ancient 고대의 serve as ~의 역할을 하다 aspiring ~이 되고 싶은, ~의 지망생 archer 궁수, 양궁선수 join ~에 가입하다, (군대에) 입대하다 likewise 마찬가지로 even so 그렇다고 해도 granted ~이므로 in fact 사실은

08 가정법 – 과거완료   정답 (b)

해석 시카고 스파이어는 2천 피트 높이로 제안된 초고층 빌딩이었다. 그것의 건설은 2008년의 경제 위기 때문에 취소되었다. 만약 건설이 그 당시에 끝났더라면, 그 건물은 세계에서 두 번째로 높은 초고층 빌딩으로 등극되었을 것이다.

해설 빈칸 절에서 Had it been finished 이하는 가정법 if절(If it had been finished)의 도치된 형태이다. 이때 과거완료시제 동사를 구성하는 Had와 been이 가정법 과거완료의 단서이므로 〈would + have p.p.〉의 형태인 (b)가 정답이다.

어휘 proposed 제안된 skyscraper 초고층 빌딩, 마천루 construction 건설, 공사 cancel 취소하다 due to ~때문에 economic crisis 경제 위기 finish 끝내다, 마치다 at that time 그때 당시에 rank (등급·순위를) 매기다, 평가하다, 차지하다 second-highest 두 번째로 높은

09 준동사 – 동명사   정답 (b)

해석 루이스는 오늘 오후에 그의 방에서 잠을 푹 자오고 있다. 그는 친구들과 아침 내내 야구를 하는 것을 끝낸 뒤에 집으로 왔으며, 그리고 그는 완전히 지쳐버렸다.

어휘 ▶ superstition 미신 knock on wood 나무를 두드리다 ('행운을 빈다'라는 속뜻을 가짐) ward off (안 좋은 것을) 막다, 내쫓다 variant 변종, 변형 culture 문화 for example 예를 들면 touch 만지다, 건드리다 steel 강철 instead of ~를 대신하여 cancel out ~를 상쇄하다 ill-boding 불길한, 나쁜 징조의 remark 발언, 언급 so that ~하도록 as if 마치 ~인 것처럼

해설 ▶ 빈칸 앞 동사 finish는 동명사를 목적어로 취한다. 보기의 동사 play 이하는 문맥상 finish와 시제가 같은 동작 (야구하는 것을 끝내다)이므로, 그보다 이전의 동작(이미 야구했던 것을 끝내다)을 나타내는 having p.p.를 오답으로 소거하면 단순 동명사인 (b)가 정답이다.

어휘 ▶ sleep soundly 푹(깊이) 자다 finish 끝내다, 마치다 completely 완전히 be worn out 지치다

---

10 시제 – 과거진행   정답 (a)

해석 ▶ 오늘 오후에 지진이 메이슨 시티를 강타했지만, 너무 약해서 주민들은 거의 인지하지 못했다. 니콜라스는 지진이 발생했을 때 자고 있던 중이었기 때문에 그는 진동을 전혀 느끼지 못했다.

해설 ▶ 빈칸 절에서 〈when + 과거시제 동사(happened)〉는 빈칸의 동사가 과거의 특정 시점에 동시에 진행 중이었음을 나타내는 과거진행시제의 단서이다. 즉 지진이 발생했던 과거의 그 시점에 니콜라스가 잠을 자는 행위가 진행 중이었다는 의미가 되어야 하므로 정답은 (a)이다.

어휘 ▶ earthquake 지진 weak 약한 resident 주민 hardly 거의 ~않는 be aware of ~를 알다, 인지하다 not~ at all 전혀 ~가 아닌 tremor 떨림, 진동 because ~때문에 happen 일어나다, 발생하다

---

11 연결어 – 접속사   정답 (c)

해석 ▶ 불운을 쫓기 위해 나무를 두드리는 미신은 많은 문화권에서 다른 형태로 존재한다. 이탈리아에서는 예를 들어 사람들이 불길한 발언을 상쇄시키고 싶을 때 나무 대신 철을 만진다.

해설 ▶ 불길한 발언을 상쇄시키기를 원한다는 빈칸 뒤 내용은 문맥상 철을 만지는 행위를 하는 시점을 나타낸다. 행위에 대한 시점을 나타낼 때 접속사 when(~할 때)을 사용하므로, 정답은 (c)이다.

> ✅ **오답체크**
>
> so that(목적)과 want(소망)는 두 의미가 서로 상충되므로 함께 사용되기에 부적절하다. so that이 가능하려면 so that they want to cancel out 이하에서 want to 없이 so that they cancel out 이 되어야 한다.

---

12 관계사 – 관계대명사   정답 (d)

실전문제9

해석 ▶ 펠튼 슈퍼마켓의 대추첨식 당첨자들은 마켓의 SNS 페이지에 게시되어 있다. 그 페이지에는 경품을 직접 받을 수 없는 당첨자들이 대신 배송 서비스를 통해 받아도 된다고도 쓰여 있다.

해설 ▶ 빈칸 앞 선행사인 winners는 사람이므로 빈칸에는 사람 명사를 수식할 수 있는 who 또는 whom이 가능하다. 관계대명사 뒤에 주어(또는 목적어)가 없는 불완전한 절이 있는 보기를 답으로 골라야 하는데, whom 뒤의 절은 주어 they가 있어 완전한 절, who 뒤의 절은 불완전한 절이다. 따라서 정답은 (d)이다.

어휘 ▶ winner 수상자, (복권) 당첨자 raffle 복권, 추첨식 be posted on ~에 게시되다 claim 얻다, 차지하다 prize 상, 상품, 경품 in person 직접 through ~를 통해 instead 대신에

---

13 시제 – 현재진행   정답 (b)

해석 ▶ 몇 달 동안 저축을 한 뒤에, 애나벨은 그녀가 구입한 오븐을 사용하게 되어 매우 신나 있다. 바로 지금, 그녀는 그녀가 항상 굽고 싶어했던 애플파이를 위한 식재료들을 구입하는 중이다.

해설 ▶ 빈칸 절에서 문장 맨 앞에 주어진 시간 부사 Right now는 빈칸의 동사가 현재 시점에서 진행 중임을 나타내는 현재진행시제의 단서이므로, 정답은 (b)이다.

어휘 ▶ save up (돈을) 모으다, 저축하다 excited 흥분한, 신이 난 ingredient 재료 always 언제나, 항상 bake (빵을) 굽다

14 조동사 문맥 찾기 　　　　정답 (b)

해석 ▶ 무당벌레는 반구 모양의 몸통과 화려한 무늬로 알려진 작은 곤충이다. 이 곤충은 보통 반점을 가진 것으로 묘사되지만, 많은 무당벌레 종들은 줄무늬를 가지고 있거나 무늬가 전혀 <u>없을 수도 있다</u>.

해설 ▶ 첫째 문장에서 무당벌레가 다채로운 무늬(colorful pattern)로 알려진 곤충이라고 했으므로, '무당벌레가 보통은(usually) 반점 무늬를 가지지만 줄무늬 또는 무늬가 없는 것 또한 가능하다'와 같이 무당벌레의 신체적 능력을 나타내는 문맥으로 이어져야 가장 적절하다. 이때 조동사 can(~할 수 있다)이 가능의 의미를 나타낼 수 있으므로 (b)가 정답이다.

어휘 ▶ ladybug 무당벌레 tiny 작은 insect 곤충 known for ~로 알려진 dome-shaped 반구 모양의 colorful 다채로운, 화려한 pattern 무늬 usually 보통 be depicted as ~라고 묘사되다, 그려지다 spot 점, 반점 species (동식물의) 종 also 또한 stripe 줄무늬 no ~ at all 전혀 ~아닌

15 가정법 – 과거 　　　　정답 (c)

해석 ▶ 카르멘은 샌프란시스코에 있는 그녀의 사촌을 방문했을 때 그 도시의 모습에 정말 깊은 감명을 받았다. 만약 주택 가격이 내려간다면, 그녀는 거기로 분명 <u>이사를 갈 것이다</u>.

해설 ▶ 빈칸 절의 if와 보기의 would는 가정법 문제를 나타내고, if절의 과거시제 동사 were가 가정법 과거의 단서이므로 〈would + 동사원형〉의 형태인 (c)가 정답이다.

어휘 ▶ visit 방문하다 cousin 사촌 be impressed with ~에 깊은 감명을 받다 price of housing 집값 go down (가격·기온 등이) 내려가다, 낮아지다 definitely 분명히 move 이동하다, 옮기다, 이사를 가다

16 가정법 – 과거완료 　　　　정답 (a)

해석 ▶ 마지막 빙하기 동안 아보카도를 먹었던 거대 동물들이 멸종되었던 후에, 아보카도 나무의 씨앗은 더 이상 퍼뜨려질 수 없었다. 만약 초기의 농부들에 의해 재배되지 않았다면, 아보카도도 <u>또한 멸종되었을 것이다</u>.

해설 ▶ 빈칸 절에서 Had they not been domesticated 이하는 가정법 if절(If they not been domesticated)의 도치된 형태이다. 이때 과거완료시제 동사를 구성하는 Had와 been이 가정법 과거완료의 단서이므로 〈would+have p.p.〉의 형태인 (a)가 정답이다.

어휘 ▶ go extinct 멸종하다 during ~동안 seed 씨앗 plant 식물, 초목, 나무 no longer 더 이상 ~아닌 disperse 흩어지다, 확산시키다, 퍼뜨리다 domesticate (동물을) 길들이다, (작물을) 재배하다 early 초기의, 이른 farmer 농부 also 또한

17 준동사 – 동명사 　　　　정답 (c)

해석 ▶ 나는 카리나에게 이번 여름에 아카디아 국립공원에서 우리와 카약 타러 가는 것을 요청했고, 그녀는 그에 대해 매우 열광적이었다. 그녀는 야외 환경에서 운동을 <u>하는 것을</u> 즐긴다.

해설 ▶ 빈칸 앞 동사 enjoy는 동명사를 목적어로 취한다. 보기의 동사 get 이하는 문맥상 enjoy와 시제가 같은 동작(운동하는 것을 즐기다)이므로, 그보다 이전의 동작(이미 운동했던 것을 즐기다)을 나타내는 having p.p.를 오답으로 소거하면 단순 동명사인 (c)가 정답이다.

어휘 ▶ invite A to V A에게 ~할 것을 요청하다 join 함께 하다, 합류하다 enthusiastic 열광적인, 열렬한 get exercise 운동하다 outdoors 야외, 야외에서 environment 환경

18 관계사 – 관계대명사 　　　　정답 (b)

해석 ▶ 알래스카는 미국에서 가장 큰 주이다. 광활한 미개발 토지 때문에 "최후의 미개척지"라고 별명이 붙어온 이 주는 다음으로 가장 큰 세 개의 주들이 결합된 토지보다 더 크다.

해설 ▶ 빈칸 앞 선행사인 The state는 사물 취급하므로 관계대명사 which 또는 that의 수식을 받는다. 이때 that은 콤마(,) 뒤에 나올 수 없으므로 오답으로 소거하고 나면, 결국 남은 보기인 (b)가 정답이다.

어휘 ▶ state (미국의) 주(州) nickname 별명을 붙이다 last 마지막의, 최후의 frontier 국경, 미개척지 due to ~때문에 extensive 광범위한, 아주 넓은 unsettled area 미개발 토지, 비거주 지역 combine 결합하다

19 시제 – 미래진행   정답 (a)

해석 올가의 화상회의 앱은 최악의 시기에 자동 업데이트가 되고 있었다. 그녀의 친구들과의 그룹 채팅은 겨우 몇 분 뒤에 시작될 예정이었다. 이런 식으로 가다간, 그녀가 마침내 그들에 합류했을 때 친구들은 <u>이미 채팅하는 중일 것이다</u>.

해설 접속사 when이 이끄는 시간 부사절에는 미래 대신 현재시제 동사(joins)를 사용하여 미래를 나타내므로, 〈when + 현재시제 동사(joins)〉는 미래진행시제의 단서가 된다. 즉 올가가 마침내 합류하는 미래 시점에 채팅하는 상황이 이미 진행 중일 것이라는 의미가 되어야 하므로, 정답은 (a)이다.

> **학습 Tip!**
>
> couldn't have p.p. at a worse time은 '이보다 더 나쁜(안 좋은) 시기에 ~할 수 없었다'라는 의미이며 바꿔 말하면 '최악의(안 좋은) 시기에 ~했다'가 된다.

어휘 auto-update 자동으로 업데이트되다 be scheduled to V ~하기로 예정되어 있다 at this rate 이런 식으로는, 이런 식으로 가다가는 already 이미 finally 마침내

20 가정법 – 과거   정답 (d)

해석 아놀드는 페어필드의 도심 구역에서 빌릴 근사한 집을 찾았다. 그러나, 집세가 너무 높았다. 만약 임대주가 부른 가격을 낮춘다면, 그는 그의 사무실 근처에 있는 그 아파트를 골랐을 것이다.

해설 빈칸 절의 if와 보기의 would는 가정법 문제를 나타내고, if절의 과거시제 동사 were가 가정법 과거의 단서이므로 〈would + 동사원형〉의 형태인 (d)가 정답이다.

어휘 rent (집세를 내고) 빌리다, 임차하다, 집세, 임대료 however 그러나 landlord 주인, 임대주 lower 낮추다 asking price 부른 가격, 호가 near ~의 근처에

21 조동사 문맥 찾기   정답 (a)

해석 쿨티즈는 새로운 그래픽 티셔츠 제품군을 출시 기념가로 낮게 판매하는 중이다. 이 세일은 그 매장이 더 저렴한 제품들을 <u>제공해야 한다</u>고 말했던 고객들의 피드백에 대응한 것이다.

해설 앞에 '고객들의 피드백(feedback from customers)'이라는 표현이 나왔으므로, 그 가게가 더 합리적인 가격을 '제공해야 한다고 말했다'와 같이 충고 또는 권유의 문맥이 되어야 가장 적절하다. 이때 조동사 should(~해야 한다)가 의무 또는 당위성을 나타낼 수 있으므로 (a)가 정답이다.

>  **오답체크**
>
> 조동사 must는 법 또는 규정에 의해 의무적으로 '~해야 한다'의 문맥일 때 사용되므로 주어진 문맥에 어울리지 않아 오답이다.

어휘 a new line of ~의 새로운 제품군(상품의 종류) low 낮은 introductory 서두의, 입문적인, (처음 판매되는 상품) 출시 기념을 위한 in response to ~에 대응하여 offer 제공하다 affordable 감당할 수 있는, (금액이) 저렴한, 적정한

22 가정법 – 과거완료   정답 (c)

해석 그웬은 오늘 화학 시험을 망쳤다. 그녀는 시험이 곧 있을 거라는 사실을 인지하지 못했기 때문에 준비되어 있지 않았다. 만약 그녀가 이메일을 확인했다면, 그녀는 시험일에 대한 교수님의 발표를 봤을 것이다.

해설 빈칸 절에서 Had she checked 이하는 가정법 if절(If she had checked)의 도치된 형태이다. 이때 과거완료시제 동사를 구성하는 Had와 checked가 가정법 과거완료의 단서이므로 〈would + have p.p.〉의 형태인 (c)가 정답이다.

어휘 fail an exam 시험에 떨어지다, 시험을 망치다 chemistry 화학 unprepared 준비되지 않은 because ~때문에 be aware of ~를 알다, 인지하다 coming up 곧 있을, 곧 일어날 check 확인하다 professor 교수 announcement 발표

23 that절 should 생략

정답 (d)

해석 ▶ 3일 연속으로 야근을 한 후, 다니엘은 지금 회사에 있고 스트레스를 많이 받은 것 같다. 한 직장동료는 그가 기진맥진한 상태에서 회복하기 위해 휴가를 <u>써야 한다고</u> 조언하고 있다.

해설 ▶ advise와 같이 주장·제안·명령·요구 등을 나타내는 동사가 that절과 함께 나오면, that절의 동사 자리에는 〈should + 동사원형〉에서 should가 생략된 동사원형만 가능하다. 따라서 정답은 (d)이다.

어휘 ▶ work overtime 초과근무를 하다, 야근하다 straight (숫자와 함께) ~연속으로 heavily 매우, 심하게 stressed 스트레스를 받은 co-worker 동료 take a day off 휴가를 쓰다 recover 회복하다 exhaustion 탈진, 기진맥진, 고갈

24 준동사 – to부정사

정답 (a)

해석 ▶ 프란시스는 인원들 중 한 명인 수잔이 행방불명이 되었을 때 관광객 무리를 이끌던 중이었다. 그는 도움을 위해 당국에 연락하는 동안 다른 사람들에게 로비에서 <u>기다리라고</u> 요청했다.

해설 ▶ 빈칸 앞 동사 ask는 〈ask + 목적어 + to부정사(~에게 …하라고 요청하다)〉의 어순으로 쓰여 to부정사를 목적어 the others 뒤에 목적격 보어로 취하고, 이때 wait이 ask와 시제가 같은 동작이므로 단순 to부정사인 (a)가 정답이다.

어휘 ▶ lead 이끌다 tourist 관광객 go missing 행방불명이 되다 ask A to V A에게 ~하라고 요청하다 while ~하는 동안 contact 연락하다, 접촉하다 authorities 당국, 관계자

25 준동사 – 동명사

정답 (d)

해석 ▶ 타조가 지구 상에서 가장 크고 가장 빠르게 달리는 새라는 것은 사실이다. 그러나, 타조가 포식자들에 의해 <u>보여지는 것을</u> 피하기 위해 모래 속에 머리를 파묻는다는 것은 사실이 아니다.

해설 ▶ 빈칸 앞 동사 avoid는 동명사를 목적어로 취한다. 보기의 동사 be seen은 문맥상 avoid와 시제가 같은 동작(보여지는 것을 피하다)이므로, 그보다 이전의 동작(이미 보여졌던 것을 피하다)을 나타내는 having p.p.를 오답으로 소거하면 단순 동명사인 (d)가 정답이다.

어휘 ▶ true 사실인 ostrich 타조 however 그러나 bury 묻다, 매장하다 avoid 피하다 predator 포식자

26 시제 – 현재완료진행

정답 (c)

해석 ▶ 덴마크 국기는 현재 세계에서 가장 오래 계속적으로 사용되어진 국기이다. 이 왕국은 1300년대부터 그 국기를 <u>사용해오고 있는 중이며</u>, 수 세기 동안 다른 나라들의 국기 디자인에 영향을 주었다.

해설 ▶ 빈칸 절에서 〈since + 과거시점(the 1300s)〉은 현재완료진행시제의 단서이며, 1300년대부터 지금까지(완료) 계속 '국기를 사용해오고 있는 중이다'라는 의미를 만든다. 따라서 정답은 (c)이다.

어휘 ▶ flag 깃발, 국기 currently 현재 continuously 계속해서 kingdom 왕국 influence 영향을 미치다 century 세기

실전문제 10

p.84

01 (b)	**02** (c)	**03** (d)	**04** (d)	**05** (a)
06 (c)	**07** (b)	**08** (d)	**09** (a)	**10** (c)
11 (d)	**12** (b)	**13** (a)	**14** (c)	**15** (d)
16 (a)	**17** (b)	**18** (a)	**19** (d)	**20** (b)
21 (c)	**22** (a)	**23** (c)	**24** (a)	**25** (d)
26 (c)				

해설▶ 빈칸 절 맨 앞에 주어진 시간 부사 At the moment 는 빈칸의 동사가 현재 시점에서 진행 중임을 나타내는 현재진행시제의 단서이므로, 정답은 (c)이다.

어휘▶ flight 비행, 항공편 training 훈련 finally 마침내 pilot 조종하다 commercial 상업의 aircraft 항공기 at the moment 바로 지금 lightheartedly 가벼운 마음으로 crew 승무원 keep ~ at bay ~을 막다, 저지하다 anxiety 불안함, 염려

---

01 관계사 – 관계대명사   정답 (b)

해석▶ 20년 동안, 줄다리기는 정식 올림픽 종목으로 여겨졌다. 그러나, 1921년에, 그것은 올림픽 행사를 주최하고 조정하는 국제올림픽위원회가 줄다리기 참가자들이 너무 많다고 결정을 내렸을 때 종목 목록에서 제외되었다.

해설▶ 빈칸 앞 선행사인 the International Olympic Committee는 사람/사물 둘 다 될 수 있어서 주어진 모든 관계대명사의 수식을 받을 수 있다. 그런데 that은 콤마(,) 뒤에 나올 수 없고, which와 whom 은 뒤에 완전한 절이 나올 수 없어 (a), (c), (d)는 오답 처리된다. 한편 who는 빈칸 앞에 콤마가 있어도 사용 가능하고, 뒤에 주어가 없는 불완전한 절이 정상적으로 나오고 있다. 따라서 (b)가 정답이다.

어휘▶ tug of war 줄다리기 consider 고려하다, 여기다, 간주하다 legitimate 정당한, 진정한 Olympic sport 올림픽 종목 however 그러나 remove 제거하다 roster 목록, 명단 organize 준비하다, 주최하다 moderate 조정하다, 누그러뜨리다, 완화하다 decide 결정하다 participant 참가자

---

02 시제 – 현재진행   정답 (c)

해석▶ 4년의 비행 훈련 후에, 노아는 오늘 오후에 마침내 자신의 첫 상업용 항공기를 조종할 것이다. 바로 지금, 그는 불안감을 떨쳐내기 위해 승무원들과 가벼운 마음으로 대화하는 중이다.

실전문제10

03 준동사 – 동명사   정답 (d)

해석▶ ABC 건설은 허리케인과 지진과 같은 자연재해에 의해 영향을 받는 지역 주민들을 돕는 것으로 알려져 있다. 그 회사의 직원들은 보답하여 긍정적 영향을 만드는 방법으로서 고통스러워하는 지역 주민들을 돕는 것을 지원한다.

해설▶ 빈칸 앞 동사 support는 동명사를 목적어로 취한다. 보기의 동사 help는 문맥상 support와 시제가 같은 동작(돕는 것을 지원하다)이므로, 그보다 이전의 동작(이미 도왔던 것을 지원하다)을 나타내는 having p.p.를 오답으로 소거하면 단순 동명사인 (d)가 정답이다.

어휘▶ be known to V ~하는 것으로 알려져 있다 aid 돕다 community 지역 사회, (특정 지역의) 주민 affect 영향을 미치다 natural disaster 자연재해 like ~와 같은 support 지원하다, 지지하다 distressed 고통스러워하는, 괴로워하는 as ~로서 way 방법 give back 돌려주다, 보답하다 make an impact 영향을 주다 positive 긍정적인

---

04 가정법 – 과거완료   정답 (d)

해석▶ 줄리안은 그의 시험에서 거의 만점을 받을 뻔했다. 지시사항에는 정답 선택지에 밑줄을 그으라고 했지만, 그는 대신에 그것들을 동그라미를 그렸다. 만약 그가 지시사항을 따랐었다면, 그는 1점 감점을 받는 것을 피했을 것이다.

해설 빈칸 절에서 Had he followed 이하는 가정법 if절 (If he had followed)의 도치된 형태이다. 이때 과거완료시제 동사를 구성하는 Had와 followed가 가정법 과거완료의 단서이므로 〈would + have p.p.〉의 형태인 (d)가 정답이다.

어휘 almost 거의 instruction 지시사항 underline 밑줄을 긋다 correct 맞는, 정확한 answer choice 선택지 circle 동그라미를 그리다, 동그라미 표시를 하다 instead 대신에 follow 따르다, 준수하다 avoid 피하다 deduction 빼기, 공제, 추론

05 시제 – 미래완료진행　　　정답 (a)

해석 마라는 그녀의 두통을 위한 진통제를 복용하는 것의 대안을 찾았다. 오늘 아침에, 그녀는 일본산 특수 통증완화 패치를 사용하기 시작했다. 정오가 될 때쯤에는, 그녀는 패치를 이마에 4시간 동안 붙여오고 있을 것이다.

해설 빈칸 절에서 〈by + 미래 시점(noon)〉와 〈for + 기간 (for four hours)〉은 빈칸의 동사가 미래의 어느 시점까지 계속 진행 중일 것임을 나타낼 때 쓰이는 미래완료진행시제의 단서이다. 즉 정오가 될 시점에는 (미래) 마라는 패치를 이마에 4시간 동안(완료) '붙여오고 있을 것이다'라는 의미가 되어야 하므로, 정답은 (a)이다.

어휘 alternative 대안 painkiller 진통제 headache 두통 pain relief patch 통증완화 패치, 파스 noon 정오 wear 입고 있다, 착용하고 있다 forehead 이마

06 that절 should 생략　　　정답 (c)

해석 우리의 CEO인 맥스웰 씨는, 올해가 끝나기 전에 기업의 사회적 책임 프로그램에 대한 제안을 찾고 있는 중이다. 그는 모든 직원들이 8월 31일이나 혹은 그 이전에 제안서를 제출해야 한다고 요청한다.

해설 ask와 같이 주장·제안·명령·요구 등을 나타내는 동사가 that절과 함께 나오면, that절의 동사 자리에는 〈should + 동사원형〉에서 should가 생략된 동사원형만 가능하다. 따라서 정답은 (c)이다.

어휘 look for 찾다, 구하다 suggestion 제안 corporate social responsibility 기업의 사회적 책임(CSR) ask 요청하다 submit 제출하다 proposal 제안서

07 가정법 – 과거　　　정답 (b)

해석 독특한 시력 때문에, 독수리들은 인간보다 8배나 더 또렷하게 세상을 볼 수 있다. 만약 인간이 독수리와 같은 시력을 가지고 태어난다면, 인간은 2마일까지 멀리 떨어진 사물을 또렷하게 볼 것이다.

해설 빈칸 절의 if와 보기의 would는 가정법 문제를 나타내고, if절의 과거시제 동사 were가 가정법 과거의 단서이므로 〈would + 동사원형〉의 형태인 (b)가 정답이다.

어휘 due to ~때문에 unique 독특한, 특별한 optical ability 시력 see ~ clearly ~를 또렷하게(선명하게) 보다 up to ~까지

08 준동사 – 동명사　　　정답 (d)

해석 헤일리는 이번 주에 자신의 생애 첫 직장에 다니기 시작했다. 그녀는 내게 회사에서 친구 사귀는 방법에 대한 조언을 구했다. 나는 점심 시간과 커피 마시며 쉬는 동안 동료 직원들과 최대한 자주 함께 하라고 권했다.

해설 빈칸 앞 동사 advise는 동명사를 목적어로 취한다. 보기의 동사 join은 문맥상 advise와 시제가 같은 동작(함께 하는 것을 조언하다)이므로, 그보다 이전의 동작(이미 함께 했던 것을 조언하다)을 나타내는 having p.p.를 오답으로 소거하면 단순 동명사인 (d)가 정답이다.

어휘 first-ever 사상 최초의, 생애 첫 ask A for B A에게 B를 요청하다, 물어보다 advise 조언하다, 권고하다 colleague 동료 직원 during ~동안 coffee break (커피를 마시는) 휴식 시간 often 자주, 종종

09 가정법 – 과거완료　　　정답 (a)

해석 1954년에, 최초의 인간 신장 이식이 보스턴에 있는 피터 벤트 브리검 병원에서 진행되었다. 만약 신장 이식 수술이 발달해오지 않았다면, 최초 수혜자인 리처드 헤릭은 신부전에서 살아남지 못했을 것이다.

해설 빈칸 절의 if와 보기의 would는 가정법 문제를 나타내고, if절의 과거완료시제 동사 had not been 이 가정법 과거완료의 단서이므로 〈would + have p.p.〉의 형태인 (a)가 정답이다.

어휘 kidney 신장 transplant 이식 successfully 성공적으로 transplantation 이식 수술 recipient 받는 사람, 수혜자 survive ~에서 살아남다 kidney failure 신부전(신장이 제 기능을 수행하지 못하는 상태)

---

10 준동사 – to부정사 정답 (c)

해석 데니스는 단테의 《인페르노》에 대한 독후감을 작성하고 교정을 보는 데 3일을 보냈다. 그가 그것에 들인 모든 노력 끝에, 그는 그것을 제출할 때 못해도 A-는 받기를 희망하고 있다.

해설 빈칸 앞 동사 hope는 to부정사를 목적어로 취한다. 보기의 동사 get은 문맥상 hope 이후의 동작(A-를 받기를 희망하다)이므로, 그보다 이전의 동작(이미 A- 받았던 것을 희망하다)을 나타내는 to have p.p.를 오답으로 소거하면 단순 to부정사인 (c)가 정답이다.

어휘 spend 시간 -ing ~하는 데 시간을 보내다 proofread 교정을 보다 reaction paper 독후감, 감상문 hope 희망하다 grade 점수, 등급, 학점 hand in 제출하다

---

11 조동사 문맥 찾기 정답 (d)

해석 2004년 근로시간 지침은 의료 전문가들에게 초과 근무를 포함하여 주 평균 48시간 근로를 명시한다. 병원과 진료소를 이 지침을 엄격하게 시행해야 하며, 그러지 않으면 그들은 벌금을 과중하게 물게 될 것이다.

해설 첫째 문장의 근로시간 지침, 그리고 마지막 문장의 '그러지 않으면 병원과 진료소는 벌금을 과중하게 물 것이다(or they will get heavily fined)'는 따라야 할 규정에 관한 내용들이므로, 벌금을 물지 않으려면 이 지침을 엄격하게 '시행해야 한다'는 문맥이 되어야 가장 적절하다. 이때 조동사 must(~해야 한다)가 강제적인 의무를 나타낼 수 있으므로 (d)가 정답이다.

어휘 directive (공식적인) 지침, 명령 specify 명시하다 maximum 최대의 on average 평균적으로 including ~를 포함하여 overtime 초과 근무 medical 의학의, 의료의 professional 전문가 clinic 진료소 strictly 엄격하게 implement 시행하다 get heavily fined 벌금을 과중하게 물다

---

12 시제 – 과거진행 정답 (b)

해석 제레미는 현재 2살인 반려견 맥스를 입양했던 날을 항상 추억한다. 그날, 그는 공원의 덤불 뒤에서 강아지가 우는 것을 들었을 때 친구네 집으로 자전거를 타고 가던 중이었다.

해설 빈칸 절에서 〈when + 과거시제 동사(heard)〉는 빈칸의 동사가 과거의 특정 시점에 동시에 진행 중이었음을 나타내는 과거진행시제의 단서이다. 즉 제레미가 강아지 우는 소리를 들었던 과거의 그 시점에 자전거를 타는 행위가 진행 중이었다는 의미가 되어야 하므로 정답은 (b)이다.

> ✔ **오답체크**
>
> 주어진 문장은 자전거를 타고 가는 도중에 강아지 우는 소리를 들었다는 것인데, 단순과거시제 (c) cycled 를 쓰면 강아지 소리를 듣고 나서 자전거를 탔다는 어색한 의미가 되므로 (c)는 오답이다.

어휘 reminisce 회상하다, 추억에 잠기다 adopt 입양하다 cycle 자전거를 타다 bush 관목, 덤불

---

13 연결어 – 접속사 정답 (a)

해석 결혼식 날에, 제이든과 새라는 하객들의 마음을 울리는 말들을 서로에게 해주었다. 제이든은 그와 새라가 공공 도서관의 주차장에서 처음 만났을 때 자신의 인생이 진정으로 시작되었다고 말했다.

해설 빈칸 앞뒤 문맥을 보면 앞 문장(그의 삶이 진정으로 시작되었다)과 뒤 문장(주차장에서 처음 만났다) 사이에 '~할 때'의 의미로 쓰이는 시간 접속사 when 을 넣었을 때 '주차장에서 처음 만났던 그 시점에' 그의 삶이 진정으로 시작되었다'가 되어 두 내용의 시간 흐름이 자연스럽게 연결되므로, 정답은 (a)이다.

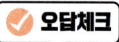

while(~하는 동안)은 두 동작이 동시에 진행되는 상황을 나타낼 때 사용되어 주로 진행시제와 함께 어울리며, 주어진 문장과 같이 그의 인생이 시작된 특정 시점을 지정하는 데 사용되지 않으므로 (d)는 오답이다.

어휘 each other 서로 touch one's heart ~의 마음을 울리다, ~를 감동시키다 truly 진정으로, 정말로 public 대중의, 공공의 when ~할 때 since ~때문에, ~이래로 until ~할 때까지 while ~하는 동안, ~하는 반면에

14 시제 – 미래진행 정답 (c)

해석 가수 겸 배우인 에반 브리지스는 포쉬 모델즈 인터내셔널과 계약을 맺었다. 그의 첫 번째 의뢰로, 그는 다음 달 이탈리아에서 하는 F/W시즌 패션쇼에서 세 개의 디자이너 의상들을 <u>입어 보이고 있을 것이다.</u>

해설 빈칸 절의 맨 뒤에 주어진 시간 부사(next month)는 빈칸의 동사가 미래 시점에서 진행 중임을 나타내는 미래진행시제의 단서이므로, 정답은 (c)이다.

어휘 sign a contract 계약서에 서명하다, 계약을 맺다 gig (일회성의) 일, 의뢰 model (옷을) 입어 보이다 outfit 의상

15 가정법 – 과거완료 정답 (d)

해석 나딘은 고급 와인 디캔터를 온라인으로 주문했는데 그것이 매장에서 사는 것보다 더 저렴하기 때문이었다. 그러나, 그 디캔터는 깨져서 도착했다. 그녀가 이런 일이 발생할 것을 알았다면, 그녀는 쇼핑몰에 있는 더 비싼 걸로 <u>구입했을 것이다.</u>

해설 빈칸 절에서 Had she known 이하는 가정법 if절(If she had known)의 도치된 형태이다. 이때 과거완료시제 동사를 구성하는 Had와 known이 가정법 과거완료의 단서이므로 〈would + have p.p.〉의 형태인 (d)가 정답이다.

어휘 order 주문하다 fancy 고급의, 값비싼, 화려한 decanter 디캔터(술을 잔에 따르기 전 상에 내어놓을 때 따로 담아두는 병) because ~때문에 cheap 값싼, 저렴한 however 그러나 arrive 도착하다 broken 깨진, 부러진, 고장이 난 happen 일어나다, 발생하다 expensive 비싼

16 관계사 – 관계대명사 정답 (a)

해석 감자의 녹색 반점들은 무해한 것처럼 보이지만, 그것들은 심각하게 여겨져야 한다. 그 얼룩진 부분들은 배탈, 더 나쁘게는 심각한 식중독 사례를 <u>야기할 수 있는</u> 독소가 있음을 나타낸다.

해설 빈칸 앞 선행사인 a toxin은 사물이므로 관계대명사 that 또는 which의 수식을 받는다. 빈칸 앞에 콤마(,)가 없어서 that을 소거하지 못하는 경우, 관계대명사 뒤의 문장이 불완전한지의 여부를 따져야 한다. 관계대명사는 뒤에 주어(또는 목적어)가 없는 불완전한 절이 나와야 하므로, 결국 정답은 (a)이다.

어휘 spot 반점 seem ~인 것처럼 보이다 harmless 무해한, 해롭지 않은 be taken seriously 진지하게(심각하게) 여겨지다 blotch 얼룩, 반점 signify 나타내다, 뜻하다, 보여주다 presence 있음, 존재함 toxin 독소 cause 유발하다, 야기하다 upset stomach 배탈 lethal 치명적인 case 경우, 사례 food poisoning 식중독

17 준동사 – to부정사 정답 (b)

해석 막대 아이스크림은 프랭크 에퍼슨이라는 이름의 소년에 의해 뜻하지 않게 발명되었다. 역사가들에 따르면, 이 발견은 에퍼슨이 한 겨울 밤 설탕이 든 물 한 잔을 현관에서 <u>안에 들여놓을 것을</u> 잊어버렸을 때 발생했다.

해설 빈칸 앞 동사 forget은 문맥에 따라 취하는 목적어가 다르기 때문에 해석이 필요하다. 주어진 문장에서 에퍼슨이 추운 겨울 날 현관문 앞에 두었던 설탕물을 집 안에 들여놓아야 하는데 그 행위를 하는 것을 잊어버렸다는 흐름이다. 이때 설탕물을 안으로 들이는 행위는 이전에 이미 한 일(동명사)이 아니고 그 당시에 해야 할 일, 즉 앞으로 할 일(to부정사)에 해당되므로, 정답은 (b)이다.

어휘 popsicle 막대 아이스크림 accidentally 뜻하지 않게, 우연히 invent 발명하다 according to ~에 따르면 historian 역사가, 사학가 discovery 발견 happen 일어나다, 발생하다 forget 잊다, 잊어버리다 take ~ in ~를 (집 안에) 들이다, 지내게 하다 sugary 설탕이 든 porch 현관

18 시제 – 과거완료진행   정답 (a)

해석 ▶ 베이캣츠 대 가젤스 축구 경기는 짙은 안개 때문에 연기되었다. 그러나, 베이캣츠의 골키퍼는 그 발표를 모르고 있었다. 그는 그 지연에 대해 알았을 때 관중석에서 30분 동안 홀로 <u>앉아오고 있었다</u>.

해설 ▶ 빈칸 절에서 〈when + 과거시제 동사(learned)〉와 〈for + 기간(for 30 minutes)〉은 과거 시점을 기준으로 그 이전부터 시작된 빈칸의 동사가 기준 시점까지 진행 중이었음을 나타낼 때 쓰이는 과거완료진행 시제의 단서이다. 즉 그가 알게 되었던 시점(과거)이 기준 시점이 되고, 그 이전부터 기준 시점까지 관중석에서 홀로 30분 동안(완료) '앉아오고 있었다'라는 의미가 되어야 하므로, 정답은 (a)이다.

어휘 ▶ match 경기, 시합 postpone 연기하다, 미루다 due to ~때문에 heavy fog 짙은 안개 however 그러나 be unaware of ~에 대해 모르고 있다 announcement 발표 alone 혼자서 bleacher (경기장의) 관중석 learn 알게 되다 postponement 연기, 지연

19 연결어 – 접속부사   정답 (d)

해석 ▶ 20만 개 이상의 섬들이 있어서, 스웨덴은 전 세계의 모든 나라들 중 가장 많은 섬을 가지고 있는 것으로 추정된다. <u>그러나</u>, 그 섬들 중에서 겨우 1천 개에서만 사람들이 살고 있다.

해설 ▶ 빈칸 앞 내용에서 뒤 내용으로 연결되는 흐름을 보면 20만 개가 넘는 많은 수의 섬과 겨우 1천개라는 상대적으로 적은 수의 섬이 대조를 나타내고 있으므로 역접을 나타내는 However(그러나)가 빈칸에 가장 적절하다. 따라서 정답은 (d)이다.

어휘 ▶ more than ~이상의 estimate 추정하다, 예상하다 only 오직, 겨우 ~만 inhabited (사람·동물이) 사는, 거주하는, 서식하는 finally 마침내 otherwise 그렇지 않으면 therefore 그러므로

20 시제 – 현재완료진행   정답 (b)

해석 ▶ CMX 솔루션의 콜센터 직원 단체가 노동조합을 결성하기로 결정했다. 회사 측은 2월 이래로 일부 직원 복리후생의 배분을 <u>지연시켜오고 있는 중이었고</u>, 노조는 이 잘못을 바로잡을 의도가 있다.

해설 ▶ 빈칸 절에서 〈since + 과거시점(February)〉은 현재완료진행시제의 단서이며, 2월부터 지금까지(완료) 계속 '배급을 지연시켜오고 있는 중이다'라는 의미를 만든다. 따라서 정답은 (b)이다.

어휘 ▶ call center agent 콜센터 직원 decide 결정하다 form 형성하다, 결성하다 labor union 노동조합, 노조 delay 미루다, 지연시키다 distribution 분배 employee benefits 직원 복리후생 intend 의도하다, ~할 작정이다 correct 바로잡다

21 가정법 – 과거   정답 (c)

해석 ▶ 우리 엄마에게 갓 구운 빵의 맛과 향보다 더 나은 것은 없다. 그녀는 만약 새로운 취미를 시도한다면, 가게에서 빵을 사는 것 대신 빵을 직접 만들기 <u>시작할 거라고</u> 말한다.

해설 ▶ 빈칸 절의 if와 보기의 would는 가정법 문제를 나타내고, if절의 과거시제 동사 were가 가정법 과거의 단서이므로 〈would + 동사원형〉의 형태인 (c)가 정답이다.

어휘 ▶ nothing beats ~ ~보다 더 나은 것은 없다 freshly baked 갓 구운 try 시도하다 instead of ~대신에

22 that절 should 생략   정답 (a)

해석 ▶ 피싱은 사람을 속여 비밀 정보를 내놓게 하도록 고안된 이메일 발송 사기 행위이다. 피싱 사기를 피하기 위해서, 사기 방지 전문가들은 비판적인 시선으로 이메일을 <u>읽어야 한다고</u> 촉구한다.

해설 ▶ urge와 같이 주장·제안·명령·요구 등을 나타내는 동사가 that절과 함께 나오면, that절의 동사 자리에는 〈should + 동사원형〉에서 should가 생략된 동사원형만 가능하다. 따라서 정답은 (a)이다.

어휘 ▶ fraudulent 사기를 치는, 속이는 practice 행위, 관행, 연습 design 설계하다 trick A into -ing A를 속여 ~하게 하다 give away 거저 주다, 내어 주다 confidential 기밀의, 비밀의, 은밀한 avoid 피하다 scam 사기 anti-fraud 사기를 방지하는 urge 촉구하다 critical 비판적인, 중요한

23 조동사 문맥 찾기 　　정답 (c)

해석 재니스는 그녀가 9살이었을 때 오른쪽 손목을 다쳤고, 이는 그녀가 몇 달간 왼손에 의존하는 것을 강제했다. 결과적으로, 그녀는 어른이 되어서 오른손과 왼손을 동등하게 잘 사용할 수 있다.

해설 앞에서 재니스가 오른쪽 손을 다쳐서 왼손에 강제로 의존하게 되었다(forced her to rely on her left hand)고 했으므로, '결과적으로 그녀가 왼손을 오른손만큼 똑같이 잘 사용할 수 있다'의 문맥으로 이어져야 가장 적절하다. 이때 조동사 can(~할 수 있다)이 능력의 의미를 나타낼 수 있으므로 (c)가 정답이다.

어휘 wrist 손목　force A to V A가 ~하도록 강요하다　rely on ~에 의존하다　as a result 결과적으로　equally 동등하게　as ~로서

24 준동사 – 동명사 　　정답 (a)

해석 제1차 세계 대전 동안, 독일의 해군 전투순양함은 기습 해상 공격의 일부로서 스스로를 영국 왕립 해군 함선으로 위장했다. 이 속임수는 가짜와 진짜 함선들이 바다에서 만났을 때 효과를 보는 것을 멈췄다.

해설 빈칸 앞 동사 stop은 동명사를 목적어로 취한다. 보기의 동사 work는 문맥상 stop과 시제가 같은 동작(효과를 보는 것을 멈추다)이므로, 그보다 이전의 동작(이미 효과를 봤던 것을 멈추다)을 나타내는 having p.p.를 오답으로 소거하면 단순 동명사인 (a)가 정답이다.

> ✅ **오답체크**
>
> stop 뒤 to부정사는 목적을 나타내는 부사적 용법(~하기 위해)으로 쓰이는데, 빈칸에 넣으면 '효과를 보기 위해 속임수가 멈췄다'라는 어색한 문맥이 되어 (c)는 오답이다.

어휘 navy 해군　battlecruiser 순양전함, 전투순양함　disguise 변장하다, 위장하다　as part of ~의 일부로서　surprise 기습적인, 불시의　naval 해군의　deception 속임수, 기만　work 효과가 나다　fake 가짜의, 거짓된

25 가정법 – 과거 　　정답 (d)

해석 비록 지진이 파괴적인 피해와 사상자를 남기지만, 지진은 지구의 생태적 균형을 유지하는 데 필요하다. 만약 지진이 발생하는 것을 멈춘다면, 지구는 불안정한 온도, 메마른 땅, 그리고 사람이 살 수 없는 대륙을 갖게 될 것이다.

해설 빈칸 절의 if와 보기의 would는 가정법 문제를 나타내고, if절의 과거시제 동사 were가 가정법 과거의 단서이므로 〈would + 동사원형〉의 형태인 (d)가 정답이다.

어휘 although 비록 ~이지만　earthquake 지진　leave 떠나다, 남기다　devastating 파괴적인　damage 손상, 피해　casualty 사상자　necessary 필수적인　maintain 유지하다　ecological 생태계의, 생태학의　balance 균형　happen 일어나다, 발생하다　unstable 불안정한　temperature 기온, 온도　barren 척박한, 메마른　land 땅, 토지　uninhabitable 사람이 살 수 없는　continent 대륙

26 준동사 – to부정사 　　정답 (c)

해석 인간은 흉곽에 의해 보호받는 두 개의 폐를 가지고 있다. 그러나, 왼쪽과 오른쪽 폐는 크기가 다르다. 왼쪽 폐는 심장을 위한 공간을 마련하기 위해 약간 더 작다.

해설 빈칸 앞 문장(왼쪽 폐가 약간 더 작다)을 뒤에서 부사처럼 수식(공간을 마련하기 위해)할 수 있는 to부정사가 빈칸에 가장 적절하다. 이때 '~하기 위해'라는 의미의 목적을 나타낼 때 단순 to부정사를 사용하므로, 정답은 (c)이다.

어휘 lung 폐　protect 보호하다　rib cage 흉곽　however 그러나　different 다른　slightly 약간, 조금　make room for ~을 위한 공간을 마련하다

01 (d)	**02** (a)	**03** (b)	**04** (c)	**05** (a)
06 (b)	**07** (c)	**08** (d)	**09** (a)	**10** (b)
11 (a)	**12** (b)	**13** (b)	**14** (a)	**15** (c)
16 (b)	**17** (c)	**18** (d)	**19** (d)	**20** (a)
21 (c)	**22** (c)	**23** (c)	**24** (b)	**25** (a)
26 (d)				

01 시제 – 현재완료진행 정답 (d)

해석 오늘은 부모님이 가장 좋아하는 아침 프로인 《LA의 아침》의 마지막 방송이다. 그들은 그 프로가 10년 전에 처음 방영한 이래로 계속 시청해오고 있는 중이며, 그것이 끝나게 되어 슬퍼하고 있다.

해설 빈칸 절에서 〈since + 과거시제 동사(aired)〉은 현재완료진행시제의 단서이며, 10년 전에 처음 방영했을 때부터 지금까지(완료) 계속 '그 프로를 시청해오고 있는 중이다'라는 의미를 만든다. 따라서 정답은 (d)이다.

어휘 broadcast 방송(하다) favorite 가장 좋아하는 watch 시청하다 air 방송하다

02 준동사 – 동명사 정답 (a)

해석 게이브는 그가 또 다른 파티에서 오고 있었기 때문에 미리 연락해서 늦을 것 같다고 말했다. 그의 회사는 올해의 마케팅적인 우수성으로 명망 있는 골든 펜 어워드를 받은 것을 축하하고 싶었다.

해설 빈칸 앞 동사 celebrate는 동명사를 목적어로 취한다. 보기의 동사 receive는 문맥상 celebrate와 시제가 같은 동작(상을 받은 것을 축하하다)이므로, 그보다 이전의 동작(이미 받았던 것을 축하하다)을 나타내는 having p.p.를 오답으로 소거하면 단순 동명사인 (a)가 정답이다.

어휘 call ahead 미리 연락하다 celebrate 축하하다, 기념하다 receive 받다 prestigious 명망 있는 excellence 뛰어남, 탁월함, 우수성

03 가정법 – 과거완료 정답 (b)

해석 배심원단은 피고인에 유리하게 판결했고 그 피고인에 대한 모든 소송은 기각되었다. 만약 검사들이 더 설득력 있는 증거를 제시해냈다면, 그들은 그 소송을 이겼을 것이다.

해설 빈칸 절에서 Had the prosecutors managed 이하는 가정법 if절(If the prosecutors had managed)의 도치된 형태이다. 이때 과거완료시제 동사를 구성하는 Had와 managed가 가정법 과거완료의 단서이므로 〈would + have p.p.〉의 형태인 (b)가 정답이다.

어휘 jury 배심원단 rule 판결을 내리다 in favor of ~에 찬성하여, ~의 이익이 되도록 defendant 피고인(측) case 사건, 소송 against ~에 반대하여, ~에 맞서 the accused 피고(인) dismiss ~을 기각하다 prosecutor 검찰 manage 어떻게든 ~해내다 present 제시하다 convincing 설득력 있는 evidence 증거 probably 아마도 win 얻다, 이기다

04 조동사 문맥 찾기 정답 (c)

해석 보건부는 대중들에게 나라의 독감 환자 수에 대해 정기적으로 알린다. 그들의 최근 공고에 따르면, 만약 사람들이 독감 같은 증상을 느끼기 시작한다면 즉시 의사의 치료를 받아야 한다.

해설 보건부가 제시하는 최근 공고(latest bulletin)에 따라 독감 같은 증상을 느끼기 시작하는 경우에 즉시 치료를 받으라고 조언하는 문맥이므로, 권고, 의무, 당위성을 나타내는 should(~해야 한다)가 빈칸에 가장 적절하다. 따라서 (c)가 정답이다.

어휘 routinely 정기적으로 warn 경고하다, 알리다 public 대중 flu 독감 case 경우, 사례, (병의) 증세, 환자 latest 최근의, 최신의 bulletin (중요한) 고시, 공고 symptom 증상 seek medical attention 치료를 받다 immediately 즉시

05 준동사 – to부정사   정답 (a)

해석 어제부터, 글래드조 사의 공장 직원들은 회사의 직원 임금 지급 지연에 반응하여 파업 중이었다. 경영진이 직원들에게 지급하기로 합의할 때까지, 그들은 업무로 복귀하지 않을 것이다.

해설 빈칸 앞 동사 agree는 to부정사를 목적어로 취한다. 보기의 동사 pay는 문맥상 agree 이후의 동작(지급할 것을 합의하다)이므로, 그보다 이전의 동작(이미 지급했던 것을 합의하다)을 나타내는 to have p.p.를 오답으로 소거하면 단순 to부정사인 (a)가 정답이다.

어휘 be on strike 파업 중이다 in response to ~에 반응하여, 응답하여 delayed 지연된 payment 지불, 지급 until ~할 때까지 management 경영진 agree 동의하다, 합의하다

06 시제 – 과거진행   정답 (b)

해석 유진 폴리는 사상 최초의 무선 텔레비전 리모컨을 발명함으로써 미국인들의 생활 방식에 혁신을 일으켰던 전자공학기술자였다. 그는 그 리모컨을 플래시매틱이라고 불렀고, 그것은 텔레비전 세트가 인기를 얻고 있었던 1951년에 처음으로 판매되었다.

해설 빈칸 앞에 주어진 전치사구(in 1951)가 과거 시점을 가리키고, 관계부사 when의 수식을 받는 구조이다. 즉 when절의 동사는 결국 when이 가리키고 있는 시점인 1951년(과거)에 발생하는 행위가 되며, 과거의 그 시점에 텔레비전 세트가 인기를 얻는 상태가 진행 중이었다는 의미가 되어야 하므로 정답은 (b)이다.

어휘 electronics 전자 공학, 전자 기기 engineer 기사, 기술자 revolutionize 혁신을 일으키다, 획기적으로 변화시키다 invent 발명하다 wireless 무선의 come into popularity 인기를 얻기 시작하다

07 가정법 – 과거   정답 (c)

해석 제시는 값비싼 컴퓨터 업그레이드에 돈을 쓰는 것에 대해 다시 생각해 보고 있다. 그는 만약 자기가 지원했던 재택 기반 IT 직장에 취직한다면, 그는 업그레이드를 진행할 거라고 말했다.

해설 빈칸 절의 if와 보기의 would는 가정법 문제를 나타내고, if절의 과거시제 동사 were가 가정법 과거의 단서이므로 〈would + 동사원형〉의 형태인 (c)가 정답이다.

어휘 have second thoughts 다시 생각해 보다 pay for ~에 돈을 지불하다 expensive 값비싼 home-based 재택 기반의 apply for ~에 지원하다 proceed 진행하다

08 시제 – 미래진행   정답 (d)

해석 바티칸을 견학하기 전에, 가이드는 단체에게 몇 가지 규칙과 규정을 상기시키고 있다. 오늘 오후 늦게 그들은 교회와 다른 신성한 장소들을 주로 방문하고 있을 것이기 때문에, 가이드는 그들에게 행동에 유의하라고 말하고 있다.

해설 빈칸 뒤에 주어진 시간 부사 later this afternoon이 미래 시점을 가리키므로, 미래의 특정 시점에 '방문하다'의 동작이 진행 중일 것이라는 의미를 나타내는 미래진행시제 동사가 빈칸에 가장 적절하다. 따라서 정답은 (d)이다.

어휘 tour ~을 견학하다 remind A of B A에게 B를 상기시키다 several 몇몇의 rule 규칙 regulation 규정 holy 신성한 site 장소, 현장 be mindful of ~에 유의하다

09 준동사 – 동명사   정답 (a)

해석 예술가인 존 에버렛 밀레이는 살아 있는 모델을 사용하여 《오필리아》를 그렸다. 그녀에게는 운이 좋게도, 모델이 되는 것은 그 그림이 시사하는 것처럼 몇 시간 동안 연못 안에 잠겨 있는 것을 수반하지 않았다. 대신에, 그녀는 그 예술가의 스튜디오에서 포즈를 취했다.

해설 빈칸 앞 동사 entail은 동명사를 목적어로 취한다. 보기의 동사 be submerged는 문맥상 entail과 시제가 같은 동작(연못 안에 잠겨 있는 것을 수반하다)이므로, 그보다 이전의 동작(이미 잠겨 있었던 것을 수반하다)을 나타내는 having p.p.를 오답으로 소거하면 단순 동명사인 (a)가 정답이다.

어휘 live 살아 있는 luckily 운이 좋게도 entail 수반하다 submerge (물 속에) 잠기다, 잠수하다 pond 연못 suggest 암시하다, 시사하다 instead 대신에 pose 포즈를 취하다

10　연결어 - 접속부사　　정답 (b)

해석 ▶ 동물들은 역사 내내 전쟁에서 이용되어져 왔다. 예를 들어, 고대 인도 사람들은 코끼리의 엄니에 칼날을 붙이곤 했다. 그런 다음 적을 공격하기 위해 이 칼이 달린 전쟁 코끼리들을 탑승하고 이용했다.

해설 ▶ 빈칸 뒤 내용이 문맥상 앞 내용(동물이 전쟁에 이용되어 왔다)에 대한 예시(코끼리에 칼을 붙여 적을 공격했다)로 연결되는 흐름이므로, For example(예를 들어)이 빈칸에 가장 적절하다. 따라서 정답은 (b)이다.

어휘 ▶ warfare (특정 무기·방법을 이용한) 전투, 교전　throughout ~동안 내내, 통틀어　ancient 고대의　fit A to B A를 B에 붙이다　blade (칼·도구 등의) 날　tusk (코끼리·맷돼지 등의) 엄니, 상아　ride 타다, 몰다　enemy 적, 적군　in conclusion 결론적으로

11　that절 should 생략　　정답 (a)

해석 ▶ 그 교대 학장은 대학 전반에 걸친 시험 부정행위에 연루되었기 때문에 해고되었다. 이사회는 후임자가 바로 인계받을 수 있게 그가 즉시 사무실을 비워야 한다고 요구했다.

해설 ▶ demand와 같이 주장·제안·명령·요구 등을 나타내는 동사가 that절과 함께 나오면, that절의 동사 자리에는 〈should + 동사원형〉에서 should가 생략된 동사원형만 가능하다. 따라서 정답은 (a)이다.

어휘 ▶ due to ~때문에　involvement 관련, 연루　cheating 부정행위　fire 해고하다　demand 요구하다　vacate (자리를) 비우다, (일자리·직책 등에서) 떠나다　at once 즉시, 곧바로　replacement 교체, 대체, 후임자　promptly 지체 없이, 즉시　take over 인계받다, 장악하다

12　가정법 - 과거완료　　정답 (b)

해석 ▶ 1941년의 진주만 폭격 전에, 미국인들은 제2차 세계대전에 참전하는 것과 아돌프 히틀러와의 전쟁에서 구 소련과 영국에 가세하는 것에 반대했다. 만약 일본인들이 하와이를 공격하지 않았더라면, 여론은 아마 바뀌지 않았을 것이다.

해설 ▶ 빈칸 절의 if와 보기의 would는 가정법 문제를 나타내고, if절의 과거완료시제 동사 had not attacked가 가정법 과거완료의 단서이므로 〈would + have p.p.〉의 형태인 (b)가 정답이다.

어휘 ▶ prior to ~전에　bombing 폭격　openly 공개적으로　oppose 반대하다　enter ~에 참가하다　join 합류하다　USSR 구 소련 (Union of Soviet Socialist Republics)　against ~에 대항하여　popular opinion 여론　probably 아마도

13　that절 should 생략　　정답 (b)

해석 ▶ 피곤함을 느낄 때, 움직임 또는 격한 활동은 인간의 신체에 더 많은 에너지를 제공할 수 있는데, 그것은 인간의 세포에 더 많은 연료를 생산하라고 강요하기 때문이다. 그것이 바로 사람이 피로와 싸우기 위해 더 많이 운동해야 한다고 의사들이 종종 조언하는 이유이다.

해설 ▶ advise와 같이 주장·제안·명령·요구 등을 나타내는 동사가 that절과 함께 나오면, that절의 동사 자리에는 〈should + 동사원형〉에서 should가 생략된 동사원형만 가능하다. 따라서 정답은 (b)이다.

어휘 ▶ tired 피곤해하는　movement 움직임　exertion (특히 신체적인) 노력　provide A with B A에게 B를 제공하다　force A to V A에게 ~하라고 강요하다　cell 세포　produce 생산하다　fuel 연료　advise 조언하다, 권고하다　exercise 운동하다　combat (방지하기 위해) 싸우다　fatigue 피로

14　가정법 - 과거완료　　정답 (a)

해석 ▶ 피오나는 회사의 크리스마스 파티에 참석하기로 한 그녀의 결정을 후회한다. 그녀는 그곳에 추첨이 있었다고 생각했기 때문에 그렇게 했을 뿐이었다. 만약 그녀가 추첨이 취소되었다는 것을 알았더라면, 그녀는 오지 않았을 것이다.

해설 ▶ 빈칸 절에서 Had she known 이하는 가정법 if절(If she had known)의 도치된 형태이다. 이때 과거완료시제 동사를 구성하는 Had와 known이 가정법 과거완료의 단서이므로 〈would + have p.p.〉의 형태인 (a)가 정답이다.

어휘 ▶ regret 후회하다　decision 결정　attend 참석하다　because ~때문에　raffle 복권, 추첨식　cancel 취소하다

15 준동사 – 동명사 정답 (c)

해석 ▶ 우리 이모는 최고의 초콜릿 크루아상을 만든다. 크루아상을 만드는 것은 여러 겹의 페이스트리 반죽을 만드는 것을 포함하기 때문에 어려운 것처럼 보인다. 그러나, 그녀는 일단 요령을 터득하기만 하면 실제로는 쉽다고 말한다.

해설 ▶ 빈칸 앞 동사 involve는 동명사를 목적어로 취한다. 보기의 동사 create는 문맥상 involve와 시제가 같은 동작(만드는 것을 포함하다)이므로, 그보다 이전의 동작(이미 만들었던 것을 포함하다)을 나타내는 having p.p.를 오답으로 소거하면 단순 동명사인 (c)가 정답이다.

어휘 ▶ seem ~인 것처럼 보이다 challenging 힘든, 어려운, 도전적인 because ~때문에 involve 포함하다 layer 겹, 층 dough 반죽 however 그러나 actually 사실, 실제로 once 일단 ~하면 get the hang of it 요령을 터득하다, (방법을) 이해하다

16 관계사 – 관계대명사 정답 (b)

해석 ▶ "호커스 포커스"는 마술과 관련이 있는 용어이다. 일부는 그 용어가 미사 동안 빵을 살로 바꿀 때 가톨릭 신부들에 의해 말해지던 "이것은 몸이다"를 나타내는 라틴어인 "호크 에스트 코르푸스"라는 문구의 축약형이라고 생각한다.

해설 ▶ 빈칸 앞 선행사인 the phrase "hoc est corpus,"는 사물 취급하므로 관계대명사 which 또는 that의 수식을 받는다. 이때 that은 콤마(,) 뒤에 나올 수 없으므로 오답으로 소거하고 나면, 결국 남은 보기인 (b)가 정답이다.

어휘 ▶ term 용어 associated with ~와 관련이 있는 believe A to be B A를 B라고 믿다, 생각하다 contraction 수축, 축소, (단어의) 축약형 phrase 구절, 문구 priest 사제, 신부 during ~동안 turn A into B A를 B로 바꾸다 flesh 살, 육체

17 시제 – 과거완료진행 정답 (c)

해석 ▶ 대학 농구팀의 길 감독은 마침내 그의 새로운 선발 포인트가드를 찾았다. 그는 록슨고등학교의 1학년 학생으로 결정하기 전에 한 주가 넘는 동안 다른 고등학교에서 선수들을 발굴해오던 중이었다.

해설 ▶ 먼저 첫째 문장에서 사용된 동사 시제(found)를 통해 길 감독이 새로운 선발 포인트가드를 찾은 시점은 과거이다. 또한 이어지는 빈칸절에서는 '1학년 학생으로 결정하는 것 전에(before deciding on a first-year student)'라는 내용이 나오는데, a first-year student는 문맥상 그가 과거의 특정 시점(found)에 찾은 새 포인트가드이므로 그 학생으로 결정하는 행위의 시점 역시 과거가 된다. 즉 for over a week before deciding on 이하는 '과거 시점 이전부터 한 주가 넘는 동안'의 의미를 나타내어 과거완료진행 시제의 단서가 되므로 정답은 (c)이다.

어휘 ▶ varsity team 대학 팀, (교내의 스포츠) 팀 finally 마침내 scout 정찰하다, (운동선수·연예인 등을) 발굴하다 over ~이상의 decide on ~으로 결정하다

18 가정법 – 과거 정답 (d)

해석 ▶ 메리는 빅이 어젯밤 그들의 저녁 식사에 늦게 도착했기 때문에 아직도 그에게 화가 나 있다. 그녀는 만약 같은 일이 그에게 일어나면 그 역시도 화가 날 거라고 그에게 말했다.

해설 ▶ 빈칸 절의 if와 보기의 would는 가정법 문제를 나타내고, if절의 과거시제 동사 were가 가정법 과거의 단서이므로 〈would + 동사원형〉의 형태인 (d)가 정답이다.

어휘 ▶ still 아직, 여전히 upset 화가 난 because ~때문에 arrive 도착하다 last 지난 happen 일어나다, 발생하다 as well 또한, 역시, 마찬가지로

19 연결어 – 접속사 정답 (d)

해석 ▶ 현재의 성조기는 로버트 헤프트에 의해 역사 과제용으로 디자인되었다. 그가 처음에는 B-를 받았음에도 불구하고, 그의 디자인이 공식 미국 국기로 채택되고 나서 그의 성적은 A로 바뀌었다.

해설 ▶ 빈칸 앞뒤 문맥을 보면 빈칸 절의 내용(처음에 B-를 받았다)과 이어지는 뒤 내용(공식 국기로 채택된 후 A로 바뀌었다)이 서로 역접 관계이므로, '~에도 불구하고'의 의미로 쓰이는 Although가 빈칸에 가장 적절하다. 따라서 정답은 (d)이다.

어휘 current 현재의 flag 깃발, 국기 initially 처음에, 초기에 earn 얻다 grade 등급, 성적, 점수 adopt 채택하다, 입양하다 official 공식적인 until ~할 때까지 when ~할 때 because ~때문에 although 비록 ~이지만, ~에도 불구하고

---

20 시제 – 현재진행 　　　　정답 (a)

해석 오티즈 씨의 비서는 우리에게 그가 회의에 늦을 거라고 알렸다. 그는 현재 또 다른 고객과의 거래를 마무리짓고 있는 중이며, 그가 우리의 발표를 들을 수 있기까지 한 시간이 더 걸릴 수 있다.

해설 빈칸 절에 주어진 시간 부사 right now는 빈칸의 동사가 현재 시점에서 진행 중임을 나타내는 현재진행 시제의 단서이므로, 정답은 (a)이다.

> **학습Tip!**
> take + 시간 before ~하기까지 시간이 걸리다

어휘 secretary 비서 inform 알리다 finalize 마무리짓다, 완결하다 deal 거래 right now 현재 pitch (설득을 위한) 설명, 발표

---

21 가정법 – 과거 　　　　정답 (c)

해석 수성과 금성은 강한 중력이 천연 위성을 그 행성들로부터 떨어뜨리는 태양과의 인접함 때문에 위성을 가질 수 없다. 만약 그들이 태양에서 더 떨어져 있다면, 그들은 그들만의 궤도를 도는 달을 아마도 가질 것이다.

해설 빈칸 절의 if와 보기의 would는 가정법 문제를 나타내고, if절의 과거시제 동사 were가 가정법 과거의 단서이므로 〈would + 동사원형〉의 형태인 (c)가 정답이다.

어휘 Mercury 수성 Venus 금성 moon 달, 위성(행성 주위를 공전하는 천체) because of ~때문에 nearness 가까움, 근접 gravity 중력 pull A away from B A를 B로부터 끌어내다, 떨어뜨리다 natural 자연의 satellite (인공)위성 planet 행성 be far from ~에서 멀리 있다, ~와 거리가 멀다 orbiting 궤도를 선회하는

---

22 관계사 – 관계대명사 　　　　정답 (c)

해석 사람들은 그 작가가 자신의 책 사인회에 오는 것을 기다리면서 서점 밖에서 이미 줄을 서고 있었다. 그러나, 그 작가의 한정된 시간 때문에, 작가보다 먼저 도착했던 팬들만이 그들의 책에 사인을 받을 수 있었다.

해설 빈칸 앞 선행사인 fans는 사람이므로, 빈칸에는 사람 명사를 선행사로 수식할 때 사용하는 관계대명사 who(+ 불완전한 절)가 들어가야 한다. 따라서 정답은 (c)이다.

> **✅ 오답체크**
> (d)의 경우 with whom이 사람 명사를 선행사로 수식하므로 fans 뒤에 나올 수 있지만, they가 지칭하는 대상 역시 fans가 되고 있는 구조에서 '팬들이 팬들과 함께 전에 도착했다'라는 어색한 해석이 되어버리므로 답이 될 수 없다.

어휘 already 이미 line up 줄을 서다 outside ~의 바깥에서 author 작가, 저자 book-signing session 책 사인회 however 그러나 because of ~때문에 limited 제한된, 한정된 be able to V ~할 수 있다 autograph 사인, 사인을 해주다

---

23 준동사 – to부정사 　　　　정답 (c)

해석 슈가글라이더는 장소들 사이를 "날아다니는" 것으로 알려진 주머니쥐의 한 종류이다. 그들은 앞쪽과 뒤쪽 다리를 연결하는 펄럭이는 피부를 가지고 있는데, 이는 그들이 한 나무에서 다른 나무로 활공하는 것을 가능하게 한다.

해설 빈칸 앞 동사 enable은 〈enable + 목적어 + to부정사(~가 …하는 것을 가능하게 하다)〉의 어순으로 쓰이므로 단순 to부정사가 빈칸에 가장 적절하다. 따라서 정답은 (c)이다.

> **✅ 오답체크**
> glide 이하는 슈가글라이더의 활공 능력에 대한 일반적인 사실을 나타내는데, to have p.p.를 사용하면 시제의 관점에서 enable보다 이전의 동작(이미 활공했던 것을 가능하게 하다)을 의미하므로 문맥상 적절하지 않아 오답이다.

species (동식물의) 종 possum 주머니쥐 known for ~로 알려진 between ~의 사이에 flap 퍼덕거림, 펄럭거림 connect ~를 연결하다 hind 뒤의 enable A to V A가 ~하는 것을 가능하게 하다 glide 활공하다

24 조동사 문맥 찾기 정답 (b)

해석 유명 작가 스티븐 킹은 자신의 이야기 중 일부에 대한 판권들을 1달러에 판매한다. 그는 영화감독들이 영화를 만드는 데 그 판권들을 <u>이용할 수 있도록</u> 이것을 한다. 그는 그 판권들을 그의 "달러 베이비"라고 부른다.

해설 빈칸 앞 접속사 so that은 조동사 can과 함께 〈so that + can(~할 수 있도록)〉의 형태로 사용되므로 (b)가 정답이다.

어휘 famous 유명한 author 작가 sell 판매하다 right 권리, 판권, 지적 재산권 filmmaker 영화감독, 영화제작자 call A B A를 B라고 부르다

25 시제 – 미래완료진행 정답 (a)

해석 로즈의 할아버지는 그녀에게 생일선물로 그들의 뒤뜰에 나무집을 만들기 시작했다. 바라건대, 로즈가 월요일에 4살이 되기 전에 그것을 끝낼 것이다. 그때쯤이면, 그는 이 프로젝트를 거의 한 주 동안 <u>해오고 있을 것이다.</u>

해설 빈칸 절의 By then에서 then이 앞의 he will finish it을 받으므로 then의 시점은 미래이며, 〈for + 기간(for almost a week)〉과 함께 빈칸의 동사가 미래의 어느 시점까지 계속 진행 중일 것임을 나타낼 때 쓰이는 미래완료진행시제의 단서가 된다. 즉 할아버지가 나무집 건설을 끝낼 시점에는(미래) 그가 그 일을 거의 일주일 동안(완료) '해오고 있을 것이다'라는 의미가 되어야 하므로, 정답은 (a)이다.

어휘 backyard 뒷마당, 뒤뜰 as ~로서 hopefully 바라건대 finish 끝내다 almost 거의

26 준동사 – to부정사 정답 (d)

해석 90년도 말에, 지미 룩케는 우주에서 보이는 커다란 표시를 만들기 위해 그가 매입한 토지에 있는 나무들을 싹 밀어버렸다. 그 글자들은 너무 완벽해서 나사는 그들의 카메라의 최대 해상도를 <u>측정하기 위해</u> 이 상징을 사용했다.

해설 빈칸 앞 문장(나사는 이 상징을 사용했다)을 뒤에서 부사처럼 수식(측정하기 위해)할 수 있는 to부정사가 빈칸에 가장 적절하다. 이때 '~하기 위해'라는 의미의 목적을 나타낼 때 단순 to부정사를 사용하므로, 정답은 (d)이다.

어휘 bulldoze 밀어버리다, 부수다 land 토지 buy 구입하다 create 만들다 insignia 휘장, 표시 visible (눈에) 보이는, 두드러진 letter 글자 perfect 완벽한, 완전한 symbol 상징(물), 부호, 기호 estimate 측정하다 maximum 최대의 resolution 해결, 결단력, (컴퓨터 화면·프린터 등의) 해상도

실전문제 12

p.100

01 (b)	**02** (c)	**03** (a)	**04** (d)	**05** (b)
06 (a)	**07** (d)	**08** (b)	**09** (c)	**10** (a)
11 (d)	**12** (c)	**13** (a)	**14** (b)	**15** (c)
16 (b)	**17** (c)	**18** (a)	**19** (b)	**20** (c)
21 (d)	**22** (a)	**23** (a)	**24** (c)	**25** (d)
26 (d)				

01 연결어 – 접속사 정답 (b)

해석 조지는 VXY 인터내셔널에서 가장 기술이 뛰어난 인턴은 아니지만, 다른 동료들보다 더 열심히 일함으로써 보충한다. 그는 자신의 직업의식을 유지하는 한 분명 회사의 자산이 될 것이다.

해설 빈칸의 앞뒤 문맥을 보면 빈칸 절의 내용이 앞 내용(그는 분명 회사에 귀중한 자산이 될 것이다)을 달성하는 데 필요한 조건(강한 직업윤리를 유지한다)이 되는 흐름으로 나오고 있으므로, '~하는 한'의 의미로 조건절을 만들어주는 as long as가 빈칸에 가장 적절하다. 따라서 정답은 (b)이다.

어휘 skilled 숙련된, 능숙한 compensate 보충하다, 벌충하다, 상쇄하다 work hard 열심히 일하다 peer 동료 definitely 분명히 asset to the company 회사의 자산(인재) maintain 유지하다 work ethic 직업윤리, 직업의식 until ~할 때까지 as long as ~하는 한 even if 비록 ~일지라도

02 준동사 – 동명사 정답 (c)

해석 제시 오웬스는 1936년 하계 올림픽에서 4개의 금메달을 수상한 미국의 육상선수였다. 10대로서 그는 매 오후마다 학교 뒤편의 트랙에서 달리는 것을 연습했다.

해설 빈칸 앞 동사 practice는 동명사를 목적어로 취한다. 보기의 동사 run은 문맥상 practice와 시제가 같은 동작(달리는 것을 연습하다)이므로, 그보다

이전의 동작(이미 달렸던 것을 연습하다)을 나타내는 having p.p.를 오답으로 소거하면 단순 동명사인 (c)가 정답이다.

어휘 track and field 육상 경기의 athlete 운동선수 win 얻다, 이기다 practice 연습하다 track 트랙, 경주로 behind ~의 뒤에

03 that절 should 생략 정답 (a)

해석 섬광은 빛에 반응하는 뇌의 부분을 과도하게 자극하기 때문에 발작을 유발할 수 있다. 이런 이유로, 신경과 전문의들은 사람들이 콘서트장이나 극장에서의 섬광으로부터 눈을 돌려야 한다고 촉구한다.

해설 urge와 같이 주장·제안·명령·요구 등을 나타내는 동사가 that절과 함께 나오면, that절의 동사 자리에는 〈should + 동사원형〉에서 should가 생략된 동사원형만 가능하다. 따라서 정답은 (a)이다.

어휘 flashing light 섬광(등) cause 유발하다, 야기하다 seizure 발작 because ~때문에 overestimate 과도하게 자극하다 respond to ~에 반응하다 reason 원인, 이유 neurologist 신경학자, 신경과 전문의 urge 촉구하다 look away from ~로부터 눈을 돌리다, 멀리 두다

04 가정법 – 과거완료 정답 (d)

해석 누구도 카를라에게 그녀가 수년간 보지 못했던 그녀의 조카가 광대를 무서워한다는 것을 말해주지 않았다. 만약 누군가가 그녀에게 이 사실을 말했다면 그녀는 그의 생일에 그에게 2피트 높이의 광대 장난감을 분명 사주지 않았을 것이다.

해설 빈칸 절에서 had someone told 이하는 가정법 if절(if someone had told)의 도치된 형태이다. 이때 과거완료시제 동사를 구성하는 had와 told가 가정법 과거완료의 단서이므로 〈would + have p.p.〉의 형태인 (d)가 정답이다.

어휘 nephew 조카 in years 수년간, 몇 년 동안이나 be afraid of ~를 무서워하다 clown 광대 definitely 분명히

---

05 시제 – 미래진행   정답 (b)

해석 인디 가수인 조 이브는 유명 음반사와 계약을 막 체결했다. 다음 달 그녀의 데뷔 후에, 그녀는 같은 음반사 소속이자 우상인 록 슈퍼스타 엘로이 스미스를 따라 전국을 <u>순회공연하고 있을 것이다</u>.

해설 빈칸 절에서 주절 앞에 주어진 시간 부사(next month)는 빈칸의 동사가 미래 시점에서 진행 중임을 나타내는 미래진행시제의 단서이므로, 정답은 (b)이다.

어휘 sign a contract with ~와 계약을 맺다 renowned 유명한, 저명한 label 음반사, 레이블 tour 관광하다, (극단·악단이) 순회공연하다 alongside ~를 따라서 idol 우상

---

06 준동사 – to부정사   정답 (a)

해석 설탕 섭취는 충치의 주된 원인들 중 하나이다. 그러나, 설탕은 인간의 식생활에 필수적인 부분이기 때문에, 설탕 먹는 것을 완전히 피해서는 안 되고 그 대신 치아를 <u>튼튼하게 하기 위해</u> 규칙적으로 이를 닦아야 한다.

해설 빈칸 앞 문장(대신에 규칙적으로 이를 닦아야 한다)을 뒤에서 부사처럼 수식(튼튼하게 하기 위해)할 수 있는 to부정사가 빈칸에 가장 적절하다. 이때 '~하기 위해'라는 의미의 목적을 나타낼 때 단순 to부정사를 사용하므로, 정답은 (a)이다.

어휘 consumption 소비(량), 섭취(량) leading 주요한, 일류의 cause 원인 tooth decay 충치 however 그러나 since ~이래로, ~때문에 essential 필수적인 diet 식단, 식생활 avoid 피하다 altogether 완전히, 전적으로, 모두 합쳐서 instead 대신에 brush 이를 닦다 regularly 규칙적으로, 자주 strengthen 강하게 하다, 튼튼하게 하다

---

07 관계사 – 관계대명사   정답 (d)

해석 도로시 댄드리지는 텔레비전에서 단역으로 시작한 아프리카계 미국인 여배우였다. 《카르멘 존스》

<u>에서의 연기 덕분이었던</u> 그녀의 1955년 아카데미상 후보는 주연배우로서의 유색인종 작품이 최초로 인정받았다는 것을 보여주었다.

해설 빈칸 앞 선행사인 Her Academy Award nomination은 사물 취급하므로 관계대명사 that 또는 which의 수식을 받는다. 이때 that은 콤마(,) 뒤에 나올 수 없으므로 오답으로 소거하고 나면, 결국 남은 보기인 (d)가 정답이다.

어휘 African American 아프리카계 미국인(의) start out (특히 사업·일을) 시작하다 small role 단역 nomination 지명, 임명, 후보 mark 보여주다, 나타내다, 기념하다 the first time 처음으로, 최초로 person of color 유색 인종 lead 주인공, 주연 recognize 알아보다, 인정하다

---

08 시제 – 현재진행   정답 (b)

해석 저스틴의 아빠는 저스틴과 그의 친구를 집안에서 너무 시끄럽게 논 것으로 막 꾸짖었다. 보아 하니, 그의 갓난아기 여동생과 밤새 깨어 있었던 그의 엄마는 현재 잠을 자려고 <u>노력하는 중이다</u>.

해설 빈칸 절에서 문장 맨 뒤에 주어진 시간 부사 right now는 빈칸의 동사가 현재 시점에서 진행 중임을 나타내는 현재진행시제의 단서이므로, 정답은 (b)이다.

어휘 scold A for B B의 이유로 A를 꾸짖다 noisily 시끄럽게 apparently 명백히도, 보아 하니 stay up (잠을 못 자고) 깨어 있다 newborn 갓 태어난, 신생아

---

09 조동사 문맥 찾기   정답 (c)

해석 "캐프리아티 룰"은 13살에 테니스계에 갑자기 나타난 제니퍼 캐프리아티의 이름을 따서 지어진 스포츠 법률이다. 그 법률은 14세 이하 선수들이 프로 테니스 대회에 <u>참가해서는</u> 안 된다고 명시한다.

해설 앞에서 '스포츠 법률(sports law)'이라는 표현이 나오고 있으므로, It states that(그 법률은 ~라고 명시한다) 이하의 내용은 14세 이하 선수들이 프로 테니스 대회에 '참가해서는 안 된다'와 같이 법에 의한 의무 사항을 나타내는 문맥이 되어야 가장 적절하다. 이때 조동사 must(~해야 한다)가 강제적인 의무를 나타낼 수 있으므로 (c)가 정답이다.

10 가정법 – 과거   정답 (a)

해석 ▶ 드류는 그의 여동생인 에이프릴이 졸업 무도회를 준
비하는 데 4시간을 쓴 것을 놀리는 중이다. 에이프
릴은 만약 드류가 여자라면 왜 졸업 무도회 같은 것에
그렇게 많은 시간을 쓰는게 필수적인지를 그가 이해
할 거라고 주장한다.

해설 ▶ 빈칸 절의 if와 보기의 would는 가정법 문제를 나타
내고, if절의 과거시제 동사 were가 가정법 과거의
단서이므로 〈would + 동사원형〉의 형태인 (a)가 정
답이다.

어휘 ▶ tease 놀리다 spend 시간 -ing ~하는 데 시간을 보내다
prepare for ~를 준비하다 prom (고등학교의) 졸업 무도회,
졸업 파티 argue 주장하다, 언쟁을 하다 understand 이해하
다 necessary 필수적인

11 시제 – 미래완료진행   정답 (d)

해석 ▶ 잭의 비영리기관에 있는 모든 자원봉사자들 중에서,
아마도 코트니가 가장 충실하다. 그 기관이 내년에 그
들의 15주년을 축하할 때쯤이면, 코트니는 거의 그
만큼 오랫동안 그녀의 시간과 노력을 들여 봉사해오
고 있을 것이다.

해설 ▶ 빈칸 절에서 〈by the time+현재시제 동사(celebrates)〉
와 〈for + 기간(for almost as long)〉은 빈칸의 동
사가 미래의 어느 시점까지 계속 진행 중일 것임을 나
타낼 때 쓰이는 미래완료진행시제의 단서이다. 즉 내
년에 15주년을 기념하게 될 시점에는(미래) 코트니가
오랫동안(완료) '봉사해오고 있을 것이다'라는 의미가
되어야 하므로, 정답은 (d)이다.

어휘 ▶ volunteer 자원봉사자, 지원자, 자원봉사하다, 자진해서 ~하다
nonprofit 비영리의 organization 조직체, 단체, 기구
probably 아마도 loyal 충실한, 충성스러운 celebrate 축하
하다, 기념하다 anniversary 기념일 effort 노력 almost
거의

12 준동사 – to부정사   정답 (c)

해석 ▶ 웨인은 여자친구와 30분 동안 통화 중이었다. 그는
오늘 대입시험을 치는 것에 정신적으로 준비되어 있
었다고 생각했지만, 그가 시험장에 도착했던 그 순간
에 그의 불안감이 생기기 시작했다.

해설 ▶ 빈칸 앞 동사 prepare는 to부정사를 목적어로 취한
다. 보기의 동사 take 이하는 문맥상 prepare 이후
의 동작(시험 치는 것을 준비하다)이므로, 그보다 이
전의 동작(이미 시험 쳤던 것을 준비하다)을 나타내는
to have p.p.를 오답으로 소거하면 단순 to부정사
인 (c)가 정답이다.

어휘 ▶ be on the phone 통화 중이다 mentally 정신적으로, 심적
으로 prepare 준비하다 board exam (미국의) 표준화시험,
대입시험 anxiety 불안, 걱정, 염려 kick in (효과가) 나타나기
시작하다 arrive 도착하다 examination center 시험장

13 가정법 – 과거   정답 (a)

해석 ▶ 밀라는 새 발레화를 사야 할지 말아야 할지를 결정할
수 없다. 그녀의 현재 발레화는 닳았지만, 그것들은
그녀가 여러 오디션과 대회에서 우승하는 것을 도왔
다. 내가 그녀라면, 그 행운의 신발을 바꾸지 않을 것
이다.

해설 ▶ 빈칸 절의 if와 보기의 would는 가정법 문제를 나타
내고, if절의 과거시제 동사 were가 가정법 과거의
단서이므로 〈would + 동사원형〉의 형태인 (a)가 정
답이다.

어휘 ▶ decide if ~인지를 결정하다 current 현재의 worn 닳은, 해진
win 얻다, 이기다 several 몇몇의 contest 대회 replace
교체하다, 바꾸다

14 시제 – 현재완료진행   정답 (b)

해석 ▶ 오디스 리틀 오디티스는 키이스가 가장 좋아하는 할
로윈 매장이다. 이 점포는 1993년 이래로 할로윈 의
상, 소품, 장식을 판매해오고 있는 중이며, 지금까지
도 저렴하면서도 프리미엄 품질의 제품들을 계속 제
공하고 있다.

해설 빈칸 절에서 〈since + 과거시점(1993)〉은 현재완료진행시제의 단서이며, 1993년부터 지금까지(완료) 계속 '할로윈 용품을 판매해오고 있는 중이다'라는 의미를 만든다. 따라서 정답은 (b)이다.

어휘 favorite 가장 좋아하는 establishment 회사, 영업소, 점포 costume 의상 prop 소품 decoration 장식(품) continue to V 계속 ~하다 offer 제공하다 cheep 저렴한 yet 그런데도

어휘 exposé-type (충격적인 비밀의) 폭로성의 memoir 회고록, 전기 adopted 입양된 publish 출판하다, 출간하다, 발표하다 countless 수많은, 셀 수 없이 많은 celebrity 유명 인사 late 늦은, 말년의, 고인이 된 simply 간단히, 단순히 denounce 비난하다 fiction 소설, 허구, 날조

15 that절 should 생략   정답 (c)

해석 동물학자들에 따르면, 돼지코뱀은 세계에서 가장 상냥한 독사이다. 그러나, 이 뱀의 독은 순하고 치명적이지 않더라도 심각한 감염을 유발할 수 있기 때문에 이 뱀을 자극하지 않는 것 또한 필요하다.

해설 imperative와 같이 당위성을 나타내는 형용사가 that절과 함께 나오면, that절의 동사 자리에는 〈should + 동사원형〉에서 should가 생략된 동사원형만 가능하다. 따라서 정답은 (c)이다.

어휘 zoologist 동물학자 hognose snake 돼지코뱀 friendly 상냥한, 친절한, 우호적인 venomous snake 독사 imperative 중요한, 필수적인 provoke 자극하다, 도발하다 venom (뱀 등의) 독 mild 순한, 부드러운 nonlethal 치명적이지 않은 cause 유발하다 serious 심각한 infection 감염

16 관계사 – 관계대명사   정답 (b)

해석 《존경하는 어머니》는 조안 크로포드의 한 입양된 아이에 의해 쓰여진 폭로성 전기이다. 그 책이 1978년에 출간되었을 때, 그 고인이 된 여배우와 좋은 친구였던 수많은 유명 인사들은 그 책을 단순히 "히스테리적인 날조"라고 비난했다.

해설 빈칸 앞 선행사인 My celebrities는 사람이므로 관계대명사 who 또는 that의 수식을 받는다. 빈칸 앞에 콤마(,)가 없어서 that을 소거하지 못하는 경우, 관계대명사 뒤에 주어(또는 목적어)가 없는 불완전한 절이 있는 보기를 답으로 골라야 한다. that 뒤의 절은 주어 they가 있어 완전한 절, who 뒤의 절은 불완전한 절이다. 따라서 정답은 (b)이다.

17 시제 – 과거완료진행   정답 (c)

해석 전설에 의하면 완전히 일상적인 것이 중력 이론에 영감을 주었다고 한다. 아이작 뉴튼 경은 사과가 떨어졌을 때 몇 시간 동안 나무 아래에서 앉아오던 중이었으며, 그에게 중력의 시각적 작동 원리를 제공했다고 여겨진다.

해설 빈칸 절에서 〈when + 과거시제 동사(fell)〉와 〈for + 기간(for hours)〉은 과거 시점을 기준으로 그 이전부터 시작된 빈칸의 동사가 기준 시점까지 진행 중이었음을 나타낼 때 쓰이는 과거완료진행시제의 단서이다. 즉 사과가 떨어졌던 시점(과거)이 기준 시점이 되고, 그 이전부터 뉴턴이 기준 시점까지 나무 아래에서 몇 시간 동안(완료) '앉아오고 있었다'라는 의미가 되어야 하므로, 정답은 (c)이다.

어휘 legend has it that 전설에 의하면 ~라고 한다 completely 완전히, 전적으로 mundane 재미없는, 일상적인 inspire 영감을 불어넣다 gravitational 중력의 theory 이론 fall 떨어지다, 낙하하다 provide A with B A에게 B를 제공하다 visual 시각적인 workings 작용, 작동 원리 gravity 중력

18 가정법 – 과거   정답 (a)

해석 샤론과 친구들이 보고 있는 영화의 주인공에게 뭔가 끔찍한 일이 방금 전에 일어났다. 만약 그녀가 집에 있고 공공장소에 있는게 아니라면, 그녀는 지금 바로 눈치 안 보고 펑펑 울 것이다.

해설 빈칸 절의 if와 보기의 would는 가정법 문제를 나타내고, if절의 과거시제 동사 were가 가정법 과거의

단서이므로 〈would + 동사원형〉의 형태인 (a)가 정답이다.

19 시제 – 과거진행 정답 (b)

해석 ▶ 브랜든은 오늘 아침에 밥을 먹지 못했기 때문에 그의 배에서 꼬르륵 소리가 크게 나고 있다. 그는 룸메이트가 카풀해야 하니 서두르라고 그에게 소리질렀을 때 아침식사로 팬케이크를 요리하던 중이었다.

해설 ▶ 빈칸 절에서 〈when + 과거시제 동사(yelled)〉는 빈칸의 동사가 과거의 특정 시점에 동시에 진행 중이었음을 나타내는 과거진행시제의 단서이다. 즉 룸메이트가 소리질렀던 과거의 그 시점에 요리하는 행위가 진행 중이었다는 의미가 되어야 하므로 정답은 (b)이다.

>  오답체크
>
> 주어진 문맥은 요리하는 도중에 룸메이트가 소리질렀다는 것인데, 단순과거시제 (a) cooked를 쓰면 룸메이트가 소리지르고 나서 요리를 했다는 어색한 의미가 되므로 (a)는 오답이다.

20 준동사 – 동명사 정답 (c)

해석 ▶ 아델의 결혼식까지 아직 6개월이 남아 있다. 그녀는 자신의 특별한 날에 가장 좋은 상태로 있도록 개인 트레이너를 구하는 것을 고려하는 중이다.

해설 ▶ 빈칸 앞 동사 consider는 동명사를 목적어로 취한다. 보기의 동사 get은 문맥상 consider와 시제가 같은 동작(구하는 것을 고려하다)이므로, 그보다 이전의 동작(이미 구했던 것을 고려하다)을 나타내는 having p.p.를 오답으로 소거하면 단순 동명사인 (c)가 정답이다.

21 연결어 – 접속부사 정답 (d)

해석 ▶ 기온이 영하로 뚝 떨어질 수 있는 시기인 겨울 기간 동안 산 정상까지 올라가는 것은 위험하다. 그러므로, 공원 경비원들은 봄이 될 때까지는 어떠한 시도도 미루는 것을 권한다.

해설 ▶ 빈칸 앞뒤 문맥을 보면 앞 내용이 이유(기온이 영하로 떨어지는 겨울 기간에는 산 정상까지 올라가는 것은 위험하다)가 되어 뒤 내용의 결과(봄까지는 등산을 미루는 것을 권한다)로 이어지는 흐름이므로 Therefore(그러므로)가 빈칸에 가장 적절하다. 따라서 정답은 (d)이다.

22 준동사 – to부정사 정답 (a)

해석 ▶ 조엘은 어제 상사에게 알리지 않고 회사에 나타나지 않았다. 결과적으로, 인사 담당자는 그가 자신의 결근에 대한 서면 해명서를 제공할 것을 기대하고 있으며 그렇게 하지 않으면 그는 경고를 받을 것이다.

해설 ▶ 빈칸 앞 동사 expect는 〈expect + 목적어 + to부정사(~가 …할 것을 기대하다)〉의 어순으로 쓰여 to부정사를 목적어 him 뒤에 목적격 보어로 취하고, 이때 provide가 expect와 시제가 같은 동작이므로 단순 to부정사인 (a)가 정답이다.

23 가정법 – 과거완료   정답 (a)

해석 ▶ 서기 79년에 베수비오 산이 폭발했을 때, 이는 폼페이 도시 전체를 화산재와 경석으로 뒤덮었다. 만약 최종 사상자들이 그 폭발이 그러한 비극을 초래할 것을 알았다면, 그들은 <u>아마 폼페이에 거주하지 않았을 것이다</u>.

해설 ▶ 빈칸 절에서 Had the eventual casualties known 이하는 가정법 if절(If the eventual casualties had known)의 도치된 형태이다. 이때 과거완료시제 동사를 구성하는 Had와 known이 가정법 과거완료의 단서이므로 〈would + have p.p.〉의 형태인 (a)가 정답이다.

어휘 ▶ erupt (화산 등이) 폭발하다, (화산재·용암 등이) 분출하다 CE 서기 cover 뒤덮다 whole 전체의, 온 ash 재, 잿더미, 화산재 pumice 경석(화산의 용암이 갑자기 식어서 생긴 돌) eventual 최종적인 casualty 사상자, 피해자 cause 야기하다, 초래하다 such 그러한 tragedy 비극 probably 아마도 reside in ~에 살다, 거주하다

24 조동사 문맥 찾기   정답 (c)

해석 ▶ 과가동성은 관절을 보통 이상으로 더 늘리는 능력이다. 예를 들면, 과가동성이 있는 사람은 자신의 엄지손가락을 손목이 닿는 데까지 <u>구부릴 수 있다</u>.

해설 ▶ 첫째 문장에 능력(ability)이라는 표현이 나오고 있으므로, 과가동성을 가진 사람들은 '엄지를 손목이 닿는 데까지 구부릴 수 있다'의 문맥이 되어야 가장 적절하다. 이때 조동사 can(~할 수 있다)이 능력 또는 가능의 의미를 나타낼 수 있으므로 (c)가 정답이다.

어휘 ▶ hypermobility 과가동성 ability 능력 stretch 뻗다, 늘리다 joint 관절 farther (거리·시간상으로) 더 멀리(에), 더 나아가서 normal 보통의, 정상적인 for instance 예를 들면 bend 구부리다 thumb 엄지손가락 wrist 손목

25 가정법 – 과거완료   정답 (d)

해석 ▶ 어제의 단합대회 동안 멜리사가 몸이 좋지 않아서 안타깝다. 만약 그녀의 몸 상태가 아주 좋았다면, 그녀는 직장 동료들이 그랬던 것만큼이나 많이 그 활동을 <u>즐겼을 것이다</u>.

해설 ▶ 빈칸 절의 if와 보기의 would는 가정법 문제를 나타내고, if절의 과거완료시제 동사 had been이 가정법 과거완료의 단서이므로 〈would + have p.p.〉의 형태인 (d)가 정답이다.

어휘 ▶ it is a shame that ~하게 되어 안타깝다, 아쉽다 under the weather 몸이 안 좋은 during ~동안 activity 활동 be in perfect health 몸 상태가 아주 좋다, 건강하다 enjoy 즐기다 coworker 직장 동료

26 준동사 – 동명사   정답 (d)

해석 ▶ 데니스의 여권이 그의 여행 가방의 어디에도 있지 않다. 그는 앞서 침실 탁자 위에 그것을 <u>본 것을</u> 기억하지만, 공항으로 떠나기 전에 가방 안에 그것을 두었는지 확신이 가지 않는다.

해설 ▶ 빈칸 앞 동사 remember는 to부정사(앞으로 할 일)와 동명사(과거에 이미 한 일) 둘 다 목적어로 취할 수 있는데, 주어진 문장에서 데니스의 여권을 보는 행위가 이전에(earlier) 발생한 것으로 나오고 있으며 이는 문맥상 과거에 한 일에 해당되므로 동명사인 (d)가 정답이다.

어휘 ▶ passport 여권 remember 기억하다 earlier 앞서, 이전에 nightstand (침실 옆에 두는) 탁자 not sure if ~인지 확신하지 못하는 leave for ~로 떠나다

01 (b)	02 (a)	03 (c)	04 (a)	05 (d)
06 (d)	07 (c)	08 (c)	09 (d)	10 (a)
11 (b)	12 (b)	13 (c)	14 (a)	15 (d)
16 (a)	17 (b)	18 (a)	19 (a)	20 (b)
21 (c)	22 (d)	23 (d)	24 (b)	25 (c)
26 (d)				

01 가정법 – 과거 　　　　　정답 (b)

해석 ▶ 줄리아의 옷가게가 장사가 잘 되고 있기는 하지만, 그녀의 일별 재무 업무를 기록하는 것은 시간이 너무 많이 걸린다. 만약 그녀의 소프트웨어가 그녀의 거래를 정리할 수 있다면, 그 대신 줄리아가 주문을 처리하는 데 집중할 시간을 아낄 것이다.

해설 ▶ 빈칸 절의 if와 보기의 would는 가정법 문제를 나타내고, if절의 과거시제 동사 were가 가정법 과거의 단서이므로 〈would + 동사원형〉의 형태인 (b)가 정답이다.

어휘 ▶ although ~이기는 하지만 do excellent business 장사가 잘 되다 record 기록하다 financial 재무의, 재정의 affair 사무, 업무, 일 be able to V ~할 수 있다 organize 조직하다, 정리하다 transaction 거래 focus on ~에 집중하다 fulfill 실행하다, 이행하다 order 주문 instead 대신에

02 준동사 – 동명사 　　　　　정답 (a)

해석 ▶ 대릴은 플로리다에서 연례 휴가를 보낼 것이고 데스틴에 있는 해변가에 빨리 도착하고 싶어 한다. 그는 벌써부터 새하얀 모래 위에 누워 있으면서 햇볕을 쬐는 것을 상상하는 듯하다.

해설 ▶ 빈칸 앞 동사 imagine은 동명사를 목적어로 취한다. 보기의 동사 bask 이하는 문맥상 imagine과 시제가 같은 동작(햇볕을 쬐는 것을 상상하다)이므로,

그보다 이전의 동작(이미 햇볕을 쬐었던 것을 상상하다)을 나타내는 having p.p.를 오답으로 소거하면 단순 동명사인 (a)가 정답이다.

어휘 ▶ yearly 연례의, 해마다 하는 can't wait to V 빨리 ~하고 싶다 reach 닿다, 도달하다 already 이미, 벌써 imagine 상상하다 bask in the sun 햇볕을 쬐다 as ~하면서 lie 누워 있다, 놓여 있다

03 시제 – 과거진행 　　　　　정답 (c)

해석 ▶ 《밀로의 비너스》 조각상은 1820년에 사고 때문에 발견되었다. 한 그리스 농부는 그 조각상의 윗부분에 걸려 넘어졌을 때 밀로스섬의 고대 유적지에서 대리석 석판들을 끌어올리던 중이었다.

해설 ▶ 빈칸 절에서 〈when + 과거시제 동사(stumbled upon)〉는 빈칸의 동사가 과거의 특정 시점에 동시에 진행 중이었음을 나타내는 과거진행시제의 단서이다. 즉 농부가 걸려 넘어졌던 과거의 그 시점에 대리석 석판을 꺼내는 행위가 진행 중이었다는 의미가 되어야 하므로 정답은 (c)이다.

> ✔ **오답체크**
>
> 주어진 문맥은 농부가 대리석 석판을 끌어올리다가 도중에 걸려 넘어졌다는 것인데, 단순과거시제인 (b) salvaged를 쓰면 걸려 넘어진 다음에 대리석 석판을 끌어올렸다는 어색한 의미가 되므로 (b)는 오답이다.

어휘 ▶ sculpture 조각, 조각품 discover 발견하다 due to ~때문에 accident 사고 farmer 농부 salvage 인양하다, 끌어올리다 marble 대리석 slab 석판 ancient 고대의 ruins 폐허, 유적 stumble upon ~에 걸려 넘어지다, ~를 우연히 발견하다 statue 조각상

04 조동사 문맥 찾기 　　　　　정답 (a)

해석 ▶ 토마스 개럿 고등학교는 학교의 훌륭한 동문인 린다에게 졸업식에서 연설하기를 요청할 것이다. 그녀는 졸업생들에게 영감을 주는 연설을 하게 되어 영광일 거라고 말한다.

실전문제13

해설 앞 문장에서 학교가 린다를 졸업식에서 연설하도록(to speak at its graduation ceremony) 요청할 거라고 했으므로 그녀가 연설하는 것은 앞으로 하게 될 행동이고, 연설하게 되어 영광이라고(be honored to deliver ~) 한 부분은 그녀가 초청에 응해 기꺼이 연설하겠다는 의도를 나타내는 것이다. 이때 조동사 will(~할 것이다)이 미래의 일에 대한 의지를 나타낼 수 있으므로 (a)가 정답이다.

오답체크

주어진 문맥은 학교의 초청에 대해 린다가 영광스러울 수 있고 없고를 따진다거나 영광스러워야 한다는 의무 상황이 아니므로 can과 must 모두 오답이다.

어휘 invite A to V A에게 ~하는 것을 요청하다 accomplished 뛰어난 alumnus 졸업생, 동창생 be honored to V ~하게 되어 영광이다 deliver a talk 강연하다, 연설하다 inspirational 영감을 주는, 고무적인 graduate 졸업자

05 시제 – 현재완료진행   정답 (d)

해석 경찰관인 찰스 맥과이어는 올해 형사로 진급되기를 희망한다. 경찰청에서 5년의 의무 기간을 끝마친 뒤에, 그는 진급 자격시험을 통과하기 위해 지금까지 몇 주 동안 복습해오고 있는 중이다.

해설 빈칸 절에서 〈for + 기간(weeks now)〉은 현재완료진행시제의 단서이며, 지금까지 몇 주 동안(완료) 시험을 통과하기 위해 '복습해오고 있는 중이다'라는 의미를 만든다. 따라서 정답은 (d)이다.

어휘 get promoted to ~로 승진(진급)하다 detective 형사, 탐정 complete 완료하다, 끝마치다 mandatory 의무적인 review 검토하다, (시험에 대비하여) 복습하다 pass 통과하다 qualifying exam 자격시험 promotion 승진, 진급

06 that절 should 생략   정답 (d)

해석 마사 이모는 그녀의 완벽하게 구운 쿠키로 유명하다. 조언에 대해 요청받았을 때, 그녀는 쿠키가 다 되기 전에 오븐에서 꺼내져야 한다고 권한다. 어쨌거나 쿠키는 쟁반 위에서 계속 조리되고 있을 것이다.

해설 recommend와 같이 주장·제안·명령·요구 등을 나타내는 동사가 that절과 함께 나오면, that절의 동사 자리에는 〈should + 동사원형〉에서 should가 생략된 동사원형만 가능하다. 따라서 정답은 (d)이다.

어휘 be known for ~로 유명하다, ~로 알려져 있다 perfectly 완벽하게 baked 구워진 be asked for ~를 요청받다 recommend 추천하다, 권장하다 take A out of B A를 B에서 꺼내다 continue 계속 ~하다 tray 쟁반

07 관계사 – 관계대명사   정답 (c)

해석 리처드 닉슨은 공직에서 사임한 유일한 대통령으로서 알려져 있다. 그러나, 많은 사람들이 알지 못하는 한 가지 사실은 닉슨이 다섯 개의 악기를 연주할 수 있었던 재능 있는 음악가이기도 했다는 것이다.

해설 빈칸 앞 선행사인 musician은 사람이므로 관계대명사 who, whom, 그리고 that의 수식을 받는다. 관계대명사 뒤에는 주어(또는 목적어)가 없는 불완전한 절이 나와야 하는데, that과 whom 뒤의 절은 주어 he가 있어 완전한 절, who 뒤의 절은 불완전한 절이다. 따라서 정답은 (c)이다.

어휘 be known as ~로서 알려져 있다 resign from office 공직에서 사임하다, 물러나다 however 그러나 also 또한 gifted 재능 있는 play (악기를) 연주하다 musical instrument 악기

08 가정법 – 과거완료   정답 (c)

해석 못이 발명되기 전에, 사람들은 목재를 서로 맞물리게 하고 묶음으로써 집을 짓곤 했다. 만약 금속을 못으로 형성하는 것이 발견되지 않았다면, 사람들은 목재를 결합시키는 더 효율적인 방법을 찾지 못했을 것이다.

해설 빈칸 절의 if와 보기의 would는 가정법 문제를 나타내고, if절의 과거완료시제 동사 had not been이 가정법 과거완료의 단서이므로 〈would + have p.p.〉의 형태인 (c)가 정답이다.

어휘 nail 못 invent 발명하다 used to V ~하곤 했다 build 짓다, 건설하다 interlock 서로 맞물리게 하다 tie 묶다, 매다 shape 형성하다, ~모양으로 만들다 metal 금속 discover 발견하다 efficient 효율적인 way 방법 join 연결하다, 결합하다, 접합하다

09 준동사 – to부정사   정답 (d)

해석 폴은 대학 육상경기 팀에 들어가기로 결심했다. 그래서, 그는 입단 테스트를 위해 열심히 훈련하는 중이다. 그는 팀에 들어갈 <u>자격을 얻기 위해</u> 매일 달리면서 지구력과 스피드를 키우고 있다.

해설 빈칸 앞 문장(그가 매일 달리기를 하다)을 뒤에서 부사처럼 수식(자격을 얻기 위해)할 수 있는 to부정사가 빈칸에 가장 적절하다. 이때 '~하기 위해'라는 의미의 목적을 나타낼 때 단순 to부정사를 사용하므로, 정답은 (d)이다.

어휘 be determined to V ~하기로 결심하다   join 합류하다   track 흔적, 진로, 육상경기   so 그래서   train 훈련하다   hard 열심히   tryout (프로 선수의) 선발(입단) 테스트   build 짓다, 세우다   endurance 인내, 참을성, 지구력   qualify for ~의 자격을 얻다

10 연결어 – 접속부사   정답 (a)

해석 메건은 자신이 어떻게 그 직책에 적합한지를 설명하는 자기소개서를 써서 취업을 준비하고 있다. <u>마찬가지로</u>, 그녀는 그 직책이 요구하는 기술을 강조하도록 이력서를 수정했다.

해설 빈칸의 앞 내용(그 직책에 맞게 자기소개서 쓰기)에서 빈칸 뒤 내용(그 직책이 요구하는 기술을 강조하도록 이력서 수정하기)으로 연결되는 흐름을 보면, 취업 준비(preparing for a job application)를 위해 자기소개서를 쓰고 이력서를 수정하는 두 행위가 서로 유사하므로, '마찬가지로'의 의미로 앞뒤 내용이 유사성을 가질 때 쓰이는 Likewise가 빈칸에 가장 적절하다. 따라서 정답은 (a)이다.

어휘 prepare for ~를 준비하다   job application 구직, 취업   cover letter 자기소개서   explain 설명하다   fit ~에 맞다, 적합하다   revise 고치다, 수정하다   resume 이력서   so that ~하도록   highlight 강조하다   skill 기술   require 요구하다   likewise 마찬가지로   nevertheless 그럼에도 불구하고   however 그러나   otherwise 그렇지 않으면

11 시제 – 현재진행   정답 (b)

해석 브렛은 마고에게 커피 마시자고 하고 싶었지만, 지금은 그녀에게 전화하기에 좋은 시간이 아니다. 그녀는 헤드폰을 통해 음악을 들으면서 <u>운동하는 중이기</u> 때문에, 전화기가 울리는 것을 들을 수 없다.

해설 앞에서 지금은 전화하기에 좋은 시간이 아니라고 (now is not the best time to call her) 한 부분이 현재 시점의 단서가 되고, while절(~동안)이 두 행위의 동시 발행을 나타내므로 음악을 들으면서 운동하는 행위가 현재 진행 중이라는 의미가 된다. 따라서 현재진행시제인 (b)가 정답이다.

어휘 invite A for B A에게 B를 권하다   work out 운동하다   through ~을 통해

12 가정법 – 과거   정답 (b)

해석 캥거루는 극도로 작게 태어나 어미의 주머니 안에 남아서 더 성장한다. 만약 캥거루가 주머니를 가지지 않는다면, 그들의 새끼들은 태어나기 전에 자궁 안에서 <u>형성되는 것을 계속할 것이다.</u>

해설 빈칸 절의 if와 보기의 would는 가정법 문제를 나타내고, if절의 과거시제 동사 didn't have가 가정법 과거의 단서이므로 〈would + 동사원형〉의 형태인 (b)가 정답이다.

어휘 extremely 극도로, 매우   stay 머무르다, 남다   pouch 주머니   further 더 나아가, 더욱   develop 성장하다, 발달하다   continue 계속 ~하다   gestate 임신(잉태)하다, (아기가 엄마 뱃속에서) 형성되다   womb 자궁

13 시제 – 미래완료진행   정답 (c)

해석 테드네 철물점은 재고 정리 할인을 하고 있다. 그는 지금 계속 들어오는 손님들을 챙기느라 바쁘다. 가게가 문을 닫을 때쯤이면, 테드는 거의 8시간 동안 계속해서 <u>판매를 처리해오고 있을 것이다.</u>

해설 빈칸 절에서 〈by the time+현재시제 동사(closes)〉와 〈for+기간(for almost eight hours straight)〉은 빈칸의 동사가 미래의 어느 시점까지 계속 진행 중일 것임을 나타낼 때 쓰이는 미래완료 진행시제의

단서이다. 즉 그 가게가 문을 닫을 시점에는(미래) 테
드가 거의 8시간 동안 내내(완료) 판매를 '처리해오고
있을 것이다'라는 의미가 되어야 하므로, 정답은 (c)
이다.

어휘 hardware store 철물점 clearance sale 재고 정리 할인
be busy -ing ~하느라 바쁘다 attend to ~를 돌보다, 챙기
다 handle 다루다, 처리하다 sales 판매, 매출(량) almost
거의 straight 계속해서, 끊이지 않고

---

14 that절 should 생략 정답 (a)

해석 공용 네트워크에 들어가는 것은 해커가 사용자의 온
라인 활동을 추적하는 것을 허용한다. 온라인 활동을
숨기기 위해, 사람들은 공용 네트워크에 들어가기 전
에 가상사설망, 즉 VPN에 연결하는 것이 가장 좋다.

해설 best와 같이 당위성을 나타내는 형용사가 that절과
함께 나오면, that절의 동사 자리에는 〈should + 동
사원형〉에서 should가 생략된 동사원형만 가능하
다. 따라서 정답은 (a)이다.

어휘 public network 공용 네트워크 allow 허락하다, 허용하다
track 추적하다 activity 활동 hide 숨기다 movement
움직임, 이동, 활동 connect 연결하다 virtual private
network 가상사설망(VPN)

---

15 가정법 – 과거완료 정답 (d)

해석 레너드는 베이컨 지방이 그의 건강에 매우 해롭지 않
다는 것을 알게 된 후에 그것을 다시 사용하기 시작했
다. 만약 그가 이 사실을 처음부터 알았다면, 레너드
는 그가 사랑하는 베이컨 기름으로 계란 후라이를 조
리하는 것을 멈추지 않았을 것이다.

해설 빈칸 절의 if와 보기의 would는 가정법 문제를 나타
내고, if절의 과거완료시제 동사 had known이 가정
법 과거완료의 단서이므로 〈would + have p.p.〉의
형태인 (d)가 정답이다.

어휘 fat 지방, 기름 harmful 해로운 all along 처음부터, 죽, 내내
grease 기름

---

16 연결어 – 전치사 정답 (a)

해석 제2차 세계 대전 동안, 나치 독일은 수도를 제외한 프
랑스의 실질적으로 전 지역을 점령했다. 프랑스인들
은 그들이 사랑하는 도시가 나치에 의해 폭격 당하게
두기 보다는 온전한 상태로 내주는 것을 선택했다.

해설 빈칸 앞 내용(온전한 채로 내주는 것)에서 빈칸 뒤 내용
(폭격 당하는 것)으로 연결되는 흐름을 보면 온전하게
(untouched) 두는 것과 폭격 당하게(bombed) 두는
것이 서로 대조되는 문맥이므로, '~라기 보다는'의 의
미로 앞뒤 내용의 대조를 나타낼 때 쓰는 rather than
이 빈칸에 가장 적절하다. 따라서 정답은 (a)이다.

어휘 during ~동안 occupy 점령하다 practically 사실상 except
for ~을 제외하고 capital (나라의) 수도 end up -ing 결
국 ~하다 surrender 항복하다, 내주다 untouched 온전
한, 훼손되지 않은 beloved 사랑하는, 소중한 bomb 폭격하
다 rather than ~라기 보다는 in spite of ~에도 불구하고
other than ~ 외에도

---

17 조동사 문맥 찾기 정답 (b)

해석 수메르인들은 현존하는 기술을 향상시킴으로써 혁신
을 실천한 고대인들이었다. 실제로, 다른 문명이 손으
로 도자기를 빚는 동안, 수메르인들은 물레를 사용하
여 그 물건을 이미 대량 생산할 수 있었다.

해설 첫째 문장에서 기존의 기술들을 향상시켜 혁신을 실
천했다(practiced innovation by improving
existing technologies)고 했으므로, 수메르인들
이 그들의 능력으로 도자기를 '이미 대량생산할 수 있
었다'의 문맥이 되어야 가장 적절하다. 이때 조동사
can(~할 수 있다)의 과거형인 could가 과거 시점에
서의 능력을 나타낼 수 있으므로 (b)가 정답이다.

 **오답체크**

빈칸 절 문두에 사실이나 실제에 대해 부연 설명할
때 사용하는 In fact가 있으므로 주어진 문맥은 확
실성을 바탕으로 한다. 따라서 불확실성을 의미하는
might는 문맥에 어울리지 않아 오답이다.

어휘 ancient 고대의 practice 실행하다, 실천하다 innovation
혁신 improve 향상시키다 existing 현존하는 technology
기술 in fact 사실은, 실제로 while ~동안, ~반면에 other 다
른 pottery 도자기 by hand 손으로 already 이미 mass
produce 대량 생산하다

18 시제 – 과거완료진행   정답 (a)

해석 ▶ 로레인은 소셜 미디어에서 그녀의 오랫동안 연락이 끊긴 친구인 데이브를 보았지만, 그의 계정이 비활성화 상태였다고 생각했다. 그녀는 그가 마침내 답변하기 전까지 일주일 동안 그 SNS의 메시지 앱을 통해서 데이브와 연락하려고 <u>노력해오던 중이었다.</u>

해설 ▶ 빈칸 절에서 〈before + 과거시제 동사(replied)〉와 〈for + 기간(for a week)〉은 과거 시점을 기준으로 그 이전부터 시작된 빈칸의 동사가 기준 시점까지 진행 중이었음을 나타낼 때 쓰이는 과거완료진행시제의 단서이다. 즉 데이브가 답장했던 시점(과거)이 기준 시점이 되고, 그 이전부터 로레인은 그에게 연락하려고 기준 시점까지 일주일 동안(완료) '노력해오던 중이었다'라는 의미가 되어야 하므로, 정답은 (a)이다.

어휘 ▶ long-lost 오랫동안 연락이 끊긴 account 계좌, 계정 inactive 활동하지 않는 try 노력하다, 시도하다 contact 접촉하다, 연락하다 through ~를 통해 finally 마침내 reply 답변하다

19 준동사 – to부정사   정답 (a)

해석 ▶ 그의 친구들의 부추김에도 불구하고, 플린은 암호화폐 거래에 참여하지 않는다. 그는 다른 자산으로 담보하지 못하고 정부에 의해 규제되지 않는 디지털 결제 시스템에 <u>관여하는 것을</u> 주저한다.

해설 ▶ 빈칸 앞 동사 hesitate는 to부정사를 목적어로 취한다. 보기의 동사 involve는 문맥상 hesitate와 시제가 같은 동작(참여하는 것을 주저하다)이므로, 그보다 이전의 동작(이미 참여했던 것을 주저하다)을 나타내는 to have p.p.를 오답으로 소거하면 단순 to부정사인 (a)가 정답이다.

어휘 ▶ encouragement 격려, 장려, 부추김 participate in ~에 참가하다 cryptocurrency 암호화폐 marketing 매매, 거래 hesitate 주저하다, 망설이다 involve oneself in ~에 관여하다 neither A nor B A도 B도 아닌 back 지원하다, 보장하다 asset 자산 regulate 규제하다 government 정부

20 관계사 – 관계대명사   정답 (b)

해석 ▶ 베링해의 대게 개체 수는 지난 5년간 감소해오는 중이다. <u>그 수가 수십억까지 되곤 했던</u> 그 게들은 몇백만으로 줄었고, 알래스카 정부가 대게 수확을 규제하도록 촉발했다.

해설 ▶ 빈칸 앞 선행사인 The crabs는 동식물이므로 관계대명사 that 또는 which의 수식을 받는다. 이때 that은 콤마(,) 뒤에 나올 수 없으므로 오답으로 소거하고 나면, 결국 남은 보기인 (b)가 정답이다.

어휘 ▶ snow crab 대게 population 인구(개체) 수 decline 감소하다 number ~의 수가 되다 billion 10억 dwindle 줄다, 감소하다 prompt 촉발하다 government 정부 regulate 규제하다 harvest 수확, 추수

21 시제 – 미래진행   정답 (c)

실전문제13

해석 ▶ 만약 여러분이 논문에 대한 상담을 위해 아난드 교수님을 뵙고 싶으시면, 오후 3시 이후에 그의 연구실에 들르세요. 그는 그 시간까지 게이츠관에서 <u>강의를 하고 계실 것입니다.</u>

해설 ▶ 먼저 첫째 문장에서 나오는 after 3 p.m.은 '3시 이후에'의 의미로 미래 시점을 나타내며 이어지는 빈칸 절에서 until that time이 가리키는 시점이 문맥상 앞에서 나온 오후 3시를 가리키므로, 그 시간까지(미래) '강의하고 있을 것이다'라는 미래진행시제의 의미가 되는 것이 문맥상 가장 적절하다. 따라서 정답은 (c)이다.

어휘 ▶ professor 교수 consultation 상담 thesis 논문 drop by 들르다 deliver a lecture 강의를 하다 up until ~까지

22 가정법 – 과거완료   정답 (d)

해석 ▶ 이번 달에 자신의 판매 할당량에 도달했음에도 불구하고, 대니얼은 보너스를 받지 못할 뻔했다. 만약 그가 그의 숫자들을 재검토할 시간을 갖지 않았다면, 그는 2천 달러가 부족한 판매 보고서를 <u>제출했을 것이다.</u>

해설 ▶ 빈칸 절의 if와 보기의 would는 가정법 문제를 나타내고, if절의 과거완료시제 동사 had not taken이 가정법 과거완료의 단서이므로 〈would + have p.p.〉의 형태인 (d)가 정답이다.

despite ~에도 불구하고 reach 닿다, 도달하다 sales quota 판매 할당량 almost 거의 receive 받다 take the time to V ~할 시간을 내다 recheck 재검토하다, 재검사하다 figure 숫자, 수치 submit 제출하다 short 부족한

23 준동사 – 동명사 　　　정답 (d)

고구마는 우리가 구입할 수 있는 가장 저렴하면서도 영양가가 높은 음식 중 하나이다. 그들의 많은 이점에는 비타민 A와 C로 우리의 눈을 건강하게 유지하는 것을 포함한다.

빈칸 앞 동사 include는 동명사를 목적어로 취한다. 보기의 동사 keep은 문맥상 include와 시제가 같은 동작(유지하는 것을 포함하다)이므로, 그보다 이전의 동작(이미 유지했던 것을 포함하다)을 나타내는 having p.p.를 오답으로 소거하면 단순 동명사인 (d)가 정답이다.

cheap (가격이) 싼, 저렴한 nutritious 영양가가 높은 benefit 이점, 혜택 include 포함하다 keep ~ healthy ~을 건강하게 유지하다

24 준동사 – to부정사 　　　정답 (b)

베스는 3살인 아들을 클레버 토들러 센터에 데려가기로 결정했다. 그곳에서, 그가 집에서는 외동이지만, 어린이집에서는 다른 아이들과 어울릴 기회를 가질 것이다.

빈칸 앞 명사(chance)를 뒤에서 형용사처럼 수식하여 '어울릴 기회'라는 의미를 만들 수 있는 것은 단순 to부정사(~할, ~하는)이므로, 정답은 (b)이다.

decide 결정하다 take A to B A를 B로 데리고 가다 there 그곳에서 chance 기회 mingle with ~와 어울리다 daycare 어린이집 whereas 반면, ~이지만 only child 외동

25 가정법 – 과거 　　　정답 (c)

일레인은 오늘 개봉했던 영화를 보러 온 유일한 사람이다. 만약 그녀의 직장동료들이 그녀와 함께 하기라도 한다면, 그녀는 그 영화를 본 후에 그들과 함께 영화의 줄거리에 대해 의논할 수 있을 것이다.

빈칸 절의 if와 보기의 would는 가정법 문제를 나타내고, if절의 과거시제 동사 were가 가정법 과거의 단서이므로 〈would + 동사원형〉의 형태인 (c)가 정답이다.

release 출시하다, 개봉하다 officemate 직장동료 join 함께 하다, 합류하다 be able to V ~할 수 있다 discuss 의논하다 plot 줄거리

26 준동사 – 동명사 　　　정답 (d)

피트는 익스트림 스포츠를 좋아하기는 해도, 화산의 한 면을 타고 내려가는 썰매 경주인 하카 페이를 시도해 보는 것을 거부한다. 그는 그 칠레 스포츠가 너무 위험하기 때문에 시도해 볼 가치가 없다고 여긴다.

빈칸 앞 is worth는 단순 동명사와 함께 〈be worth -ing(~할 가치가 있다)〉라는 의미의 관용 표현으로 쓰이므로, 정답은 (d)이다.

although 비록 ~이기는 하지만 refuse 거부하다 sled 썰매 race 경주 volcano 화산 Chilean 칠레의 dangerous 위험한

01 (b)	**02** (c)	**03** (a)	**04** (d)	**05** (d)
06 (c)	**07** (b)	**08** (a)	**09** (d)	**10** (a)
11 (b)	**12** (a)	**13** (d)	**14** (c)	**15** (a)
16 (b)	**17** (b)	**18** (d)	**19** (b)	**20** (a)
21 (c)	**22** (d)	**23** (c)	**24** (a)	**25** (d)
26 (b)				

기준 시점까지 진행 중이었음을 나타낼 때 쓰이는 과 거완료진행시제의 단서이다. 즉 제레미가 부상 선수 를 대신했던 시점(과거)이 기준 시점이 되고, 그 이전 부터 그가 기준 시점까지 거의 4개 쿼터 동안(완료) 벤치에 '앉아 있어오던 중이었다'라는 의미가 되어야 하므로, 정답은 (c)이다.

어휘 finally 마침내 against ~에 맞서 injured 부상을 당한 almost 거의 replace 대신하다, 대체하다

01   조동사 문맥 찾기   정답 (b)

해석 대부분의 수생 포유류는 목에 7개의 경추 또는 목뼈 를 가진 반면에, 매너티는 6개만 가지고 있다. 이는 목의 유연성을 제한해서, 매너티는 몸을 돌리지 않고 는 고개를 돌릴 수 없다.

해설 빈칸 절에서 목의 유연성을 제한한다(This limits the neck's flexibility)는 내용이 유연성이라는 능 력의 제한을 의미하므로, 몸을 돌리지 않고는 고개를 돌리는 것이 그의 능력으로는 '불가능하다'라는 문맥 이 되어야 가장 적절하다. 이때 조동사 can의 부정형 인 cannot(~할 수 없다)이 능력이 없음을 나타낼 수 있으므로 (b)가 정답이다.

어휘 aquatic mammal 수생 포유류 cervical vertebrae 경 추, 목뼈 manatee 매너티(바다소의일종) limit 제한하다 flexibility 유연성 without ~없이는

02   시제 – 과거완료진행   정답 (c)

해석 제레미는 팀 동료가 부상을 당한 후에 마침내 라이벌 학교와의 농구 경기에 뛸 수 있게 되었다. 그는 부상 당한 선수를 대신하기 전까지 거의 4개 쿼터 동안 벤 치에 앉아 있어오던 중이었다.

해설 빈칸 절에서 〈before + 과거시제 동사(replaced)〉 와 〈for + 기간(for almost four quarters)〉은 과거 시점을 기준으로 그 이전부터 시작된 빈칸의 동사가

03   준동사 – to부정사   정답 (a)

해석 새라는 최근 그녀의 아들이 야채를 먹지 않고 있는 것을 알아챘다. 그녀는 그의 식사에 영양분을 집어넣 을 방법들을 찾기 위해 인터넷에 접속했다. 검색 결 과들 중 하나는 맛있는 야채 스무디 조리법이었다.

해설 빈칸 앞 명사(ways)를 뒤에서 형용사처럼 수식하여 '집어넣을 방법들'이라는 의미를 만들 수 있는 것은 단 순 to부정사(~할, ~하는)이므로, 정답은 (a)이다.

어휘 notice 알아채다 vegetable 야채 lately 최근에 go online 인터넷에 접속하다 incorporate A into B A를 B에 집어넣 다, 포함시키다 nutrient 영양분 diet 식사, 식습관 result 결과 recipe 조리법 tasty 맛있는

04   가정법 – 과거완료   정답 (d)

해석 사파이어 북 클럽이 지난 수요일에 격월제 모임을 개 최했을 때, 회원들 중 절반은 참석할 수 없었다. 만약 그들이 모임을 주말에 개최했다면, 평일에 업무나 수 업이 있는 회원들은 출석했을 것이다.

해설 빈칸 절에서 Had they held 이하는 가정법 if절(If they had held)의 도치된 형태이다. 이때 과거완료 시제 동사를 구성하는 Had와 held가 가정법 과거 완료의 단서이므로 〈would + have p.p.〉의 형태인 (d)가 정답이다.

어휘 hold (행사 등을) 열다, 개최하다 bi-monthly 2개월마다의, 격월의 attend 참석하다 present 참석한, 출석한

05 준동사 – 동명사   정답 (d)

해석 폴은 2년 만에 처음으로 고향에 돌아왔다. 그의 예전 방에서 그는 기타를 발견했는데, 집을 떠나 이사를 한 뒤에 하는 것을 그만두었던 취미를 그에게 떠올리게 했다.

해설 빈칸 앞 동사 stop은 동명사를 목적어로 취한다. 보기의 동사 do는 문맥상 stop과 시제가 같은 동작(하는 것을 그만두다)이므로, 그보다 이전의 동작(이미 했던 것을 그만두다)을 나타내는 having p.p.를 오답으로 소거하면 단순 동명사인 (d)가 정답이다.

>  **오답체크**
>
> stop 뒤 to부정사는 목적을 나타내는 부사적 용법(~하기 위해)으로 쓰이는데, 빈칸에 넣으면 '하기 위해 그만뒀던 취미를 생각나게 했다'라는 어색한 문맥이 되어 (b)는 오답이다.

어휘 for the first time 처음으로, 최초로   remind A of B A에게 B를 상기시키다, 생각나게 하다   move 이동하다, 옮기다, 이사를 가다   away from ~를 떠나

06 that절 should 생략   정답 (c)

해석 제2차 세계 대전 동안, 미군은 효과적으로 전투하기 위해 많은 양의 가솔린을 필요로 했다. 그러나, 휘발유의 공급량은 제한적이었다. 루스벨트 대통령은 가솔린이 50개 주 전체에 배급되어야 한다고 명령하여 분배를 통제했다.

해설 command와 같이 주장·제안·명령·요구 등을 나타내는 동명사가 that절과 함께 나오면, that절의 동사 자리에는 〈should + 동사원형〉에서 should가 생략된 동사원형만 가능하다. 따라서 정답은 (c)이다.

어휘 during ~동안   effectively 효과적으로   however 그러나   supply 공급(량)   limited 제한된   control 통제하다   distribution 분배   command 명령하다   ration 배급하다   state (미국의) 주(州)

07 관계사 – 관계대명사   정답 (b)

해석 소화는 음식물이 입 안의 침과 섞이자마자 시작된다. 침에는 음식이 추가적인 소화를 위해 위장관으로 이동하기 전에 탄수화물을 분해하는 것을 돕는 효소인 아밀라아제가 들어있다.

해설 빈칸 앞 선행사인 an enzyme은 동식물 취급하므로 관계대명사 that 또는 which의 수식을 받는다. 빈칸 앞에 콤마(,)가 없어서 that을 소거하지 못하는 경우, 관계대명사 뒤에 주어(또는 목적어)가 없는 불완전한 절이 있는 보기를 답으로 골라야 한다. which 뒤의 절은 주어 it이 있어 완전한 절, that 뒤의 절은 불완전한 절이다. 따라서 정답은 (b)이다.

어휘 digestion 소화   as soon as ~하자마자   mix A with B A와 B를 섞다   saliva 침   contain ~가 들어있다   amylase 아밀라아제   enzyme 효소   break down 분해하다   carbohydrate 탄수화물   gastrointestinal tract 위장관   further 그 이상의, 추가의

08 시제 – 미래완료진행   정답 (a)

해석 영업팀은 3시간이 지나서 교육 이수 단위의 처음 세 부분을 완료했다. 이대로라면, 그들은 5강짜리 이수 단위를 마칠 때쯤 다섯 시간 동안 교육을 받아오고 있을 것이다.

해설 빈칸 절에서 〈by the time+현재시제 동사(finish)〉와 〈for + 기간(for five hours)〉은 빈칸의 동사가 미래의 어느 시점까지 계속 진행 중일 것임을 나타낼 때 쓰이는 미래완료진행시제의 단서이다. 즉 그들이 5강짜리 이수 단위를 마치게 될 시점에는(미래) 5시간 동안(완료) '교육을 받아오고 있을 것이다'라는 의미가 되어야 하므로, 정답은 (a)이다.

어휘 complete 마치다, 완료하다   training 훈련, 교육   module (교육의) 학습(이수) 단위   at this pace 이 속도라면, 이대로라면

09 가정법 – 과거   정답 (d)

해석 트릭시는 남동생이 그녀의 인형 집을 야구공으로 뜻하지 않게 무너뜨린 것에 대한 그의 사과를 받고 싶지 않다. 만약 남동생이 그녀가 인형 집을 다시 만드는 것을 돕는다면, 그녀는 그가 진심으로 미안하다는 것을 믿을 것이다.

해설 ▶ 빈칸 절의 if와 보기의 would는 가정법 문제를 나타내고, if절의 과거시제 동사 were가 가정법 과거의 단서이므로 〈would + 동사원형〉의 형태인 (d)가 정답이다.

어휘 ▶ accept one's apology ~의 사과를 받아들이다 accidentally 뜻하지 않게, 우연히 knock over 넘어뜨리다, 쓰러뜨리다 rebuild 다시 세우다, 재건하다 truly 진심으로

---

10 조동사 문맥 찾기 정답 (a)

해석 ▶ 장파장 자외선은 오존층을 투과하여 피부를 손상시키는 빛의 한 종류이다. 장파장 자외선은 또한 유리를 통과하므로, 유리천장이나 유리벽으로 된 건물 안에 머무를 경우 여전히 선크림을 발라줘야 한다.

해설 ▶ 첫째 문장에서 자외선이 피부에 손상을 준다(damages the skin)고 했으므로 선크림을 '발라야 한다'의 문맥이 되어야 가장 적절하다. 이때 조동사 should (~해야 한다)가 권고, 의무, 당위성을 나타낼 수 있으므로 (a)가 정답이다.

어휘 ▶ UVA(Ultraviolet-A) 장파장 자외선 penetrate 관통하다, 투과하다 ozone layer 오존층 damage 손상시키다 also 또한 pass through 통과하다 apply 적용하다, 바르다 sunscreen 자외선 차단제, 선크림 stay 머무르다 ceiling 천장 wall 벽

---

11 준동사 – to부정사 정답 (b)

해석 ▶ 자연에서는, 매우 다른 종들 사이에서 조차도 아주 비슷한 부분이 존재한다. 예를 들어, 꼬리박각시는 생김새나 행동하는 것이 벌새와 매우 닮은 곤충이다. 멀리서 그들을 구별하는 것은 어렵다.

해설 ▶ 빈칸 앞 it is difficult는 to부정사와 함께 '~하는 것은 어렵다'라는 의미의 가주어 진주어 구문을 구성할 때 쓰이므로, 빈칸에는 가주어 it에 대한 진주어 역할을 하는 to부정사가 들어가야 한다. 따라서 정답은 (b)이다.

어휘 ▶ close resemblance 아주 비슷함 exist 존재하다 even 심지어, ~조차도 species (동식물의) 종 for instance 예를 들어 hummingbird hawk-moth 꼬리박각시 insect 곤충 behave 행동하다 hummingbird 벌새 difficult 힘든, 어려운 tell ~ apart ~를 구별하다, 분간하다 from afar 멀리서

---

12 시제 – 현재진행 정답 (a)

해석 ▶ 제니는 급한 건을 끝내기 위해 오늘 오후에 있었던 모든 업무 약속을 취소했다. 바로 지금, 그녀는 잠재적 투자자를 위한 재무 보고서를 작성하는 중이며 방해받고 싶지 않다.

해설 ▶ 빈칸 절에서 문장 맨 앞에 주어진 시간 부사 Right now는 빈칸의 동사가 현재 시점에서 진행 중임을 나타내는 현재진행시제의 단서이므로, 정답은 (a)이다.

어휘 ▶ cancel 취소하다 business appointment 업무 약속 complete 끝내다, 완료하다 urgent 급한, 긴박한 task 일, 업무 financial report 재무 보고서 potential 잠재적인 investor 투자자 disturb 방해하다

---

13 가정법 – 과거완료 정답 (d)

해석 ▶ 리키는 스페인어가 배우기에 더 쉬울 뿐만 아니라 프랑스어보다 더 흔하게 말해진다는 것을 알게 되었다. 만약 그가 이것을 미리 알았다면, 그는 그의 외국어 수업으로 프랑스어 대신 스페인어를 선택했을 것이다.

해설 ▶ 빈칸 절에서 Had he known 이하는 가정법 if절(If he had known)의 도치된 형태이다. 이때 과거완료 시제 동사를 구성하는 Had와 known이 가정법 과거완료의 단서이므로 〈would + have p.p.〉의 형태인 (d)가 정답이다.

어휘 ▶ not only A but also B A뿐만 아니라 B도 commonly 흔하게 beforehand 미리 instead of ~대신에 subject 과목

---

14 연결어 – 접속부사 정답 (c)

해석 ▶ 포탈라궁은 티베트 라싸에 위치한 세계유산이다. 이전에는, 이 복합 건축물이 1959년에 중국의 군사 공격 동안 파괴되기 전까지 달라이 라마의 겨울궁전 역할을 했다.

해설 ▶ 빈칸 앞 내용(포탈라궁은 세계유산이다)에서 빈칸 뒤 내용(포탈라궁은 달라이 라마의 겨울궁전 역할을 했다)으로 연결되는 흐름을 보면, 현재(is)는 포탈라궁이 세계유산이고 과거(served)에는 달라이 라마가

겨울궁전으로 사용했다고 했으므로, 문맥상 '이전에는'의 의미로 과거의 특정 시점을 나타낼 때 쓰는 Formerly가 빈칸에 가장 적절하다. 따라서 정답은 (c)이다.

어휘 located in ~에 위치한 complex 복합 건축물 serve as ~의 역할을 하다 palace 궁전 until ~까지 destroy 파괴하다 during ~동안 military 군사의 attack 공격, 침공 further 더 나아가서 eventually 결국 at that time 그 당시에

15 준동사 – 동명사   정답 (a)

해석 해리엇 씨의 여덟 살 아들은 친구네 집에서 하룻밤 자고 와도 되냐고 허락받는 중이다. 그녀는 만약 친구 어머니도 괜찮다고 하시면 그가 그렇게 하도록 <u>허용하는 것을</u> 꺼리지 않는다.

해설 빈칸 앞 동사 mind는 동명사를 목적어로 취한다. 보기의 동사 allow는 문맥상 mind와 시제가 같은 동작(허락하는 것을 꺼리다)이므로, 그보다 이전의 동작(이미 허락했던 것을 꺼리다)을 나타내는 having p.p.를 오답으로 소거하면 단순 동명사인 (a)가 정답이다.

어휘 ask for permission 허가를 구하다 sleep over 자고 오다(가다) mind 꺼리다 allow 허용하다, 허락하다 also 또한

16 시제 – 과거진행   정답 (b)

해석 나는 지난 밤에 다소 겁을 먹었다. 바깥에서 계속되는 두드리는 소리를 들었을 때 나는 호러 소설을 <u>읽던 중</u>이었다. 다행스럽게도, 그건 그냥 현관문을 긁는 우리 집 반려견이었다!

해설 빈칸 절에서 〈when + 과거시제 동사(heard)〉는 빈칸의 동사가 과거의 특정 시점에 동시에 진행 중이었음을 나타내는 과거진행시제의 단서이다. 즉 내가 소리를 들었던 과거의 그 시점에 책을 읽는 행위가 진행 중이었다는 의미가 되어야 하므로 정답은 (b)이다.

어휘 have a scare 겁을 먹다 quite 다소, 꽤 continuous 지속적인, 계속되는 knocking 두드리는 to one's relief 다행스럽게도 scratch 긁다, 할퀴다 porch 현관

17 that절 should 생략   정답 (b)

해석 레슬리의 올해 목표는 그녀의 몸에 더 많은 근육량을 늘리는 것이다. 그녀의 운동 코치는 그녀가 바라는 근육질 몸매를 점진적으로 달성하기 위해 그녀가 식사당 단백질 섭취를 늘려야 한다고 조언한다.

해설 advise와 같이 주장·제안·명령·요구 등을 나타내는 동사가 that절과 함께 나오면, that절의 동사 자리에는 〈should + 동사원형〉에서 should가 생략된 동사원형만 가능하다. 따라서 정답은 (b)이다.

어휘 muscle 근육 mass 덩어리 advise 조언하다, 권고하다 increase 증가시키다, 늘리다 protein 단백질 intake 섭취 per ~당(마다) meal 식사 gradually 점진적으로 achieve 달성하다 desired 바랐던, 희망했던 body (사람 몸의) 형태, 체격

18 가정법 – 과거   정답 (d)

해석 앨리샤는 제약이 뒤따르는 매력적인 일자리 제안을 받은 뒤에 자신의 선택지들을 따져보는 중이다. 만약 그 일이 그녀로 하여금 사는 곳을 옮겨 그녀의 아름다운 도시를 떠나도록 요구하지 않는다면, 그녀는 그 일을 수락하는 것에 대해 두 번 <u>생각하지 않을 것이다</u>.

해설 빈칸 절의 if와 보기의 would는 가정법 문제를 나타내고, if절의 과거시제 동사 didn't require가 가정법 과거의 단서이므로 〈would + 동사원형〉의 형태인 (d)가 정답이다.

어휘 weigh 무게를 재다, (선택지를) 따져보다 receive 받다 attractive 매력적인 job offer 일자리 제안 come with a catch 제약(조건, 단점 등)이 뒤따르다 require 요구하다 move 옮기다, 이사하다 leave 떠나다 twice 두 번, 두 배로 accept 수락하다

19 준동사 – to부정사   정답 (b)

해석 "세균 이론"이 대중화되기 전에, 많은 외과의들은 말털을 사용하여 상처를 꿰맸고, 이는 많은 감염을 유발하지 않았다. 그들은 그 털을 유연하게 <u>만들기 위해</u> 그것을 끓였는데, 그들이 이미 살균을 하고 있었다는 것을 깨닫지는 못했다.

해설 빈칸 앞 문장(그들은 그 털을 살균했다)을 뒤에서 부사처럼 수식(유연하게 만들기 위해)할 수 있는 to부정사가 빈칸에 가장 적절하다. 이때 '~하기 위해'라는 의미의 목적을 나타낼 때 단순 to부정사를 사용하므로, 정답은 (b)이다.

어휘 germ 세균, 미생물 theory 이론 become ~되다 popular 인기 있는 surgeon 외과의 sew up ~을 꿰매다, 꿰매어 붙이다 wound 상처 horsehair 말털, 말총, 말갈기 cause 유발하다, 야기하다 infection 감염 boil 끓이다, 삶다 pliable 유연한 realize 깨닫다 already 이미 perform 수행하다 sterilization 살균

---

20 가정법 – 과거완료 　　　　정답 (a)

해석 지난 달에, 골든 그룹 사는 건강에 대한 우려 때문에 단합대회 계획을 연기했다. 만약 독감에 걸렸던 직원들의 수가 걱정스러운 수준이 아니었다면, 그 행사는 원래 계획대로 진행되었을 지도 모른다.

해설 빈칸 절의 if와 보기의 might는 가정법 문제를 나타내고, if절의 과거완료시제 동사 had not been이 가정법 과거완료의 단서이므로 ⟨might + have p.p.⟩의 형태인 (a)가 정답이다.

어휘 postpone 미루다, 연기하다 team-building (회사 등의) 단합대회 plan 계획 due to ~때문에 concern 우려, 걱정 the number of ~의 수 employee 직원 catch the flu 독감에 걸리다 alarming 걱정스러운, 경각심을 주는 proceed 진행되다 as planned 계획대로 originally 원래, 본래

---

21 시제 – 미래진행 　　　　정답 (c)

해석 새뮤얼은 그가 강의하는 데 사용하는 노트북 없이 집을 나와서, 아내에게 대학교로 그것을 가져와 달라고 부탁했다. 그는 그녀가 오전 9시에 도착할 때 그가 7-B 강의실에서 수업을 하고 있을 거라고 그녀에게 말했다.

해설 접속사 when이 이끄는 시간 부사절에는 미래 대신 현재시제 동사(arrives)를 사용하여 미래를 나타내므로, ⟨when + 현재시제 동사(arrives)⟩는 미래진행 시제의 단서가 된다. 즉 아내가 9시에 도착하는 미래 시점에 가르치는 행위가 진행 중일 것이라는 의미가 되어야 하므로, 정답은 (c)이다.

어휘 leave 떠나다 without ~없이 teach 가르치다, 수업을 하다 ask A to V A에게 ~할 것을 요청하다, 부탁하다 arrive 도착하다

---

22 관계사 – 관계대명사 　　　　정답 (d)

해석 비바리움 노붐 학교는 세계에서 전부 라틴어와 그리스어로만 수업을 제공하는 유일한 학교이다. 오로지 남성 학자들인 그 수강생들은 1년 동안 고대 인문학과 문학을 배우게 된다.

해설 빈칸 앞 선행사인 students는 사람이므로 관계대명사 that 또는 who의 수식을 받는다. 이때 that은 콤마(,) 뒤에 나올 수 없으므로 오답으로 소거하고 나면, 결국 남은 보기인 (d)가 정답이다.

어휘 offer 제안하다, 제공하다 study 연구, 수업, 학문 entirely 전적으로, 완전히 exclusively 배타적으로, 독점적으로, 오로지 ~만 male 남자, 남성의 scholar 학자 ancient 고대의 humanities 인문학 literature 문학

---

23 준동사 – 동명사 　　　　정답 (c)

해석 모니카는 점심시간이 끝나기를 기다리는 동안 미식축구팀이 경기하는 것을 보러 갔다. 그러나, 그녀는 경기를 관람하는 것을 너무 즐겨서 오후 수업에 늦게 도착했다.

해설 빈칸 앞 동사 enjoy는 동명사를 목적어로 취한다. 보기의 동사 watch는 문맥상 enjoy와 시제가 같은 동작(관람하는 것을 즐기다)이므로, 그보다 이전의 동작(이미 관람했던 것을 즐기다)을 나타내는 having p.p.를 오답으로 소거하면 단순 동명사인 (c)가 정답이다.

어휘 while ~하는 동안 lunch break 점심시간 however 그러나 enjoy 즐기다 arrive 도착하다 late 늦게

---

24 가정법 – 과거 　　　　정답 (a)

해석 모티머 씨의 소파 커버 매장이 너무 바빠서, 그는 맞춤형 소파 세트의 주문을 거절할 것이다. 만약 그의 작업 일정이 향후 3개월 동안 가득 차지 않는다면, 그는 그 주문을 수락할 것이다.

어휘 upholstery (의자나 쿠션의) 천, 덮개, 커버 busy 바쁜 decline 감소하다, 거절하다 order 주문(량) custom 주문 제작한, 맞춤의 work calendar 작업(업무) 일정 full 가득 찬 accept 받아들이다, 수락하다

---

25 시제 – 현재완료진행 정답 (d)

해석 음악 웹사이트인 뮤직튜브에 올린 제럴드의 영상들은 이미 총 5백만 조회수에 도달했다. 그는 겨우 2년 동안 이 사이트에 기타 연주법들을 <u>게시해오고 있으며</u>, 그것들이 매우 인기 많다는 것을 증명하고 있는 중이다.

해설 빈칸 절에서 〈for + 기간(just two years)〉은 현재완료진행시제의 단서이며, 현재까지 2년 동안(완료) 기타 연주법들을 '게시해오고 있는 중이다'라는 의미를 만든다. 따라서 정답은 (d)이다.

어휘 reach 도달하다 view (스트리밍 사이트의) 조회수 post 게시하다 prove 증명하다 already 이미 reach 도달하다 a total of 전부, 총 view 조회수 post 게시하다 tutorial 개별 지도, 지도서 prove to V ~하는 것을 입증하다 popular 인기 있는

---

26 연결어 – 접속사 정답 (b)

해석 많은 사람들은 허리케인이 발생하는 반구에 따라 다른 방향으로 회전한다는 것을 모른다. 남반구의 허리케인이 시계 방향으로 회전하는 <u>반면에</u> 북반구의 허리케인은 시계 반대 방향으로 회전한다.

해설 빈칸 앞뒤 문맥을 보면 앞 내용(북반구의 허리케인은 시계 반대방향으로 회전한다)와 뒤 내용(남반구의 허리케인은 시계 방향으로 회전한다)이 서로 대조되는 흐름으로 나오고 있으므로, '~반면에'의 의미로 앞뒤 내용의 대조를 나타낼 때 쓰이는 whereas가 빈칸에 가장 적절하다. 따라서 정답은 (b)이다.

어휘 be unaware that ~를 알지 못하다 rotate 회전하다 different 다른 direction 방향 depending on ~에 따라 hemisphere 반구 occur 발생하다 northern 북쪽에 위치한, 북부의 counterclockwise 시계 반대 방향으로 southern 남쪽에 위치한, 남부의 clockwise 시계 방향으로 even if 비록 ~일지라도 so that ~하도록 unless ~하지 않으면

01 (b)	**02** (c)	**03** (a)	**04** (c)	**05** (d)
06 (b)	**07** (a)	**08** (d)	**09** (c)	**10** (a)
11 (c)	**12** (b)	**13** (b)	**14** (a)	**15** (d)
16 (d)	**17** (c)	**18** (d)	**19** (c)	**20** (b)
21 (a)	**22** (d)	**23** (b)	**24** (d)	**25** (b)
26 (d)				

01 시제 – 미래완료진행 　　　정답 (b)

해석 언제나 인도주의자인 윌리엄스 박사는 그의 개인 병원보다 무료 진료소에서 더 많은 시간을 보낸다. 내년쯤이면, 그는 가난하고 보험이 없는 사람들에게 7년 동안 무료 의료서비스를 제공해오고 있을 것이다.

해설 빈칸 절에서 〈by + 미래 시점(next year)〉와 〈for + 기간(for seven years)〉은 빈칸의 동사가 미래의 어느 시점까지 계속 진행 중일 것임을 나타낼 때 쓰이는 미래완료진행시제의 단서이다. 즉 내년이 될 시점에는(미래) 윌리엄스 박사가 의료서비스를 7년 동안 (완료) '제공해오고 있을 것이다'라는 의미가 되어야 하므로, 정답은 (b)이다.

어휘 ever 언제나, 항상 humanitarian 인도주의자 spend 시간 -ing ~하는 데 시간을 보내다 free clinic 무료 진료소 private practice 개인 병원 provide 제공하다 healthcare 의료서비스 poor 가난한 uninsured 보험이 적용되지 않는

02 가정법 – 과거완료 　　　정답 (c)

해석 뉴욕시의 가장 잘 알려진 공연장인 라디오 시티 뮤직 홀은 1970년대에 파산 위협에 직면했다. 만약 정부가 1978년에 그 공연장에 역사적인 장소 지위를 부여하지 않았다면, 그곳은 폐업했을 것이다.

해설 빈칸 절에서 Had the government not given 이하는 가정법 if절(If the government had not given)의 도치된 형태이다. 이때 과거완료시제 동사를 구성하는 Had와 given이 가정법 과거완료의 단서이므로 〈would + have p.p.〉의 형태인 (c)가 정답이다.

어휘 well-known 잘 알려진, 유명한 performance 공연 venue 장소 face 맞이하다, 직면하다 threat 위협 bankruptcy 파산 government 정부 landmark 역사적인 장소, 명소 statue 신분, 지위 close down (영업 종료하여) 문을 닫다, 폐업하다

03 연결어 – 접속사 　　　정답 (a)

해석 바다 오르간은 크로아티아 자다르의 해안가에 있는 실험적인 연주 오브제이다. 이 230피트 길이의 악기는 파도가 부딪칠 때마다 음악을 만드는 35개의 파이프로 구성되어 있다.

해설 빈칸 앞 내용(음악을 만든다)과 뒤 내용(파도가 파이프에 부딪친다)의 의미 관계를 보면 '바다 오르간은 35개의 파이프로 구성되어 있고 파도가 이 파이프를 쳐서 음악을 만든다'라는 흐름이므로, '~할 때마다'의 의미로 '파도가 파이프에 부딪칠 때마다 음악을 만든다'의 문맥을 만들 수 있는 접속사 whenever이 빈칸에 가장 적절하다. 따라서 정답은 (a)이다.

어휘 experimental 실험적인 sea coast 해안 instrument 악기 consist of ~로 구성되어 있다 tube 관, 통, 파이프 wave 파도 crash into ~에 충돌하다 unless 만약 ~하지 않으면 even if 비록 ~일지라도 before ~전에

04 준동사 – to부정사 　　　정답 (c)

해석 프랭크가 독일 바이에른의 한 전문점에서 주문했던 턴테이블이 오늘 도착했다. 그는 부모님이 할아버지의 우아하고 잘 보존된 골동품 턴테이블을 그에게 보여준 이래로 그것을 소유하는 것을 원해왔다.

해설 빈칸 앞 동사 want는 to부정사를 목적어로 취한다. 보기의 동사 own은 문맥상 want 이후의 동작(소유하는 것을 원하다)이므로, 그보다 이전의 동작(이미 소유했던 것을 원하다)을 나타내는 to have p.p.를 오답으로 소거하면 단순 to부정사인 (c)가 정답이다.

어휘 order 주문하다 specialty 전문점 Bavaria 바이에른 (Bayern의 영어식 표기) own 가지다, 소유하다 since ~이 래로, ~때문에 show 보여주다 elegant 우아한, 품위 있는 well-preserved 잘 보존된 antique 골동품의, 오래된

---

05 시제 – 과거완료진행   정답 (d)

해석 콜린과 그의 감독은 어제 훈련장에서 언쟁을 벌였다. 콜린은 몇 달 동안 지역 선수권 대회를 위해 훈련을 해오던 중이었지만, 그의 감독이 다른 누군가를 경기에 출전시키기로 계획했다는 것을 결국 엿듣게 되었다.

해설 첫째 문장에서 콜린과 감독이 언쟁을 벌인 시점이 과거(argued), 이를 기준으로 콜린은 그 전부터 몇 달 동안(for months) 훈련하고 있었다가 감독이 다른 사람 출전을 계획했다는 것을 듣고 언쟁을 벌였다는 문맥이 되어야 한다. 과거완료진행시제 동사가 과거 이전에 시작된 동작이 기준 시점까지 진행 중이었음을 나타낼 수 있으므로 (d)가 정답이다.

어휘 argue 주장하다, 언쟁을 벌이다 regional 지역의 championship 선수권 대회 only to V 결국 ~하게 되다, ~할 뿐이다 overhear (남의 대화를) 우연히 듣다, 엿듣다 plan 계획하다 compete 경쟁하다, (시합 등에) 참가하다

---

06 that절 should 생략   정답 (b)

해석 위조 방지 포장은 음식, 의약품, 기타 품목을 고의적인 개조, 오염, 중독으로부터 보호해준다. 만약 제품의 포장이 위조 방지가 되어 있지 않으면, 소비자는 그것을 구입하지 않는 것이 강하게 권고된다.

해설 advise와 같이 주장·제안·명령·요구 등을 나타내는 동사가 that절과 함께 나오면, that절의 동사 자리에는 〈should + 동사원형〉에서 should가 생략된 동사원형만 가능하다. 따라서 정답은 (b)이다.

어휘 tamper-proof 위조 방지의 packaging 포장 protect A from B A를 B로부터 보호하다 medicine 의약품 item 물품, 품목 deliberate 고의적인 alteration 변경, 개조 contamination 오염 poisoning 중독 strongly 강하게, 매우 advise 조언하다, 권고하다 purchase 구입하다

---

07 준동사 – to부정사   정답 (a)

해석 가시두더지는 곤충을 먹고 사는 작고 가시로 뒤덮인 포유류이다. 그들은 길고 끈적한 혀를 가지고 있는데, 그들이 개미, 흰개미와 같이 통나무를 먹고 사는 작은 곤충들을 잡기 위해 사용한다.

해설 빈칸 앞 문장(길고 끈적이는 혀를 사용한다)을 뒤에서 부사처럼 수식(잡기 위해)할 수 있는 to부정사가 빈칸에 가장 적절하다. 이때 '~하기 위해'라는 의미의 목적을 나타낼 때 단순 to부정사를 사용하므로, 정답은 (a)이다.

어휘 echidna 가시두더지 spike-covered 가시로 뒤덮인 mammal 포유류 feed on ~을 먹고 살다 tiny 아주 작은, 자그마한 insect 곤충 sticky 끈적이는 tongue 혀 live on ~로 생계를 잇다, (~를 주식으로) 먹고 살다 log 통나무 such as ~와 같이 ant 개미 termite 흰개미

---

08 시제 – 과거진행   정답 (d)

해석 레아는 블라우스에 거대한 갈색 얼룩을 묻히고 점심 시간에서 돌아왔다. 화를 내며, 그녀는 아이스커피 한 잔을 든 초조해 보이는 남자가 그녀에게 부딪쳤을 때 그녀가 엘리베이터 쪽으로 걸어가던 중이었다고 설명했다.

해설 빈칸 절에서 〈when + 과거시제 동사(bumped into)〉는 빈칸이 동사가 과거의 특정 시점에 동시에 진행 중이었음을 나타내는 과거진행시제의 단서이다. 즉 한 남자가 레아에게 부딪쳤던 과거의 그 시점에 레아가 걸어가는 행위가 진행 중이었다는 의미가 되어야 하므로 정답은 (d)이다.

어휘 stain 얼룩 explain 설명하다 towards ~쪽으로, ~을 향하여 fidgety-looking 초조해 보이는 bump into ~에게 부딪치다

---

09 연결어 – 접속부사   정답 (c)

해석 일반적인 사람들의 생각과는 달리, 녹은 파상풍을 직접적으로 유발하지 않는다. 사실은, 파상풍을 유발하는 박테리아는 녹이 있고 없고는 상관없이 비위생적이거나, 습기가 많거나, 또는 노출된 표면이라면 어디든 존재할 수 있다.

해설 빈칸 뒤 내용은 문맥상 앞 내용(녹이 파상풍을 직접적으로 유발하지 않는다)이 사실임을 뒷받침하는 더 자세한 설명(파상풍을 유발하는 박테리아는 녹이 있고 없고는 상관없이 어떤 표면에든지 존재할 수 있다)에 해당되므로, 앞 내용에 대해 부연 설명할 때 쓰이는 In fact(사실은, 실제로)가 빈칸에 가장 적절하다. 따라서 정답은 (c)이다.

어휘 contrary to popular belief 일반적인 사람들의 생각과는 달리 rust 녹 directly 직접적으로, 곧바로 cause 유발하다 tetanus 파상풍 exist 존재하다 unsanitary 비위생적인 moist 습기를 머금은, 젖은 exposed 노출된 surface 표면 whether ~ or not ~이든 아니든 contain ~이 들어있다 and yet 그렇다고 해도, 그럼에도 불구하고 nevertheless 그럼에도 불구하고 similarly 비슷하게, 마찬가지로

---

10 가정법 – 과거완료   정답 (a)

해석 아멜리아가 졸업 무도회에 도착했을 때, 세 명의 다른 여자애들이 정확히 똑같은 드레스를 착용하고 있었다. 만약 그녀가 이런 일이 일어날 줄 알았다면, 그녀는 다른 부티크 매장에 쇼핑하러 갔을 것이다.

해설 빈칸 절에서 Had she known 이하는 가정법 if절(If she had known)의 도치된 형태이다. 이때 과거완료시제 동사를 구성하는 Had와 known이 가정법 과거완료의 단서이므로 〈would + have p.p.〉의 형태인 (a)가 정답이다.

어휘 arrive 도착하다 prom (고등학교의) 졸업 무도회, 졸업 파티 wear 입고 있다, 착용하고 있다 exact 정확한, 틀림없는 same 똑같은 happen 일어나다, 발생하다 different 다른

---

11 준동사 – 동명사   정답 (c)

해석 롭과 그의 친구들은 비가 많이 내리기 시작했을 때 시골에서 캠핑을 하던 중이었다. 비가 내림에도 불구하고, 롭은 그들이 적절한 장비를 갖추고 있었기 때문에 캠핑을 계속하는 것을 제안했다.

해설 빈칸 앞 동사 suggest는 동명사를 목적어로 취한다. 보기의 동사 continue는 문맥상 suggest와 시제가 같은 동작(계속하는 것을 제안하다)이므로, 그보다 이전의 동작(이미 계속했던 것을 제안하다)을 나타내는 having p.p.를 오답으로 소거하면 단순 동명사인 (c)가 정답이다.

어휘 countryside 시골 지역 heavily (양·정도가) 심하게, 아주 많이 despite ~에도 불구하고 suggest 제안하다 continue 계속 ~하다 since ~때문에 be prepared with ~을 갖추다, 구비하다 appropriate 적절한 gear 장비

---

12 시제 – 현재진행   정답 (b)

해석 브룩은 치어리더 팀 단장으로 선출되어 아주 신나 있다. 그녀에게 투표했던 사람들에 대한 감사의 표시로, 그녀는 현재 그녀가 가장 좋아하는 식당에서 그들에게 점심을 대접하는 중이다.

해설 빈칸 절에서 문장 맨 뒤에 주어진 시간 부사 right now는 빈칸의 동사가 현재 시점에서 진행 중임을 나타내는 현재진행시제의 단서이므로, 정답은 (b)이다.

어휘 elated 마냥 행복해하는, 신이 난 elect 뽑다, 선출하다 as a thank-you to ~에 대한 감사의 표시로 vote for ~에게 투표하다 treat 대하다, 취급하다, 대접하다

---

13 관계사 – 관계대명사   정답 (b)

해석 그린란드는 덴마크 왕국의 일부인 커다란 섬나라이다. 5만 명의 인구가 있는 그 섬은 거대한 만년설과 빙하로 둘러져 있으며, 얼음낚시와 관광으로 번성하는 경제를 가지고 있다.

해설 빈칸 앞 선행사인 The island는 사물 취급하므로 관계대명사 that 또는 which의 수식을 받는다. 이때 that은 콤마(,) 뒤에 나올 수 없으므로 오답으로 소거하고 나면, 결국 남은 보기인 (b)가 정답이다.

어휘 have a population of 인구가 ~명이다 border ~와 경계를 이루다, 접하다 ice cap 빙원, 만년설 glacier 빙하 thrive on (사람·상업 등이) 번성하다

---

14 가정법 – 과거완료   정답 (a)

해석 네이선은 영국에서 온 그의 친구가 오늘 아침 비행기를 타고 떠날 예정이었던 것을 모르고 있었다. 만약 그가 이를 인지했었다면, 그는 지난 밤에 바에서 한 시간이 넘는 동안 그의 말동무가 되어주었을 것이다.

해설 빈칸 절의 if와 보기의 would는 가정법 문제를 나타내고, if절의 과거완료시제 동사 had been이 가정법 과거완료의 단서이므로 〈would + have p.p.〉의 형태인 (a)가 정답이다.

어휘 be scheduled to V ~할 예정이다 be aware of ~를 알다, 인지하다 keep ~ company ~의 말동무가 되어주다, ~와 시간을 보내다 longer than ~보다 더 오래

---

15 시제 – 미래진행 정답 (d)

해석 고등학교 동창회가 9월 30일에 있을 것이기 때문에 클로이는 남편과 함께 참석할 수 없을 것이다. 그 때쯤에는, 그녀는 자신의 경력에서 가장 중요한 비즈니스 미팅을 위해 오스트리아로 날아가는 중일 것이다.

해설 동창회가 9월 30일에 열린다고 한 문장에서 동사 시제가 미래(will be held)이므로 9월 30일은 미래 시점이 된다. By then에서 then은 9월 30일을 가리키고, 〈by + 미래 시점〉은 미래의 어느 시점에 동작의 진행을 나타낼 때 쓰이는 미래진행시제의 단서이므로 정답은 (d)이다.

어휘 be able to V ~할 수 있다 attend 참석하다 reunion 재결합, 모임, 동창회 hold 열다, 개최하다 important 중요한

---

16 조동사 문맥 찾기 정답 (d)

해석 메갈로돈은 3백만 년 이상 전에 살았던 거대이빨 상어의 멸종된 종이다. 그것은 성체 고래를 먹고 자랐으며 67피트 길이에 거의 10피트 폭까지 자랄 수 있었다.

해설 주어진 문장은 3백만 년 전에 살았던 과거의 메갈로돈에 대한 내용이고, 빈칸 절의 and 앞 동사 시제 역시 과거(fed)가 사용되고 있다. 또한 빈칸 뒤 내용이 메갈로돈의 성장 능력을 나타내고 있으므로 '자랄 수 있었다'라는 문맥이 되어야 가장 적절하다. 이때 조동사 can(~할 수 있다)의 과거형인 could가 과거 시점에서의 가능을 나타낼 수 있으므로 (d)가 정답이다.

✓ 오답체크

메갈로돈의 식습관과 특정 크기로 성장할 수 있다는 구체적인 신체 수치는 메갈로돈의 분명한 특징을 나타내므로, 불분명한 추측이나 낮은 가능성 등을 나타낼 때 사용하는 might는 문맥상 어울리지 않아 오답이다.

어휘 extinct 멸종된 full-grown 다 자란, 성체의 over ~이상 feed on ~을 먹고 살다 whale 고래 up to ~까지 nearly 거의 wide 폭이 ~인

---

17 준동사 – 동명사 정답 (c)

해석 만다린어 보충 수업을 들었음에도 불구하고, 해나는 여전히 그 언어를 배우는 데 애쓰고 있다. 그녀의 선생님은 수업 이외에 그녀의 교육을 풍요롭게 할 방법으로서 중국 영화와 TV 프로를 시청하는 것을 고려하라고 그녀에게 말했다.

해설 빈칸 앞 동사 consider는 동명사를 목적어로 취한다. 보기의 동사 watch는 문맥상 consider와 시제가 같은 동작(시청하는 것을 고려하다)이므로, 그보다 이전의 동작(이미 시청했던 것을 고려하다)을 나타내는 having p.p.를 오답으로 소거하면 단순 동명사인 (c)가 정답이다.

어휘 despite ~에도 불구하고 remedial class 보충 수업 Mandarin 만다린어, 중국 표준어 still 여전히, 아직 struggle 애쓰다, 분투하다 consider 고려하다 as a way to V ~할 방법으로서 enrich 풍요롭게 하다, 질을 높이다 outside of ~의 바깥에, ~이외에

---

18 가정법 – 과거 정답 (a)

해석 아주 다행히도, 새뮤얼은 오늘 그의 모든 업무를 끝마쳤다. 그렇지 않는다면, 그는 그의 딸의 7번째 생일 파티가 열리는 날인 내일 일해야 할 것이다.

해설 빈칸 절의 if와 보기의 would는 가정법 문제를 나타내고, if절의 과거시제 동사 weren't가 가정법 과거의 단서이므로 〈would + 동사원형〉의 형태인 (a)가 정답이다.

어휘 much to one's relief (~에게) 아주 다행히도 finish 끝마치다 task 일, 업무 if this wasn't the case 만약 그렇지 않는다면 take place 발생하다, 일어나다

---

19 관계사 – 관계대명사 정답 (c)

해석 싱어송라이터 타티아나 베일리가 다음 달 모들린 뮤지션 공연장에서 공연한다. 콘서트에서 그 팝스타를 보기를 원하는 사람들은 현장에서 또는 그녀의 공식 웹사이트에서 티켓을 구입할 수 있다.

해설 빈칸 앞 선행사인 Those는 '~하는 사람들'이라는 뜻이므로, 빈칸에는 사람 명사를 수식할 수 있는 who 또는 whom이 가능하다. 관계대명사 뒤에 주어(또는 목적어)가 없는 불완전한 절이 있는 보기를 답으로 골라야 하는데, whom 뒤의 절은 주어 they가 있어 완전한 절, who 뒤의 절은 불완전한 절이다. 따라서 정답은 (c)이다.

어휘 perform 공연하다 purchase 구입하다 venue 장소 official 공식적인

---

20 that절 should 생략   정답 (b)

해석 모린은 그녀의 새 집을 더 아름다워 보이게 하기 위한 다양한 방법을 생각해오고 있는 중이다. 그녀의 여동생은 모린이 거실에 실내용 식물과 꽃을 놓아야 한다고 권장한다.

해설 recommend와 같이 주장·제안·명령·요구 등을 나타내는 동사가 that절과 함께 나오면, that절의 동사 자리에는 〈should + 동사원형〉에서 should가 생략된 동사원형만 가능하다. 따라서 정답은 (b)이다.

어휘 think of ~을 생각하다 different 다른, 다양한 way 방법 recommend 추천하다, 권장하다 put A in B A를 B에 두다 indoor 실내의, 실내용의 plant 식물 living room 거실

---

21 준동사 – to부정사   정답 (a)

해석 스위트컵의 커피는 존이 먹어봤던 것 중 최고지만, 그들의 한정된 메뉴 때문에 거기에 가는 것을 항상 주저한다. 그는 제안을 남기고 싶지만, 그 카페는 건의함을 가지고 있지 않다.

해설 빈칸 앞 동사 hesitate는 to부정사를 목적어로 취한다. 보기의 동사 go는 문맥상 hesitate 이후의 동작(가는 것을 주저하다)이므로, 그보다 이전의 동작(이미 갔었던 것을 주저하다)을 나타내는 to have p.p.를 오답으로 소거하면 단순 to부정사인 (a)가 정답이다.

어휘 hesitate 주저하다 due to ~때문에 limited 제한된, 한정된 make a suggestion 제안하다

---

22 가정법 – 과거완료   정답 (d)

해석 모두가 스콧이 어제 노래 경연대회에서 우승할 거라고 생각했다. 그러나, 최종 라운드에서 그는 고음을 내려고 노력하는 동안에 약간 목소리가 흔들렸다. 만약 스콧이 모든 음을 완벽하게 불렀다면, 그는 아마 우승했을 것이다.

해설 빈칸 절에서 Had Scott sung 이하는 가정법 if절(If Scott had sung)의 도치된 형태이다. 이때 과거완료시제 동사를 구성하는 Had와 sung이 가정법 과거완료의 단서이므로 〈would + have p.p.〉의 형태인 (d)가 정답이다.

어휘 win ~에서 우승하다 however 그러나 during ~동안 falter (목소리가) 흔들리다, 더듬거리다 while ~하는 동안 note 음, 음표 flawlessly 완벽하게, 흠 없이 probably 아마도

---

23 조동사 문맥 찾기   정답 (b)

해석 완전기억능력은 하나의 이미지를 단 한 번 보고 난 뒤에 아주 정확하게 기억하는 능력이다. 이 능력이 있는 사람들은 시각 또는 문자 데이터를 그들의 마음 속에 더 오랜 기간 동안 각인시킬 수 있다.

해설 빈칸 앞에 능력(ability)이라는 표현이 나오고 있으므로, 시각 또는 문자 데이터를 마음 속에 각인시키는 것이 그 능력을 가진 사람들이 '할 수 있는 것'이라는 문맥이 되어야 가장 적절하다. 이때 조동사 can(~할 수 있다)이 주어의 능력을 나타낼 수 있으므로 (b)가 정답이다.

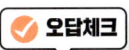 **오답체크**

완전기억능력이 있는 사람들이 이미지를 한 번 보고 오래 기억하는 것은 권고 또는 의무에 의한 것과는 거리가 멀다. 따라서 should나 must는 문맥에 어울리지 않아 오답이다.

어휘 eidetic memory 완전기억능력 ability to V ~하는 능력 remember 기억하다 with precision 정확하게 once 한 번 imprint ~ in one's mind's eye ~을 마음 속에 각인시키다, 새기다 visual 시각의 written 문자로 된, 쓰여진 extended 길어진, 늘어난 period 기간

어휘 ▶ dream of ~를 꿈꾸다 pursue 추구하다 passion 열정 however 그러나 uproot 뿌리째 뽑다, ~(주거·생활 양식 등)을 완전히 바꾸다

24 시제 – 현재완료진행   정답 (d)

해석 ▶ 그레고리는 베스트셀러 작가와 수상 이력이 있는 소설가 집안에서 태어났다. 그는 아홉 살 이래로 이야기를 <u>써오고 있는 중이며</u> 서른 살이 되기 전에 책을 출판하고 싶어한다.

해설 ▶ 빈칸 절에서 〈since + 과거시제 동사(was)〉은 현재완료진행시제의 단서이며, 아홉 살이었을 때부터 지금까지(완료) 계속 '이야기를 써오고 있는 중이다'라는 의미를 만든다. 따라서 정답은 (d)이다.

어휘 ▶ be born to a family of ~의 집안에서 태어나다 author 작가 award-winning 수상 이력이 있는 novelist 소설가 wish to V ~하기를 원하다 publish 출판하다 turn + 숫자 (나이가) ~살이 되다

25 준동사 – 동명사   정답 (b)

해석 ▶ 고대 로마에서, 딸기는 사랑의 여신 비너스의 상징으로 여겨졌다. 로마인들은 그 과일이 신성하다고 믿어서, 그들은 딸기를 <u>먹는 것이</u> 그 여신에 대한 모욕이라고 비난했다.

해설 ▶ 빈칸 앞 동사 condemn은 동명사를 목적어로 취한다. 보기의 동사 eat은 문맥상 condemn과 시제가 같은 동작(딸기를 먹는 것을 비난하다)이므로, 그보다 이전의 동작(이미 먹었던 것을 비난하다)을 나타내는 having p.p.를 오답으로 소거하면 단순 동명사인 (b)가 정답이다.

어휘 ▶ ancient 고대의 consider 고려하다, 여기다, 간주하다 symbol 상징 goddess 여신 sacred 신성한 condemn 비난하다 affront 모욕

26 가정법 – 과거   정답 (d)

해석 ▶ 이탈리아 혼혈인 아그네스는 이탈리아로 가서 그곳에서 그녀의 열정을 추구하는 것을 항상 꿈꿔왔다. 그러나, 그녀의 사랑하는 사람들과 커리어가 모두 캘리포니아에 있다. 만약 그녀의 삶을 완전히 바꾸는 것이 쉽다면, 아그네스는 당장 그렇게 <u>할 것이다.</u>

해설 ▶ 빈칸 절의 if와 보기의 would는 가정법 문제를 나타내고, if절의 과거시제 동사 were가 가정법 과거의 단서이므로 〈would + 동사원형〉의 형태인 (d)가 정답이다.

01 (d)	**02** (c)	**03** (a)	**04** (b)	**05** (b)
06 (d)	**07** (c)	**08** (d)	**09** (a)	**10** (a)
11 (b)	**12** (c)	**13** (a)	**14** (d)	**15** (b)
16 (c)	**17** (b)	**18** (d)	**19** (d)	**20** (c)
21 (b)	**22** (a)	**23** (a)	**24** (c)	**25** (a)
26 (c)				

01 준동사 – 동명사   정답 (d)

해석 지난 금요일에, 구내식당의 건강에 좋지 않은 음식 선택지들에 관하여 학교 이사회가 열렸다. 오늘 아침에, 그들은 그 시설이 정크푸드와 탄산음료를 판매하는 것을 곧 중단하겠다고 발표했다.

해설 빈칸 앞 동사 discontinue는 동명사를 목적어로 취한다. 보기의 동사 sell은 문맥상 discontinue와 시제가 같은 동작(판매하는 것을 중단하다)이므로, 그보다 이전의 동작(이미 판매했던 것을 중단하다)을 나타내는 having p.p.를 오답으로 소거하면 단순 동명사인 (d)가 정답이다.

어휘 board of directors 이사회 meet 모이다, (의회 등이) 열리다 unhealthy 건강에 좋지 않은 cafeteria 구내식당 announce 발표하다 establishment 기관, 시설 discontinue 중단하다

02 시제 – 과거완료진행   정답 (c)

해석 제나는 페스카테리언이 되는 것이 수은 중독을 유발할 수 있다는 것을 안 뒤에 그것을 즉시 그만뒀다. 그녀는 그 식단에 관한 무서운 기사를 우연히 발견했을 때 2주 동안 매일 생선을 먹어오던 중이었다.

해설 빈칸 절에서 〈when + 과거시제 동사(came across)〉와 〈for + 기간(for two weeks)〉은 과거 시점을 기준으로 그 이전부터 시작된 빈칸의 동사가 기준 시점까지 진행 중이었음을 나타낼 때 쓰이는 과거완료진행시제의 단서이다. 즉 기사를 우연히

발견했던 시점(과거)이 기준 시점이 되고, 그 이전부터 기준 시점까지 생선을 2주 동안(완료) '먹어오던 중이었다'라는 의미가 되어야 하므로, 정답은 (c)이다.

어휘 immediately 즉시 quit 그만두다 pescatarian 페스카테리언(육류는 먹지 않지만 해산물은 먹는 채식주의자) cause 유발하다, 초래하다 mercury poisoning 수은 중독 come across 우연히 마주치다, 발견하다 scary 무서운 article 글, 기사 diet 식단, 식사

03 준동사 – to부정사   정답 (a)

해석 빈스는 주요 스포츠 대회는커녕 미식축구 라이브 경기를 가본 적도 없어서, 그가 그의 너그러운 삼촌으로부터 올해 슈퍼볼의 프리미엄 티켓을 받는 것에 고마워할 것이다.

해설 빈칸 앞 be grateful은 to부정사와 함께 〈be grateful to부정사(~하는 것을 고마워하다)〉라는 의미의 관용 표현으로 쓰이므로, 정답은 (a)이다.

어휘 let alone ~는 말할 것도 없고, ~커녕 major 주요한 grateful 감사하는, 고마워하는 receive 받다 generous 관대한, 너그러운

04 가정법 – 과거   정답 (b)

해석 마리 퀴리는 방사능에 대한 획기적인 연구와 20세기의 두 노벨상으로 알려져 있다. 만약 그녀가 오늘날 살아 있다면, 그녀는 의료방사선 치료 분야가 얼마나 발전했는지를 보고 찬사를 할 것이다.

해설 빈칸 절의 if와 보기의 would는 가정법 문제를 나타내고, if절의 과거시제 동사 were가 가정법 과거의 단서이므로 〈would + 동사원형〉의 형태인 (b)가 정답이다.

어휘 be known for ~로 알려져 있다 groundbreaking 획기적인 research 연구 radioactivity 방사능 alive 살아 있는 commend 칭찬하다, 찬양하다 advanced 진보적인, 발전한, 상급의 field 분야 medical 의료의 radiation therapy 방사선 치료

05 that절 should 생략 정답 (b)

해석 플라멩코 시어터의 모든 직원들은 이번 추수감사절에 휴가를 신청했다. 그러나, 사업이 연휴 기간 동안 성수기이기 때문에, 사장은 적어도 최소 두 명의 직원이 출근해야 한다고 요청했다.

해설 request와 같이 주장·제안·명령·요구 등을 나타내는 동사가 that절과 함께 나오면, that절의 동사 자리에는 〈should + 동사원형〉에서 should가 생략된 동사원형만 가능하다. 따라서 정답은 (b)이다.

어휘 file for ~을 신청하다, 제기하다 vacation leave 휴가 however 그러나 since ~때문에 be at one's peak 절정에 있다, (사업 등이) 성수기이다 during ~동안 request 요청하다 at least 적어도, 최소한 employee 직원 report to work 출근하다

06 가정법 – 과거완료 정답 (d)

해석 전문가들은 귀를 청소하는 데 면봉을 사용하는 것을 추천하지 않는다. 이는 면봉이 귀지를 귀 안쪽으로 더 밀어 넣을 지도 모르는데, 귀 막힘과 감염을 야기할 것이기 때문이다.

해설 빈칸 절은 귀 청소에 면봉 사용을 권하지 않는 이유를 나타내야 하므로, 면봉이 귀지를 귀 안쪽으로 '밀어 넣을 가능성이 있고' 그것이 문제를 야기할 거라는 문맥이 되어야 가장 적절하다. 이때 조동사 might(~일지도 모른다)가 약한 추측 또는 불확실한 가능성의 의미를 나타낼 수 있으므로 (d)가 정답이다.

> ✅ **오답체크**
>
> because 절에서 주어는 cotton swabs이다. should나 must를 사용하면 '면봉이 귀지를 밀어 넣어야 한다'가 되는데, 이는 면봉의 권유 또는 의무를 나타내는 다소 어색한 문맥이 되므로 오답이다.

어휘 expert 전문가 recommend 권장하다 cotton swab 면봉 inner ear 내이(귀 안쪽) push 밀다 earwax 귀지 farther 더 멀리 cause 유발하다, 야기하다 blockage 장애(물), 막힌 상태 infection 감염

07 가정법 – 과거완료 정답 (c)

해석 웬디가 점심 식사에 제인과 셰일라를 초대했을 때, 그녀는 그들이 남자친구들을 데려올 것이라고 생각하지 못했다. 만약 그들이 그녀에게 미리 알려줬다면, 그녀는 세 명 이상을 위한 음식을 준비했을 것이다.

해설 빈칸 절에서 Had they given 이하는 가정법 if절(If they had given)의 도치된 형태이다. 이때 과거완료시제 동사를 구성하는 Had와 given이 가정법 과거완료의 단서이므로 〈would + have p.p.〉의 형태인 (c)가 정답이다.

어휘 invite 초대하다 bring 데려오다 give ~ a heads-up ~에게 미리 알려주다 prepare 준비하다

08 시제 – 현재완료진행 정답 (d)

해석 해럴드는 아이티에서 내과 의사로서 봉사하는 것을 좋아하지만, 캘리포니아에 있는 그의 가족을 그리워한다. 비록 그는 늘 행복해 보이지만, 그 나라에서의 첫 주부터 향수병을 사실 앓아오고 있는 중이다.

해설 빈칸 절에서 〈since + 과거시점(his first week)〉은 현재완료진행시제의 단서이며, 아이티에서의 첫 주 때부터 현재까지(완료) 계속 '향수병을 앓아오고 있는 중이다'라는 의미를 만든다. 따라서 정답은 (d)이다.

어휘 love -ing ~하는 것을 좋아하다 volunteer 자원 봉사하다 physician 의사, 내과의 miss 그리워하다 even though ~에도 불구하고, 비록 ~이지만 homesick 향수에 잠긴, 향수병을 앓는

09 연결어 – 접속부사 정답 (a)

해석 베이킹 제품의 익은 정도를 확인할 때 오븐 문을 반복적으로 여는 것은 반죽이 제대로 부풀어 오르지 못하게 막을 것이기 때문에 하면 안 됩니다. 대신에, 타이머를 사용하거나 몇 분마다 오븐 유리 너머로 보세요.

해설 빈칸의 앞뒤 문맥을 보면, 앞 내용(알맞게 요리된 상태를 확인할 때 오븐 문을 열지 마라)에 대해 대안을 제시하는 문맥이 빈칸 뒤 내용(타이머를 사용하거나

유리 너머로 살펴봐라)으로 나오고 있으므로, '대신에'의 의미로 쓰이는 Instead가 빈칸에 가장 적절하다. 따라서 정답은 (a)이다.

어휘 repeatedly 반복적으로 check 확인하다 doneness (빵의) 익은 정도, (고기의) 굽기(익힘) 정도 prevent A from -ing A가 ~되는 것을 막다 dough 반죽 rise (빵 등이) 부풀어 오르다 properly 적절하게, 제대로 look through ~너머로 살펴보다 regardless 관계없이 afterward 나중에 nevertheless 그럼에도 불구하고

---

10 시제 – 미래진행 정답 (a)

해석 약간의 애원 끝에, 학생들은 마침내 멀리건 씨가 프로젝트의 마감 기한을 오후 5시까지 연장하도록 설득했다. 멀리건 씨는 만약 그들이 그녀를 찾을 필요가 있다면 그녀는 하루 종일 사무실에서 시험지를 채점하는 중일 것이라고 말한다.

해설 접속사 if가 이끄는 조건 부사절에는 미래 대신 현재시제 동사(need)를 사용하여 미래를 나타내므로, 〈if + 현재시제 동사(need)〉는 미래진행시제의 단서가 된다. 즉 학생들이 그녀를 미래의 어느 시점에 찾을 필요가 있다면 그 시점에 그녀는 시험지를 채점하는 행위가 진행 중일 것이라는 의미가 되어야 하므로, 정답은 (a)이다.

어휘 begging 애원, 구걸 finally 마침내 convince 설득하다 extend 연장하다 deadline 마감일 until ~까지 grade 성적을 매기다, 채점하다 all day 하루 종일

---

11 가정법 – 과거 정답 (b)

해석 켈리는 부모님의 지속적인 경고에도 불구하고 아직도 낮 동안 선크림을 바르지 않고 외출한다. 만약 내가 그녀라면, 특히 그녀의 부모님이 피부과 전문의이기 때문에 그들의 조언을 들을 것이다.

해설 빈칸 절의 if와 보기의 would는 가정법 문제를 나타내고, if절의 과거시제 동사 were가 가정법 과거의 단서이므로 〈would + 동사원형〉의 형태인 (b)가 정답이다.

어휘 despite ~에도 불구하고 constant 지속적인, 계속되는 warning 경고 go out 외출하다 put on sunscreen 선크림을 바르다 advice 조언 especially 특히 since ~때문에 dermatologist 피부과 전문의

---

12 준동사 – 동명사 정답 (c)

해석 해수욕객들은 사이먼이 한 소녀를 바다에 익사하는 것으로부터 구한 뒤에 그에게 박수갈채를 보냈다. 비록 그는 깊은 물 속을 수영하는 것을 두려워하지만, 누군가가 위험에 처했을 때 절대 그냥 물러서서 지켜볼 수 없다.

해설 빈칸 앞 동사 fear는 동명사를 목적어로 취한다. 보기의 동사 swim은 문맥상 fear와 시제가 같은 동작(수영하는 것을 두려워하다)이므로, 그보다 이전의 동작(이미 수영했던 것을 두려워하다)을 나타내는 having p.p.를 오답으로 소거하면 단순 동명사인 (c)가 정답이다.

어휘 beachgoer 해수욕객 applaud 박수갈채하다, 칭찬하다 save A from -ing A를 ~하는 것으로부터 구하다 drown 물에 빠지다, 익사하다 although ~이기는 하지만 fear 두려워하다 deep 깊은 stand back 물러서다, 멀리 떨어져 있다 in danger 위험에 처한

---

13 시제 – 과거진행 정답 (a)

해석 모니카는 그녀의 남편에게 TV에 맞춰 노래하는 그들의 아기의 비디오를 보냈다. 그녀는 거실에서부터 나오는 아들의 목소리를 들었을 때 부엌에서 요리하던 중이었다.

해설 빈칸 절에서 〈when + 과거시제 동사(heard)〉는 빈칸의 동사가 과거의 특정 시점에 동시에 진행 중이었음을 나타내는 과거진행시제의 단서이다. 즉 모니카가 소리를 들었던 과거의 그 시점에 요리하는 행위가 진행 중이었다는 의미가 되어야 하므로 정답은 (a)이다.

> ✓ **오답체크**
>
> 주어진 문맥은 요리하는 도중에 거실에서 아들 목소리가 들렸다는 것인데, 단순과거시제 (c) cooked를 쓰면 아들의 목소리가 들리고 나서 요리를 했다는 어색한 의미가 되므로 (c)는 오답이다.

어휘 toddler 유아 sing along to ~에 맞춰 노래하다 kitchen 주방, 부엌 voice 목소리

14 관계사 – 관계대명사   정답 (d)

해석 ▶ 연구들은 일부 사람들이 다른 사람들보다 모기를 더 많이 끌어들인다는 것을 보여준다. "모기 자석"이라고 일컬어지는 이 사람들은 모기들을 유혹하는 냄새를 풍기는 물질인 카르복실산이 높은 수치로 있는 것으로 확인되고 있다.

해설 ▶ 빈칸 앞 선행사인 people은 사람이므로 관계대명사 that 또는 who의 수식을 받는다. 이때 that은 콤마(,) 뒤에 올 수 없으므로 오답으로 소거하고 나면, 결국 남은 보기인 (d)가 정답이다.

어휘 ▶ study 연구 show 보여주다 attract 끌어들이다 mosquito 모기 be referred to as ~라고 불리다, 일컬어지다 elevated 높은 carboxylic acid 카르복실산 substance 물질 allure 유혹하다, 끌어들이다

15 가정법 – 과거완료   정답 (b)

해석 ▶ 브라운 가족은 솔트레이크시티에서 친척들과 크리스마스를 기념하기로 되어 있었지만, 그들의 캠핑카가 고장이 났다. 만약 그런 불운한 일이 일어나지 않았다면, 그들은 연휴를 집에서 기념하지 않았을 것이다.

해설 ▶ 빈칸 절에서 Had such an unfortunate thing not happened 이하는 가정법 if절(If such an unfortunate thing had not happened)의 도치된 형태이다. 이때 과거완료시제 동시를 구성하는 Had와 happened가 가정법 과거완료의 단서이므로 〈would + have p.p.〉의 형태인 (b)가 정답이다.

어휘 ▶ be supposed to V ~하기로 되어 있다 celebrate 기념하다, 축하하다 relative 상대적인, 친척 break down 고장이 나다 such 그러한 unfortunate 불행한

16 조동사 문맥 찾기   정답 (c)

해석 ▶ 독수리 꿀벌은 날고기를 먹고 사는 곤충이다. 채식 꿀벌과는 매우 다른 독수리 꿀벌들의 장내 미생물군집 때문에, 그들은 썩은 고기와 그 독소를 견딜 수 있다.

해설 ▶ 빈칸 앞에서 장내 미생물군집 때문이라는(Due to their gut microbiome) 내용이 나오고 있으므로, 그로 인해 썩은 고기와 그 독소를 '견딜 수 있는 능력

이 있다'라는 문맥이 되어야 가장 적절하다. 이때 조동사 can(~할 수 있다)이 능력의 의미를 나타낼 수 있으므로 (c)가 정답이다.

> ✅ **오답체크**
>
> 미생물군집을 바탕으로 견디는 행위는 독수리 꿀벌의 분명한 특징으로 불확실성과는 거리가 멀고, 그러한 행위가 특정 미래 시점에 발생한다는 근거도 없다. 따라서 may와 will 모두 오답이다.

어휘 ▶ vulture bee 독수리 꿀벌 insect 곤충 feed on ~을 먹고 살다 raw 날 것의, 익히지 않은 flesh (사람·동물 등의) 살, 고기 due to ~때문에 gut 소화기간, 위장, 내장 microbiome 미생물군집 different 다른 vegetarian 채식성의 tolerate 참다, 견디다 rotting 썩은, 썩어 가는 toxin 독소

17 준동사 – 동명사   정답 (b)

해석 ▶ 타일러는 이제 수석 전공의이기 때문에, 큰 사무실을 혼자 독차지하고 있다. 그러나, 후배들이 모든 현장근무를 하는 동안 그가 하루 종일 문서작업을 하면서 그곳에 앉아 있는 것을 즐길 거라고는 생각하지 않는다.

해설 ▶ 빈칸 앞 동사 enjoy는 동명사를 목적어로 취한다. 보기의 동사 sit은 문맥상 enjoy와 시제가 같은 동작(앉아 있는 것을 즐기다)이므로, 그보다 이전의 동작(이미 앉아 있었던 것을 즐기다)을 나타내는 having p.p.를 오답으로 소거하면 단순 동명사인 (b)가 정답이다.

어휘 ▶ chief resident 수석 전공의 all to oneself 혼자 독차지하는 however 그러나 enjoy 즐기다 all day 하루 종일 do paperwork 문서작업을 하다 while ~하는 동안 fieldwork 현장근무

18 시제 – 미래완료진행   정답 (d)

해석 ▶ 클라라가 다시 만성 허리 통증을 겪고 있어서, 척추교정의가 그녀에게 다음 주에 돌아와서 진찰을 받으라고 했다. 그 때쯤이면, 그녀는 2개월 동안 의사의 진찰을 받아오는 중일 것이다.

해설 ▶ 빈칸 절의 By then에서 then이 앞의 next week을 받으므로 then의 시점은 미래이며, 〈for + 기간 (for two months)〉과 함께 빈칸의 동사가 미래의

어느 시점까지 계속 진행 중일 것임을 나타낼 때 쓰이는 미래완료진행시제의 단서가 된다. 즉 클라라가 다시 올 시점에는(미래) 그녀가 의사의 진찰을 2개월 동안(완료) '받아오고 있을 것이다'라는 의미가 되어야 하므로, 정답은 (d)이다.

> **학습 Tip!**
>
> see a doctor (의사의) 진찰을 받다

어휘 experience 겪다 chronic 만성의 back pain 허리 통증, 요통 chiropractor 척추교정 전문의

---

19 준동사 – to부정사   정답 (d)

해석 몇 달간의 실패한 오디션 후에, 제이콥은 마침내 브로드웨이에서 꿈꾸던 일자리를 얻었다. 캐스팅 디렉터와의 우연한 만남 덕분에, 그는 이제 공연 예술에 대한 그의 재능을 <u>잘 활용할</u> 기회를 가졌다.

해설 빈칸 앞 명사(opportunity)를 뒤에서 형용사처럼 수식하여 '잘 활용할 기회'라는 의미를 만들 수 있는 것은 단순 to부정사(~할, ~하는)이므로, 정답은 (d)이다.

어휘 after ~후에 failed 실패한 audition 오디션, 심사 finally 마침내 land a job 직장(일자리)을 얻다 thanks to ~덕분에 chance encounter 우연한 만남(접촉) opportunity 기회 put ~ to good use ~를 잘 활용하다 talent 재능 performing arts 공연 예술

---

20 가정법 – 과거   정답 (c)

해석 가장 친한 친구 사이인 로버트와 안야는 서로를 놀리는 것을 좋아한다. 그녀가 그에게 항상 말하는 것들 중 하나는 만약 그가 여자친구가 생긴다면, 그 여자친구는 끔찍한 농담을 참는 데 <u>전문가이지 않을까 하는</u> 것이다.

해설 빈칸 절의 if와 보기의 would는 가정법 문제를 나타내고, if절의 과거시제 동사 were가 가정법 과거의 단서이므로 〈would + 동사원형〉의 형태인 (c)가 정답이다.

어휘 love to V ~하기를 좋아하다 tease 놀리다 each other 서로 probably 아마도 expert 전문가 tolerate 참다, 견디다 terrible 끔찍한 joke 농담

---

21 that절 should 생략   정답 (b)

해석 자전거 체인은 계속되는 페달 밟기가 자전거 부품 사이의 마찰을 만들어내면서 자연적으로 부식된다. 그러므로, 자전거 타는 사람은 자전거의 체인을 깨끗하고 기름칠이 잘 되어 있게 <u>유지하는 것은</u> 중요하다.

해설 vital과 같이 당위성을 나타내는 형용사가 that절과 함께 나오면, that절의 동사 자리에는 〈should + 동사원형〉에서 should가 생략된 동사원형만 가능하다. 따라서 정답은 (b)이다.

어휘 naturally 자연적으로 corrode 부식되다 continuous 계속되는, 지속적인 friction 마찰 component 구성 요소, 부품 therefore 그러므로 vital 중요한 clean 깨끗한 well-oiled 기름칠이 잘 되어 있는

---

22 시제 – 현재진행   정답 (a)

해석 JLK 사의 전 직원들은 IT 전문가가 네트워크 검사를 수행하는 동안 회의실에 남아 있으라는 말을 들었다. 바로 지금, 그 전문가는 잠재적인 바이러스와 위협을 찾기 위해 회사 컴퓨터들을 <u>검사하는 중이다.</u>

해설 빈칸 절에서 문장 맨 앞에 주어진 시간 부사 At the moment는 빈칸의 동사가 현재 시점에서 진행 중임을 나타내는 현재진행시제의 단서이므로, 정답은 (a)이다.

어휘 employee 직원 conference room 회의실 specialist 전문가 perform 수행하다 checkup 검사 at the moment 바로 지금, 현재 scan 훑다, 살피다, 검사하다 potential 잠재적인 threat 위협

---

23 연결어 – 접속사   정답 (a)

해석 통계 자료에 따르면, 키프로스에는 사람보다 고양이가 더 많이 있다. 어느 시점이든, 사람은 이민자와 관광객을 포함하여 합계가 약 백만 명 밖에 안 되는 <u>반면에</u>, 대략 백 오십만 명의 고양이가 이 나라에 거주하고 있다.

해설 빈칸 앞 내용(키프로스에 고양이가 150만 마리가 있다)과 뒤 내용(사람은 이민자와 관광객 모두 포함해서 100만 명 밖에 안 된다)이 고양이와 사람의 거주자 수의 차이를 숫자의 대조로 나타내는 문맥이므로, 앞뒤 내용의 대조를 나타낼 때 쓰이는 while(~하는 반면에)이 빈칸에 가장 적절하다. 따라서 정답은 (a)이다.

어휘 statistics 통계(학, 자료) **at any given moment** 어느 시점이든, 어떤 순간에도 **inhabit** ~에 거주하다 **immigrant** 이민자 **tourist** 관광객 **A and B included** A와 B를 포함하여 **in number** 합계, 숫자상으로 **while** ~하는 동안, ~하는 반면에 **until** ~할 때까지 **since** ~때문에, ~이래로 **unless** 만약 ~않는다면

24 준동사 – to부정사   정답 (c)

해석 파리 협정은 기후 변화에 대한 국제 조약이다. 그것은 온실가스 배출과 탄소발자국을 최소화하기 위해 일부 국가들이 취하는 환경적 조치를 강화시키고 지속시키는 것을 목표한다.

해설 빈칸 앞 문장(환경적 조치를 취하다)을 뒤에서 부사처럼 수식(최소화하기 위해)할 수 있는 to부정사가 빈칸에 가장 적절하다. 이때 '~하기 위해'라는 의미의 목적을 나타낼 때 단순 to부정사를 사용하므로, 정답은 (c)이다.

> **학습 Tip!**
>
> **carbon footprint** 탄소발자국(개인 또는 단체가 직접·간접적으로 발생시키는 탄소(온실가스)의 총량)

어휘 **international** 국제적인 **treaty** 조약 **climate** 기후 **aim** 목표하다 **strengthen** 강화시키다 **sustain** 지속시키다, 지탱하다 **environmental** 환경의 **take a measure** 조치를 취하다 **minimize** 최소화하다 **greenhouse emission** 온실가스 배출

25 관계사 – 관계대명사   정답 (a)

해석 많은 매사추세츠 주법은 1933년 이래로 갱신되지 않았다. 사실은, 매사추세츠는 이제 다른 주에서 발급되어진 운전면허증이 합법적인 신분증으로 받아들여지지 않게 될 미국의 유일한 주이다.

해설 빈칸 앞 선행사인 a driver's license는 사물이므로 사람 명사를 수식하는 who, 장소 명사를 수식하는 in which는 답이 될 수 없다. that은 선행사의 종류에 관계없이 모두 수식 가능하므로, 정답은 (a)이다.

어휘 **state law** 주(州)법 **update** 갱신하다 **since** ~이래로 **in fact** 사실은 **driver's license** 운전면허증 **issue** 발급하다 **accept** 수락하다, 받아들이다 **legitimate** 합법의, 적법한 **identification card** 신분증

26 가정법 – 과거완료   정답 (c)

해석 조나스는 더 좋은 직장을 구하기 위해 그의 오랜 직장을 떠난 것을 후회한다. 만약 그 회사가 그가 퇴사하고 한 달 후에 임금을 기하급수적으로 인상해주겠다는 것을 그가 알았더라면, 그는 적어도 1년은 더 남았을 것이다.

해설 빈칸 절의 if와 보기의 would는 가정법 문제를 나타내고, if절의 과거완료시제 동사 had known이 가정법 과거완료의 단서이므로 〈would + have p.p.〉의 형태인 (c)가 정답이다.

어휘 **regret** 후회하다 **leave** 떠나다 **seek** 찾다, 구하다 **greener pasture** 더 좋은 직장, 환경 **increase** 증가시키다 **wage** 임금 **exponentially** 기하급수적으로 **resignation** 사임, 사퇴 **at least** 최소한, 적어도

실전문제 17

p.140

01 (a)	**02** (c)	**03** (a)	**04** (b)	**05** (d)
06 (c)	**07** (c)	**08** (a)	**09** (b)	**10** (b)
11 (b)	**12** (d)	**13** (d)	**14** (b)	**15** (c)
16 (a)	**17** (d)	**18** (c)	**19** (d)	**20** (a)
21 (c)	**22** (d)	**23** (b)	**24** (b)	**25** (d)
26 (a)				

01 준동사 – to부정사 정답 (a)

해석 끈끈이주걱은 잎에 촉수같이 생긴 털을 가진 식충식물이다. 이 털들은 곤충들을 <u>유혹하기 위해</u> 꿀을 만들어내는데, 곤충들은 이 끈적거리는 물질에 꼼짝 못하고 잎 위에서 소화된다.

해설 빈칸 앞 문장(이 털들은 꿀을 만들어낸다)을 뒤에서 부사처럼 수식(유혹하기 위해)할 수 있는 to부정사가 빈칸에 가장 적절하다. 이때 '~하기 위해'라는 의미의 목적을 나타낼 때 단순 to부정사를 사용하므로, 정답은 (a)이다.

어휘 sundew 끈끈이주걱 insect-eating plant 식충식물 tentacle-like 촉수같이 생긴 hair 털 leaf 잎 produce 생산하다, 만들어내다 nectar (꽃의) 꿀 attract 유혹하다, 끌어들이다 get stuck 꼼짝 못하게 되다 sticky 끈적이는 substance 물질 digest 소화시키다

02 시제 – 미래완료진행 정답 (c)

해석 그레첸은 그녀의 대학원 장학금 신청이 다시 거부당한 것에 실망했다. 그녀를 더 좌절하게 하는 것은 내년쯤이면 그녀가 4년 동안 장학금을 <u>알아봐오고 있을 거라는</u> 사실이다.

해설 빈칸 절에서 ⟨by + 미래 시점(next year)⟩와 ⟨for + 기간(for four years)⟩은 빈칸의 동사가 미래의 어느 시점까지 계속 진행 중일 것임을 나타낼 때 쓰이는 미래완료진행시제의 단서이다. 즉 내년이 될

시점에는(미래) 그레첸이 장학금을 4년 동안(완료) '알아봐오고 있을 것이다'라는 의미가 되어야 하므로, 정답은 (c)이다.

어휘 be disappointed that ~해서 실망하다 application 신청, 지원 graduate school 대학원 scholarship 장학금 reject 거부하다 add to ~에 더하다, 보태다 frustration 불만, 좌절감

03 that절 should 생략 정답 (a)

해석 말론은 아들의 오래된 장난감으로 가득한 상자를 발견했을 때 가족 다락방을 청소하는 중이었다. 그는 장난감들을 버리는 것을 생각했지만, 그의 아내는 대신에 자선 단체에 장난감을 <u>기부해야 한다고</u> 제안했다.

해설 suggest와 같이 주장·제안·명령·요구 등을 나타내는 동사가 that절과 함께 나오면, that절의 동사 자리에는 ⟨should + 동사원형⟩에서 should가 생략된 동사원형만 가능하다. 따라서 정답은 (a)이다.

어휘 clean 청소하다 attic 다락방 be filled with ~로 가득차다 think of ~을 생각하다, 고려하다 throw away 버리다 suggest 제안하다 donate 기부하다 charity 자선 단체 instead 대신에

04 가정법 – 과거완료 정답 (b)

해석 올림픽은 1896년 이래로 4년마다 한 번씩 개최되어 오고 있었지만, 1916년에 처음으로 취소되었다. 제1차 세계 대전의 발발이 없었다면, 베를린은 대회를 <u>주최했을 것이다.</u>

해설 빈칸 절에서 Had it not been 이하는 가정법 if절(If it had not been)의 도치된 형태이다. 이때 과거완료시제 동사를 구성하는 Had와 been이 가정법 과거완료의 단서이므로 ⟨would + have p.p.⟩의 형태인 (b)가 정답이다.

어휘 ▶ hold 열다, 개최하다 since ~이래로 cancel 취소하다 for the first time 처음으로, 최초로 outbreak (전쟁 등의) 발발 host (행사를) 주최하다, 진행하다

어휘 ▶ still 아직, 여전히 backlog 밀린 일 finish 끝내다 stress-free 스트레스 없는 decide 결정하다 work overtime 초과근무 하다, 야근하다 instead of ~대신에 until ~까지 clear A of B A에서 B를 치우다

---

05 시제 – 과거완료진행 정답 (d)

해석 ▶ 줄리우스와 그의 아내는 일리노이주 그린빌에 있는 그들의 새 집으로 최근에 이사를 갔다. 그들은 더 낮은 생활비가 드는 마을에서 살기로 합의하기 전까지 2년 동안 시카고에서 살아오던 중이었다.

해설 ▶ 빈칸 절에서 〈before + 과거시제 동사(agreed)〉와 〈for + 기간(for two years)〉은 과거 시점을 기준으로 그 이전부터 시작된 빈칸의 동사가 기준 시점까지 진행 중이었음을 나타낼 때 쓰이는 과거완료진행시제의 단서이다. 즉 이 부부가 합의했던 시점(과거)이 기준 시점이 되고, 그 이전부터 그들은 기준 시점까지 시카고에서 2년 동안(완료) '거주해 오던 중이었다'라는 의미가 되어야 하므로, 정답은 (d)이다.

어휘 ▶ recently 최근에 move 옮기다, 이사를 가다 agree to V ~하는 데 동의하다, 합의하다 lower 더 낮은 cost of living 생활비, 생계비

---

06 준동사 – to부정사 정답 (c)

해석 ▶ 재스민은 아직 끝내야 할 일이 산더미처럼 밀려 있다. 그녀의 주말이 스트레스가 없기를 원하기에, 그녀는 책상 위의 과제들을 치워버리는 데 다음 주까지 기다리는 것 대신 금요일에 초과근무 하기로 결정했다.

해설 ▶ 빈칸 앞 동사 decide는 to부정사를 목적어로 취한다. 보기의 동사 work 이하는 문맥상 decide 이후의 동작(초과근무 하기로 결정하다)이므로, 그보다 이전의 동작(이미 초과근무 했던 것을 결정하다)을 나타내는 to have p.p.를 오답으로 소거하면 단순 to부정사인 (c)가 정답이다.

---

07 연결어 – 접속사 정답 (c)

해석 ▶ 호주에 야생 토끼들이 너무 많아져서 환경적 농업적 유해 동물이라고 여겨진다. 실제로, 퀸즐랜드주에서, 사람들은 그것이 전시용 또는 오락용의 목적이 아니라면 토끼를 기르는 것이 금지되어 있다.

해설 ▶ 야생 토끼들이 호주에서 유해 동물로 여겨져서 토끼를 기르는 것이 금지된다는 맥락에서 '토끼를 기르는 것이 전시용 또는 오락용의 조건이라면 허용되지만 그게 아니라면 금지된다'라는 의미가 되어야 자연스러우므로, 조건 또는 예외를 나타낼 때 쓰이는 unless(만약 ~이 아니라면)가 빈칸에 가장 적절하다. 따라서 (c)가 정답이다.

어휘 ▶ wild 야생의 numerous 수많은 be considered to be ~라고 여겨지다, 간주되다 environmental 환경의 agricultural 농업의 pest 해충, 유해한 동물(사람) in fact 사실은, 실제로 ban A from -ing A가 ~하는 것을 금지하다 keep (동물을) 기르다 exhibition 전시 purpose 목적 because ·하기 때문에 while ~하는 동안, 반면에 unless 만약 ~이 아니라면 until ~할 때까지

---

08 가정법 – 과거완료 정답 (a)

해석 ▶ 루이스 씨는 그의 꽃가게의 고객 수가 작년 이래로 수적으로 꾸준히 증가하고 있어서 기뻐한다. 만약 이 향상이 일어나지 않았다면, 그는 그의 가게를 덜 비싼 임대료를 내는 곳으로 옮겼을 것이다.

해설 ▶ 빈칸 절에서 Had this improvement not happened 이하는 가정법 if절(If this improvement had not happened)의 도치된 형태이다. 이때 과거완료시제 동사를 구성하는 Had와 happened가 가정법 과거완료의 단서이므로 〈would + have p.p.〉의 형태인 (a)가 정답이다.

be glad that ~하게 되어 기쁘다 **steadily** 꾸준히 **increase** 증가하다 **in number** 수적으로, 숫자상으로 **since** ~이래로 **improvement** 향상, 개선, 발전 **happen** 일어나다, 발생하다 **less** 더 적은, 덜한 **expensive** 값비싼 **rent** 집세, 임차료

---

09 시제 – 현재진행   정답 (b)

해석 오늘은 아만다의 생일이기 때문에, 그녀는 친구들과 놀러 나갔다. 바로 지금, 그들은 레저 센터에 새롭게 문을 연 볼링장에서 볼링을 치는 중이다.

해설 빈칸 절에서 문장 맨 앞에 주어진 시간 부사 Right now는 빈칸의 동사가 현재 시점에서 진행 중임을 나타내는 현재진행시제의 단서이므로, 정답은 (b)이다.

어휘 **go out** 외출하다 **newly-opened** 새롭게 문을 연 **bowling alley** 볼링장

---

10 준동사 – 동명사   정답 (b)

해석 대부분의 가정에서, 집안일을 하는 것은 종종 필수적이지만 즐겁지 않은 것으로 여겨진다. 인터뷰 동안, 10세 이하의 어린이들은 심지어 그것들이 아주 간단했을 때에도 이런 맡겨진 일들을 하는 것을 싫어했다고 밝혔다.

해설 빈칸 앞 동사 dislike는 동명사를 목적어로 취한다. 보기의 동사 do는 문맥상 dislike와 시제가 같은 동작(하는 것을 싫어하다)이므로, 그보다 이전의 동작(이미 했던 것을 싫어하다)을 나타내는 having p.p.를 오답으로 소거하면 단순 동명사인 (b)가 정답이다.

어휘 **most** 대부분의 **household** 가정, 가구(세대) **chore** 허드렛일, 집안일 **view A as B** A를 B라고 여기다, 간주하다 **necessary** 필수적인 **unpleasant** 불쾌한, 기분 나쁜 **during** ~동안 **reveal** 밝히다, 드러내다 **dislike** 싫어하다 **assigned** 할당된, 배정된 **task** 일, 과업 **even** 심지어, ~조차도 **simple** 단순한, 간단한

---

11 시제 – 과거진행   정답 (b)

해석 내 아들이 지금 늦은 점심을 허겁지겁 먹는 중이기 때문에 그는 배가 고팠던 것 같다. 내가 그의 여동생들에게 점심을 해줬을 때 그는 시험에 대비하여 여전히 공부하던 중이었고, 그게 그가 식사를 건너뛰었던 이유이다.

해설 빈칸 절에서 〈when + 과거시제 동사(served)〉는 빈칸의 동사가 과거의 특정 시점에 동시에 진행 중이었음을 나타내는 과거진행시제의 단서이다. 즉 내가 점심식사를 제공했던 과거의 그 시점에 아들이 공부하는 행위가 진행 중이었다는 의미가 되어야 하므로 정답은 (b)이다.

> ✔ **오답체크**
>
> 주어진 문맥은 아들이 공부하고 있던 도중에 내가 그의 여동생들에게 점심을 해줬다는 것인데, 단순과거 시제인 (c) still studied를 쓰면 여동생들에게 점심을 제공하고 나서 아들이 공부했다는 어색한 의미가 되므로 (c)는 오답이다.

어휘 **it looks like** ~인 것 같다 **gobble down** 게걸스럽게(허겁지겁) 먹다 **still** 아직, 여전히 **serve** 제공하다 **skip** 생략하다, 건너뛰다

---

12 관계사 – 관계대명사   정답 (d)

해석 모나코는 뉴욕의 센트럴 파크보다 더 작은 유럽의 도시국가이다. 그 규모에도 불구하고, 많은 부유한 주민들의 근거지인 이 나라는 세계적인 수준의 카지노 때문에 "억만장자의 놀이터"로 알려져 있다.

해설 빈칸 앞 선행사인 the country는 사물 취급하므로 관계대명사 that 또는 which의 수식을 받는다. 이때 that은 콤마(,) 뒤에 나올 수 없으므로 오답으로 소거하고 나면, 결국 남은 보기인 (d)가 정답이다.

어휘 **city-state** 도시국가 **despite** ~에도 불구하고 **size** 크기, 규모 **be home to** ~의 발상지(근거지, 본고장)이다 **wealthy** 부유한 **resident** 주민, 거주자 **be known as** ~로서 알려져 있다 **billionaire** 억만장자

---

13 가정법 – 과거   정답 (d)

해석 한 광고 회사가 크리스토퍼에게 매력적인 일자리 제안을 하고 있지만, 그 회사는 원격근무 선택지가 부족하다. 만약 그가 집에서 돌볼 반려견이 없다면, 크리스토퍼는 그 제안을 수락할 것이다.

해설 빈칸 절의 if와 보기의 would는 가정법 문제를 나타내고, if절의 과거시제 동사 didn't have가 가정법 과거의 단서이므로 〈would + 동사원형〉의 형태인 (d)가 정답이다.

어휘 advertising firm 광고 회사 make an offer 제안하다, 제안을 넣다 attractive 매력적인 lack ~이 없다, 부족하다 remote work 원격근무 look after ~을 맡다, 살피다, 돌보다 accept 수락하다, 받아들이다

14 연결어 – 접속부사   정답 (b)

해석 21살에, 마르코 폴로는 몽골의 통치자 쿠빌라이 칸의 외교관이 되었다. 이는 그가 중국과 중동과 같은 곳을 여행하게 했다. 모두 합치면, 폴로는 그의 일생 동안 약 15,000마일을 여행했다.

해설 빈칸 앞뒤 문맥을 보면 앞 내용(중국과 중동 같은 곳을 여행할 수 있었다)과 뒤 내용(그의 일생을 통틀어 15,000마일 정도를 여행했다)이 앞에서 여행했던 경험을 거리로 합치면 약 15,000마일 여행한 수준이라는 흐름으로 연결되고 있으므로, '모두 합치면'의 의미로 쓰이는 altogether가 빈칸에 가장 적절하다. 따라서 정답은 (b)이다.

어휘 diplomat 외교관 ruler 통치자 allow A to V A가 ~하는 것을 허락하다 about 약, 대략 throughout ~동안 내내, ~을 통틀어 lifetime 일생 however 그러나 instead 대신에 meanwhile 그러는 동안

15 준동사 – 동명사   정답 (c)

해석 일레인은 W. E. 헨리의 시 《인빅터스》를 읽고 나서 교내 시 쓰기 대회에 참가하기 위한 영감을 얻었다. 사실은, 그녀는 인생에서 직면하는 고난에도 불구하고 절대 희망을 잃지 않는 것에 대한 그녀의 시를 초안 작성하는 것을 이제 막 끝냈다.

해설 빈칸 앞 동사 finish는 동명사를 목적어로 취한다. 보기의 동사 draft는 문맥상 finish와 시제가 같은 동작(초안 작성하는 것을 끝내다)이므로, 그보다 이전의 동작(이미 초안 작성했던 것을 끝내다)을 나타내는 having p.p.를 오답으로 소거하면 단순 동명사인 (c)가 정답이다.

어휘 inspire 영감을 주다, 고무하다 enter 응시하다, 출전하다 poetry (예술 분야로서의) 시, 시가 poem (글 또는 작품 단위의) 시 in fact 사실 finish 끝내다 draft 초안을 쓰다 despite ~에도 불구하고 hardship 어려움, 고난 face 직면하다, 마주하다

16 조동사 문맥 찾기   정답 (a)

해석 태양 무지개처럼, 월홍 또는 달무지개는 달빛이 물 입자를 통해 굴절될 때 나타난다. 사람은 폭포와 같은 물 분사원 뒤에 있는 달을 바라봄으로써 달무지개를 발견할 수 있다.

해설 '폭포와 같은 물 분사원 뒤에 있는 달을 바라봄으로써 (by looking ~ sprays)'라는 내용에서 'by -ing'가 수단을 나타내므로, 이러한 방법을 통해 달무지개를 발견하는 것이 '가능하다'라는 문맥이 되어야 가장 적절하다. 이때 조동사 can(~할 수 있다)이 가능의 의미를 나타낼 수 있으므로 (a)가 정답이다.

어휘 solar rainbow 태양 무지개 lunar rainbow 월홍 moonbow 달무지개 appear 나타나다, 등장하다 moonlight 달빛 refract 굴절시키다 through ~을 통해 particle 입자 spot 찾다, 발견하다, 알아보다 source 근원, 원천 spray 분사, 분수 such as ~와 같은 waterfall 폭포

17 시제 – 미래진행   정답 (d)

해석 캐서린은 공항에서 그녀의 어머니를 데리고 와야 하기 때문에 빵집에서 근무를 일찍 끝낼 것이다. 캐서린의 동료 직원들이 점심 휴식을 취할 때 그녀의 어머니는 도착장에서 이미 기다리는 중일 것이다.

해설 접속사 when이 이끄는 시간 부사절에는 미래 대신 현재시제 동사(take)를 사용하여 미래를 나타내므로, 〈when + 현재시제 동사(take)〉는 미래진행시제의 단서가 된다. 즉 그녀의 동료 직원들이 점심 휴식을 취하는 미래 시점에 도착 지역에서 기다리는 상태가 진행 중일 것이라는 의미가 되어야 하므로, 정답은 (d)이다.

어휘 shift (교대로 하는) 근무 fetch 데리고 오다 already 이미 arrival area (공항 등의) 도착장 take a break 휴식을 취하다

18 가정법 – 과거완료 정답 (c)

해석 어젯밤 윌슨 고속도로에서 차가 너무 막혀서 니콜라스는 새벽 1시에 집에 도착했다. 만약 그가 도로 정체를 더 일찍 알았다면, 그는 그의 아파트로 향하는 대체 경로로 <u>갔을 것이다</u>.

해설 빈칸 절에서 Had he known 이하는 가정법 if절(If he had known)의 도치된 형태이다. 이때 과거완료 시제 동사를 구성하는 Had와 known이 가정법 과거완료의 단서이므로 〈would + have p.p.〉의 형태인 (c)가 정답이다.

어휘 arrive 도착하다 an hour past midnight 자정을 1시간 넘어(= 새벽 1시에) road congestion 도로 정체 sooner 더 일찍 alternative 대안의, 대체 가능한 route 길, 경로

19 that절 should 생략 정답 (d)

해석 우리 조는 제안된 연구 주제에 대해 상담을 받기 위해 사회학 교수님과 만났다. 그는 그 주제가 제시간에 끝내기에는 너무 광범위하기 때문에 우리가 주제를 <u>바꿔야 한다</u>고 권했다.

해설 recommend와 같이 주장·제안·명령·요구 등을 나타내는 동사가 that절과 함께 나오면, that절의 동사 자리에는 〈should + 동사원형〉에서 should가 생략된 동사원형만 가능하다. 따라서 정답은 (d)이다.

> **학습 Tip!**
>
> too ~ to V …하기에는 너무 ~한
> = 너무 ~해서 …할 수 없다
> 예 the topic is too extensive / to finish on time
> 그 주제는 너무 광범위해서 / 제시간에 끝낼 수 없다

어휘 sociology 사회학 professor 교수 consult on ~에 대해 상담하다 proposed 제안된 research topic 연구 주제 recommend 추천하다, 권장하다 change 바꾸다 because ~때문에 extensive 광범위한 finish 끝내다 on time 제 시간에

20 관계사 – 관계대명사 정답 (a)

해석 어젯밤 갑작스러운 강한 비에도 불구하고, 벨타운에서의 음악 축제는 계획대로 진행되었다. <u>그 콘서트에 갔던</u> 친구들은 그 폭우가 경험을 더 기억에 남게 해줬기 때문에 실제로는 축제를 즐겼다고 말했다.

해설 빈칸 앞 선행사인 My friends는 사람이므로 관계대명사 who 또는 that의 수식을 받는다. 빈칸 앞에 콤마(,)가 없어서 that을 소거하지 못하는 경우, 관계대명사 뒤에 주어(또는 목적어)가 없는 불완전한 절이 있는 보기를 답으로 골라야 한다. that 뒤의 절은 주어 they가 있어 완전한 절, who 뒤의 절은 불완전한 절이다. 따라서 정답은 (a)이다.

어휘 despite ~에도 불구하고 sudden 갑작스러운 intense 극심한, 강렬한 go forward (일이나 계획이) 진전되다 as planned 계획대로 actually 실제로, 사실은 downpour 폭우 memorable 기억에 남는

21 가정법 – 과거 정답 (c)

해석 백화점에서, 모니크는 그녀가 사고 싶은 아름다운 핸드백을 보고 있다. 그러나, 그녀는 충분한 현금을 가지고 있지 않다. 만약 그녀의 신용카드가 이미 한도에 도달하지 않는다면, 모니크는 그 핸드백을 <u>살 것이다</u>.

해설 빈칸 절의 if와 보기의 would는 가정법 문제를 나타내고, if절의 과거시제 동사 weren't가 가정법 과거의 단서이므로 〈would + 동사원형〉의 형태인 (c)가 정답이다.

어휘 however 그러나 enough 충분한 cash 현금 credit card 신용카드 already 이미 at one's limit 한도에 도달한

22 준동사 – to부정사 정답 (d)

해석 판다는 주로 대나무를 먹고 사는데, 그것은 그다지 영양가가 높지 않다. 그래서, 자신들의 불충분한 식사를 <u>보충하기 위해</u> 그들은 하루에 12시간을 대나무 잎, 줄기, 죽순을 먹는 데 보낸다.

해설 빈칸 앞 in order는 to부정사와 함께 〈in order to V(~하기 위해)〉의 형태로 쓰이므로, 정답은 (d)이다.

어휘 feed on ~을 먹고 살다 mainly 주로 bamboo 대나무 nutritious 영양가가 높은 spend 시간 -ing ~하는 데 시간을 보내다 leaf 잎 stem (식물의) 줄기 bamboo shoot 죽순 make up for ~을 보충하다, 보상하다 insufficient 불충분한 diet 식사, 식습관

23 조동사 문맥 찾기   정답 (b)

해석 티타늄은 부식에 매우 잘 견디기 때문에 수요가 많은 금속들 중 하나이다. 실제로, 티타늄 용기에 보관된 핵폐기물은 10만 년이나 긴 시간 동안 <u>새지 않을 것이다</u>.

해설 티타늄이 부식 저항성이 높다는 사실 정보와 '10만 년만큼 오래(for as long as 100,000 years)'라는 기간 표현이 함께 나오고 있으므로 '새지 않을 것이다'의 문맥이 되어야 가장 적절하다. 이때 조동사 will(~할 것이다)이 미래의 확실성을 나타낼 수 있으므로 (b)가 정답이다.

> ✅ **오답체크**
>
> 주어진 문맥은 티타늄의 특성을 바탕으로 예상되는 결과의 확실성을 나타내므로 불확실성을 의미하는 might, 의무를 나타내는 must는 문맥에 어울리지 않아 오답이다.

어휘 sought-after 수요가 많은 metal 금속 highly 매우 resistant 저항력 있는, 잘 견디는 corrosion 부식 in fact 사실은, 실제로 nuclear waste 핵폐기물 store 보관하다, 저장하다 container 그릇, 용기 leak (액체가) 새다

24 시제 – 현재완료진행   정답 (b)

해석 매기네 피자가게는 정통 나폴리식 피자를 전문으로 하는 우리 동네의 작은 식당이다. 1984년 이래로, 그들은 피자를 만드는 데 산 마르차노 토마토와 모짜렐라 치즈만 <u>사용해오고 있는 중이다</u>.

해설 빈칸 절에서 〈since + 과거시점(1984)〉은 현재완료진행시제의 단서이며, 1984년부터 지금까지(완료) 계속 '산 마르차노 토마토와 모짜렐라 치즈만 사용해오고 있는 중이다'라는 의미를 만든다. 따라서 정답은 (b)이다.

어휘 specialize in ~을 전문으로 하다, ~에 특화되다 authentic 정통의 Neapolitan 나폴리의 nothing but 오직 ~만, 단지 ~일 뿐인

25 가정법 – 과거   정답 (d)

해석 롤랜드는 또다른 차를 사는 것을 생각하고 있지만, 길거리에 주차해야 하는 것에 대해 걱정하고 있다. 만약 그가 1대용 차고를 확장한다면, 그는 두 번째 차를 <u>열광적으로 구입했을 것이다</u>.

해설 빈칸 절의 if와 보기의 would는 가정법 문제를 나타내고, if절의 과거시제 동사 were가 가정법 과거의 단서이므로 〈would + 동사원형〉의 형태인 (d)가 정답이다.

어휘 be concerned about ~에 대해 걱정하다 park 주차하다 expand 확장하다, 확대하다 garage 차고 eagerly 열렬히 purchase 구입하다

26 준동사 – 동명사   정답 (a)

해석 전 미국 대통령 로널드 레이건의 임기 동안, 30만 개 이상의 젤리빈이 매달 백악관으로 배송되었다. 이는 그가 <u>흡연하는 것</u>을 그만둔 후에, 대응기제로서 젤리빈을 먹는 것에 의지했기 때문이다.

해설 빈칸 앞 동사 quit은 동명사를 목적어로 취한다. 보기의 동사 smoke는 문맥상 quit과 시제가 같은 동작(흡연하는 것을 그만두다)이므로, 그보다 이전의 동작(이미 흡연했던 것을 그만두다)을 나타내는 having p.p.를 오답으로 소거하면 단순 동명사인 (a)가 정답이다.

어휘 during ~동안 former 이전의 term 임기 more than ~이상의 ship 배송하다, 운송하다 quit 그만두다 resort to ~에 의지하다, 기대다 coping mechanism 대응기제

실전문제 18

p.148

01 (d)	**02** (c)	**03** (b)	**04** (d)	**05** (b)
06 (a)	**07** (c)	**08** (d)	**09** (a)	**10** (b)
11 (b)	**12** (c)	**13** (a)	**14** (d)	**15** (d)
16 (b)	**17** (d)	**18** (d)	**19** (b)	**20** (c)
21 (a)	**22** (a)	**23** (b)	**24** (c)	**25** (a)
26 (c)				

01 조동사 문맥 찾기   정답 (d)

해석 ▶ 표범상어는 세계에서 가장 우호적인 상어종이다. 그러나, 해양 생물학자들은 표범상어가 순전한 짜증으로 인해 공격할 수도 있기 때문에, 이 동물을 지나치게 찔러대지 말라고 경고한다.

해설 ▶ 표범상어가 우호적이지만(the friendliest ~. However,) 찌르지 말라고 경고하는(caution ~ the animal) 이유로 아무리 순한 표범상어라도 짜증이 유발되면 '공격할 수도 있기 때문'이라고 해야 문맥상 가장 적절하다. 이때 조동사 might(~일지도 모른다)가 약한 추측 또는 불확실한 가능성의 의미를 나타낼 수 있으므로 (d)가 정답이다.

> would의 과거 시점에서의 미래에 공격했을 거라는 의미는 문맥상 어울리지 않아 오답이다.

어휘 ▶ friendly 친절한, 우호적인 species (동식물의) 종 marine biologist 해양 생물학자 caution A against -ing A에게 ~하지 말라고 경고하다 liberally 아낌없이, 지나치게, 자유롭게 poke and prod (성가시게) 찔러대다, (반응을 이끌어 내려고) 자극하다 out of ~로부터 sheer 순전한 annoyance 성가심, 짜증

02 시제 – 과거완료진행   정답 (c)

해석 ▶ 앤드류는 그가 가장 좋아하는 음료수가 듣자 하니 상당히 해로웠기 때문에 구입하는 것을 멈췄다. 그는 유기농 감미료가 가공 설탕보다 훨씬 더 나쁘다고 주장하는 다큐멘터리를 보기 전까지 수년간 그 음료를 마셔오던 중이었다.

해설 ▶ 빈칸 절에서 〈before + 과거시제 동사(saw)〉와 〈for + 기간(for years)〉은 과거 시점을 기준으로 그 이전부터 시작된 빈칸의 동사가 기준 시점까지 진행 중이었음을 나타낼 때 쓰이는 과거완료진행시제의 단서이다. 즉 다큐멘터리를 봤던 시점(과거)이 기준 시점이 되고, 그 이전부터 앤드류가 기준 시점까지 그 음료를 수년간(완료) '마셔오던 중이었다'라는 의미가 되어야 하므로, 정답은 (c)이다.

어휘 ▶ stop -ing ~하는 것을 멈추다 apparently 분명히, 듣자 하니 quite 상당히, 다소 꽤 harmful 해로운 beverage 음료 claim 주장하다 organic 유기농의 sweetener 감미료 much worse than ~보다 훨씬 더 나쁜 processed 가공된

03 가정법 – 과거   정답 (b)

해석 ▶ 1976년에, 나디아 코마네치는 올림픽에서 10.0점 만점을 받은 최초의 체조 선수가 되었다. 만약 오늘날의 체조 선수들이 현대 경기에서 그녀의 꽤나 구식의 루틴을 복제한다면, 그들은 상당한 점수를 아마 지금도 받을 것이다.

해설 ▶ 빈칸 절의 if와 보기의 would는 가정법 문제를 나타내고, if절의 과거시제 동사 were가 가정법 과거의 단서이므로 〈would + 동사원형〉의 형태인 (b)가 정답이다.

어휘 ▶ gymnast 체조 선수 receive 받다 perfect score 만점 replicate 복제하다 fairly 상당히, 꽤 antiquated 구식의, 낡은 modern 현대의 competition 경쟁, 대회, 시합 respectable 어지간한, 상당한

04 준동사 - 동명사   정답 (d)

해석 허리케인 때문에, 주지사는 어부들에게 폭풍이 지나갈 때까지 항해하는 것을 금지시켰다. 그는 그들이 바다에서 낚시하는 것을 재개할 수 있기 전에 안전 권고가 발표될 거라고 말했다.

해설 빈칸 앞 동사 resume은 동명사를 목적어로 취한다. 보기의 동사 fish는 문맥상 resume과 시제가 같은 동작(낚시하는 것을 재개하다)이므로, 그보다 이전의 동작(이미 낚시했던 것을 재개하다)을 나타내는 having p.p.를 오답으로 소거하면 단순 동명사인 (d)가 정답이다.

어휘 because of ~때문에 governor 주지사 prohibit (법으로) 금지하다, 하지 못하게 하다 fisherman 어부 sail 항해하다 until ~할 때까지 pass 지나가다 safety 안전 advisory 권고, 경보, 주의보 release 출시하다, 발표하다, 공개하다 resume 재개하다

05 that절 should 생략   정답 (b)

해석 오늘 저녁에 무서운 영화를 본 후에, 다이앤은 그녀의 방 안에서 혼자 있는 것을 참을 수 없었다. 절박한 마음으로, 다이앤은 제일 친한 친구인 카일리에게 전화를 걸었고 오늘 밤 자기 집에서 자고 가야 한다고 부탁했다.

해설 ask와 같이 주장·제안·명령·요구 등을 나타내는 동사가 that절과 함께 나오면, that절의 동사 자리에는 〈should + 동사원형〉에서 should가 생략된 동사원형만 가능하다. 따라서 정답은 (b)이다.

어휘 scary 무서운, 무섭게 만드는 bear 참다, 견디다 alone 혼자인 desperately 필사적으로, 간절히 ask 부탁하다, 요청하다 sleep over 자고 가다(오다)

06 시제 - 미래진행   정답 (a)

해석 소위 말하는 많은 피와 땀과 눈물을 흘렸지만, 셰인은 마침내 그의 재능을 인정받게 되었다. 사실은, 다음 달에, 그는 세계적으로 유명한 연예인의 댄스팀의 일원으로서 북미를 여행하는 중일 것이다.

해설 빈칸 절에서 주절 앞에 주어진 시간 부사(next month)는 빈칸의 동사가 미래 시점에서 진행 중임을 나타내는 미래진행시제의 단서이므로, 정답은 (a)이다.

어휘 proverbial 속담에 나오는, 소위 말하는 blood 피 sweat 땀 tear 눈물 finally 마침내 recognized 인정받는 talent 재능 in fact 사실은 world-renowned 세계적으로 유명한 entertainer 연예인, 예능인

07 준동사 - to부정사   정답 (c)

해석 몇몇 비평가들은 《여자를 증오한 남자들》의 리스베트 살란데르를 문학 소설에서 가장 최고의 여주인공들 중 하나라고 묘사했다. 그 소설의 저자인 스티그 라르손에 따르면, 그는 살만데르에게서 자신감 있고 도덕적인 주인공을 창조하기를 원했다.

해설 빈칸 앞 동사 want는 to부정사를 목적어로 취한다. 보기의 동사 create는 문맥상 want 이후의 동작(창조하는 것을 원하다)이므로, 그보다 이전의 동작(이미 창조했던 것을 원하다)을 나타내는 to have p.p.를 오답으로 소거하면 단순 to부정사인 (c)가 정답이다.

어휘 several 몇몇의 critic 비평가 hail A as B A를 B라고 묘사하다 heroine 여주인공 literary 문학의 fiction 소설 according to ~에 따르면 novel (장편) 소설 author 저자, 작가 confident 자신감 있는 virtuous 도덕적인, 고결한 protagonist 주인공

08 시제 - 현재완료진행   정답 (d)

해석 제임스는 그의 실종된 반려묘 실키가 심히 걱정된다. 그는 어제 아침 이래로 그 소중한 고양이를 찾아오고 있는 중이고, 그녀 없이 지나가는 매시간이 그를 더욱더 불안하게 만들고 있다.

해설 빈칸 절에서 〈since+과거시점(yesterday morning)〉은 현재완료진행시제의 단서이며, 어제 아침부터 지금까지(완료) 계속 '실종되어 오고 있는 중이다'라는 의미를 만든다. 따라서 정답은 (d)이다.

어휘 be worried sick about ~가 심히 걱정되다 missing 없어진, 실종된 search for ~을 찾다 beloved 사랑하는, 소중한 feline 고양이(과 동물) pass (시간을) 지나다 restless 불안한, 가만히 있지 못하는

09 연결어 – 접속부사   정답 (a)

해석 눈부신 연기 경력에도 불구하고, 다이애나 로스는 아카데미 상을 받아 본 적이 없다. 그럼에도 불구하고, 몇몇 영화팬들과 영화 평론가들에게, 그녀는 1973년 아카데미 여우주연상의 정당한 수상자였다.

해설 빈칸 앞뒤 내용의 문맥을 보면 앞 내용(아카데미상을 받아 본 적이 없다)을 받아 그와 반대되는 흐름이 뒤 내용(1973년 아카데미 여우주연상의 정당한 수상자였다)으로 이어지므로, 역접을 나타낼 때 쓰이는 Nevertheless(그럼에도 불구하고)가 빈칸에 가장 적절하다. 따라서 정답은 (a)이다.

> ### 학습 Tip!
> otherwise(그러지 않으면)는 보통 빈칸 앞에서 조건이 언급되고, 그 조건대로 하지 않았을 때 예상되는 결과가 빈칸 뒤에 나오는 흐름일 때 정답이 된다.
>
> **예** Take a taxi. Otherwise, you will be late for work.
> 택시를 타세요(조건). 그러지 않으면, 회사에 늦을 것입니다(반대 결과).

어휘 despite ~에도 불구하고 illustrious (사람이) 걸출한, 저명한, (행위 또는 업적이) 빛나는, 화려한 acting career 연기 경력 win 얻다, (상을) 받다, 수상하다 moviegoer 영화팬 critic 비평가, 평론가 rightful 정당한 winner 승자, 수상자 otherwise 그렇지 않으면 in addition 게다가

10 that절 should 생략   정답 (b)

해석 격렬하고 지속적인 각질 제거는 피지와 히알루론산과 같은 필수 자연 유래 화학 물질을 피부에서 제거한다. 그러므로, 피부 관리 전문가들은 각질 제거제를 피부에 부드럽게 조금씩 발라야 한다고 조언한다.

해설 advise와 같이 주장·제안·명령·요구 등을 나타내는 동사가 that절과 함께 나오면, that절의 동사 자리에는 〈should + 동사원형〉에서 should가 생략된 동사원형만 가능하다. 따라서 정답은 (b)이다.

어휘 vigorous 격렬한, 활발한 constant 끊임없는, 지속적인 exfoliation 박리, 각질 제거 strip A of B A에서 B를 제거하다 essential 필수적인 naturally 자연적으로 occur 발생하다 chemical 화학 물질 sebum 피지 hyaluronic acid 히알루론산 hence 그러므로 skincare 피부 관리 expert 전문가 advise 조언하다 exfoliant 각질 제거제 gently 부드럽게 sparingly 아껴서, 조금씩

11 가정법 – 과거   정답 (b)

해석 레이첼은 평생 아멜리아 이어하트에게 매료되어 왔다. 그녀는 만약 타임머신이 실재한다면, 과거로 여행을 떠나 그 전설적인 비행사를 만나기 위해 타임머신을 사용할 것이라고 항상 말한다.

해설 빈칸 절의 if와 보기의 would는 가정법 문제를 나타내고, if절의 과거시제 동사 were가 가정법 과거의 단서이므로 〈would + 동사원형〉의 형태인 (b)가 정답이다.

어휘 be fascinated with ~에 매료되다 all one's life 평생 always 언제나, 항상 real 진짜의, 실재하는 legendary 전설적인 aviator 비행사

12 준동사 – 동명사   정답 (c)

해석 지난 번에 스티븐이 체육관에서 그의 보디빌더 친구들에 맞춰가려고 노력했을 때, 그는 그의 오른쪽 어깨가 탈구되었다. 말할 필요도 없이, 그는 지금 체육관에 가는 것을 두려워한다.

해설 빈칸 앞 동사 dread는 동명사를 목적어로 취한다. 보기의 동사 go는 문맥상 dread와 시제가 같은 동작(가는 것을 두려워하다)이므로, 그보다 이전의 동작(이미 갔었던 것을 두려워하다)을 나타내는 having p.p.를 오답으로 소거하면 단순 동명사인 (c)가 정답이다.

어휘 try to V ~하려고 노력하다 keep up with ~을 따라잡다 gym 체육관 dislocate (뼈를) 탈구시키다 needless to say 말할 필요도 없이 dread 두려워하다

13 시제 – 과거진행   정답 (a)

해석 셜리는 오늘 아침 어색한 걸음걸이로 우리 사무실에 들어왔다. 듣자 하니, 한 남자가 균형이 무너진 채 그녀와 충돌해서 그녀의 구두 한 짝의 뒤굽이 부러졌을 때 그녀는 에스컬레이터에서 서 있던 중이었다.

해설 빈칸 절에서 〈when + 과거시제 동사(barreled)〉는 빈칸의 동사가 과거의 특정 시점에 동시에 진행 중이었음을 나타내는 과거진행시제의 단서이다. 즉 한 남자와 충돌했던 과거의 그 시점에 셜리가 에스컬레이터에 서 있는 상태가 진행 중이었다는 의미가 되어야 하므로 정답은 (a)이다.

어휘 enter 들어오다 awkward 어색한 apparently 보아(듣자) 하니, 분명히 barrel into ~와 충돌하다, 부딪치다 clumsily 서투르게, 통제를 잃어서 cause 유발하다 heel 발뒤꿈치, (신발의) 굽 snap off 툭 하고 부러지다

14 관계사 – 관계대명사 정답 (d)

해석 연구들은 어떤 사람들이 다른 이들보다 100퍼센트까지 더 많은 미뢰를 가질 수 있다는 것을 보여준다. "슈퍼테이스터"라고 불리는 이 사람들은 맛을 너무 강하게 경험할 수 있어서 그들 중 많은 사람들이 그들이 먹는 것에 대해 상당히 까다롭게 구는 경향이 있다.

해설 빈칸 앞 선행사인 These people은 사람이므로 관계대명사 that 또는 who의 수식을 받는다. 이때 that은 콤마(,) 뒤에 나올 수 없으므로 오답으로 소거하고 나면, 결국 남은 보기인 (d)가 정답이다.

어휘 up to ~까지 tastebud 미뢰 supertaster 슈퍼테이스터(미각이 매우 민감한 사람) experience 겪다, 경험하다 flavor 맛 intensely 강하게 tend to V ~하는 경향이 있다 picky 까다로운

15 가정법 – 과거완료 정답 (d)

해석 스캇이 앞서 주차장에서 테사를 봤을 때, 그는 그녀에게 그저 인사만 했다. 만약 그녀가 몇 시간 뒤에 고향인 호주로 간다는 것을 알았다면, 그는 "안녕"보다는 더욱 심오한 뭔가를 말했을 것이다.

해설 빈칸 절에서 Had he known 이하는 가정법 if절(If he had known)의 도치된 형태이다. 이때 과거완료 시제 동사를 구성하는 Had와 known이 가정법 과거완료의 단서이므로 〈would + have p.p.〉의 형태인 (d)가 정답이다.

어휘 when ~할 때 merely 단지, 그저 greet 맞이하다, 인사하다 profound 깊은, 심오한

16 조동사 문맥 찾기 정답 (b)

해석 흰부리딱따구리는 2021년에 멸종했던 조류 종이다. 그것은 검은 색 깃털과 붉은 머리를 가지고 있었다. 그의 강한 직선적인 부리는 나무껍질을 때려 박고, 밀어젖혀서, 벗겨낼 수 있었다.

해설 빈칸 앞 주어인 강한 직선적인 부리(Its strong, straight bill)가 나무껍질을 망치질하고 밀어젖히고 벗겨내는 '능력이 있었다'라는 문맥이 되어야 가장 적절하다. 주어진 문장은 과거시제로 나오고 있는데, 이때 조동사 can(~할 수 있다)의 과거형인 could가 과거 시점에서의 능력을 나타낼 수 있으므로 (b)가 정답이다.

어휘 species (동식물의) 종 go extinct 멸종되다 shiny 빛나는 plumage 깃털 straight 곧은, 직선적인 bill 부리 hammer 망치질하다, 때려 박다 wedge 밀어젖히다 peel 벗겨내다 bark 나무껍질

17 준동사 – to부정사 정답 (d)

해석 과식과 주로 앉아서 지내는 생활 방식은 존의 몸무게가 건강하지 못한 수준에 이르도록 유발했다. 그러나, 그의 의사는 일 년간의 일관된 운동과 다이어트가 그의 몸무게를 더 건강한 범위에 이르게 하기에 충분하다고 말했다.

해설 빈칸 앞 형용사 enough는 to부정사와 함께 〈enough + to부정사(~하기에 충분한)〉라는 의미의 관용 표현으로 쓰이므로, 정답은 (d)이다.

어휘 overeating 과식 sedentary 주로 앉아서 지내는 cause 유발하다, 야기하다 weight 무게 reach 닿다, 도달하다 unhealthy 건강하지 않은 however 그러나 consistent 일관된 exercise 운동 enough to V ~하기에 충분한 range 범위

18 시제 – 미래완료진행 정답 (d)

해석 《샤이닝 스타》는 다나가 역대를 통틀어 가장 좋아하는 연휴 영화이다. 그녀는 매년 크리스마스 날이면 어김없이 그것을 본다. 내년 크리스마스때쯤이면, 그녀는 12년 동안 매년 그 영화를 봐오고 있을 것이다.

해설 빈칸 절에서 〈by + 미래 시점(Christmas next year)〉와 〈for + 기간(for 12 years)〉은 빈칸의 동사가 미래의 어느 시점까지 계속 진행 중일 것임을 나타낼 때 쓰이는 미래완료진행시제의 단서이다. 즉 내년 크리스마스가 올 시점에는(미래) 다나가 그 영화를 12년 동안(완료) '봐오고 있을 것이다'라는 의미가 되어야 하므로, 정답은 (d)이다.

어휘 of all time 역대, 지금껏 without fail 어김없이, 반드시 annually 매년

---

19 준동사 – 동명사 　　　　　　정답 (b)

해석 대부분의 국가들은 황무지 지역들을 잠재적 피해로부터 보호하기 위해 무단침입에 반대하는 법을 만들었다. 그러나, 북유럽에서는, 어떤 국가들은 이러한 사람이 살지 않는 장소에 돌아다니는 것을 허용한다.

해설 빈칸 앞 동사 permit은 동명사를 목적어로 취한다. 보기의 동사 roam은 문맥상 permit과 시제가 같은 동작(돌아다니는 것을 허용하다)이므로, 그보다 이전의 동작(이미 돌아다녔던 것을 허용하다)을 나타내는 having p.p.를 오답으로 소거하면 단순 동명사인 (b)가 정답이다.

어휘 law against ~에 반대하는 법 trespass 무단침입하다, 불법으로 침해하다 wilderness 황무지, 버려진 땅 protect A from -ing A를 ~하는 것으로부터 보호하다 potential 잠재적인 damage 피해, 손상 however 그러나 northern 북쪽의 permit 허용하다 roam 돌아다니다 uninhabited 사람이 살지 않는

---

20 가정법 – 과거 　　　　　　정답 (c)

해석 내 8살짜리 조카는 브로콜리보다 더 나쁜 것은 없다고 생각한다. 그는 그의 이모들과 삼촌들에게 브로콜리가 그가 가장 좋아하는 페퍼로니 피자로 마법같이 바뀐다면 먹을 거라고 종종 말한다.

해설 빈칸 절의 if와 보기의 would는 가정법 문제를 나타내고, if절의 과거시제 동사 were가 가정법 과거의 단서이므로 〈would + 동사원형〉의 형태인 (c)가 정답이다.

어휘 nephew 조카 nothing is worse than ~보다 더 나쁜 것은 없다 often 종종, 자주 magically 마법적으로 be turned into ~로 바뀌다

---

21 관계사 – 관계대명사 　　　　　　정답 (a)

해석 클라라는 그녀의 첫 번째 대규모 미술 전시회가 아주 잘 되어서 기쁘다. 사실은, 그녀의 어린시절 장면들을

묘사한 그녀의 그림들 중 두 점이 그녀의 작품의 독창성을 열광적으로 칭찬했던 한 부유한 미술품 수집가에 의해 구입되었다.

해설 빈칸 앞 선행사인 her paintings는 사물이므로 관계대명사 which 또는 that의 수식을 받는다. 이때 that은 콤마(,) 뒤에 나올 수 없으므로 오답으로 소거하고 나면, 결국 남은 보기인 (a)가 정답이다.

어휘 be pleased that ~해서 기쁘다 major 주요한, 대규모의 exhibit 전시회 go well 잘 되다 depict 묘사하다 scene 장면 purchase 구입하다 wealthy 부유한 art collector 예술품 수집가 enthusiastically 열광적으로 praise 칭찬하다 originality 독창성

---

22 시제 – 현재진행 　　　　　　정답 (a)

해석 5일 밤을 연속으로 비상 대기를 한 뒤에, 페로우 박사는 눈을 거의 뜰 수가 없다. 바로 지금, 그는 카페인이 효과가 나기를 기다리면서 커피 자판기 앞에서 서성거리는 중이다.

해설 빈칸 절에서 문장 맨 앞에 주어진 시간 부사 Right now는 빈칸의 동사가 현재 시점에서 진행 중임을 나타내는 현재진행시제의 단서이므로, 정답은 (a)이다.

어휘 on call 비상(호출) 대기하는, 당직을 서는 consecutive 연속적인 barely 거의 ~않는 keep one's eyes open 눈을 뜨고 있다 pace 천천히 걷다, (초조해서) 서성거리다 vending machine 자판기 kick in 효과가 나타나기 시작하다

---

23 연결어 – 접속사 　　　　　　정답 (b)

해석 수십 년 동안, 상류층은 랍스터를 "바다의 유해생물"이라고 여겼다. 메인주의 허름한 철도 식당들이 랍스터를 제공하기 시작하고 나서야 엘리트들은 그 갑각류가 실제로는 얼마나 호화로운 맛을 낼 수 있는지를 깨달았다.

해설 먼저 첫째 문장에서 상류층(=엘리트)의 랍스터에 대한 부정적인 인식(상류층이 랍스터를 유해생물로 여겼다)을 나타내고, 빈칸 절(허름한 철도 식당에서 랍스터를 식사로 제공하기 시작했다)의 시점 이후부터는 that절(랍스터가 실제로는 정말 맛있다는 사실을 깨달았다)과 같이 인식이 긍정적으로 변화되는 흐름을 보여준다. 결국 빈칸에는 '~이후에'의 의미가 들어

가야 하는데, 보기 중 until(~할 때까지)이 not과 함께 not until이 되면 after의 의미가 될 수 있다. 따라서 정답은 (b)이다.

어휘 decade 10년 upper class 상류층 look upon A as B A를 B라고 여기다 vermin 해로운 동물, 해충 humble 겸손한, 초라한, 허름한 railway 철도 diner 식당 serve (음식을) 제공하다 realize 깨닫다 luxurious 호화로운, 풍부한 shellfish 갑각류 actually 실제로는 since ~때문에, ~이래로 until ~할 때까지 unless 만약 ~않는다면 while ~하는 동안, ~하는 반면에

---

24 가정법 – 과거완료　　　　정답 (c)

해석 고생물학자들은 빙하기가 물을 너무 차갑게 바꿨을 때 온혈 메갈로돈 상어가 멸종되었다고 믿었다. 만약 지구에 빙하기가 없었다면, 메갈로돈은 플라이스토세 말기까지 살았을 것이다.

해설 빈칸 절의 if와 보기의 would는 가정법 문제를 나타내고, if절의 과거완료시제 동사 had not had가 가정법 과거완료의 단서이므로 〈would + have p.p.〉의 형태인 (c)가 정답이다.

어휘 paleontologist 고생물학자 warm-blooded 피가 따뜻한, 온혈의 extinct 멸종된 turn A into B A를 B로 바꾸다

---

25 준동사 – to부정사　　　　정답 (a)

해석 폴라가 뉴욕에 가는 것은 이번이 처음이었다. 출발하기 전에, 그녀는 숨은 관광지들을 조사했고 집에 가기 전에 그곳 모두를 방문할 것을 기억할 수 있게 목록을 만들었다.

해설 빈칸 앞 동사 remember는 문맥에 따라 취하는 목적어가 다르기 때문에 해석이 필요하다. 주어진 문장에서 폴라가 뉴욕에 가는 것이 이번에 처음(It was Paula's first time going to New York City)이라는 점과 뉴욕으로 가기 전에 뉴욕의 숨은 관광지 목록을 만들었다는 점을 고려하면, 관광지들을 방문하는

행동은 아직 뉴욕에 가본 적이 없는 입장에서 과거에 이미 한 일(동명사)이 아니고 앞으로 할 일(to부정사)에 해당된다. 따라서 정답은 (a)이다.

어휘 leave 떠나다, 출발하다 research 연구하다, 조사하다 hidden 숨겨진 tourist spot 관광지 so that ~하도록 remember 기억하다 visit 방문하다

---

26 가정법 – 과거완료　　　　정답 (c)

해석 크리스탈은 단지 부모님의 비위를 맞추기 위해 경영학 학위를 추구한 것을 후회한다. 만약 그녀가 열정적이지 않은 산업에서 스스로 즐기기가 어렵다는 것을 알았다면, 그녀는 그녀가 정말로 사랑하는 것을 추구했을 것이다.

해설 빈칸 절에서 Had she known 이하는 가정법 if절(If she had known)의 도치된 형태이다. 이때 과거완료시제 동사를 구성하는 Had와 known이 가정법 과거완료의 단서이므로 〈would + have p.p.〉의 형태인 (c)가 정답이다.

어휘 regret 후회하다 pursue 추구하다 business 경영학 degree 학위 humor ~의 비위를 맞추다 industry 산업 be passionate about ~에 대해 열정적이다

01 (a)	02 (d)	03 (d)	04 (b)	05 (c)
06 (b)	07 (c)	08 (b)	09 (d)	10 (a)
11 (b)	12 (c)	13 (c)	14 (a)	15 (d)
16 (d)	17 (b)	18 (b)	19 (c)	20 (b)
21 (a)	22 (a)	23 (b)	24 (c)	25 (a)
26 (c)				

01 시제 – 미래진행   정답 (a)

해석 자신의 라이벌에게 최종 우승자 타이틀을 배앗긴 후, 스콧은 화가 나 있다. 그래서, 내일부터는, 그는 전국 선수권 대회에서 그의 상대를 이기기 위해 격렬하게 <u>훈련하는 중일 것이다</u>.

해설 빈칸 절에서 주절 앞에 주어진 시간 표현(starting tomorrow)은 빈칸의 동사가 미래 시점에서 진행 중임을 나타내는 미래진행시제의 단서이므로, 정답은 (a)이다.

> **학습Tip!**
>
> have a chip on one's shoulder 앙심을 품다, 화가 나 있다

어휘 lose 패배하다, 잃다 title (스포츠에서) 타이틀, 선수권 champion 우승자 rival 경쟁자, 적수 vigorously 격렬하게 beat ~를 무찌르다, 이기다 adversary 상대방, 적수

02 조동사 문맥 찾기   정답 (d)

해석 아무르표범은 크림색 털과 옆구리에 장미꽃 모양의 반점과 같은 매력적인 특징을 가진 멸종 위기에 놓인 종이다. 동물 보호운동가들은 이 아름다운 동물이 곧 <u>멸종할 지도 모르기</u> 때문에 아무르표범의 사냥을 강하게 반대한다.

해설 첫째 문장에서 아무르 표범이 멸종위기에 처해 있다는(endangered) 내용을 바탕으로 이들이 '곧 멸종할 수도 있기 때문에' 사냥에 반대한다는 문맥이 되어야 가장 적절하다. 이때 조동사 might(~일지도 모른다)가 약한 추측 또는 불확실한 가능성의 의미를 나타낼 수 있으므로 (d)가 정답이다.

어휘 endangered 멸종 위기에 놓인 species (동식물의) 종 attractive 매력적인 feature 특징 like ~와 같은 fur 털 rosette-like 장미꽃 모양의 flank 옆구리 mark 반점 conservationist 보호론자, 보호활동가 be against ~에 반대하다 strongly 매우, 강하게 hunting 사냥 soon 곧 extinct 멸종하는

03 준동사 – 동명사   정답 (d)

해석 어제, 네이선은 그의 가장 친한 친구가 역사 시험 동안 부정행위를 하는 것을 봤다. 잠시 동안, 그는 그것에 대해 조용함을 <u>유지하는 것을</u> 고려했다. 다행스럽게도, 그의 선한 본성이 우세했고, 그는 수업이 끝나고나서 선생님께 그 상황에 대해 말씀드렸다.

해설 빈칸 앞 동사 consider는 동명사를 목적어로 취한다. 보기의 동사 keep은 문맥상 consider와 시제가 같은 동작(유지하는 것을 고려하다)이므로, 그보다 이전의 동작(이미 유지했던 것을 고려하다)을 나타내는 having p.p.를 오답으로 소거하면 단순 동명사인 (d)가 정답이다.

어휘 cheat 속이다, 부정행위를 하다 during ~동안 for a moment 잠시 동안, 잠깐 consider 고려하다 thankfully 다행스럽게도 nature 자연, 천성, 본질 prevail 이기다, 지배하다, 우세하다

04 가정법 – 과거   정답 (b)

해석 항공 과학은 앙리 지파드가 1852년에 처음으로 항공기를 조종한 이래로 많은 발전을 이뤄왔다. 만약 이 상징적인 비행사가 오늘날에도 여전히 살아있다면, 그는 그 분야를 지속적으로 혁신하는 이들을 <u>아마 자랑스러워할 것이다</u>.

해설 빈칸 절의 if와 보기의 would는 가정법 문제를 나타내고, if절의 과거시제 동사 were가 가정법 과거의 단서이므로 〈would + 동사원형〉의 형태인 (b)가 정답이다.

어휘 aviation 항공(술) since ~이래로 fly an aircraft 항공기를 조종하다 iconic 상징적인, 우상의 aviator 비행사 still 아직, 여전히 alive 살아 있는 consistently 한결같이, 지속적으로 revolutionize 혁신을 일으키다 field 분야, 영역

05 시제 – 과거완료진행 정답 (c)

해석 잭은 더 이상 패스트푸드점에서 식사하지 않는다. 그는 과도한 패스트푸드 섭취로 다양한 건강 문제가 있는 그와 또래인 남성을 만났을 때 거의 20년 동안 정기적으로 패스트푸드점들을 즐겨오던 중이었다.

해설 빈칸 절에서 〈when + 과거시제 동사(met)〉와 〈for + 기간(for almost two decades)〉은 과거 시점을 기준으로 그 이전부터 시작된 빈칸의 동사가 기준 시점까지 진행 중이었음을 나타낼 때 쓰이는 과거완료진행시제의 단서이다. 즉 자신과 또래인 남자를 만났던 시점(과거)이 기준 시점이 되고, 그 이전부터 기준 시점까지 잭이 패스트푸드점들을 거의 20년 동안(완료) '즐겨오던 중이었다'라는 의미가 되어야 하므로, 정답은 (c)이다.

어휘 establishment 기관, 시설 regularly 규칙적으로, 정기적으로 almost 거의 decade 10년 various 다양한 concern 걱정, 우려, 문제 due to ~때문에 excessive 과도한 consumption 소비, 섭취

06 that절 should 생략 정답 (b)

해석 리나가 온라인 빵집에서 주문했던 주문제작 웨딩 케이크가 꽤나 끔찍한 모습이 되었다. 눈물을 흘리며, 리나는 그녀의 제빵사 친구가 내일 있을 결혼식 전에 그가 할 수 있는 가장 최선으로 케이크를 고쳐줘야 한다고 간청했다.

해설 beg와 같이 주장·제안·명령·요구 등을 나타내는 동사가 that절과 함께 나오면, that절의 동사 자리에는 〈should + 동사원형〉에서 should가 생략된 동사원형만 가능하다. 따라서 정답은 (b)이다.

어휘 custom-made 맞춤제작의, 주문제작의 order 주문하다 end up -ing 결국 ~하다 quite 꽤, 상당히 awful 끔찍한 tearfully 눈물을 흘리며 beg 간청하다 fix up (외형·상태 등을) 고치다, 수리하다

07 준동사 – 동명사 정답 (c)

해석 2016년에, 수십 명의 동계 올림픽 운동 선수들이 국가 차원에서 지원하는 도핑 프로그램에 참가한 혐의 때문에 체포되었다. 그 운동 선수들은 그 프로그램에 참가한 것을 부인했으나 그럼에도 불구하고 그들의 올림픽 메달들을 박탈당했다.

해설 빈칸 앞 동사 deny는 동명사를 목적어로 취한다. 보기의 동사 partake는 문맥상 deny와 시제가 같은 동작(참가한 것을 부인하다)이므로 단순 동명사인 (c)가 정답이다.

> **오답체크**
>
> (d) having to partake를 사용하면 '참가해야 하는 것을 부인하다'라는 의미가 되므로 문맥상 적절하지 않아 오답이다.

어휘 dozens of 수십의, 많은 athlete 운동 선수 apprehend 체포하다, 붙잡다 due to ~때문에 alleged 추정되는, 혐의가 있는 participation 참가 state-sponsored 국가 차원에서 지원하는 deny 부인하다 partake in ~에 참가하다 nonetheless 그럼에도 불구하고 strip A of B A에게서 B를 빼앗다, 박탈하다

08 that절 should 생략 정답 (b)

해석 치과 전문의들에 따르면, 양치질을 수평으로 하는 것은 치아의 법랑질과 잇몸 둘 다 빠르게 부식시킬 것이다. 그것이 바로 원 모양을 그리며 이를 닦는 것이 중요한 이유이다.

해설 important와 같이 당위성을 나타내는 형용사가 that절과 함께 나오면, that절의 동사 자리에는 〈should + 동사원형〉에서 should가 생략된 동사원형만 가능하다. 따라서 정답은 (b)이다.

09 시제 – 현재완료진행 정답 (d)

해석 ▶ 시계가 오후 12시를 가리킨 순간, 지니는 이탈리아 식당을 찾으러 사무실에서 서둘러 나왔다. 그녀는 어제 이래로 파스타를 갈망해오는 중이었고 오늘 점심을 위해 무슨 일이 있어도 파스타를 찾을 것이다.

해설 ▶ 빈칸 절에서 〈since + 과거시점(yesterday)〉은 현재완료진행시제의 단서이며, 어제부터 지금까지(완료) 계속 '파스타를 갈망해오고 있는 중이다'라는 의미를 만든다. 따라서 정답은 (d)이다.

어휘 ▶ strike (시계가 시간을) 알리다 dash 서둘러 가다 in search of ~을 찾아서 crave ~을 갈망하다 stop at nothing to V ~하기 위해 무엇이라도 하다

10 연결어 – 접속부사 정답 (a)

해석 ▶ 연구들은 시중에 판매되고 있는 설탕 시럽의 90퍼센트 이상이 인공적이거나 합성된 것이라는 것을 보여준다. 예를 들어, 식료품점에서 판매되는 대부분의 메이플 시럽은 사실은 메이플 향이 나는 고과당 옥수수 시럽이다.

해설 ▶ 빈칸의 앞뒤 문맥을 보면 앞 내용(시장에 나와 있는 90퍼센트 이상의 설탕 시럽은 인공적이거나 합성된 것이다)에서 언급되는 주장에 대해 뒤 내용(식료품점에서 판매되는 대부분의 메이플 시럽은 사실은 고과당 옥수수 시럽이다)이 그에 대한 예시로 나오고 있는 흐름이므로, For instance(예를 들어)가 빈칸에 가장 적절하다. 따라서 정답은 (a)이다.

어휘 ▶ show 보여주다 over ~이상의 either A or B A이거나 B인 artificial 인공의 synthetic 합성의 sell 판매하다 in fact 사실은 maple-flavored 메이플 향이 나는 high-fructose corn syrup 고과당 옥수수 시럽, 액상과당 in contrast 대조적으로 nevertheless 그럼에도 불구하고 therefore 그러므로

11 가정법 – 과거 정답 (b)

해석 ▶ 언제나 연애 낭만주의자인 줄리아는 그녀가 읽고 있는 멜로 소설에 나오는 등장인물들 중 한 명을 갈망하고 있다. 그녀는 만약 남자 주인공인 크리스가 실존하는 사람이라면, 그녀는 생각할 것도 없이 그와 결혼할 거라고 말한다.

해설 ▶ 빈칸 절의 if와 보기의 would는 가정법 문제를 나타내고, if절의 과거시제 동사 were가 가정법 과거의 단서이므로 〈would + 동사원형〉의 형태인 (b)가 정답이다.

어휘 ▶ ever 늘, 항상 hopeless romantic 연애 낭만주의자(동화 같은 이상적인 사랑을 추구하는 사람) pine for ~을 갈망하다, 몹시 그리워하다 male 남자의 protagonist 주인공 in a heartbeat 생각할 것도 없이, 금방이라도

12 준동사 – to부정사 정답 (c)

해석 ▶ 1979년 영화 《지옥의 묵시록》은 부분적으로는 과도하게 어려운 제작 과정 때문에 전설로 여겨진다. 차질이 너무 심각해서 감독인 프랜시스 포드 코폴라는 그들이 그 영화를 어떻게든 끝냈다는 것을 거의 믿을 수 없었다.

해설 ▶ 빈칸 앞 동사 manage는 to부정사를 목적어로 취한다. 보기의 동사 finish는 문맥상 manage와 시제가 같은 동작(어떻게든 끝내다)이므로, 그보다 이전의 동작(이미 끝냈던 것을 해내다)을 나타내는 to have p.p.를 오답으로 소거하면 단순 to부정사인 (c)가 정답이다.

어휘 ▶ consider 고려하다, 여기다, 간주하다 legendary 전설적인 in part 부분적으로는 exceedingly 과도하게 difficult 어려운 production 제작 process 과정 setback (과정 상의) 차질, 방해 dire 대단히 심각한, 엄청난 director 감독 hardly 거의 ~않는 manage 어떻게든 ~해내다 finish 끝내다

13 관계사 – 관계대명사 정답 (c)

해석 ▶ 난독증은 작성된 글자와 단어를 해석하는 방식에 영향을 미치는 학습 장애이다. 1,500만에서 4,400만 명 정도의 미국 어린이들에게 영향을 미치는 이 상태는 읽기, 쓰기, 맞춤법과 관련된 인지 능력에 영향을 준다.

해설 빈칸 앞 선행사인 This condition은 사물 취급하므로 관계대명사 that 또는 which의 수식을 받는다. 이때 that은 콤마(,) 뒤에 나올 수 없으므로 오답으로 소거하고 나면, 결국 남은 보기인 (c)가 정답이다.

어휘 dyslexia 난독증 disability 장애 affect 영향을 미치다 interpret 해석하다 written 작성된 letter 글자, 문자 condition 상태 impact 영향을 주다 cognitive skill 인지 능력 involved in ~와 관련된 spelling 맞춤법, 철자

---

14 시제 – 과거진행   정답 (a)

해석 대니얼은 그가 오늘 아침 공원에서 봤던 어린 여자 아이 때문에 마음이 편치 않았다. 그녀는 갑자기 크고 뚱뚱하고 사나운 오리가 그녀를 향해 맹렬하게 달려들었을 때 연못가 옆에서 쪼그려 앉아 있었다.

해설 빈칸 절에서 〈when + 과거시제 동사(launched)〉는 빈칸의 동사가 과거의 특정 시점에 동시에 진행 중이었음을 나타내는 과거진행시제의 단서이다. 즉 오리가 달려들었던 과거의 그 시점에 소녀가 쪼그리고 앉는 행위가 진행 중이었다는 의미가 되어야 하므로 정답은 (a)이다.

어휘 squat 쪼그려 앉다 by ~의 옆에 edge 가장자리 pond 연못 suddenly 갑자기 rambunctious 사나운 launch oneself at ~를 향해 맹렬하게 달려들다

---

15 가정법 – 과거완료   정답 (d)

해석 몇 주간의 어색함과 망설임 끝에, 피터는 마침내 헤이즐에게 용기 내어 데이트 신청을 했다. 만약 그녀 역시 그를 좋아했다는 것을 그가 알았다면, 그는 몇 달 전에 그녀에게 데이트 신청을 했을 것이다.

해설 빈칸 절에서 Had he known 이하는 가정법 if절(If he had known)의 도치된 형태이다. 이때 과거완료 시제 동사를 구성하는 Had와 known이 가정법 과거완료의 단서이므로 〈would + have p.p.〉의 형태인 (d)가 정답이다.

어휘 awkwardness 어색함 hesitation 망설임, 주저함 finally 마침내 muster courage to V 용기 내어 ~하다 ask ~ out (on a date) ~에게 데이트 신청을 하다 as well 또한, 역시

---

16 준동사 – to부정사   정답 (d)

해석 아이린은 그녀의 18번째 생일에 차를 받지 못해서 실망했다. 그녀의 부모님은 그들이 그녀에게 그렇게 사치스러운 것을 주기 전에 그녀가 공부를 더 심각하게 여기는 것이 필요하다고 말한다.

해설 빈칸 앞 동사 need는 to부정사를 목적어로 취한다. 보기의 동사 take 이하는 문맥상 need 이후의 동작(심각하게 여기는 것이 필요하다)이므로, 그보다 이전의 동작(이미 심각하게 여겼던 것이 필요하다)을 나타내는 to have p.p.를 오답으로 소거하면 단순 to부정사인 (d)가 정답이다.

어휘 disappointed 실망한 take ~ seriously ~를 심각하게 여기다, 받아들이다 extravagant 사치스러운

---

17 조동사 문맥 찾기   정답 (b)

해석 닌자투명상어는 2015년에 태평양 연안에서 발견되었던 생체발광하는 상어종이다. 그 이름에 걸맞게, 이 상어는 짝짓기 상대 또는 사냥감을 끌어들이기 위해 내장기관을 밝은 녹색으로 빛나게 만들 수 있다.

해설 첫째 문장에서 bioluminescent(생체발광하는)라는 상어의 특징을 나타내는 표현이 나온다. 자신의 몸을 빛나게 하는 것은 상어가 가진 능력으로, 짝짓기 상대 또는 사냥감을 끌어들이기 위해(to attract mates or prey) 자신의 내장기관을 빛나게 하는 것이 '가능하다'라는 문맥이 되어야 가장 적절하다. 이때 조동사 can(~할 수 있다)이 주어의 능력을 나타낼 수 있으므로 (b)가 정답이다.

오답체크

may는 추측이나 불확실성을 나타낼 때 사용하는데, 주어진 문장에 자신의 내장기관을 빛나게 하는 행위에 대해 불확실한 요소가 있을 만한 근거를 찾을 수 없어 may는 오답이다.

어휘 bioluminescent 생체발광하는 species (동식물의) 종 discover 발견하다 true to one's name ~의 이름에 걸맞게 internal 내부의 organ 장기, 기관 glow 빛나다 bright 밝은 attract 끌어들이다 mate 짝짓기 상대, 짝, 배우자 prey 먹이, 사냥감

18 시제 – 미래완료진행   정답 (d)

해석 리처드 삼촌은 10대였던 이래로 유명한 공상과학 소설가가 되는 것을 꿈꿔왔다. 사실은, 내년쯤이면 그는 그의 소설 《더 브레이킹 포인트》를 15년 동안 써오고 있을 것이다.

해설 빈칸 절에서 〈by + 미래 시점(next year)〉와 〈for + 기간(for 15 years)〉은 빈칸의 동사가 미래의 어느 시점까지 계속 진행 중일 것임을 나타낼 때 쓰이는 미래완료진행시제의 단서이다. 즉 내년이 될 시점에는 (미래) 리처드 삼촌이 그의 소설을 15년 동안(완료) '써오고 있을 것이다'라는 의미가 되어야 하므로, 정답은 (d)이다.

어휘 dream of -ing ~하는 것을 꿈꾸다 science fiction 공상과학 소설 author 작가, 저자 since ~이래로 in fact 사실은

19 가정법 – 과거   정답 (c)

해석 테레사에게는 높은 곳에 대한 극심한 두려움이 있으며 스카이다이빙하러 가는 것을 생각조차 하지 않는다. 그렇다고 해도, 만약 누군가가 그녀에게 수백만 달러를 지불한다면 그녀는 마지못해서 할 지도 모른다.

해설 빈칸 절의 if와 보기의 might는 가정법 문제를 나타내고, if절의 과거시제 동사 were가 가정법 과거의 단서이므로 〈might + 동사원형〉의 형태인 (c)가 정답이다.

어휘 extreme 극도의, 심한 fear 두려움 height 높이, 높은 곳 not even ~조차 않는 even so 그렇다고 해도 reluctantly 마지못해

20 준동사 – 동명사   정답 (b)

해석 직장에서 힘든 한 주를 보낸 후, 첼시와 그녀의 남자친구는 보상으로 특별히 그들이 가장 좋아하는 레스토랑에서 식사를 했다. 종업원은 그들의 해산물 주요리에 하우스 화이트 와인을 곁들이는 것을 추천했다.

해설 빈칸 앞 동사 recommend는 동명사를 목적어로 취한다. 보기의 동사 pair는 문맥상 recommend와 시제가 같은 동작(곁들이는 것을 추천하다)이므로, 그보다 이전의 동작(이미 곁들였던 것을 추천하다)을

나타내는 having p.p.를 오답으로 소거하면 단순 동명사인 (b)가 정답이다.

어휘 challenging 어려운, 힘든 treat oneself to (보상으로 특별히) ~을 하다 server (식당 등의) 종업원 recommend 권하다, 추천하다 pair A with B A에 B를 곁들이다 entree 앙트레, 주요 요리

21 시제 – 현재진행   정답 (a)

해석 알렉은 오늘 코네티컷주에 있는 그의 부모님에게 그의 약혼녀를 소개시켜줄 것이다. 그의 여동생의 문자 메시지에 따르면, 그들의 어머니와 아버지는 현재 부엌에서 행복하게 요리하는 중이다.

해설 빈칸 절에서 문장 맨 뒤에 주어진 시간 부사 at the moment는 빈칸의 동사가 현재 시점에서 진행 중임을 나타내는 현재진행시제의 단서이므로, 정답은 (a)이다.

어휘 introduce 소개하다 fiancée 약혼녀 according to ~에 따르면 happily 행복하게

22 관계사 – 관계대명사   정답 (a)

해석 1993년 아카데미 시상식에서, 여우조연상 수상 후보는 조앤 플로라이트, 바네사 레드그레이브, 미란다 리처드슨이었다. 그러나, 탐나는 그 영예를 받은 여배우는 젊고 상당히 경험이 부족한 마리사 토메이였다.

해설 빈칸 앞 선행사인 the actress는 사람이므로 관계대명사 who 또는 that의 수식을 받는다. 빈칸 앞에 콤마(,)가 없어서 that을 소거하지 못하는 경우, 관계대명사 뒤에 주어(또는 목적어)가 없는 불완전한 절이 있는 보기를 답으로 골라야 한다. that 뒤의 절은 주어 she가 있어 완전한 절, who 뒤의 절은 불완전한 절이다. 따라서 정답은 (a)이다.

어휘 favorite 우승 후보 win 이기다, 얻다, 수상하다 coveted 탐나는, 갈망하는 accolade 수상, 영예 fairly 상당히, 꽤 inexperienced 경험이 부족한

23 연결어 – 접속사   정답 (b)

해석 ▶ 그 이름에도 불구하고, 화이트 초콜릿은 진짜 초콜릿이 아니고, 오히려 초콜릿 고형분, 닙스, 또는 파우더가 아예 들어있지 않은 당과 제품이다. 화이트 초콜릿의 버터 성분이 카카오나무에서 나오기 때문에 단지 초콜릿이라고 불리는 것뿐이다.

해설 ▶ 첫째 문장(white chocolate is not real chocolate)과 빈칸 앞뒤 내용의 연결성을 보면 '화이트 초콜릿이 실제로 진짜 초콜릿은 아니지만, 단지(only) 그 성분이 카카오나무에서 나오는 것이 이유가 되어 그냥 이름만 초콜릿이라고 불리는 것뿐이다'라는 원인과 결과의 문맥이 되는 것이 가장 자연스러우므로, 이유를 나타낼 때 쓰이는 because(~때문에)가 빈칸에 가장 적절하다. 따라서 정답은 (b)이다.

> ✓ **오답체크**
>
> in case(~하는 경우에)는 만일의 사태에 대한 대비책 또는 예방책을 나타낼 때 쓰는 조건절 접속사이다. 화이트 초콜릿이 초콜릿으로 불리는 이유에 대해 설명하는 빈칸 절에 들어가기에는 문맥상 어색하므로 (c)는 오답이다.
>
> 예 I packed an extra umbrella in case it rains during our picnic.
> 소풍 나온 동안 비가 올 경우에 대비해서 나는 여분의 우산을 챙겼다.

어휘 ▶ despite ~에도 불구하고 not A but rather B A가 아니라 오히려 B인 confection 당과 제품, 사탕류(의 과자) solid 고형물 nibs (카카오) 닙스 (카카오콩을 발효·건조시킨 뒤 잘게 부순 것) component 성분, 구성 요소 come from ~에서 나오다, 유래하다 plant 식물, (작은) 나무 until ~까지 in case ~의 경우에 even though ~에도 불구하고

24 가정법 – 과거완료   정답 (c)

해석 ▶ 연속 세 번째 만에, 올해의 직원상은 크리스탈의 손아귀에서 벗어났다. 만약 그녀가 독감 때문에 올해 5일 치의 근무를 빼먹지 않았다면, 그녀가 이겼을 것이다.

해설 ▶ 빈칸 절에서 Had she not missed 이하는 가정법 if절(If she had not missed)의 도치된 형태이다. 이때 과거완료시제 동사를 구성하는 Had와 missed가 가정법 과거완료의 단서이므로 〈would + have p.p.〉의 형태인 (c)가 정답이다.

어휘 ▶ in a row 연이어, 연속으로 elude one's grasp ~의 손아귀에서 벗어나다 miss 놓치다 due to ~때문에 flu 독감

25 준동사 – to부정사   정답 (a)

해석 ▶ 지하철에서 싸움이 발생해서, 통근자들이 당국을 호출하는 것을 야기했다. 보안 담당자가 그 난투를 해결하던 동안, 다른 역사 직원들은 모두가 그 소란을 무시하도록 장려하던 중이었다.

해설 ▶ 빈칸 앞 동사 encourage는 〈encourage + 목적어 + to부정사(~가 …하도록 장려하다)〉의 어순으로 쓰여 to부정사를 목적어 everyone 뒤에 목적격 보어로 취하고, 이때 ignore가 encourage와 시제가 같은 동작이므로 단순 to부정사인 (a)가 정답이다.

어휘 ▶ break out 발발하다, 발생하다 cause 유발하다, 야기하다 authorities 당국, 관계자 security 보안 담당자 resolve 해결하다 brawl 난투 station personnel (지하철의) 역사 직원들 encourage 장려하다 ignore 무시하다 commotion 소란

26 가정법 – 과거완료   정답 (c)

해석 ▶ 1920년대 후반, 알렉산더 플레밍은 세계 최초의 효능이 있는 항생제를 우연하게 탄생시켰다. 만약 플레밍이 페트리 접시를 오염시키지 않았다면, 그는 그 오염 물질이 박테리아 감염의 치료제로 변형될 수 있다는 것을 깨닫지 못했을 것이다.

해설 ▶ 빈칸 절에서 Had Fleming not contaminated 이하는 가정법 if절(If Fleming had not contaminated)의 도치된 형태이다. 이때 과거완료시제 동사를 구성하는 Had와 contaminated가 가정법 과거완료의 단서이므로 〈would + have p.p.〉의 형태인 (c)가 정답이다.

어휘 ▶ effective 효과적인, (약 등이) 효능이 있는 antibiotic 항생제 by accident 우연히 contaminate 오염시키다 contaminant 오염 물질 be transformed into ~로 변형되다 cure 치료제 infection 감염

실전문제 20

p.164

01 (b)	**02** (a)	**03** (c)	**04** (d)	**05** (a)
06 (a)	**07** (d)	**08** (a)	**09** (d)	**10** (b)
11 (c)	**12** (a)	**13** (b)	**14** (d)	**15** (d)
16 (c)	**17** (b)	**18** (a)	**19** (d)	**20** (a)
21 (b)	**22** (c)	**23** (d)	**24** (a)	**25** (c)
26 (b)				

01 준동사 – 동명사 정답 (b)

해석 리치는 일부 집안일을 한다. 그리고, 그는 대부분의 집안일을 즐기는 반면에, 화장실을 <u>청소하는 것</u>을 몹시 싫어하는데, 그 일은 타일 위의 더러운 때를 지우기 위한 격렬한 문지르기를 포함하기 때문이다.

해설 빈칸 앞 동사 despise는 동명사를 목적어로 취한다. 보기의 동사 clean은 문맥상 despise와 시제가 같은 동작(청소하는 것을 몹시 싫어하다)이므로, 그보다 이전의 동작(이미 청소했던 것을 몹시 싫어하다)을 나타내는 having p.p.를 오답으로 소거하면 단순 동명사인 (b)가 정답이다.

어휘 household chore 집안일 despise 경멸하다, 몹시 싫어하다 as ~때문에 require 요구하다 intense 강렬한, 격렬한 scrubbing 문지르기, 세척 break down 분해하다, 없애다 dirt 먼지, 때, 흙 grime 더러움, 때

02 가정법 – 과거 정답 (a)

해석 레이첼은 직장을 그만두는 것을 생각하고 있다. 그녀는 높은 급여를 받지만, 직무기술서에 있는 것 외의 업무들도 해야 한다. 만약 관련 없는 업무량만 아니라면, 그녀는 남는 것을 <u>고려할 것이다</u>.

해설 빈칸 절의 if와 보기의 would는 가정법 문제를 나타내고, if절의 과거시제 동사 weren't가 가정법 과거의 단서이므로 〈would + 동사원형〉의 형태인 (a)가 정답이다.

어휘 quit 그만두다 receive 받다 salary 급여, 월급 task 일, 업무 outside ~외에 job description 직무기술서, 직무분석표 unrelated 관련 없는 workload 업무량, 작업량 consider 고려하다 stay 남다, 잔류하다

03 조동사 문맥 찾기 정답 (c)

해석 회색곰은 가장 치명적인 교상 중 하나를 만들어낸다. 사람은 120~160 PSI의 치악력을 가지는 반면에, 회색곰의 무는 힘은 평균 1,200 PSI로, 볼링공을 쉽게 <u>으스러뜨릴 수 있다</u>.

해설 첫째 문장에서 회색곰의 무는 힘이 가장 치명적이라고(produce one of the most fatal animal bites) 한 점, 이어서 사람의 치악력이 120~160 PSI일 때 회색곰은 평균 1,200 PSI(a grizzly's bite averages 1,200 PSI)이라고 한 점을 통해, 이 정도 수준은 볼링공을 쉽게 으스러뜨리는 '능력이 된다'라는 의미 흐름이 되는 것이 문맥상 가장 적절하다. 이때 조동사 can(~할 수 있다)이 주어의 능력을 나타낼 수 있으므로 (c)가 정답이다.

> ✅ **오답체크**
>
> might는 추측이나 불확실성을 나타낼 때 사용하는데, 주어진 문장에 볼링공을 으스러뜨리는 행위에 대해 불확실한 요소가 있을 만한 근거를 찾을 수 없어 might는 오답이다.

어휘 fatal 치명적인 animal bite 교상(동물에 물려서 생긴 상처) bite force 치악력(무는 힘) average 평균을 내다 easily 쉽게 crush 으스러뜨리다

04 시제 – 과거진행 정답 (d)

해석 많은 사기꾼들은 외국에서 온 여행자들을 겨냥한다. 바로 어제, 한 관광객은 어떤 남자가 그의 주머니를 터는 것을 느꼈을 때 한 노점 상인이 그에게 물건을 사라고 <u>촉구하던 중이었다</u>. 보아 하니, 그들은 공범이었다.

어휘 scammer 사기꾼 target 목표로 하다, 겨냥하다 street peddler 노점 상인 urge 촉구하다 pick one's pocket (도둑이) ~의 주머니를 털다 apparently 보아 하니 accomplice 공범(자)

어휘 wristband 팔찌, 손목밴드 souvenir 기념품 afraid to V ~하는 것이 두려운 keepsake 기념품, 징표 wear 입고 있다, 착용하고 있다 remove 제거하다, 떼어내다

---

05 that절 should 생략 정답 (a)

해석 꽉 끼는 신발을 신는 것은 당신의 발에 피해를 줄 수 있다. 만약 당신의 신발이 너무 작다면, 물을 채운 비닐봉지를 신발 안에 각각 넣어서 냉동실 안에 두어야 한다고 일부는 추천한다.

해설 recommend와 같이 주장·제안·명령·요구 등을 나타내는 동사가 that절과 함께 나오면, that절의 동사 자리에는 〈should + 동사원형〉에서 should가 생략된 동사원형만 가능하다. 따라서 정답은 (a)이다.

어휘 wear 입고 있다, 신고 있다 tight (옷이) 꽉 조이는, 딱 붙는 damage 손상을 주다, 피해를 주다 recommend 추천하다, 권장하다 freezer 냉동실 plastic bag 비닐봉지

---

06 시제 – 과거완료진행 정답 (a)

해석 올리비아는 음악 축제에서의 팔찌를 기념으로 계속 차고 있었다. 기념품을 찢는 것이 두려웠던 그녀는 남동생이 그녀에게 그 밴드를 자르지 않고 떼어내는 방법을 보여줬을 때 그것을 일주일 동안 착용해오던 중이었다.

해설 빈칸 절에서 〈when + 과거시제 동사(showed)〉와 〈for + 기간(for a week)〉은 과거 시점을 기준으로 그 이전부터 시작된 빈칸의 동사가 기준 시점까지 진행 중이었음을 나타낼 때 쓰이는 과거완료진행시제의 단서이다. 즉 올리비아의 오빠가 그녀에게 방법을 보여줬던 시점(과거)이 기준 시점이 되고, 그 이전부터 그녀가 기준 시점까지 손목밴드를 일주일 동안 (완료) '착용해오던 중이었다'라는 의미가 되어야 하므로, 정답은 (a)이다.

---

07 준동사 – to부정사 정답 (d)

해석 케빈과 그의 부장은 다음 주에 파리의 비즈니스 컨퍼런스에 갈 것이다. 그들이 인상적인 홍보 기술을 가지고 있어 잠재 고객들을 끌어들일 수 있기 때문에, 사장은 회사를 대표하기 위해 그들을 선택했다.

해설 빈칸 앞 문장(사장이 그들을 선택했다)을 뒤에서 부사처럼 수식(대표하기 위해)할 수 있는 to부정사가 빈칸에 가장 적절하다. 이때 '~하기 위해'라는 의미의 목적을 나타낼 때 단순 to부정사를 사용하므로, 정답은 (d)이다.

어휘 choose 선택하다 represent 대표하다 as ~때문에 impressive 인상적인 public relations 홍보 skill 기술 attract 끌어들이다 potential 잠재적인 connection 관계, 연줄

---

08 가정법 – 과거완료 정답 (a)

해석 마주 볼 수 있는 엄지손가락*은 초기의 사람들이 도구를 만들고 사용하도록 허용함으로써 인류가 발전할 수 있게 도운 진화적 적응이다. 만약 이 적응이 발생하지 않았다면, 우리가 아는 그대로의 인류 사회는 절대 발전하지 못했을지도 모른다.

  * 다른 네 손가락과 맞닿아 물건을 잡고 조작할 수 있게 하는 엄지의 능력을 나타내는 표현

해설 빈칸 절의 if와 보기의 might는 가정법 문제를 나타내고, if절의 과거완료시제 동사 had not occurred가 가정법 과거완료의 단서이므로 〈might + have p.p.〉의 형태인 (a)가 정답이다.

어휘 opposable 마주 볼 수 있는 evolutionary 진화의 adaptation 적응 humankind 인류 allow 허락하다, 허용하다 occur 일어나다, 발생하다 not ~ at all 전혀 ~않는

09 연결어 – 접속사   정답 (d)

해석 다윈의 나무껍질거미는 가장 강력한 명주실 거미줄을 가지고 있다는 기록을 보유하고 있다. 이 명주실은 갑옷을 만드는 데 사용되는 합성 섬유인 케블러보다 10배는 더 튼튼하기 때문에 강한 상업적 잠재력이 있을 수 있다.

해설 빈칸의 앞뒤 문맥을 보면 원인(갑옷을 만드는 데 사용되는 합성 섬유보다 10배 더 튼튼하다)과 결과(강한 상업적 잠재력이 있을 수 있다)의 흐름으로 연결되는 문맥이므로, 이유를 나타낼 때 쓰이는 because(~때문에)가 빈칸에 가장 적절하다. 따라서 정답은 (d)이다.

어휘 hold record for ~의 기록을 보유하다 silk 명주실 web 거미줄 commercial 상업적인 potential 잠재력 tough 질긴, 튼튼한 synthetic 합성한, 인조의 fiber 섬유 armor 갑옷 while ~하는 동안, 반면에 unless 만약 ~하지 않으면 although ~에도 불구하고

10 관계사 – 관계대명사   정답 (b)

해석 그웬은 새로운 대학교로 편입하는 것에 대해 걱정이 된다. 그녀는 높은 학업 수준을 가진 그 학교의 명성뿐만 아니라, 그곳에서 새 친구들을 쉽게 만들지 못한다는 생각으로 초조해하고 있다.

해설 빈칸 앞 선행사인 the school은 사물 취급하므로 관계대명사 that 또는 which의 수식을 받는다. 이때 that은 콤마(,) 뒤에 나올 수 없으므로 오답으로 소거하고 나면, 결국 남은 보기인 (b)가 정답이다.

어휘 be apprehensive about ~에 대해 걱정하다 transfer to university 대학교에 편입하다 be nervous about ~에 대해 초조해하다 not only A but also B A뿐만 아니라 B도 academic standard 학업 수준

11 시제 – 현재진행   정답 (c)

해석 마이클은 그의 곧 있을 이탈리아 여행을 위한 그의 휴가 여행 일정표를 계획하기 시작했다. 현재, 그는 로마와 피렌체에 머무는 동안 방문할 최고의 장소들과 활동들을 조사하고 있는 중이다.

해설 빈칸 절에서 문장 맨 앞에 주어진 시간 부사 Currently는 빈칸의 동사가 현재 시점에서 진행 중임을 나타내는 현재진행시제의 단서이므로, 정답은 (c)이다.

어휘 plan 계획하다 ininerary 여행 일정표 upcoming 다가오는, 곧 있을 research 연구하다, 조사하다 during ~동안

12 가정법 – 과거완료   정답 (a)

해석 마빈은 온라인 설명서를 따라 그의 전화기를 직접 고치는 것을 시도했다. 나중에, 그의 전화기는 완전히 작동하는 것을 멈췄다. 만약 그의 시도가 상황을 더 악화시킬 것임을 알았다면, 그는 그 대신에 그 기기를 수리공에게 가져다줬을 것이다.

해설 빈칸 절에서 Had he known 이하는 가정법 if절(If he had known)의 도치된 형태이다. 이때 과거완료시제 동사를 구성하는 Had와 known이 가정법 과거완료의 단서이므로 〈would + have p.p.〉의 형태인 (a)가 정답이다.

어휘 try -ing ~하는 것을 시도하다, 시험삼아 ~하다 fix 고치다 online tutorial 온라인 설명서 afterwards 나중에, 그 후 stop -ing ~하는 것을 멈추다 work 작동하다 completely 완전히 attempt 시도 make things worse 상황을 악화시키다 repairman 수리공 instead 그 대신에

13 준동사 – to부정사   정답 (b)

해석 나비나 딱정벌레와 같이 여섯 다리가 달린 다른 곤충들과는 달리, 잠자리는 그들의 다리를 걷는 데 사용할 수 없다. 대신에, 그들의 다리는 착지하자마자 다양한 종류의 표면을 붙잡도록 설계되어 있다.

해설 동사 design의 be p.p. 형태인 are designed는 to부정사와 함께 '~하도록 설계되다'라는 의미로 쓰인다. 또한 be p.p. 뒤에서 '~하도록'의 의미로 목적을 나타낼 때 단순 to부정사를 사용하므로, 정답은 (b)이다.

어휘 unlike ~와는 달리 insect 곤충 such as ~와 같이 instead 대신에 design 설계하다 grasp (단단히) 붙잡다, 꽉 쥐다, 이해하다 various 다양한 surface 표면, 지면, 수면 upon -ing ~하자마자 land (땅표면에) 내려앉다

실전문제20

14 가정법 – 과거완료   정답 (d)

해석 ▶ 일주일에 걸친 카리브해 유람선 여행을 위해, 실비아는 SLR 카메라용 필름 세 통을 가져왔다. 그러나, 그녀는 바하마에서 필름을 다 썼다. 만약 그녀가 더 잘 준비했다면, 그녀는 그 섬의 자연 그대로의 해변 사진을 촬영할 수 있었을 것이다.

해설 ▶ 빈칸 절에서 Had he prepared 이하는 가정법 if절(If she had prepared)의 도치된 형태이다. 이때 과거완료시제 동사를 구성하는 Had와 prepared가 가정법 과거완료의 단서이므로 〈would + have p.p.〉의 형태인 (d)가 정답이다.

어휘 ▶ weeklong 일주일에 걸친 cruise 유람선 여행 a roll of film 필름 한 통 run out of ~이 다 떨어지다, 소진되다 prepare 준비하다 take a picture 사진을 촬영하다 pristine 자연 그대로의

15 that절 should 생략   정답 (d)

해석 ▶ 강한 지진이 도시를 뒤흔든 후에, 사장은 회의를 중단시켰고 다음 날에 이어서 할 거라고 발표했다. 그는 모두가 그들의 가족에게 이상이 없는지 확인하기 위해 집에 일찍 들어가야 한다고 제안했다.

해설 ▶ suggest와 같이 주장·제안·명령·요구 등을 나타내는 동사가 that절과 함께 나오면, that절의 동사 자리에는 〈should + 동사원형〉에서 should가 생략된 동사원형만 가능하다. 따라서 정답은 (d)이다.

어휘 ▶ earthquake 지진 shake ~을 떨게 하다, 뒤흔들다 announce 발표하다 continue 계속하다 following (시간상으로) 그 다음의 suggest 제안하다 early 일찍, 조기에 check on (이상이 없는지) 확인하다, 살펴보다

16 준동사 – 동명사   정답 (c)

해석 ▶ 엄마는 우리 반려견 매기의 운동에 매일 아침 최소 30분을 할당해줬다. 그녀의 새 일과는 매일 아침에 아침을 먹기 전에 매기와 함께 동네 주변을 산책하는 것을 포함한다.

해설 ▶ 빈칸 앞 동사 include는 동명사를 목적어로 취한다. 보기의 동사 walk는 문맥상 include와 시제가 같은 동작(산책하는 것을 포함하다)이므로, 그보다 이전의 동작(이미 산책했던 것을 포함하다)을 나타내는 having p.p.를 오답으로 소거하면 단순 동명사인 (c)가 정답이다.

어휘 ▶ allot 할당하다 at least 적어도, 최소한 exercise 운동 routine 일상 include 포함하다 neighborhood 동네

17 연결어 – 접속부사   정답 (b)

해석 ▶ 홀란트와 네덜란드는 사람들이 흔히 추측하는 것처럼 똑같지 않다. "홀란트"는 북홀란트와 남홀란트라는 두 지방을 지칭한다. 반면에, "네덜란드"는 그 나라 전체와 관련되어 있다.

해설 ▶ 빈칸의 앞뒤 문맥을 보면 앞 내용("홀란트"는 북홀란트와 남홀란트라는 두 지방을 지칭한다) 다음에 이어지는 뒤 내용("네덜란드"는 그 나라 전체에 속한다)이 서로 대조되는 흐름으로 나오고 있으므로, 두 내용의 대조를 나타낼 때 쓰이는 On the other hand(반면에)가 빈칸에 가장 적절하다. 따라서 정답은 (b)이다.

> ✔ **오답체크**
>
> Instead(대신에)의 경우 앞 내용에 대한 대안 제시의 문맥이 뒤 내용으로 이어지는 경우에 답이 된다. 주어진 빈칸 앞뒤 내용은 홀란트와 네덜란드라는 두 용어의 차이를 설명하는 것이지 네덜란드가 홀란트의 대안이 아니므로 (d)는 오답이다.

어휘 ▶ refer to ~을 참고하다, 가리키다 province (행정 단위인) 주, 지방 pertain to ~와 관련되다 entire 전체의 therefore 그러므로 instead 대신에 otherwise 그러지 않으면

18 시제 – 현재완료진행   정답 (a)

해석 ▶ 내일은 델마 숙모의 50번째 생신인데, 나는 아직 그녀에게 줄 선물을 찾으려 애쓰고 있다. 일주일 동안 선물을 찾아오고 있는 중이지만, 중요한 기념일을 축하하기에 충분한 선물을 여전히 찾을 수 없다.

해설 빈칸 절에서 〈for + 기간(a week)〉은 현재완료진행 시제의 단서이며, 현재까지 일주일 동안(완료) 선물을 '찾아오고 있는 중이다'라는 의미를 만든다. 따라서 정답은 (a)이다.

어휘 struggle 애쓰다, 분투하다 look for ~을 찾다 good enough 충분한, 만족할 만한 milestone 획기적 사건, 중대 시점 celebration 기념(식)

---

19 가정법 – 과거　　　　　정답 (d)

해석 길모퉁이에 있는 피자집이 밤 10시에 문을 닫아서 너무 아쉽다. 만약 그 가게가 더 늦게까지 문을 열기라도 한다면, 로니는 매일 밤 논문을 쓰는 동안 그곳에서 식사했을 것이다.

해설 빈칸 절의 if와 보기의 would는 가정법 문제를 나타내고, if절의 과거시제 동사 were가 가정법 과거의 단서이므로 〈would + 동사원형〉의 형태인 (d)가 정답이다.

어휘 it is such a bummer that ~해서 너무 아쉽다 on the corner of ~의 모퉁이에 있는 while ~동안, 반면에 thesis 논문

---

20 관계사 – 관계대명사　　　　정답 (a)

해석 사하라 사막은 아마존 열대 우림의 생태계에 중요한 기여를 한다. 인과 철 같은 미네랄을 함유하고 있는 그 사막의 먼지는 바람에 의해 실어 날라지고 아마존 토양에 퇴적된다. 그 영양분들은 삼림을 계속 번성하게 한다.

해설 빈칸 앞 선행사인 dust는 사물이므로 관계대명사 which 또는 that의 수식을 받는다. 이때 that은 콤마(,) 뒤에 나올 수 없으므로 오답으로 소거하고 나면, 결국 남은 보기인 (a)가 정답이다.

어휘 vital 필수적인 contribution 기여 rainforest 열대 우림 ecosystem 생태계 dust 먼지 such as ~와 같은 phosphorus 인 (비금속 원소) iron 철 pick up 데리러 가다, 실어 나르다 deposit 퇴적시키다, 침전시키다 soil 토양 nutrient 영양분 thriving 번성하는

---

21 조동사 문맥 찾기　　　　　정답 (b)

해석 스위스는 반려동물 주인들이 사회적 동물들에게 같은 종의 다른 동물들과의 적절한 상호작용을 주도록 요구하는 법률을 통과시켰다. 예를 들어, 기니피그를 키울 때, 그 동물을 둘 또는 그 이상을 데리고 있어야 한다.

해설 빈칸 앞에 '법을 통과시켰다(passed a law)'라는 표현이 나온다. 기니피그를 두 마리 이상 소유하는 것이 법으로 규정된 의무 사항이므로 '소유해야 한다'라는 의미 흐름이 되는 것이 문맥상 가장 적절하다. 이때 조동사 must(~해야 한다)가 강제적인 의무를 나타낼 수 있으므로 (b)가 정답이다.

어휘 pass a law 법을 통과시키다 require 요구하다 social animal 사회적 동물 adequate 적절한 interaction 상호 작용 for instance 예를 들어 keep (동물 등을) 기르다, 키우다 own 보유하다

---

22 준동사 – 동명사　　　　　정답 (c)

해석 로라는 오늘 아침 아들의 피아노 연주회에 도착하게 되어 안도했다. 그녀는 그 장소로 가는 도중에 교통체증에 갇혀 있었기 때문에 아들이 연주하는 것을 보는 것을 놓칠 거라고 생각했다.

해설 빈칸 앞 동사 miss는 동명사를 목적어로 취한다. 보기의 동사 see는 문맥상 miss와 시제가 같은 동작(보는 것을 놓치다)이므로, 그보다 이전의 동작(이미 봤었던 것을 놓치다)을 나타내는 having p.p.를 오답으로 소거하면 단순 동명사인 (c)가 정답이다.

어휘 be relieved to V ~하게 되어 안도하다, 마음이 놓이다 recital 발표회, 연주회 miss 놓치다 play (악기·음악을) 연주하다

실전문제20

23 준동사 – to부정사　　　　정답 (d)

해석 다음 주에 가드너 씨는 5번가 사옥에서 더 이상 일하고 있지 않을 것이다. 경영진은 퀸즈 사옥으로 전근시켜 달라는 그녀의 요청을 승인했는데, 그녀가 그곳 근처의 아파트로 이사를 갈 것이기 때문이다.

지텔프

지텔프 시험안내·시험접수·성적확인
www.g-telp.co.kr

온라인 강의·MP3 파일·학습 자료
www.gtelpedu.com

G-TELP KOREA 출판사업본부

정기시험 전 마지막 실전 대비

퀵 지텔프
봉투모의고사 1

**2023년
최신 출제 경향
완벽 반영**

정기시험 형식
시험지 형태

1회분
간편 구성

OMR 답안지로
실전 훈련

무조건 합격!
43+점 경찰·소방 합격팩

경찰·소방 공무원 대비! 대세는 **지텔프 43점**

지텔프에듀 베스트셀러
경찰·소방 영어 완벽 대비 교재

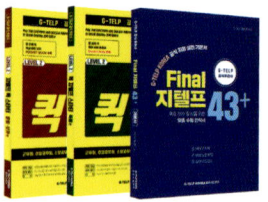

지텔프를 가장 잘 아는
지텔프에듀 1타 강사진

지텔프 정기시험
응시권 100% 증정

고득점을 원하는 수험생들 주목
65·75+점 목표점수를 위한 최적의 강의

↓

43·65점
환급 받고 끝내자!

↓

원하는 기간동안
지텔프 무제한 수강

↓

목표점수 소수 정예반
1235 클래스